한국
철학
사상사

한국
철학
사상사

윤사순

KU PRESS
고려대학교
출판문화원

머리말

세계에서 오천 년의 역사를 지닌 나라는 그리 많지 않다. 한국은 순탄한 국제관계를 유지하기에는 주어진 지정학적 조건이 결코 좋지 않은 경우여서 그 점이 더욱 돋보인다. 어느 학자의 통계대로 이웃나라들의 크고 작은 침략이 900여 차례였다고 하면, 한국인들의 생존능력은 결코 얕잡아 볼 수 없다.

지극한 고통과 간난의 역사를 누벼 오면서도, 좌절하지 않고 이룩한 한국인의 문화유산들은 오늘날 어느 나라 못지않게 훌륭한 '세계 인류문화'로 지정되고 있다. 독특한 언어와 문자를 비롯한 '수준 높은 문화'의 풍성함으로 해서 한국인들은 실로 세계 인류문화의 향상에 꾸준히 한 몫을 담당해 오는 셈이다.

역사와 문화를 이성과 지성으로 뒷받침하는 예지(叡智)가 곧 철학(哲學)이고 사상(思想)임을 상기하면, 한국에 '어엿한 철학과 사상'이 존립할 것을 추측하기 어렵지 않다. 하지만 반만년 역사와 문화에 기여한 철학과 사상의 실상이 어떤 것임을 명백하게 밝히면서, 타국의 그것들과 어울릴 그 무엇을 우리는 익히 알고 있는가?

물론 그동안 '한국철학사' 또는 '한국사상사'의 출간은 없지 않았다. 광복 직후(1949)에 현상윤의《한국사상사》강의와 함께 그 원고가 완성되어 조판 중 6·25전쟁으로 유실되었었지만, 1960년대에 그 복본의 발견으로 햇빛을 보았고, 김득황의 《조선사상사》(남산당, 1958)가 출간되었다. 6.25의 상흔을 극복하느라 십수 년의 공백기를 거친 뒤, 박종홍의 《한국사상사》(서문문고, 1972)를 비롯하여 한국철학회의 《한국철학연구》(동명사, 전 3권, 1977-1978)와 《한국철학사》(전 3권, 1987)가 간행되었다. 그 뒤 2020년까지 국내에서 간행된 이 종류의 서적은 대략 10여 종을 헤아린다.[1]

북한에서는 정진석·정성철·김창원의 《조선철학사(상)》(사회과학원, 1960), 저성철의 《조선철학사 2》(평양, 과학 백과사전출판사, 1987)와 《조선철학사》(서울, 이성과 현실, 1988) 최봉익의 《조선철학사상사연구》(평양, 사회과학원, 1975)와, 《조선철학사개요》(사회과학원, 1986)와 《조선철학사 3》(평양, 백과사전출판사, 1991)가 발간되었다. 이어 2010년에 간행된 일련의 《조선철학전사》(전체 9권?) 등이 있는 줄 안다.[2]

1 정연수 박사의 조사에 따르면, 아래와 같다. 유명종의 《한국사상사》(이문출판사, 1981, 2001개정판), 하기락의 《조선철학사》(형설출판사, 1993), 한국철학연구회의 《해방 50년의 한국철학》(철학과 현실사, 1995), 한국철학사상연구회의 《논쟁으로 보는 한국철학》(예문서원, 1995), 한국철학사연구회의 《한국철학사상사》(한울아카데미, 1997), 고려대 민족문화연구원 한국사상연구소의 《자료와 해설, 한국의 철학사상》(예문서원, 2001), 윤사순·이광래의 《우리 사상 100년》(현암사, 2001), 김승동의 《한국철학사》(부산대출판부, 2005), 한국사상사학회의 《한국사상사입문》(서문문화사), 한자경의 《한국철학의 맥》(이화여대출판부, 2008), 최영진 외의 《한국철학사—16개의 주제로 읽는 한국철학》(새문사, 2009), 최영성의 《되짚어 본 한국사상사》(예문서원, 2015), 전호근의 《한국철학사》(메멘토, 2018).

2 오혁철의 《조선철학전사 1》(평양: 사회과학출판사, 2010), 한명환의 《조선철학전사 2》(평양: 사회과학출판사, 2010), 강명흡의 《조선철학전사 3》(평양: 사회과학출판사, 2010), 변정암·김수영, 《조선철학전사 4》(평양: 사회과학출판사, 2010), 리순범·최원철, 《조선철학전사 5》(평양: 사회과학출판사, 2010), 정성철, 《조선철학전사 6》(평양: 사회과학출판사, 2010), 량만석·박춘란, 《조선철학전사 7》(평양: 사회과학출판사, 2010), 한원철·박춘란, 《조선철학전사 8》(평양: 사회과학출판사, 2010), 안종혁, 《조

하지만 이 서적들은 저자의 많은 노고에도 불구하고, 남북 철학자들 사이에는 소통되지 않는 '견해의 불일치'가 존재한다. 서로 다른 이념의 편향에 따른 '개념의 상이한 파악'(예로 이기理氣 같은 것)과 역사 사실(史實)에 대한 견해의 차이 등이 그런 것이다. 남한만의 경우라 하더라도, 무엇이 한국철학사상의 특징인가? 그 특징이 시대 환경과 관련된 함의는 어떤 것인가 등을 서술한 책은 보기 어렵다. 일정한 철학사상과 그 시대의 역사 문화 등과의 관련에 소홀하거나, 심지어 그런 것과 무관한 듯이 다룬 점은 극복되어야 할 약점이 아닐 수 없다. 필자 나름의 한국철학사상사 저술을 의도한 이유가 이런 데에 있다.

필자는 1970년대 중반부터 '한국사상사 강의'를 하였다. 당시 선학인 박종홍 교수의《한국철학사》강의 내용은 '한국 고대 불교'를 중심으로 한 것인 데 견주어, 필자의 강의는 조선 시대 성리학 중심의 내용이었다. 아직 한국철학사상사 전모의 해명에는 부족한 점이 한두 가지가 아니었다. 그나마 필자의 경우는 '사상(思想) 차원'이었지 철학 차원이 아니었다. 필자의 한국철학사상사 출간은 충분한 숙성을 기다려야 했다.

그 대신 제자들의 도움을 받아 '한국철학사상사 자료집'의 충실한 작성을 서둘렀다. 제자들과 함께 엮은《자료와 해설, 한국의 철학사상》(예문서원, 2001)이 그것이다. 같은 해 출판사의 청탁에 따라 그 때까지 필자가 손대지 않은 '한국 근현대철학사상'을 정리하였다. 강원대 이광래 교수와 공저로 출판한《우리사상 100년》(현암사, 2001)이 그것이다.

선철학전사 9》(평양: 사회과학출판사, 2010), 김수영·김명수,《철학지식(조선철학사)》(평양, 사회과학출판사, 2014) 등.

이 무렵 뜻하지 않은 일이 있었다. 낯모르는 오슬로대학 교수 구톰 플뢰이스타Guttorm Fløistad에게서 '한국유학의 현황'에 대한 짤막한 글의 청탁을 받은 것이다. 그 글은 유네스코 지원 아래 그가 편집 간행한 《(세계)현대철학》 중 7권 《아시아철학》(국제철학회, 클루버 아카데미 출판사, 1993)에 게재되었다. 필자로서는 한국유학 저술에 박차를 가한 작은 자극이었지만, 그 저술이 실제로 이루어진 것은 꽤나 뒤 일이다. 약 1천여 쪽에 달하는 《한국유학사》(상·하, 지식산업사, 2012; 인민출판사, 2017[중국어판])가 그것이다. 이는 '한국 유학의 독자적 특수성'을 드러내는 시각을 구사한 점이 그 특징이다. 한국철학사상사 저술에서도 이점은 마찬가지여야 한다는 것이 필자의 신념이다.

그동안 필자가 전공 밖의 영역에 두고 있던 한국불교에 대해서는 근년에야 눈길을 돌렸다. 정년퇴직으로 한국사상사 강의를 그친 지도 이제 20년을 헤아리게 되었다. 그 강의노트의 색깔이 보기에도 민망할 정도로 변했다. 보다 더 변한 것은 불교를 전공하던 제자들의 연구수준이 이젠 필자의 옛 노트의 그것을 훨씬 능가하게 된 사실이다. 그 점을 발견한 필자는 흐뭇한 마음으로 그들의 연구물들을 '나름의 시각'으로 손질하여 옛 노트를 보충하던 나머지, 이 저술에도 어엿이 명시적으로 이용해 마침내 불교 부분마저 채우게 되었다. 이상이 필자의 이 '한국철학사상사'가 나오게 된 과정이자 배경이다.

한 가지 더 밝혀야 할 것이 있다. 필자는 이 저술을 통해 딴엔 '기존의 한국철학사상사'의 약점들을 좀더 보완하느라 힘썼지만, 그것들이 어느 정도나 이루어졌는지 자신이 없다. 이야말로 오롯이 필자가 부담해야 할 '능력의 한계'이다. 욕심으로는 한계 극복을 조금이라도 더할 의도로 저술의 보완 보정을 거듭하고 싶지만,

그러려면 시일이 또 상당히 소요될 것이 틀림없는데, 간행 기일은 이미 결정된 상태나 마찬가지여서 지금은 어쩔 수가 없다. 앞으로 여건이 허락하면, 보정의 손질을 반드시 더할 예정이다. 독자 여러분의 질정을 바라마지 않는다.

바쁜 가운데 자신의 일을 제치고 면밀히 교정해 준 강원대 남상호 명예교수와 전주의 이형성 교수에게 마음 깊이 사의를 표한다. 출판에 도움을 주느라 고생하신 분들에게도 진심으로 감사한다.

2022년 11월
실상재에서
윤사순 씀

차례

3 • 성리학의 독특한 연구

4 • 후기실학의 철학사상

5 • 독립 지향의 민족주의

6 • 한국철학사상의 현대적 지평

제1편

한국철학사상의 기저

제1장 한국철학사상사 서술의 시각

서술 방법의 구상

1. 주제의 내용과 성격

철학이란 일정한 환경에서 인간의 생활을 '이성(理性)으로 이끌어 가는 사유'를 원리적으로 체계화하는 학문이다. 이는 본래 서양의 '필로소피(philosophy)'의 번역어로, 애지(愛知, sophia)에 연원을 두고서 지식과 지혜(智慧)를 탐구하는 점이 특징이다. 이성을 주된 도구로 하는 점에서 감성의 표출로 이룬 예술과 분별되고, 무비판적 독단과 신념을 용납하지 않아 신앙을 주조로 한 종교와도 변별된다.

철학 개념을 새삼 언급한 이유는 이 책에서 논해야 하는 한국의 '전통철학', 이른바 '동양철학'의 성격이 엄격한 의미의 철학 개념과 완전히 일치하지 않기 때문이다. 이 전통철학에서는 한국의 신화(神話), 무속신앙(巫俗信仰), 단군교(檀君敎), 및 유교(儒敎)·불교(佛敎)·도교(道敎) 등을 고찰하게 되는데, 이것들은 그대로 철학이라 할 수 없는 것이다.

이것들을 고찰하는 이유는 한국의 철학과 긴밀히 연관된 데 있다. 한국철학의 토대가 된다든지, 민족 신앙이라든지, 외래 종교일지라도 전입된 뒤로 한국인의 생활을 이끈 한국화한 신앙으로 한국사상의 역할을 하였기 때문에 고찰하는 것이다. 심지어 한국의 유교 불교 도교가 지닌 철학은 본론에서 확인하겠지만, '한국 전통철학의 중핵'을 이루고 있어 결코 논외로 할 수 없다.[1] 하지만 이것들은 엄격한 의미의 철학이라 할 수 없다. 이에는 철학 못지않게 종교의 성격이 들어있음을 고려해야 한다. 그럼에도 이것들의 내용은 지식 못지않게 '지혜(智慧)'로 되었음을 부정할 수 없다.

1 유교 불교 도교 등을 전통철학의 대상으로 삼는 근거는 무엇인가?

유교의 '교(敎)'라는 글자는 종교를 연상케 하지만, 실제는 '가르침'이 그 대표적 의미이다. 배워 알게 하는 가르침의 내용은 물론 진리로 통할 이론에 대한 지식이다. 그 지식은 어떻게 살아야 올바르게 사는 길인가라는 '지혜의 길, 곧 도(道)'를 핵심으로 한다. 그 도의 내용은 공자(孔子)가 가르친 인(仁: 사람을 사랑함)과 의(義: 행위의 올바름) 등이다. 이처럼 유교의 교는 실상 독단적인 신앙의 측면이 있지만, 또 한편에는 이성으로 이해하고 깨우치는 내용이 중핵을 이룬다. 바로 이 측면이 종교이기보다 학문의 성격으로 '유교의 철학'을 형성하는 부분이다. 유교가 전통철학의 하나로 고찰되는 근거가 바로 이에 있다.

불교와 도교 역시 이와 거의 마찬가지다. 불교는 경험되는 모든 것을 고통과 고뇌임[一切皆苦]을 전제로 하여, 그 원인인 무지[곧 無明]와 애욕[곧 渴愛]을 벗어나야 행복한 '깨달음의 경지'에 이른다는 요지로 압축된다. 깨달음에 대한 '이론을 핵심'으로 한 것이 불교의 철학부분이다. 불타(佛陀, Buddha) 자체가 '깨달은 사람[覺者]'을 가리킨다. 다만 엄밀히 살피면, 이런 불교 역시 전체적으로는 학문적인 이론과 종교적인 신앙이 혼재 된 셈이다. 예를 들면 석가모니 불타 곧 불보(佛寶)와 함께 그의 깨달은 지식, 곧 법보(法寶)가 일차적으로는 신앙의 대상인 점이 그렇다. 하지만 혼재 된 속에도 종교성 못지않게 학문성 측면이 있어, 불교철학으로 논하는 것의 근거가 된다.

여기의 도교는 제식을 통해 신을 섬기는 '오두미교(五斗米教)'가 아니다. 이것은 도교의 근본이론으로 이용된 노자(老子)·장자(莊子)의 가르침이다. 그 가르침의 핵심은 인위의 조작이 없는 '무위(無爲)' 또는 '자연(自然)'이다. 조작 없음은 '거짓 없음(無僞)' 곧 '질박(質朴)'으로 통한다. 거짓 없는 질박의 태도가 도교의 핵심철학이다. 때로 자연의 의미는 우주[또는 산천초목]의 의미까지 포함할 경우가 있다. 그것은 불로장생의 염원을 이루기 위해 이용하는 대상일 따름이다.

따라서 이런 부분들은 오직 이성(理性)만으로 담아내기가 벅차다. 사유의 틀(範疇)이 이성보다 좀더 여유롭게 넓은 것이어야 한다. 그러한 사유의 틀은 곧 '지성(知性)'이 아닌가 한다. 지성은 철학보다 외연이 넓은 '사상(思想)'을 담아내는 것이기도 하다. 필자가 이 책의 명칭을 '한국철학사상사' 라고 한 이유도 이에 있다. 이렇듯 필자가 서술하는 이 '한국철학사상사'는 과거부터 현재까지 한국인이 직면했던 상황에서 한국인들의 삶을 위하여 이성을 중심으로 한 지성으로 일군 사유물의 내용이라 할 수 있다. 일정한 '사상까지 곁들인 한국철학의 흐름'이 바로 여기서 서술하는 한국철학사상사이다.

그렇다고 이 주제가 전통철학의 흐름만 다루겠다는 것은 아니다. 근세 이후의 기독교라든가 서양철학의 도입과 그 현대적 흐름도 살필 계획이다. 다만 동서철학을 막론하고, 현재 '생존한 학자들(生存者)'의 철학과 사상은 완결되었다고 할 수 없어, 서술에서 제외할 계획임을 밝힌다. 이것이 필자의 이 책 저술 원칙의 하나이기도 하다.

2. 한국사상부재론의 오류

유불도 삼교에 철학사상이 잠재한다고 하더라도 의문은 더 있다. 그것은 모두 한국의 자생 아닌 외래 수입의 종교이고 철학이라는 점에서 나오는 의문이다. 삼교에 설령 철학사상이 잠재한들 한국철학사상이라고 할 수 있는 근거는 무엇인가?

의문에 대한 답은 삼교가 전입, 수용된 뒤로 그것들이 한국에 끼친 역사적 영향과 거기에 부가된 한국인의 특수한 철학사상이 있기 때문이다. 수용과 동시에 삼교는 '한국의 여건'에서, 한국인의 '용도에 따라 응용'되고, 한국 학자들의 비판적 '사고력에 의해 변개 부가'되면서, 한국인의 생활을 이끌어 왔다. 수용되고 변개 부가되어 한국사상 또는 한국철학의 '기능과 역할'을 해온 것이 삼교인 만큼, '한국화(韓國化)한 사상이자 철학'인 바로 그 점이 삼교를 한국의 전통철학사상이라 할 수 있는 근거이다. 이는 마치 실타래는 수입하였더라도, 한국인의 직조기술로 만든 천과 옷이면, 그것들을 한국산 또는 한국제품이라 할 수 있음과 같다.

해결해야 할 점들이 더 나온다. 한국사를 비롯한 동아시아 역사에 대한 과거 일부 서구인들의 이른바 오리엔탈리즘의 사관(史觀)이 그 하나이다. 그에 따르면, 서양의 역사는 시대의 흐름에 따라 발전해 왔지만, 동아시아의 그것은 정체(停滯)를 면하지 못했다는 주장이다. 이에는 '농본사회'의 여건을 주로 염두에 둔 외에는 정확한 근거의 제시도 없었다. 다만 그들 스스로 우월하게 여기면서 제국주의의 침략을 위한 선동 수단으로 내건 혐의가 짙었다.

필자의 견해로, 동아시아의 농경사회에도 진보 발전을 기하려는 사유가 존재했다. 바로 풍작을 통한 증산(增産)으로서 보다 '더 풍요(豊饒)롭고 윤택(潤澤)'한 생활을 기하려는 바람이 그것이다. '다산(多産)과 번영(繁榮)'의 욕구가 곧 동아시아 진보 발전의 원동력이 아닐 수 없었다. 한국을 중심으로 한 과거 동아시아의 역사관을 정체로 주장한 사유의 오류가 이로써 분명해진다.

물론 동아시아의 진보 발전관은 급진의 성격이라 하기는 어렵고, 점진의 성격이라 해야 할 것이다. 더욱이 농경문화의 바탕에는 '생장성숙(生長成熟)'을 이루는 '사계절(四季節)'의 순환에 기초한 역사관 곧 '순환사관(循環史觀)'을 갖게 마련이다. 이는 중국 고대의 추연(鄒衍, ?) 및 중세의 소옹(邵雍: 1011-1077. 호 강절康節)의 사례로 확인된다.[2] 순환관은 유학뿐 아니라 불교 도교에도 다 들어있다. 불교의 '윤회'라든가, '반복'을 도의 움직임으로 보는(反者道之動) 도교 사유[3]가 다 증례이다. 이러한 동아시아의 역사관은 '점진적 진보 발전'으로 일종의 '나선형적 사관'이라고 할 수 있다. 지난날의 한국 전통철학사상의 흐름에 적용하는 필자의 사관(史觀) 역시 '점진적인 진보 발전관'임은 말할 나위 없다. 이는 다만 한국의 전통철학사상사 서술 부분에만 적용할 시각일 따름이다.

지난날 제국주의 침략 수단으로 사용한 억지 주장으로는 한 가지가 더 있다. 일제강점기 일본 어용학자가 한국사상사에 적용한 사관은 정체사관이었을 뿐만 아니라, 더 나아가 '한국사상부재론(韓國思想不在論)'이었다. 그 대표적 예가 다카하시 도루(高橋亨)의 주장이다. 그것이야말로 한국철학사상사 이해에 '해악적 영향'을 심각하게 끼친 이론이다. 그 주장의 요지는 아래와 같다.

한국 유학의 경우, ① 성리학(주자학) 일변도에 빠졌었다. ② 이황과 이이로 대표되는 그 연구의 자취를 살피면, 서로가 주희의 이론에 대한 자신의 해석이 올바름을 강조할 뿐, 자신들의 독창적 이론이 없다. ③ 이런 현상들은 곧 한국 민족의 '사상적 고착성'과 '종속성(또는 사대성)' 및 '무독창성'을 의미한다. ④ 따라서 '한국사상은 부재일 따름이다'라는 것이다.

이 주장은 다음과 같이 변박된다. ① 한국에는 주희의 성리학(주자학) 이전에 이미 선진유학 및 한당유학이 들어왔고, 또 성리학 이후에는 (조선 후기) 탈성리학적인 실학이 등장했다. 미약했지만 양명학도 전입되었다. 결코 주자학만이 일변도로 독존하지 않았다. 주자학

2 졸고, 〈한국사상사에서의 사관문제〉, 《창자과 비평》(창작과 비평사), 1977, 여름호.

3 老子, 《道德經》 〈第40章〉.

일변도였다는 지적은 사실에 맞지 않는 것이다.

② 성리학자인 이황과 이이 등의 '사단칠정설(四端七情說)'에서 주희(주자)의 이론을 인용 또는 거론한 언구가 나오는 것은 사실이다. 특히 이황에게서 그런 예가 꽤 나온다. 하지만 그것은 선현(先賢)의 이론을 참고하는 학자들의 '겸허한 방법론'일 뿐이다. 학설의 비교 검토는 있을수록 도움이 됨을 부정할 수 없다.

③ 무엇보다도 독자적 이론과 학설이 이들에게서 나오지 않았다는 지적이야말로 틀린 주장이다. 이황은 주희에게 없는 그 자신의 '사단칠정설'(곧 四端則理發而氣隨之, 七情則氣發而理乘之.)과 '이기호발설'(理氣互有發用說)을 창안해 냈다. 이이 역시 누구도 제시하지 않은 그의 독특한 이론들을 냈다. 사단칠정설로서 '기발일도설(氣發理乘一途說)'을 냈고, 이기의 특성을 '이통기국(理通氣局)'으로 창시한 것이 그런 증거이다.

④ 이이는 그 '사단칠정설'을 내던 자리에서, "주희 또한 자신과 같은 이론을 내지 않았다면 '주자(朱子)의 주자된 소이가 어디 있으랴'!(자신은 주자라고 자[子]를 붙여 존숭하지 않겠다)"라 했다. 자신의 '이통기국설'을 안출한 데서는 "이는 백세 뒤에 성인이 나오더라도 고치지 못한다"고 확언했다.[4] 이이야말로 '자기 이론의 창의성'을 지목하여 확인시키는 데 누구보다도 자신만만했고 과감했다.

⑤ 따라서 다카하시 도루의 한국사상부재론은 곡해(曲解)이고 오류(誤謬)에 찬 주장임이 분명하다. 그것은 일제 식민지 정책을 뒷받침하려던 의도에서 나온 악의적인 왜곡(歪曲)이자, 허위에 찬 날조(捏造)의 혐의가 짙은 주장에 지나지 않는다.

• • • • • • • • • • • • •

4 졸저, 《한국유학사》(지식산업사, 2012), 제19장 〈사단칠정론, 그 논변과 함의〉 참조.

3. 철학사상사의 발전 문제

오늘날 한국 사회는 이제 농본사회가 아니다. 1960년대 이후 한국에서는 산업화를 적극 추진해 왔고, 그 산업화 형성에 경이적 성공을 거두었다는 평가를 받고 있는 것이 오늘의 한국사회이다. 한국에서 철학 역시 19세기 개화기 이후 서양철학의 도입을 서둘러 왔다. 현재 한국 철학계 또한 동아시아의 전통철학과 함께 서양철학이 공존하는 상태에 있다. 20세기 중반 이후는 서양철학의 탐구가 오히려 동양철학의 연구를 능가하고 있는 형세이다.

진보 발전 개념은 철학의 흐름에도 적용될 수 있을까? 이성에 의한 원리 탐구로 '보편성'을 추구하는 철학에 발전이 있기 어렵지 않을까? 이런 의문을 놓고는 보편적 원리 탐구에서 발전이 어떤 것일지를 생각해야 한다. 그것은 '이성에 의한 합리적 사유의 증대'가 아닐 수 없다. 수학사와 논리학사에 견줄 성격이다.

수학과 논리학에도 역사가 있고, 거기에도 발전이 가능함을 본다. 수리(數理)와 논리(論理)에 있어 '보편적 원리 발견의 증가'가 곧 발전에 다름 아니다. 수리와 논리 발견의 '단순한 증가'뿐만 아니라, 그 증가한 것들이 생활에 이용될 '유용성'까지 고려하는 데서 그 발전의 개념은 더욱 확장되고 확실해진다.

철학에 있어 보편적 원리를 추구하는 이성적 지식은 '귀납논리'와 '연역논리'로 이루어진다. 경험의 축적으로 이루어지는 과학과 직관으로 이루어지는 예술이라든가 종교가 철학과 긴밀히 관련되는 까닭도 이에 있다. 만학의 학(萬學之學)이라는 용어는 이에서 나왔다. 아무튼 지식의 보편성은 연역과 귀납의 형식으로 이루어진다.

하지만 철학에 발전 개념의 적용을 주저하는 이유 역시 없지 않다. "어떻게 살아야 하나?" "바른 삶이란 어떤 것인가?" 등 '윤리 문제'를 다룰 때처럼 철학이 해결하려는 문제의 특성은 지식의 도움을 받아야 하면서도 지식만으로는 되지 않는 점이 있다. 그것을 일러 '지혜의 몫'이라 할 수 있다. 그것은 주관의 시각에서 주체적으로 내리는 판단과 결단의 세계이다. 더욱이 철학은 인간의 문제를 다루는데, '인간 자체'가 철학적 고찰의 대상이다. 인간인 '내가 나를 성찰'하는 내용의 지식은 객관성 아닌 '주체성(主體性)'을 띤 것이다. 철학이 타 학문과 다르게 되는 까닭은 이렇게 '주체적 자아(自我)'의 문제를 추구하는 데에도 있다. 이 점들이 선불리 발전 개념을 구사하기 어려운 점이다. 그렇다고 이것이 극복 불가능의 난점은 아니다.

철학에 있어 '주체적 지혜'의 구사는 필연성을 띠는 것과는 별개이지만, 그렇다고 보편성을 띠지 못할 성격은 아니다. 이 경우 '보편성의 구실'을 하는 것은 일종의 '합리성(合理性)'이고, 그 합리성은 주체인 나의 판단이 지닌 '설득력(說得力)' 또는 '공감성(共感性)'이다. 공감성이 지닌 '공유(共有)와 공통(共通)의 성격'이 나와 남과의 사이 곧 '사회'에서 보편성의 구실을 하게 마련이다. 따라서 공동체 사회에서 지혜에 의해 인간들이 공유하는 '공동의 가치(價値)'가 그 집단 사회의 보편성으로 통한다. 그 공동의 가치로 떠오르는 것이 시대적 이념(理念)이다.

인간의 의지는 항상 생활을 '보다 나은' 또는 '보다 바람직한' 방향으로 이끌려 한다. 일정한 이상(理想)의 염원에서 '창출하여 원리화'한 것이 이른바 '이념(理念)'이다. 이상으로 창출된 이념은 그 공감적 공인에 따라 이룬 '공동선(共同善)'이라 할 수 있다. 우리에게 익숙한 '자유(自由)'·'평등(平等)'·'평화(平和)'·'박애(博愛 및 仁愛, 慈悲)' 등이 바로 그 이념을 떠받치는 요목들이다.

이념에 깃든 합리성은 그것이 필요에 따라 '요청된 성격'인 만큼, 사회적 공인(共認)을 수반해야 한다. 공인 여하에 따라 선택(選擇)과 변경(變更)이 용납되어야 한다. 공감할 합리성과 실용성으로 해서 일정한 이념은 '보편화(普遍化)'의 시도가 따르고, 그 보편화가 '이성적 설득력'이고 '합리적 공감성'의 추구에 다름 아니다. 기존의 이념에 대한 끊임없는 '실제적 검증(實際的 檢證)'과 '비판적 성찰(批判的 省察)'이 필수임도 모두 이 같은 성격에 기인한다. 따라서 구체적 입장의 한정된 구분 없이 어떤 이념적 가치를 마치 필연적 보편성을 띤 듯이 일반화하여 강요해서는 용인될 수 없다. 이 점은 철학에서 진보 발전의 적용 범위가 '매우 협소하게 제한'되었음을 의미한다. 공동체의 입장과 범위에 따라 결정되는 한, 결코 균일로 일반화한 개념처럼 단정할 수 있는 이념은 없다. 철학에서의 '보편(普遍)과 특수(特殊)의 조화 문제'가 이에서 나온다.

이만 정리하자. 철학에서 진보 발전은 '지식부면'으로는 가능성이 크지만, '지혜의 측면'으로는 그 실현이 매우 제한적임을 알 수 있다. 이는 철학에서 진보 발전이 불가능하므로 그것을 포기해야 한다는 의미가 아니다. 이상이라는 꿈은 꿈으로서의 기능과 가치가 있다. 꿈은 곧 진보 발전의 상징이다. 다만 그 꿈인 이상은 현실적 사실과 '상응(相應)하고 조화(調和)로워야' 한다. 이것이 이상 실현의 조건인 셈이다. 그러기 위해 공교롭게도 그 이상은 또다시 새로워져야 한다. 새로워짐이 이상의 특성이기 때문이다. 이에 일정한 꿈의 이상은 언제나 '개변(改變)과 개혁(改革)'에 주저해서는 곤란하다.

문명의 향상은 사실상 바람직한 꿈의 이상이 늘 새롭게 창출한 성과이다. 특히 과학의 진보 발달은 인간 지혜의 발현에 용기를 주는 한편, 직관에 의한 예술의 풍요로움 또한 철학에 대해서는 마찬가지 영향을 끼친다. 이것들의 실제적 도움으로 '철학의 길'에는 항상 희망이 있게 된다. 일정한 이념은 시대 환경에 따라 개정(改正)되고, 개정되어 가는 지혜 속에서 철학의 발전 또한 기대하게 된다.

제2장 한국철학사상의 신화적 맹아

1. 신화 해석의 대상

역사시대 이전(太古)에는 정제된 사유인 철학을 찾기란 불가능하다. 그 시대에는 '철학의 맹아'에 해당하는 사상의 편린 '신화(神話)'나 발견할 수 있을 따름이다. 신화에서 무슨 사상을 찾느냐는 의문이 있을 수 있다. 비체계적 사유인 데다 황당할 만큼 검증이 불가능하고, 심지어 불합리한 사유들이 다분한 데에 그 의문이 근거한다.

신화란 물론 비체계적이고 불합리한 사유임에 틀림없다. 하지만 그 또한 인간의 일정한 '삶에서 우러난 사유'임도 부정할 수 없다. 삶을 이끌어가는 사상과 철학을 찾는 데 그런 형식이 큰 문제일까? 표현방법에 구애되어 일정한 사유의 내용과 성격을 무시하거나 외면할 권리는 우리에게 없지 않을까? 그러한 권리를 가진 듯이 주장함은 독단이고 독선에 지나지 않을 것이다.

신화의 파악에서는 표현 형식에 구애됨 없이 그 내용을 이루고 있는 철학의 맹아로 통할 사상을 찾는 노력이 필요하다. 신화를 대할 때 가장 필요한 것은 '올바른 해석(解釋)'이라 여겨진다. 신화의 파악을 위한 열쇠는 '해석 여하'에 달렸다는 것이 필자의 견해이다. 한국 신화에서도 적합하고도 타당한 해석에 따라 드러날 사상을 찾아보겠다.

2. 한국 신화의 사상적 특징

한국의 신화는 〈단군신화〉·〈고주몽신화〉·〈박혁거세신화〉·〈석탈해신화〉·〈김알지신화〉 등이다. 이것들이 한국 신화의 전부인 셈이다. 내용은 모두 부족국가 시대 한 나라의 '국조(國祖)'나 국조격 인물들이 '신(神)' 또는 신에 비길 '신비한 존재'와의 관계에서 탄생하여 왕위에 오른 이야기이다. 여기에 등장하는 신은 '하느님(상제[上帝])'이거나 '하느님의 아들'이 가장 대표적이고, 그들이 신 가운데 가장 우월하게 여겨졌다. 신에 비길 신비한 존재, 곧 영물(靈物)로는 흰말[白馬]·까치[鵲]·알[卵] 등이다.

하느님(환인桓因)의 아들인 '환웅(桓雄)'은 한민족(韓民族) 최초의 조상이자 고조선국의 국조인 '단군(檀君)'을 태어나게 한 신이다. 하느님의 손자로 태어난 단군은 신의 특질을 지닌 인간(곧 신인[神人])인 셈이다. 그의 탄생에 대한 이야기를 담은 것이 단군신화가 한국의 신화 가운데 대표적인 위상에 오른 까닭도 민족의 시조(단군)의 내력을 담았기 때문이다.

그 밖의 신화는 고조선 이후 고구려와 신라 등의 국조 탄생을 신의 특질을 지닌 신비한 영물들과 연관지어 신비롭게 수식한 내용이다. 그런 만큼 이 중 신화다운 신화는 '단군신화 하나'인 셈이다.

한국 신화에 담긴 또 하나의 특징은 '신들의 세계'에 대한 언급이 없고, 전세 후세의 관념도 없다. 오직 현세와 현세의 인간, 그중에도 국조인 단군의 탄생과 '그의 백성에 대한 통치'에만 신화의 비중이 집중되었다. 이런 점은 '신화성의 희박'인 만큼, '신 본위' 아닌 '인간본위(人間本位)'의 성격, 곧 '인본사상(人本思想)'으로 읽히는 한국 신화의 특징이다.

단군신화의 최고신—하느님은 창조주라든가 전지전능한 신이라 여겨지지 않았다. 그는 다만 최상의 신이고 광명을 발산하는 '태양신(太陽神)'을 그 아래에 두고 있는 존재이다. 태양신은 은연중 난생설화의 알[卵]에 '빛'으로 관련된다. 예로, 고주몽과 박혁거세 및 김알지의 탄생 때에 '밝은 빛[光明]'을 비쳤다는 것, 그들이 알에서 나올 때 스스로 빛을 발했다는 것이다. 이들과 함께 등장하는 말과 닭을 흰말[白馬]·흰닭[白鷄]이라 한 '흰' 것도 같은 빛 종류의 사례이다.

위상의 높낮이가 있지만, 등장하는 '영물로서 신비성을 지닌 신'들은 실상 모두 '자연신(自然神)'이다. 따라서 '다신사상(多神思想)의 풍토'가 한국 신화에 깃든 또 하나의 사상적 특징이다. 수많은 자연신을 믿는 사유는 인간의 '영혼(靈魂)'과 같은 '정령(精靈)'이 모든 자연물에 내재한다는 믿음에 있다.

물이 흐르고 바람에 나무가 움직이는 모든 것을 일종의 생명체로 믿는 '물활론(物活論)', 그와 짝하는 '애니미즘(animism)'을 지닌 풍토가 다른 나라 신화와도 같은 한국 신화의 공통적 요소이다. 여기서 인간과 자연은 서로 불가분의 관계에 있다는 믿음이 드러난다. 영혼과 상응하는 정령을 바탕으로 해서, 인간은 자연과 내밀히 연결된다. 인간과 자연을 '동질'로 생각하는 '토템사상(totemism)'이 그런 실례이다.

아래에서 더 자세히 살필 단군신화에는 '곰과 범'이 나오고, 그 곰은 마침내 단군이라는 인간을 탄생케 하는 중간자 역할을 한다. 인간 단군은 '곰이 변한 여인[變身女]'에서 태어났다고 한다. 이때의 곰은 본질에 있어 인간과 다르지 않다. 단군이야 원래 하느님의 아들이 곰의 변신여와의 결혼에서 태어났으므로 '신과 같은 인간'-'신인(神人)'이라 믿어지지만, 고주몽·박혁거세·석탈해 등은 하느님 아닌 흰말이라든가 흰닭 같은 '신비한 동물과의 관련'으로 태어났다는 점에서 '초인적 신인'으로 믿어진 인간들이다.

영혼 또는 정령과 통하는 인간인 무당(巫覡), 곧 샤먼(shaman)이 또 하나의 초인처럼 여겨졌다. 무당을 정령과 영혼 및 신과 통하는 인간이라 믿는 사유가 또한 무속신앙-샤머니즘(shamanism)이다. 이 사유로 무당은 한때 부족을 지배하는 '통치자-왕의 지위'까지 확보했다. 그는 종교의 세계와 정치를 아울러 총괄(神政總括)하는 '부족의 일인자'로 등장했다.

단군은 무당 의미의 '당골'의 변음이라는 해석을 앞세우면, 그 또한 신화시대의 무당 역할도 겸하던 통치자-왕이었음을 알 수 있다. 결국 신화시대의 사상계는 샤머니즘으로 대표되는 시대였다. 이어서 이런 사상들을 〈단군신화〉 하나로 일괄하여 더욱 분명히 확인하겠다.[1]

3. 단군신화의 내용과 사상

장황하더라도 〈단군신화〉의 줄거리를 그대로 아래에 옮기겠다.

옛날 하느님[帝釋, 桓因]의 아들 중 하나인 환웅(桓雄)은 하늘 아래

1 어떤 사람은 단군신화가 고려시대 일연(一然)에 의해 《삼국유사》에 게재되었음을 들어 태고의 사료로 부적당하다고 할지 모른다. 그러나 고려 이전부터 전해오던 전설을 기록한 것일 뿐, 그가 창안한 신화가 아님을 알아야 한다.

> 인간 세상을 탐내었다. 아버지 하느님이 내려다보니, 삼위(三危) 태백(太白)이 인간을 널리 이롭게[弘益人間] 할 수 있어, 천부인(天符印) 셋을 주며 내려가 다스리도록 했다. 환웅은 무리 삼천을 거느리고 태백산 마루의 신단수(神檀樹) 아래 내려와 신시(神市)라 하였다. (…) 그는 풍백(風伯)·우사(雨師)·운사(雲師)를 통솔하고, 곡(穀)·명(命)·병(病)·형(刑)·선악(善惡) 등 무릇 360여 인간사를 주관했다. 이때 곰 한 마리와 범 한 마리가 같은 굴에 살면서, 늘 환웅에게 인간으로 되길 기원했다. 환웅은 쑥 하나와 마늘 20쪽을 주면서, "너희들이 이것을 먹고 백일 동안 햇빛을 보지 않으면 사람의 형상이 되리라" 했다. 이것을 받아먹은 이들 가운데 햇빛 보지 않고 꺼림[忌]을 지킨 곰은 37일 만에 여자로 되었으나, 범은 꺼림을 지키지 못해 사람으로 되지 못했다. 곰 여인[熊女]은 혼인할 상대가 없어 늘 신단수 아래서 잉태하길 빌었다. 이에 환웅이 잠시 변해[假化] 혼인해 주어, 그녀가 아들을 낳자, 이름을 단군왕검(檀君王儉)이라 했다. 이분이 중국의 요(堯, 唐高) 즉위 50년[庚寅], 평양성에 도읍을 정하고 처음으로 조선(朝鮮)이라 일컬었다.[2]

이것이 단군의 탄생과 그가 고조선을 세운 국조라는 신화의 대강이다. 이를 다시 분석 정리하겠다. 하느님과 그 아들은 물론 신이고, 풍백·우사·운사 또한 바람·비·구름의 신-자연신이다.

다신(多神) 사상의 풍토에서, 으뜸 신인 하느님의 손자가 고조선의 시조 단군이라는 사유는 한국인들 모두가 '하느님의 자손 곧 천손(天孫)'이라는 사유의 표출이다. 천손사상을 이끌어 '한국인의 독자적 위상'을 마련하고 있다. 그 시기가 중국의 요와 같은 시기

2 《三國遺事》 卷1 〈紀異〉 〈古朝鮮〉.

라는 지적은 곧 조선보다 더 큰 중국을 의식하면서, 한국 역사가 중국에 뒤지지 않는다는 '한국인의 주체성' 발로가 아닐 수 없다.

곰과 범을 등장시키고 곰의 변신녀의 몸을 빌리는 사유는 '토템 사상'의 전형을 보인 장면이다. 쑥과 마늘로 소원을 성취하게 하는 대목은 '정령신앙'의 요소이다. 영혼과 정령에 대한 신앙은 그것들과 내통하는 무당(巫覡) 곧 '샤먼'이 초인적 기능을 소유한 특별한 인간이라 믿는 것이다. 무당의 '주술(呪術)과 주력(呪力)'을 인정하고, 그로 말미암아 무당을 통치자로도 인정하게 되는 '무속신앙 곧 샤머니즘'의 시대를 이로 확인할 수 있다.

단군왕검 또한 무속신앙의 토양에서 나온 고조선의 국조이자 이 겨레의 시조이다. 역사학자들은 이 단군신화에 의거하여 '고조선의 출발'을 기원전(B.C.) 2333년으로 계산해 냈다. 한편 환웅을 통해 "곡식·운명·질병·형벌·선악 등 삼백육십 여 가지를 다스리기 시작했다"는 점은 단군왕검 또한 인간 생활 전반에 걸친 문제해결을 그의 책무로 삼았음을 의미한다. 구체적으로 '곡식 재배'인 식량 마련으로 백성의 배를 채워 주었고, "벌(刑)과 선악(善惡)을 다스렸다"고 하듯이 '법(法)과 도덕(道德)'으로 사회질서를 확립했다. 당시 한국인들이 법의식과 윤리의식, 이른바 규범의식(規範意識)에 눈 뜬 사실로 읽히는 증거이다. 저 고조선 때에 문장화되지 않은 금지규약[不文禁約] 형태의 "율법 8조목이 있었다"는 기록[3]을 상기하면, 이는 무근한 추정 아닌 실제 사실인 것이다.

한국의 "태백(太白)이 널리 인간들을 이롭게 할 만한 곳"이라 한

3 《漢書》〈地理志〉〈燕條〉 참조. 현재 전해오는 내용은 3조목뿐이다. 즉 "살인한 자는 사형에 처한다", "사람을 상해한 자는 곡식으로 배상해야 한다", "도둑질한 자는 (피해자의) 노비로 삼는다. 도둑질 한 자는 그것을 되갚아야 한다" 등이다.

것 또한 주의 깊게 읽어야 한다. 이는 널리 '인간들을 이롭게 함' 곧 '홍익인간(弘益人間)의 이념' 제시이다. 바로 '인존적 인본사상(人尊的人本思想)'의 구현'이라는 철학적 이상을 제시한 대목이다. 인존적 인본사상의 이 맹아야말로 인류가 언제까지라도 지향하고 실현해야 할 '보편적 이념'이다. 앞으로도 끊임없이 계승해야 할 한국철학의 '이념적 원형(理念的原型)'이 여기에 그려져 있음에 유의하게 된다.

제3장 한국철학의 무속적 바탕

1. 무속풍토의 도덕의식

기원전 2세기경 한국은 고조선 이후 부여(夫餘)·예(濊)·진한(辰韓)·마한(馬韓) 등으로 재편된다. 이어 한 세기 더 지나면 고구려 백제 신라의 '삼국시대(三國時代)'를 이룬다. 객관성을 갖추는 뜻에서 이 시대의 상황을 한 중국의 (3세기에 저술된) 기록으로[1] 살피겠다.

삼국시대에 한국인들은 하느님께 제사하는 '천신제(天神祭)'를 지냈다, 영고(迎鼓)·동맹(東盟)·무천(舞天)이라는 행사가 그것이다. 나라에 따라 조금씩 차이가 있어 정월·오월·시월에 지냈다. 하느님을 으뜸 신으로 여긴 점을 감안하면, 이들 행사는 한국인의 '뿌리'에 대한 숭배였던 의의를 지닌다.

뿌리 숭배 의식은 곧 '조상숭배(祖上崇拜) 사상'으로 전화했다. 고구려의 동맹은 이름만으로도 '국조인 동명왕(東明王) 숭배'를 겸한 행사였다는 것이다. 조상의 장례에 영혼을 위해 큰 '새의 날개'를 사용한 것이라든가, 무덤에 부장(副葬)과 순장(殉葬)을 한 현상들도

1 이 역사서는 3세기 중국 진(晉)의 사가 진수(陳壽)의 저작으로 알려진《삼국지(三國志)》의 〈동이전(東夷傳)〉을 가리킨다.

다 조상숭배의 형식이다. 조상숭배는 뒤이어 전입되는 유교의 '효(孝)' 개념으로 진화될 주목되는 관습이고 사상이다. 효야말로 유교의 중요한 '도덕적 덕목'임은 더 말할 나위 없다.

국조를 비롯한 군왕을 숭배하여 제사했음은 유교의 '충(忠)'개념과 통할 요소임도 유의할 만하다. 충과 효가 유교의 중심에 위치한 사상임을 상기하면 이것들은 곧 이어 접속될 유교의 '도덕의식(道德意識)'에 견줄 사상적 토대였던 셈이다.

제천행사에서는 음식물을 푸짐하게 차렸고 '노래와 춤'을 곁들였다.[2] 가무를 즐겼다는 기록은 고대로부터 한국인들의 '낙천적 성향(樂天的性向)'을 이해하게 하는 사실이다. 다른 기록에서는 실제로 한국인들이 "타고난 성품이 유순하다"든지, "양보하길 좋아하고, 다투지 않는 사람들"이라 하면서, 심지어 '군자의 나라(君子之國)'라고 일컬었다.[3]

군자의 나라라고 칭송받을 정도로 '유순하고 양보하는 성품'을 지녔다는 점은 '도덕의식'이 깃든 '예행(禮行)'의 뛰어났음을 가리킨다. 예절로 드러나는 한국인의 '도덕의식'은 이렇게 당시 중국인 눈에도 돋보일 정도였다. 이런 사실은 무속풍토에서 자생하던 한국인의 도덕에 눈뜨던 '사상적 씨앗'으로서, 한국철학사상이 자생의 싹을 틔운 실례들이라고 할 수 있다.

2 《삼국지》의 《동이전》.

3 《山海經》 제9 〈海外東經〉; 《漢書》 卷28(下) 〈地理志〉.

2. 무속세계의 극복

무속의 토양에서 제사와 정치가 분리되지 않았던 현상을 실감나게 전하는 기록이 전해진다.

> 나라마다 각 고을에서는 하느님[天神]에 대한 제사를 주관할 사람을 하나씩 뽑아 천군(天君)이라 했다. 또 소도(蘇塗)를 설치했는데, 방울과 북[鈴鼓]을 맨 큰 나무를 세워 귀신(鬼神)을 섬기었다. (…) 모든 나라에 두었던 그 소도에는 도망치는 자가 들어오더라도 잡아내지 못했다.[4]

오늘날도 촌락과 도시를 가리지 않고, 심지어 문명의 첨단을 걷는 서울에서도 '긴 장대에다 방울과 천'을 매달아 세운 '무당 집'을 볼 수 있다. 마치 그것을 연상케 하는 곳, '소도'라고 일컬은 곳이 이미 삼국시대부터 생겼다. 그곳이 바로 하느님과 여러 신들을 제사하던 장소다. 비록 도망치는 자가 거기에 숨어들더라도 잡아내지 못할 만큼 신성하게 여겨진 곳이었다.

무당의 소도야말로 '무속(巫俗)의 풍토'를 나타내는 대표적 상징물이다. 주목할 점은 당시 제사장인 무당을 '천군(天君)'이라 일컬은 점이다. 천군이란 '무당이자 왕에 해당'하던 인물이었다는 학자들의 해석이고 보면, 결국 주술과 주력을 빙자해 지역사회는 물론이고 국가를 통치하던 역사적 현상[5]의 한 장면이 아닐 수 없다.

실제로 사로국(신라) 국왕의 명칭은 거서간(居西干), 차차웅(次次雄)

4 《三國志》〈魏志·東夷傳〉'辰韓條'.

5 고대에는 굿과 주술로 무당이 질병도 치료한 데서 한자인 '醫'는 본래 '巫'를 바탕으로 한 글자가 변형된 것이다.

의 칭호를 거쳐 '니사금(尼師今)'으로 되었는데, 이 이름들의 의미 또한 존장자·무당·계군(繼君)들이다. 이는 무속이 지배하던 시대에 제사와 정치, 곧 종교와 정치가 분화되지 않은 시대였음을 알게 하는 것이다. 니사금 명칭 이후 '통치자를 임금이라 군왕'이라고 한 것은 무당의 제사장 역할로부터 분리된 왕의 독자적 통치가 가능케 되었음을 의미한다. '제사와 통치의 점진적 분리(祭政分離)'가 진행된 사실에 다름 아니다.

이 시대에 관한 중국의 기록 가운데, 한국인을 "타고난 성품이 유순하고 양보하길 좋아하며 다투지 않는다"고 한 기록은 연인(燕人)으로 알려진 한국인이다. 그와 달리 고구려인들에 대해서는 "사납다"느니 "용맹하다"고 한 기록[6]이 보인다. 필자의 이해로, 앞 기록은 '한국인 개인의 품성'을 가리키고, 뒤는 '한국인 집단의 특성'을 가리킨 것 같다. 집단으로 이해하는 이유는 한국과 중국은 고대부터 때로는 우호로, 때로는 경쟁과 극심한 사투로 상대했던 데에 있다.

삼국 중에도 고구려만은 신라 백제와 달리 '중국과 인접한 나라'였던 관계로, 왕래가 잦을 수 있어 친교를 두터이 함 못지않게, 경쟁과 갈등도 많았던 조건이다. 갈등 가운데 심각한 것으로는 '대규모의 전쟁(戰爭)'이 으뜸이다. 당시 중국은 국토와 인구 및 국력에서 고구려보다 훨씬 큰 '한(漢)나라'였다. 그 한나라를 비롯해 '수(隋)나라' '당(唐)나라'의 중국인들과도 고구려는 대규모의 전투를 치르면서 나라를 굳건히 지켜냈다. 전투까지 해야 했던 상대인 중국인들이 고구려인을 볼 때, 사납고 용맹해 보였음은 당연하고도 자연스런 일이었을 것이다.

6 《三國志》〈魏志·東夷傳〉'高句麗條'.

대외뿐 아니라 대내로도 마찬가지였다. 고구려 신라 백제 사이의 관계 역시 초기부터 경쟁과 갈등과 전투가 이어지는 긴장의 연속이었다. 평화로운 호혜 관계가 철학사상을 비롯한 문화향상에 크게 도움을 줄 수 있던 조건이었겠지만, 경쟁하고 전쟁하던 갈등 관계는 오히려 국력 신장 등의 영향을 준 조건에 다름 아니다.

국가 사회의 상황 변화는 점차 인간들의 '의식(意識)의 변화'를 가져왔다. 국가 규모의 전투가 의식의 변화를 가져온 큰 요인이었을 것을 짐작할 수 있다. 전투가 벌어지는 현실에서 가장 큰 영향력으로 감지되는 것은 '집단의 단합'을 이루게 하는 '인간의 리더십'이다. 목숨까지 건 전투에서 나의 생명을 실제로 좌우하는 군왕이야말로 보이지 않는 '신(神)'처럼 또는 보이는 '무당'보다는 월등 '유능한 존재'임을 사람들은 깨달았을 것이다.

신과 무당의 능력보다 유능한 군왕의 '물리적 힘'이 실제로 더 크다는 것을 경험으로 깨달은 사고의 변화는 곧 '무속신앙의 약화'를 가져온 요인이 아닐 수 없다. 이것이 무속에 매이지 않고 벗어나게 된 주요 원인일 것이다. 저 제정분리(祭政分離) 현상은 제사장의 능력보다 생사를 넘나드는 전장에서 전투를 지휘하는 통치자의 능력이 우월함을 깨달은 데에 기인했을 것이다. 필자는 이것이 무속의 풍토로부터 보다 더 '이성적이고 경험을 중요시'하는 사유로 넘어온 배경이라 추측한다.

제4장 유불도 삼교의 수용

1. 삼교의 전래

약화되던 무속신앙 풍토에 중국으로부터 들어온 사상이 유교(儒敎)·불교(佛敎)·도교(道敎)이다. 이들 삼교 전입 역시 고구려 백제 신라가 병존하던 '삼국시대'(기원전 57-서기 661)에 이루어졌다. 삼교 가운데 유교가 가장 앞서 전입되었던 것 같다. 하지만 불교 도교의 경우와 달리, 유교의 전입 시기에 대한 기록은 찾아지지 않는다. 필자의 추정이 필요한 것이다.

유학의 전입기가 기록되지 않은 '원인의 하나'는 국가 차원의 조치가 아닌 상태로 전입되어서일 가능성이 크다. 국가 차원의 조치일 때는 대부분 기록으로 남기 때문이다. '그 다음 원인'으로는 유학의 전입에 저항 등 부작용이 전혀 없었음을 상상할 수 있다. 저항이 있었더라면 대체로 기록하게 된다.

이런 추측을 앞세우면, 유학의 전입은 한국과 중국의 학자들 '개인 사이'에 아무 저항 없이 (자연스레) 전입되었을 개연성이 크다. 더 고려하자면, 저항의 마찰 없이 전파되려면 본유하던 무속신앙의 사상적 특징과 유학 사상의 특징이 별로 다르지 않아야 한다. 사실 유학의 대표적 사상이라면 '충효(忠孝)'인데, 무속에도 '조상숭배사상'과 '통치자에 복속하는 관념'이 있었다. 이것이 저항 없이 유입될 수 있던 또 하나의 조건이었을 것이다.

문제는 '유학의 전입 시기'에 대한 파악이다. 그것은 유학 전입의 보다 더 구체적 조건의 성립 여하로 귀결된다. 곧 ① 한자(漢字)에 대한 한국인들의 이해, ② 유학 경전의 성립, ③ 유학자급 중국과 한국 지식층의 교류, 특히 중국 지식인들의 동방이주(移住) 시기가 그것이다. 이를 고려하면, 필자의 추정으로 유학의 전입 시기는 아마도 기원전 240년 무렵이 아닐까 한다. 보다 더 이를 수도 있지만, 늦잡아도 이 시기라고 판단한다. 그 근거는 물론 이 시기에 앞의 (전래의) 조건들이 모두 충족된 데 있다.[1]

불교의 전래 시기는《삼국사기》·《해동고승전》 등의 기록으로 알려지고 있다. 고구려의 경우 372년(소수림왕 2년) 중국 전진(前秦)의 왕(苻堅)이 사신과 함께 승려 순도(順道)에게 불상과 경문(經文)을 들려 보내왔다. 2년 뒤(374년)에는 승려 아도(阿道)도 들어왔다. 이야말로 '외교의 통로'를 이용한 전입이다. 하지만 외교 통로의 이용은 대체로 불교가 이미 얼마큼 알려진 뒤에 이루어지는 것이 통례 아닌가? 이점을 떠올리면 이보다 조금 더 앞서 전파를 위한 일반 승려가 '개인 차원'에서 가져왔을 개연성도 없지 않다. 그러므로 이를 최초의 전래라 단정할 수는 없다. 분명한 기록에 실증적 심증을 얹어 짚은 연대일 따름이다.

백제의 불교 전래는 384년(침류왕 원년) 동진에 있던 호승(胡僧) 마라난타(摩羅難陀)에 의해서라 알려졌다. 백제에 들어온 그 승려를 '왕이 맞아들였다'고 한다. 동진에 머물다가 온 인도 승려로 보이

1 졸저,《한국유학사》(지식산업사, 2012), 42쪽 참조. 당시 삼국의 교류로 보아 이 무렵의 시기 추정은 고구려를 비롯한 '삼국 전체에의 유학전래'로 보아도 무방할 것 같다.

는 마라난타를 왕이 맞아들였음 또한 외교의 성격으로 불교가 전해졌음을 시사한다. 하지만 백제에도 그 이전부터 일반 승려의 왕래로 불교에 대해 얼마큼 인지하고 있었으리라는 추측이 불가능하지 않다.

신라에는 263년(미추왕 2년)에 고구려 승려 아도(阿道)가 일선군(선산) 모례(毛禮)의 집에 숨어들었다고 하는데 확실치 않다. 아도의 고구려 출현 시기와 너무 큰 차이가 나기 때문이다. 보다 더 신빙성 있는 시기는 대략 400년대(눌지왕 417-458)인 듯하다. 확실한 사실은 '신라의 불교 공인(公人)'이 527년(법흥왕 14)년에 이루어진 것이다.

다음 도교의 전래 문제이다. 어느 사람은 한국에서도 무속적 자연신앙을 바탕으로 자생한 도교가 있었음을 주장한다. 그럴 가능성을 필자도 부정하지 않는다. 하지만 여기서 언급하는 도교는 중국 후한 시대(순제順帝 126-144)에 장도릉(張道陵)이 노장사상을 바탕으로 창건한 '오두미교(五斗米敎)'를 일컫는다.

고구려에서 이를 도입한 기록이 보인다. 643년(보장왕 2) 연개소문이 '삼교를 솥발[鼎足]'에 비유하면서, 도교 수입을 주청하여 왕이 당에 사신을 보냈고, 이에 당 태종이 도사(道師) 숙달(叔達) 등 8명을《도덕경(道德經)》과 함께 보내왔다는 것이다.

신라에서도 당나라에 유학하고 온 학자들에 의해 도교(특히 단정파丹鼎派, 단학파丹學派)가 들어왔다고 알려졌다. 정확한 연대는 알 수 없다. 백제에도 도교가 도입되었지만, 그 내용과 시기 또한 불분명하다. 백제의 경우도 신라나 고구려보다 별로 늦지 않았으리라고 추측한다.[2]

도교의 도입에서도 삼국 어느 경우나 '개인 차원'에서 유입된

2 李能和,《朝鮮道敎史》(동국대학교, 1959) 참조.

것을 가상할 수 있다. 그것은 이런 기록상의 시기보다 더 일찍 시작되었을 개연성이 많다. 당시 중국과의 잦은 교류로 보아, 개인 차원의 도교 유입은 늦어도 4세기경이 아닐까 한다.

2. 삼교의 초기 수용

1) 유교의 초기 수용

삼교의 도입이 한국인의 삶을 이끄는 데 이용하려던 조치였다면, 그 수용(受用)은 도입 의지의 구체적 실현에 해당한다. 한국인의 의지가 도입에서보다도 더 강하게 작용한 것이 수용이다.

삼교의 수용은 '무속사상이 지닌 약점 또는 결점의 강화와 보충'의 의의를 지닌다. 삼교는 이 단계에서부터 실상 '외래의 성격'이 약화되기 시작한다. 세 사상의 발생 자체는 중국이나 인도였다 해도, 그 수용부터는 한국인의 사유가 작용한 '한국사상의 특수성(特殊性)'이 깃들게 된다. 바로 이 점으로 해서 삼교의 수용은 하나의 '한국사상화(韓國思想化)'의 성격이기도 하다.

삼국시대에 전래된 유교 서적은 (후기로 갈수록 많아졌지만) 초기에는 별로 많지 않았다. 다음 서적들이 삼국에 거의 공통적으로 전입되었다. 오경(五經)인 《시경》·《서경》·《주역》·《예기》·《춘추》, 삼사(三史)인 《서기》·《한서》·《후한서》와 《삼국지(三國志)》·《진춘추(晉春秋)》, 그리고 시문(詩文) 모음의 《문선(文選)》, 및 사전류로 《옥편(玉篇)》·《자통(字統)》·《자림(字林)》, 그 밖에 《논어》와 《효경》이다. 이것들이 유교 또는 유학을 한국에 전한 초기 통로인 셈이었다.

유교의 수용 중 첫 눈에 띄는 현상은 삼국 각각의 '역사서(歷史書) 저술'이다. 고구려에서는 국초에 저자 미상의 고구려사 《유기(留

記)》 백 권이 나왔다. 이것을 다듬은 것으로 여겨지는 태학박사 이문진(李文眞)의 《신집(新集)》(5권)도 뒤이어 나왔다. 백제에서는 박사 고흥(高興)의 《서기(書記)》를 비롯해 《백제기(百濟記)》·《백제본기(百濟本紀)》·《백제신찬(百濟新撰)》을 지어냈다. 신라에서는 대아찬(大阿飡)·거칠부(居柒夫) 등을 시켜 《국사(國史)》를 내었다.[3]

이 저술에는 삼사와 《춘추》를 익힌 '역사 중요시'의 영향이 컸을 것이다. 역사서의 저술은 당시 한국인의 '역사의식'의 발로이겠는데, 역사의식이란 곧 자기 나라의 '자주적 주체성 과시'에 다름 아니다. 바꿔 말해 당시 한국인들의 '자기 정체성에 대한 각성'이 아닐 수 없다. 그 점에서 유학의 수용 가운데 가장 앞서 표명된 사유란 바로 '자기 정체성의 확인'이었다는 사실이 드러난다. 유학의 초기 수용의 건실한 출발이 확인되는 증거이다.

유교 수용의 또 다른 측면은 유학을 익히기 위한 교육기구의 설치였다. 고구려에 사설 교육기구인 '경당(扃堂)'이 있었듯이, 백제에도 비슷한 것을 세운 자취가 있지만, 특히 국가시책으로 '국학(國學)' 또는 '태학(太學)'이 삼국에 설치되었다. 이 태학 설치야말로 유학 수용의 출발과 그 본격화를 알리는 현상이다.[4]

태학에서 가르친 내용은 신라 태학의 '삼과수업(三科授業)' 등의 교과목으로 알 수 있다. 그것은 오경을 비롯해 《문선》·《논어》·《효경》 정도이다. 주목되는 점은 이 가운데 《논어》와 《효경》이 삼과 전체에 '필수과목'처럼 중요시된 사실이다. 이 '두 책에 담긴 사상'의 흡수와 이용이 곧 '국가의 시책'처럼 되었음에 우리는 유의

3 이상 《三國史記》 권20 〈高句麗本紀〉, 권24 〈百濟本紀〉, 권4 〈新羅本紀〉 등 참고.

4 고구려의 태학은 372년에 설립되었고, 백제는 이보다 먼저 세운 듯하나 분명한 기록이 없다. 신라는 매우 늦어서 682년에 설립되었다.

한다.

《논어》는 공자의 '인(仁)을 핵심사상'으로 하면서, '임금과 신하의 관계(君臣關係)'를 논한 책이다. 공자에 따르면 "사람에 대한 사랑(愛人)"인 '인(仁)'은 "내 마음을 미루어 남을 대하는" 배려의 방식(恕)으로 구현된다. 공자의 제자 유자(有子)는 그 인의 구현을 '효(孝悌)'라고 가르쳤다.[5] '효'의 구체적 실천을 상세히 설명한《효경》은 이런 맥락에서 출현했다.

다른 한편《논어》에서는 임금과 신하의 관계를 논했다. "임금은 신하에게 예(禮)로 대하고, 신하는 임금에게 충(忠)으로 대해야 한다"[6]고 했다. 그런 만큼 이 두 책을 필수로 교육했음은 효를 중심으로 한 '윤리 도덕의 규범화'와 군주정치를 위한 '군신 관계의 확립'을 꾀했음을 가리킨다. 도덕 측면으로 효의 덕목을, 정치 측면으로 충의 개념을 정책으로 권장한 조치가 확인되는 사실들이다.

태학 교육을 통한 이런 조치는 당시의 사회적 여건에 부합한다고 할 수 있다. 당시 씨족사회라고도 하는 혈연사회에는 효를 통한 '가부장적 가족윤리(家族倫理)'야말로 적합했음에 틀림없다. 국가의 체제 또한 부족국가나 그 연맹 형태를 벗어나고 있던 그 즈음, 보다 더 강력한 '중앙집권적 군주제(君主制)'의 촉진이 요구되던 시기였다. 따라서 유교의 초기 수용은 이렇듯 그 시대환경에 매우 부합하는 방식으로 추진되었음이 확인된다.

2) 불교·도교의 초기 수용

고구려의 불교가 중국 북방의 '동진과의 외교통로'로 전해졌음은[7]

5 《論語》〈學而〉第2章.

6 위의 책, 〈八佾〉第19章.

7 이 무렵 고구려는 중국의 전연(前燕)에게 침략을 받아 크게 피해를 본 처지였

'왕실을 위해 전입'되었을 개연성이 짙다. '왕권 강화'와 '왕실의 번성'과 결부된 수용으로 읽힐 현상이다. 그 왕실불교(王室佛敎)의 수용은 나아가 '호국불교(護國佛敎)'로 이어질 성격이었다고 할 수 있다.

백제의 경우도 이와 근본에서 다르지 않다. 불교를 받아들인 근초고왕 때(346-375)는 백제가 대내외로 융성하던 시기여서 불교를 보호할 여력이 있었다. 왕실에 도움이 되는 점을 간파했던지 왕실에서도 불교를 보호했다. 이것이 백제의 불교 수용 초기에 나타난 특징이다.

불교 진흥에 힘을 기울인 왕은 그 전래부터 1세기 반 이상 지난 뒤의 성왕(聖王, 재위 523-544)이다. 그는 승려 겸익(謙益)이 인도에서 율(律)을 들여오자 번역하게 하고 자신이 서문을 지어 주었다. 또 양(梁)나라에 사신을 보내《열반경(涅槃經)》등을 수입해 오게 했다. 불교의 전문적 연구로 백제불교의 새로운 차원을 열도록 한 업적을 이룬 왕으로 기억되는 인물이 성왕이다.

신라는 불교가 전래되자, 본유의 무속사상과 갈등을 빚은 경우로 알려졌다. 이차돈(異次頓)의 죽음에 대한 설화와 해석이 그 예증이다. 기성 세력이던 촌장들은 무속신앙을 기반으로 하였지만, 왕실과 밀착된 불교의 '공인(公認)'은 곧 왕권을 귀족들의 권력 이상으로 강화하는 조치에 다름 아니었다. 그것은 일종의 국교화에 준하는 정책이었던 만큼, 재래의 이념을 약화 또는 불식하는 '사상적 전환'이었다. 이차돈의 죽음은 그 전환기의 희생물로서, 그 죽음을 비롯하여 (화백회의 수장인) 상대등의 양여 등을 통해, 기존 귀족

다. 때마침 동진은 바로 그 전연을 멸망시키고 이룬 나라였던 만큼, 고구려와 우호를 보이고 고구려 또한 그에게 호의로 대하던 관계였다.

인 '촌장들의 저항을 무마'하고 마침내 왕권 강화 성격의 불교 수용이 이룩되었다는 견해가 설득력을 지닌다.[8]

도교의 수용은 유교와 불교의 것과 조금 다르다. 고구려의 경우부터 보면, 도교를 도입하던 시기(보장왕 때)는 불교를 도입하던 372년경(소수림왕 때)과는 전혀 다른 상황이었다. 국력의 신장은 고사하고 국내외의 정치적 혼란으로 인해 쇠망의 길로 빠져가던 시기였다. 도교 도입을 왕에게 주청한 연개소문은 국왕(보장왕) 이상의 권력으로 전횡하던 인물이다. 도교 도입 이후 그는 도사(道師)들을 불교 사찰에 머물게 우대하여, 보덕(普德) 같은 승려가 반발하던 끝에 백제로 망명했다는 것이다. 도교 도입 이후 눈에 띄는 개혁 현상은 백성을 동원하여 평양성(平壤城)을 비롯한 '성곽들의 보수 축성' 작업을 한 것이다.

이런 사실에서 우리는 아래와 같은 점을 추측할 수 있을 듯하다. 당시 연개소문의 판단으로 시급한 정책은 '국방강화(國防强化)'로서 특히 축성 공사였다고 가정할 때, 왕권 이상으로 전횡하던 그가 뚜렷한 보상 없이 축성 동원령을 내렸다면, 백성들 반응이 냉담했을 것을 상상키 어렵지 않다. 더욱이 강제 동원을 피하고 자연스런 방법을 찾던 그로서는 민간 사이에서 유행하던 '도교'의 '풍수신앙(風水信仰)'을 이용했을 가능성이 높다. 풍수신앙은 기존의 무속신앙과 어울리는 성격 탓에 매우 깊이 믿어졌을 것이므로, 축성작업은 연개소문 아닌 '도사들의 풍수 진단 탓'임을 가장하고 동원했을 추측이 나온다. 마침 당시 설화에는 평양성의 축성을 "기운 달을 '둥근 만월(滿月) 형태'로 한 것"이라는 대목이 전해진다. 이러한 추측이 맞다면, 고구려의 도교 수용에는 그 아류인

8 이기백, 《국사신론》(일조각, 1986) 참조.

'풍수설의 이용'이 한몫했다는 결론에 이른다.

신라와 백제의 경우는 당나라 유학생들에 의한 단학(丹學, 또는 단술丹術)의 유행이 두드러졌다. 단학은 물론 도교의 핵심사상이 아니다. 하지만 핵심사상을 익히 알지 못한 이들에게 이것이 도교임을 강조할 경우 매력을 지닌 것임을 부인하기 어렵다. 그 이유는 이것이 인간의 본능인 '불로장생(不老長生)의 욕구'를 충족시킨다는 믿음 때문이다. 도교의 초기 수용에서 단학의 이용과 그 유행은 일반인들의 관심을 끄는 데서 상당한 흡인력으로 작용했을 것이다. 수용에서의 이런 상태는 도교의 '진정한 핵심철학'이 아직은 숙지되지 않은 채로 남은 상황임을 알리는 징후이기도 하다. 도교의 '핵심사상인 노장철학(老莊哲學)'의 숙지와 그 대중화는 시간을 더 필요로 했던 것 같다.

3) 삼교 사상의 풍류적 응용

이상 삼국시대에 약간의 시차를 두고 전입된 삼교는 통일신라 시대(남북국시대)에 그 수용에 더욱 활기를 띠었다. 한국 본유의 사상은 물론 무속사상이었던 만큼, 삼교의 수용 또한 무속사상의 터전에서 서로 '긴밀히 관련'된 상태로 진행되었다. 당시 삼교의 그런 실상을 구체적으로 밝혀주는 글이 바로 최치원(崔致遠: 857-?, 호는 孤雲)의 '난랑비서문(鸞郎碑序文)'이다.

> 우리나라에 현묘한 도(道)가 있는데 풍류(風流)라 한다. 교의를 세운 근원은 선사(仙史)에 자세히 적혀 있지만, 실은 삼교를 포함한 것으로 중생(群生)을 직접 교화하는 것이다. 집에서는 부모에게 효도(孝道)하고 나아가서는 나라에 충성(忠誠)하였으니 공자의 가르침이고, 무위(無爲)로 처리하고 불언(不言)의 가르침을 실천하였으니 노

자의 사상이며, 어떤 악행도 범하지 않으면서 모든 선[諸善]을 받들어 행하였으니 석가모니의 교화이다.[9]

유불도 삼교의 실질적 응용을 구체적으로 밝힌 점이 돋보인다. 중생의 교화에 삼교 사상[道]을 아울러 응용한 것을 가리켜 '현묘한 도(玄妙之道)'인 '풍류(風流)'라고 일컬었다는 것이다. 이 연원이 본래 (무속풍토의 고대 한국사 서적으로 여겨지는) 《선사(仙史)》에서 밝혀 옴을 들어 신빙성의 증거로 삼은 것도 눈여겨 볼 만하다. 다만 그 《선사》가 지금은 전해지지 않아 유감일 따름이다.

그야 어떻든, 교화의 내용은 공자의 충효(忠孝) 사상, 석가모니의 선악관에 기초한 선행(善行) 사상, 노자의 무위자연(無爲自然) 사상이다. 삼교에 담긴 이 핵심사상을 중생이 익혀 실천하도록 가르쳤다는 것이다. 유교의 충효 사상은 이미 앞 절에서 밝혔으니 되풀이가 필요치 않지만, 도교 불교 사상은 앞 절의 것보다 약간의 설명이 더 필요할 것 같다.

도교의 경우 '말로 하지 않는 가르침(不言之敎)'이란 노자의 무위(無爲) 곧 '함이 없음'의 가르침을 의미한다. 무위란 특히 거짓된 인위라 할 '조작 없음(無僞)', 따라서 '자연 그대로'의 의미이다. 조작에서 허위(거짓)가 생긴다는 사유를 은연중 앞세운 것이므로, 순수하게 타고난 '질박(質朴)'이 자연의 으뜸 되는 특성이라 여겨진다. 이를 노자는 '영아(嬰兒)'로써 인간의 이상형을 상징했다. 이렇듯 꾸밈없는 질박의 태도를 도교의 교화로 이용했다는 것이 최치원의 전언이다.

불교 선행(善)의 교화는 (앞 절에 나온 백제의 경우) 겸익(謙益)이 계율(戒

9 《三國史記》〈新羅本紀〉 第4 '眞興王 37年條'.

律)을 들여온 것과 관련된다. 계율에 명시된 선행을 하면 '길복(吉福)의 응보'가 따른다는 것이다. 응보(應報)란 선행에 선과가 악행에 악과가 따른다는 사유이다. 이 응보관이 불교의 윤리관인데, 이 관념에 기초한 '선행의 권장'이 당시 본격적으로 시행되었다는 것이 이 글 내용이다.

정리하면, 삼교의 핵심사상인 '대표적 규범들'을 적극 민중교화에 이용했음을 알리는 것이 이 글의 요지이고 특징이다. 유불도의 사상들을 어느 하나에 치우침 없이 '포괄해 이용한 사실'을 밝히는 내용이다.

필자는 여기서 최치원이 표현한 '그윽하고 오묘한 길[玄妙之道]'이라든가 '풍류(風流)'에 대하여 좀더 주목하려 한다. 이 글로 인해 사람들은 '한국사상의 특징'을 풍류라고 이제까지 일컬어 왔다. 일반인들은 물론이고 학자들도 거의 모두 그렇게 생각해 왔다. 그런데 풍류의 뜻을 (우리말 사전에 따라) '운치 있는 놀이'라고 할 때, 삼교의 포괄적 이용을 굳이 '그윽하고 오묘하다'고 표현했을까? 그렇지 않을 것 같다. 필자의 견해로 '이 풍류'는 '놀이'와는 좀 거리가 있는 '다른 의미'라 생각한다. 곧 삼교를 '독특하게 포괄적으로 응용한 사유방식'을 가리킨다고 생각한다.

원래 삼교를 긴밀히 연계하여 이해하고, 포괄적으로 이용하는 이른바 '삼교원융(三教圓融)'은 중국에서 특히 위진시대(魏晉時代: A.D. 200-600)에 두드러졌다. 그런 만큼 그 시대 중국에서의 '풍류용어'의 용례를 고찰할 필요가 있다. 노장철학은 우주의 근본 본체를 '도(道)'라 하고 펼친 철학이어서 '도학(道學)'이라 한다. 그 도를 노자는 말로 표현키 어렵다는 의미에서 "그윽하고도 그윽하다(玄之又玄)"라 했다. 이로 인해 도학(노장학)은 '현학(玄學)'이라는 이름으로도 불렸다. 바로 위진시대에 이르면, 도학이 크게 우세해져 도학 중심으로 도유불 삼교를 긴밀히 연관하여 사유하고 응용하는 삼교혼융(三教混融)의 방법이 크게 유행했다. 이른바 도학시대(道學時代) 또는 현학시대(玄學時代)라는 이 시대에 왕필(王弼)·하안(何晏) 같은 학자가 노장사상으로 공자의 논어를 해석하는 기풍을 보였던 것이다.

한편 불교 승려인 승조(僧肇)·도안(道安) 등은 불교를 중심으로 도교를 이해하기도 했다. 삼교의 혼융 혼합현상이 일어났던 것이다. 여기서 유의해야 할 사실이 있다. 당시 이 '삼교혼융의 풍조'를 학자들은 '풍류(風流)'라 일컬었던 점이 그것이다. 예로 도안은 "풍류가 기울고 추락하여 육경(六經)이 편수되었고, 빼기고 높이는 기풍이 더욱 늘어남에 이편(二篇: 道經·德經)이 이 때문에 찬술되었다"[10] 고 하였다.[11]

이러한 중국의 역사적 사실을 숙지한 최치원은 자신의 조국 신라에서 유행하던 삼교의 긴밀한 포괄적 응용 사조(思潮, 곧 道)에 '풍류'라는 용어를 적용했을 것이다. 신라에서 행하여지던 삼교의 포괄적 이용 풍조에 '풍류'라는 표현을 적용하면서, 그것을 '현묘한 사상(玄妙之道)' 또는 '현묘한 사유방법[道]'이라 했다는 것이 필자의 생각이다. 다시 말해, 여기의 '풍류'란 사람들이 흔히 떠올리는 '운치 있고 멋있는 놀이'를 의미하는 용어가 결코 아닐 것이다. 운치 있는 놀이라면 굳이 '그윽하고 오묘하다', 곧 '현묘(玄妙)'라고 했을 리가 없기 때문이다.

당시 삼교 사상으로 민중교화를 실시한 실례는 '주로 화랑도(花

10 《廣弘明集》卷8 釋道安[二教論] '歸宗顯本第一'.

11 이는 최영성의 〈최치원의 풍류사상 이해와 그 기반〉(《한국철학논집》 제40집)에서 재인용했음을 밝힌다. 그는 남제(南齊) 시기의 도학자로 삼교합일을 주장했던 고환(顧歡: 420-483)은 풍류교(風流教)라는 용어도 사용했음을 전한다.

郞徒)들에게 실시한 교육'이었다고 추정된다. 그의 비문(인용문)의 주인공 난랑(鸞郞) 역시 화랑 가운데 하나라 짐작되듯이, 삼교를 이용해 교화한 실제 대상, 곧 중생은 주로 화랑도들이었을 것이다. 이런 추정의 증례 중 또 하나가 바로 원광(圓光)의 작품이라는 '화랑도의 세속오계(世俗五戒)'이다. 거기에는 '임전무퇴(臨戰無退)'라든가 '살생유택(殺生有擇)'등 유교 불교적 색채의 교훈이 혼재한다. 화랑도에 대한 삼교사상의 '집중적 교화'가 점차 뒷날에는 일반 민중의 교화로도 확장되고 계속되었을 것이다. 그리고 그 교화에 가무(歌舞)가 곁들여졌던 것 같다.

하지만 그 화랑도를 중심으로 하던 (삼교의) 교화는 날이 갈수록 쇠퇴해졌고, '화랑의 제도' 자체가 역사의 뒤안길로 사라지게 되었다. 이에 따라 화랑의 교화에 핵심이던 계율 등의 사상은 사라지고, 거기에 '곁들인 가무'만이 오히려 '인상 깊게' 잔존 된 듯하다. 교화의 실속은 사라지고 부수로 따랐던 '가무만 잔존'하는 주객전도의 현상이 일어난 것 같다. 그 결과, '풍류(風流)의 의미' 또한 자연히 본래의 현묘한 사조(思潮: 道)인 '삼교 포괄의 방법론적 오묘함'은 사라지고, '놀이 의미'만 강하게 남았다고 여겨진다. 놀이 풍조의 의미만을 그동안 마치 한국사상의 특징처럼 여긴 통념과 통설의 배경에는 바로 이런 역사적 현상이 작용했을 것이다. 이것이 풍류에 대한 세속적 인식의 배경이라는 것이 필자의 판단이다.

삼교의 유기적 이용은 그만큼 '종합 또는 통합하는 사유능력'의 뛰어남을 가리킨다. 한국인은 삼교의 수용에서 '통합능력의 발휘'가 풍류라는 '사상적 방법(곧 원융)'으로 출발했다는 것이 필자의 견해이다. 맛의 종합이라 할 것이 오늘날의 비빔밥이듯이, '전통사유의 특징'은 이렇듯 포괄로 드러나는 '종합 또는 통합의 정신'이라 하겠다.

제2편

불교철학사상에 침잠

제5장 유학의 덕치적 민본위민 사상

1. 덕치에 깃든 위민의식

유교의 초기 수용이 충(忠)과 효(孝)에 역점을 두었던 것은 부족국가 형태를 왕권 중심의 중앙집권 국가로 강화하는 정책이었다고 했지만, 체제 강화에 성공한 나라는 삼국 중 신라였던 셈이다. 신라가 삼국통일을 하였기 때문이다. 669년을 기점으로 신라는 당나라와 연합하여 삼국시대를 마감한 다음, 당의 세력마저 물리쳐 '통일신라시대'를 이루었다.

이어 699년 발해가 성립했다. 그 뒤 918년 고려가 건국하기까지, 약 250년간 한국 역사는 신라와 발해의 '남북국시대'였다. 역사의 흐름을 다시 언급하는 이유는 국권 변화와 함께 왕권 또한 그만큼 강화되었음을 지적하려는 데 있다.

왕권의 강화란 바꿔 말해 왕에 대한 신하와 백성의 충성(忠誠)을 강조하는 여건 조성이다. 하지만 충성에 의한 왕권 강화만을 일방으로 강조하는 것이 유교는 아니다. 군왕은 신하에게 예(禮)로 대해야 함을 교시한 것이 공자였지만, 공자는 이상적 정치를 "덕(德)으로 이끌고, 예(禮)로 질서 세움",[1] 이른바 '덕치(德治) 예치(禮治)'라 했다. 이를 약칭하여 '인정(仁政, 사랑의 정치)'이라 한다. 인정으로 정치를 해야 독재인 패도(覇道)와 대칭되는 '왕도정치(王道政治)'라고 한 학자가 맹자이다.

덕과 예로, 곧 사랑으로 베푸는 인정의 이면에는 애민(愛民)을 뒷받침하는 '위민(爲民) 성격'이 깃든 것이다. 인정을 왕도로 강조한 맹자는 위민에 '민본(民本)의 성격'까지 더하여 강조한 것으로 유명하다. "국민이 재일이고 사직(社稷)이 그 다음이고 군왕은 가장 가벼운(끝 가는)" 것이라고 하면서, 패왕에 대한 방벌론(放伐論)을 편 철학자가 맹자이다. 유교의 수용은 바로 이런 민본 위민의 정치사상을 받아들여 실현하려던 조치였다.

통일신라시대는 물론이고 이미 삼국시대에도 유학자들은 국왕에게 '인정'에 눈뜨도록 주청했고, 왕들 또한 그것을 명시적으로 지향한 흔적을 남겼다. 그 좋은 예가 고구려 광개토대왕(廣開土大王: 재위 391-411)의 비문에 적힌 '이화(理化)'—곧 왕도 원리에 의한 정치—의 표방이다. 이후 신라의 진흥왕(眞興王)의 순수비(巡狩碑)에도 《서경》의 천명설(天命說)에 기댄 위민정치의 언구가 나온다.[2]

이런 사례는 애민 위민 지향의 의식이 지배층에게 널리 인지되었음을 뜻한다. 유교의 초기 수용 이후 이제는 왕에 대한 '충성의 반대급부'에 해당하는 왕의 민본 위민정치(仁政)의 시행이 그의 임무로 역설되는 시대가 된 것이다. 이런 시대사상을 이끈 유학자가 강수(强首: ?-692)와 설총(薛聰: ?-?), 및 최치원(崔致遠: 857-?)이다. 이들이 신라의 대표적 유학자로서 작게는 예(禮) 의식을 높이고, 크게는 국왕에게 위민 민본의 정치 시행을 주청했다.

1 《論語》〈爲政〉第3章: 子曰: "(…) 道之以德, 齊之以禮, 有恥且格."

2 하늘이 왕권을 부여한다는 천명설은 인정을 저버린 패도정치에는 하늘이 재앙으로 벌준다는 천견설(天譴說)과 짝한 것이다.

2. 강수의 업적

강수는 유학의 현실적 유용성을 일찍 알아차린 학자 같다. 어린 날 그의 부친이 유교와 불교 가운데 어느 것을 배우려 하는가 묻자, 곧 "불교는 세속을 떠난 가르침"임을 들면서 유교를 택했다는 전언이 그런 추측의 근거이다.

유교에 뜻을 둔 그는《효경》·《곡례》·《이아》·《문선》 등을 통해 유교의 '도덕'과 '예절'과 '문장학'을 익혔다. 특히 뛰어난 문장가로 '외교문서(國書)의 작성'에 남다른 능력을 발휘하여, 당나라와의 외교문서 작성을 독차지했을 정도였다.

당시는 삼국통일을 국책으로 삼은 시대인 데다 그 통일을 당나라와의 연합으로 이루던 신라였으므로, 당과의 외교관계를 막중히 여겼을 것은 자명하다. 이를 감안하면 외교문서로 국가에 기여한 그의 공헌은 이미 당시부터 높이 평가되었을 것이다. 그 뒤(고려조)에 지어진《삼국사기》에서 그의 그 공로를 '무공(武功)에 못지않았다'고 평가했다.[3]

유학자로서 강수의 면목은 또 다른 데서도 찾아진다. 젊은 날 그는 신분이 낮은 여인과 정분을 맺어 사실상의 아내로 삼았던 모양이다. 20세에 그의 부모가 높은 신분의 규수와 결혼하도록 하자, 이를 단호히 거절한 그였다. 이때 그가 든 이유란 바로 "가난을 함께한 아내(糟糠之妻)는 버릴 수 없고, 빈천할 때 사귄 친구를 잊어서는 안 된다"고 한《예기》의 가르침이었다.[4]

이는 사사로운 개인의 '애정' 차원으로 일단 논의할 수 있고, 다

3 《三國史記》, 卷46, '强首傳'.

4 위의 책.

른 한편 유학 수용의 시각으로도 논의될 자료임에 유의해야 한다. 강수의 답변은 '부덕(不德)하고 불인(不仁)'하게 하지 않도록 한 '유교의 예속(禮俗)'을 실천한 것, 곧 '도덕 행위'의 실천으로도 평가되는 사례이다. 한 여인에 대한 '애정' 못지않게 '도덕규범'을 중요시하여 준수한 사례로 볼 때. 그의 유학자다운 모습이 잘 드러난다.

설령 감추어진 애정이 보다 더 작용했다고 해도, 유교의 수용이라는 명분(名分)의 맥락에서 이런 평가가 따를 수 있다. 강수의 결단과 행위는 유학자로서 그 시대 '유교 예속의 토착화'를 이끈 공헌에 해당하는 가치로 매겨지는 것이다.

3. 설총의 사상적 업적

설총(薛聰)은 신라의 대표적 승려인 원효(元曉)[5]가 요석공주와의 사이에서 낳은 아들이다. 그도 일찍이 승려로서 불교사상에 해박했는데, 뒤에 유교로 전향하여 대표적인 유학자가 되었다. 그의 업적으로는 중국 문자(漢文)로 된 경전(經典)을 한국인이 읽기 쉽도록 개발한 '이두(吏讀)'의 정리 발전에 크게 기여한 공헌을 들 수 있다.

이두는 그 이전부터 쓰여 왔지만, 당시만 해도 사용하기에 불충분함을 면치 못했던 모양이다. 그가 이를 더욱 개발하고, 그것을 스스로 이용하여 학인들에게 경전(곧 육경六經)을 가르쳤다. 그 결과로 '유교의 학문적 진흥'에 큰 성과를 올렸다고 알려졌다. 유학 진흥에 획기적 업적을 남겼다는 평가이다. 이로 해서 1022년(고려 현

5 불교사상 항목에서 소상히 고찰함을 미리 밝힌다.

종 13) 그는 한국의 문묘(文廟)에 배향되어 후대 유학자들의 존숭을 길이 받아 온다.

유학만 아니라 불교 도교에도 두루 능통해 넘나들면서 문장가로도 이름을 남겼다. 하지만 학문의 본령은 어디까지나 유학이었고, 유학자로서 그는 상소문 성격의 〈풍왕서(諷王書)〉(일명 〈화왕계花王戒〉)를 지어 임금(신문왕神文王)에게 바쳤다. 이는 임금을 화왕(모란)에 비유하고 다른 신하들을 할미꽃 등에 견주어 왕이 경계해야 할 것을 간언한 성격이다. "어진 이를 가까이하고 아첨하는 사람을 멀리하라"는 것이 핵심적 요지이지만, 덕치(德治)를 표방한 '애민(愛民) 위민(爲民)의 교훈'까지 함축한 내용이다. 내용이 풍부하지 않고 형식마저 직설의 방법을 피한 점에서 미약하지만, 절대 권력이라 할 국왕에게 한국 최초로 신하가 낸 '간언(諫言)'인 점에서 역사적 평가를 받는다.

되풀이하지만, 왕에게 대한 충성 이상으로, 백성을 위해 '왕이 실천해야 할 책무(責務)'가 드디어 상소문 형태로 거론되기 시작했다. 아울러 결코 쉽지 않은 직간(直諫)일지라도 감행해야 함이 '신하이자 유학자의 본분(本分)'임을 깨닫게 한 인물이 설총이기도 하다. 그가 한국 역사에 이룬 '사상적 업적'이 이로써 대표된다고 해도 지나침이 없다.

4. 최치원의 외면당한 개혁설

최치원(崔致遠: 857-?)은 12세로 중국 당나라에 유학, 18세 때(874년) 그 나라 과거(빈공과賓貢科)에 합격한 출중한 재능의 소유자다. 23세 때에는 황소(黃巢)의 난이 일어나, 그 황소에게 보내는 격문(檄文)을 명문으로 작성하여 일약 중국에서 문명(文名)을 날렸다.

당시 중국 유학생들은 대부분 귀국하지 않았으나, 그 풍조와 달리 그는 29세(885년)가 되자 조국 신라로 돌아왔다. 헌강왕도 그를 반겨 시독(侍讀) 겸 한림학사(翰林學士) 벼슬을 주었다. 쇠망의 나락으로 떨어져 가던 당시 신라의 인심은 각박해져 시기와 모략이 난무하던 분위기였다.

뜻을 펴기 어려움에 지방관(地方官)을 자청해 가면서도, 진성왕(眞聖王)의 실정에는 개혁을 위한 '시무책(時務策)—12조목'을 올렸다. 898년 효공왕에게 올린 상소문에서는 국정의 실패를 극론했다. 극론이란 혁신적 개혁을 하지 않으면 "신라는 망하리라"[6]는 언구였다. 극렬한 이 직간은 결국 왕의 노여움을 사 벼슬을 아예 잃게 되었다. 선비의 임무라 여긴 '올바른 직간'이 도리어 화근으로 작용, 그를 실의에 빠지게 했다. 그는 마침내 정계를 떠나 지리산을 비롯한 산간을 떠돌다가 해인사에서 일생을 마쳤다.

유학을 깊이 닦아 이상적 정치를 실현하려던 그의 꿈은 당시 그의 처지로는 무망(無望)하던 환경이었다. 애초부터 신라는 '골품제(骨品制)'를 실현하던 '귀족 사회'였는데, 그는 6두품에 해당하는 신분이었다. 최치원 등 유학자들은 아무리 유능해도 성골(聖骨)·진골(眞骨)이 차지하는 벼슬을 할 수 없었다. 당나라에 유학한 유학자들이 귀국하지 않고 중국에 머물거나, 귀국한 일부 학자들마저 다시 중국으로 되가거나, 심지어 새로 흥기하던 왕건(고려 태조)에게 접근했던[7] 상황이었다. 원인은 역시 '귀족사회인 신라 신분제의 한계

6 鷄林黃葉이고 鵠嶺靑松이라고 했다. 계림으로 상징된 신라는 쇠망하고 곡령으로 상징된 고려가 흥기할 것을 의미하는 것임.

7 졸저, 《한국유학사》, 제5장 제2절 '유학자들의 반체제적 저항'(지식산업사, 2012) 참조.

와 모순' 때문이었다. 최치원의 정치적 한계와 실의의 먼 원인 또한 이런 현실적 여건에 있었다. 유학자인 최치원 또한 그의 정치적 희망과 이상을 실현하기에는 그를 가로막은 신분제 벽이 너무 두꺼웠다.

그의 재능은 외교문서를 다루던 문장가로 출중했고, 시인으로도 당나라 역사서에 오를 정도로 뛰어났으며, 삼교를 회통한 사상가로도 돋보였다. 어린 나이에 당에 유학한 그는 조국에 대한 애착에서 나온 주체적 '동인의식(東人意識)'을 지닌 자취를 많이 남겼다. 오늘날 전해 오는 그의 저서 《계원필경(桂苑筆耕)》(20권)으로도 이 점이 확인된다.

사상의 본령은 유학에 있었지만, 삼교사상의 경계들을 개의치 않은 재능과 기개의 소유자였다. 앞서 그의 '난랑(鸞郞)비문'을 살폈지만, 거기서 밝힌 '풍류(風流)' 곧 '현묘한 사상(玄妙之道)'은 그 자신도 스스로 익히고 구사한 것이었다. 그 풍류의 사조는 실상 그 자신의 '삼교회통' 또는 '삼교통합의 사상적 성향'이기도 했다. 자신의 사상적 성향이어서 더욱 애착이 가고 강조하고 싶었을 것이다. 더욱이 '동인(東人)'이라는 주체적 의식이 드높았음을 떠올리면, 사상가로서의 최치원이 얼마나 그 삼교융합의 한국적 심화를 바랐을까 짐작할 수 있다.

하지만 유학자의 소임이라 여긴 경세(經世) 측면에의 역량을 다 발휘하지 못한 한을 품고 세상을 떠난 인물이다. 이런 최치원이 귀족 사회인 신라가 망하고 왕건의 중세 국가 고려가 흥할 것을 예단한 사실[8]을 보면, 경세인으로 소유한 그의 예지는 시대를 앞서간 셈이다.

8 주 4 참조.

최치원에 이어 필자는 이 무렵 유학자들의 동태에 대해 약술해야겠다. 비록 소극적인 성격의 최치원은 신라 체제에 대하여 이 정도로 대했지만, 적극적인 성격의 학자들은 골품제를 구실로 자신들의 고위직 진출, 곧 권력 확장을 가로막았던 신라의 귀족사회를 아예 멸망시키는 데로 나섰다. 예로 최승우(崔承祐)는 후백제를 세우고서 신라를 공격하던 견훤(甄萱)과 손잡았다. 최치원의 종제인 최신지(崔愼之 일명 崔彦撝)는 24년 만에 귀국, 잠시 집사부시랑(執事部侍郎)을 하다가 그만두고, 고려를 건국한 왕건(王建 재위 918-943)의 사부(師傅)가 되어 그의 창업을 도왔다.

사상에 있어서도 신라 말기 유학자들은 대개 유교사상을 고수하기는커녕, 불교 도교를 넘나들며 삼교원융(三教圓融), 곧 사상의 유랑을 하던 상태였다. 그 상태가 오히려 육두품으로 전락한 선승(禪僧, 無染, 秀澈 등)들과 손잡고 시대를 비판하며 신라 사회를 청산하는 데 의기투합하게 한 조건이었다. 집약해, 이들은 함께 신라의 골품제 귀족사회를 뒤엎고 조금이나마 합리적인 관료제와 위민 민본사회로 열려 나아갈 중세사회를 여는 데 힘을 함께 했다.

이렇듯 최신지 등의 뒷받침을 받고 신라를 청산하고 새로 등장한 고려의 왕건은 〈훈요십조(訓要十條)〉를 통해 "왕위는 어디까지나 민심(民心)의 획득 여하에 달려 있다"고 했다. 이것이 곧 역사의 흐름 자체가 귀족 사회를 탈피하고 '위민 민본의 시각'으로 더욱 더 개방되는 방향이었음을 확인케 하는 증거이다.

제6장 대승불교에 대한 주요 연구

1. 고구려 승랑의 삼론학 연구

인도에서 중국과 한국에 전한 불교가 대승불교임은 이미 널리 알려진 대로다.[1] 대승불교 이론을 본격적으로 연구하기 시작한 것은

1 석가모니의 별칭 불타란 '깨달은 사람(Buddha)'을 가리킨다. 그 깨달은 경지가 곧 해탈(解脫)이고 열반(涅槃)이다. 석가모니가 궁궐을 떠나 사색의 길로 들어선 목적이자 문제의식이 바로 '고뇌(苦惱)'의 극복이었다. 경험하는 일체가 고뇌(一切皆苦)라고 하는 그의 이 명제는 석가모니 철학의 출발점에 놓은 잠정적 전제에 다름 아니다.

석가모니가 고뇌를 제일 문제로 삼았기 때문에 사람들은 흔히 불교를 염세주의(厭世主義)로 보는데, 그것은 오해이다. 그의 사상은 해탈 열반이라는 '고뇌극복의 가능함'을 결론으로 제시하기 때문이다. 고뇌의 극복을 제시해 오히려 안위와 희망을 주는 사상이자 철학이 불교이다.

번뇌의 별칭이기도 한 고뇌에는 원인이 있다. 사람들이 현세의 실상(實相)을 모르고 내는 무지한 욕구들 때문이다. 한마디로 무지(곧 무명無明)에 고뇌의 종국적 원인이 있다. 감지되고 경험되는 현상세계는 쉼 없이 변한다, 이른바 제행무상(諸行無常)이다. 그래서 고정된 무엇, 심지어 불변하는 나[我]라 할 것도 없다. 이를 제법무아(諸法無我)라 한다. 불교는 이렇게 '변화의 철학'을 바탕에 깔고 있는 가르침이다.

불변의 내가 없음에도 사람들은 자신을 영존하는 것으로 착각하고, 그 착각에 집착하여 많은 욕망(慾望)을 발한다. 가장 심한 욕망이 먹고 번식하는 욕구, 특히 애욕(곧 갈애渴愛)이 사실상 불길처럼 타오르는 욕망 중 으뜸이라 한다. 그런 만

그 전래 뒤 약 1세기 이상 지난 무렵(6-7세기경)이다. 한국에서 그것을 제일 먼저 연구한 학자로 고구려의 승려 승랑(僧朗: 450-530 추정)이 꼽힌다. 고구려에서 태어나 자라면서 불교를 얼마큼 닦은 그는 중국으로 가 더 깊이 연구한 끝에 그곳에서 대성하였다. 하지만 모국으로 다시 돌아오지는 않은 듯하다.

승랑이 연구의 깊이를 뛰어나게 한 분야는 '삼론학(三論學)'이다. 승랑 이외에도 중국에서 크게 활약한 한국 학자로는 인법사(印法師)와 실법사(實法師)도 있었다. 이들도 모두 삼론학 연구로 중국에서 강의 등 활약을 한 고구려 출신 승려들이다.[2] 이로 미루어 삼론학이 고구려 불교의 연구 경향을 대표한다고 할 수 있을 것 같다. 다만 승랑이 고구려 불교의 상징 같은 삼론학 연구를 대표하는 학자

. . . .

큼 이를 깨닫고 욕망에서 벗어나야 하고, 실로 인간만은 그럴 수 있다. 욕망의 불길을 완전히 끈 상태가 열반(nirvana)이고. 욕망의 원인과 그 제거에 대한 참다운 깨침이 해탈(moksha)이라는 것이다.

이에 더 보태기로 한다. 현상의 변화는 단독으로 이루어지지 않는다. 인간을 포함한 모든 사물은 서로 긴밀히 연관된 상태로 변해 간다. 연관 관계로 변해 간다는 이론이 바로 '인연연기설(因緣緣起說)'이다. 원인(因)과 조건(緣)으로 해서 얽히고설킨 상태로 변한다는 이론이 바로 약칭한 연기설이다. 이 또한 불교의 바닥에 자리한 주요한 핵심 사상이다. 이 사상이 선악의 분별을 앞세우고 선악의 행위가 각각 그에 해당하는 과보를 가져온다는 불교의 인과응보(因果應報)의 윤리설을 뒷받침한다.

나아가 변화의 사유는 '현상적 존부(存否)' 여부의 사유로 이어져 왔다. 변하기 때문에 '변하는 무엇(주체)을 인정'하는 사유와, 변하므로 '아무것도 있을 수 없다'는 사유로 갈린다. 진유(眞有)를 주장하는 이론과 아무것도 있을 수 없어(유도 무도 아닌) 공(空)을 주장하는 이론의 나뉨이 그것이다. 이렇게 나뉘어 일컬어지는 것이 소승(小乘)불교와 대승(大乘)불교의 이론들이기도 하다. 소대승의 승(乘)은 불교의 가르침 등으로 고뇌에 빠진 인간에 대한 '구제'를 뜻할 뿐이다. 여기서 이제 우리는 대승불교의 중론(中論), 유식론(唯識論) 등을 접하게 된다.

2 한명숙, 〈승랑의 삼론학〉, 《인물로 보는 한국의 불교 사상》(예문서원, 2004), 18쪽.

라 하겠다.

삼론학이란 반야(般若)의 '공(空)을 기본'으로 한다. 공의 입장을 택하지만 유에 치우치지 않듯 공에도 치우치지 않아, '중(中)의 입장'이라 해야 한다. 연원을 찾으면, 인도의 중관(中觀) 또는 중관학파(中觀學派)에 기원을 둔다. 명칭의 유래는 바로 용수(龍樹: 150-250 추정)의 《중론(中論)》·《십이문론(十二門論)》, 그의 제자 제바(提婆)의 《백론(百論)》 등을 근본 서적으로 성립한 데서 붙여진 것이다.

삼론학은 고삼론·신삼론으로 또 구분되는데, 승랑의 사상적 계보는 신삼론에 속한다. 실은 신삼론을 등장시킬 정도로 공헌한 학자가 곧 승랑이라고 전해진다. 그의 저술은 보이지 않지만, 당시 중국 불교의 거두인 길장(吉藏: 549-623)의 저술에서 승랑의 삼론학에 대한 기록들이 나온다.

길장은 자신의 사상적 연원이 승랑에게 있다고 밝힌다.[3] 이로 미루어, 승랑이 당시 길장 등 중국 불교 학자들에 끼친 영향을 짐작할 수 있음은 물론, 그의 사상적 수준을 가늠할 수 있다. 승랑의 사상적 위상은 결국 길장의 그것과 동열이라는 판단이 나온다. 삼론학 안에 신구(新舊)의 갈림이 있게 한 학자라는 그에 대한 평가가 허언(虛言)이 아님을 이로써 알게 된다.

삼론학에 대한 '승랑의 이론'은 어떤 것일까? 박종홍(朴鍾鴻: 1903-1976)에 따르면, 그것은 유(有)와 공(空)의 양면을 떠나 중(中)을 깨닫는 '종도(中道)의 인식방법'이 하나(곧 인식론認識論)이고, 그 '중을 본체로 파악'한 본체론(本體論)이 또 하나라는 것이다.[4] 이것이 승랑의 삼론학에 대한 철학적 이해인 셈이다.

3 위의 책, 15쪽.

4 윤사순·이광래, 《우리사상 100년》(현암사, 2001), 220쪽 참조.

2. 신라 불교의 대표적 성격

7세기경 한국 불교는 신라의 학승들이 행한 연구로 대표된다. 이렇게 된 데에는 인접한 중국 당나라에서 크게 발달한 '대승불교'의 영향이 컸지만, 당나라 또한 신라 학승들의 수준 높은 불교이론의 영향을 받았음도 부인할 수 없다. 신라와 당의 뛰어난 학승들의 교류로 인한 양국의 불교 발달이 곧 7세기의 대승불교의 수준 높은 연구 결실을 이루었지, 당나라 승려의 연구만이 전부는 아니었다. 예로, 중관(中觀) 계통의 이론을 비롯하여, 대승기신론(大乘起信論)·화엄론(華嚴論)·열반론(涅槃論), 그리고 계율(戒律)과 선(禪) 사상, 및 정토(淨土) 사상 등의 연구가 모두 그러했다.

이것들을 아우르는 대승불교는 실상 석가모니의 원초불교사상을 더욱 면밀히 이론화하거나 보완한 이론이지, 근본적으로 전혀 다른 성격의 이론은 아니다. 원초불교의 '보완적 재해석'이라는 성격을 띤 이론들이 곧 신라의 불교이자 대승불교의 철학이다.

그 구체적 실례가 원측(圓測)의 유식론(唯識論)이고, 원효(元曉)의 유식론을 바탕에 둔 번뇌론(煩惱論) 및 그의 일심사상(一心思想)이며, 의상(義湘)의 화엄중도(華嚴中道) 사상 등이다.

3. 원측의 유식사상

신라 불교사상의 흥성에 크게 기여한 원효(元曉: 617-686)가 국내에서 활동할 때, 원측(圓測: 613-696)은 중국에 가서 활발히 활동한 인물이다. 원측이 원효보다 네 살 앞선다. 신라의 왕족에 속한 원측은 3세에 출가, 15세 때 중국 당(唐)나라로 떠났다. 그만큼 천재적 재능의 소유자였다.[5] 그의 불교연구는 불교 전체에 걸쳤지만, 특히 유식(唯識)사상에서 가장 뛰어난 자취를 남겼다.

원측은 중국의 유식론을 대표하던 지론종(地論宗)과 섭론종(攝論宗)을 먼저 배웠다. 다시 말해, 인도에서 중국으로 넘어온 이론들을 먼저 다 배웠다. (세친世親[320-400 추정]이 《십지경론十地經論》에서 주장한 유식설을 보리유지菩提流支가 중국에 전한 것과, 무착無着[310-390 추정]이 《섭대승론攝大乘論》을 통해 주장한 것을 진제삼장眞諦三藏이 중국에 전한 유식설을 모두 익혔다.)

뒤이어 인도에 유학하고 돌아온 현장(玄奘: 602경-664)의 학설(유가지론과 성유식론)도 익혔던 것 같다. 현장설을 익힘에는 그가 중국인 아닌 한국인이라는 신분적 제약 탓에 애로가 많았던 듯하다. 다른 나라에 유학하면서 이국인(異國人)이 흔히 겪는 일을 그도 심하게 겪었던 모양이다. 하지만 그의《유식론소(唯識論疏)》에는 현장설도 포함되어 있어 그것을 그가 어떻게든 학습했음을 알 수 있다.[6]

원측은 중국에서 외국인이라 당하던 애로에 굴복하지 않았다. 그의《유식론소》와《해심밀경소(解深密經疏)》로 그 점이 확인된다. 그는 당시 중국의 불교를 두루 익힌 끝에, 그것들을 통섭한 '종합적인 독자적 사상'을 이룩했다. 서명사(西明寺)를 본거로 한 그의 '독자적 강론'이 뛰어나 마침내 중국 불교계의 어느 누구보다도 더 이름을 떨쳤다.[7] 최치원의 지적대로 당대의 중국 명승의 위치

5 그가 중국에 건너간 해는 마침 뒤에 학문적 인연을 맺는 현장(玄奘)은 인도로 유학 가던 28세의 청년이었다.

6 이에 대해서는 원측이 중국인이 아니라 외국인(한국인)이라서 소외되던 처지여서 도청(盜聽)했다는 기록이 있는 것으로 미루어 독학으로 익혔다고 추측된다. 그를 경쟁자로 여긴 당시의 규기(窺基)의 저해가 작용했던 모양이다.

7 나중에는 불수기사(佛授記寺)에서 활동하다가 696년에 84세로 서세했다.

에 이르러, 그는 당나라 태종(文皇)의 '아낌'과 측천무후(則天武后)로부터 '부처님 같은 존경'을 받았다고 전해진다.[8]

원측은 박식하여 저서를 많이 남긴 학자로도 유명하다. 앞의 두 책 이외에도《성유식론소》·《이십유식소》를 지었고, 반야의 공관(空宗)에도 관심을 쏟아《반야심경소》와《반야심경찬》도 지었다. 거기에 치밀한 논리 구사의 필요성을 깨달아《인명논구(因明論究)》와《인명정리문론소(因明正理門論疏)》·《이문론소(理門論疏)》까지 지었다.

유식설(唯識說)이란 연기설(緣起說) 및 윤회설(輪回說)과도 연계되므로, 흔히 말하는 대로 인식설이라고만 할 수는 없다. 하지만 번역하자면, 인식의 이론이 가장 대표적 사유형식이므로, 일종의 '인식설(認識說)에 해당'한다고 하지 않을 수 없다. 이점은 일찍이 원측 이전부터 사용되어 온 기본용어만 보아도 그렇다. 따라서 유식설을 이루는 기본용어와 그 뜻부터 알아야 한다. 독자들이 그 정도의 지식을 갖추었다고 가정하고,[9] 본론으로 진행하겠다.

다만 한 가지 더 부언할 것이 있다. 지난날에는 해부학의 미비로 뇌 작용이 별도로 알려지지 않았던 터라, 뇌기능을 심(心)의 기

8 이능화 편,《朝鮮佛敎史》下, 165쪽.

9 독자를 위한 예비지식을 서술하면 아래와 같다. 불교에서는 감각기관으로 여섯 가지를 든다. 눈=안(眼), 귀=이(耳), 코=비(鼻), 혀=설(舌), 몸=신(身), (생각하는) 머리=의(意)라는 여섯 기관, 이른바 '육근(六根)'이 그것이다. 이들 육근에 대한 대상은 '육경(六境)'인데, 색경(色境)·성경(聲境)·향경(香境)·미경(味境)·촉경(觸境)·법경(法經)을 가리킨다. 이 여섯 대상에 대한 감각 및 인지를 식(識)으로 표현한다. 안식(眼識)·이식(耳識)·비식(鼻識)·설식(舌識)·신식(身識)·의식(意識)이 그것이다. 이를 '육식(六識)'이라 한다. 여기서 '식'과 '의'와 심에 대한 일종의 정의가 있어 왔다. 식(識)—분별[方別]해 아는 앎을 일컬음. 의(意)—사유[思量]하는 것을 일컬음. 심(心)-집기(集起), 느낌을 포함한 앎을 총괄하는 기능을 일컬음.

능으로 이해하여 이런 유식설을 구상했다. 앞서 언급한 대로 심에 일정한 작용뿐만 아니라 연기설 등을 연결한 것으로 보아, 원측 등이 논하는 유식설은 '과학 아닌 형이상학적 이해'임을 알아야 한다.

원측에 있어 대상에 대한 인지인 '식(識)'은 여섯 가지 곧 육식(六識=眼·耳·鼻·舌·身·意의 識)이고 그것은 또 의식(意識)으로 대표된다. 그리고 의(意)는 식 차원 이상이어서 제칠식(第七識)에 해당된다. 용어들이 낯설겠지만, 나(我)와 나에 대한 아집(我執)이 있게 되는 차원을 의 차원이라 한다. 이것이 또한 번뇌(고뇌)를 벗지 못한 차원이다.[10]

개별로 분별하자면, '식·의·심', 세 가지로 (정의에 따라) 분류된다. 하지만 총괄적 이해로는 이 세 용어의 의미는 모두 팔식(八識)에 포괄된다. 그 까닭은 심이 감각과 지식을 총괄하는 기능을 함유했기 때문이다. 제구식(第九識)을 그도 언급은 하지만 불필요하다고 여긴 것 같다.

여기서 원측은 '심을 제팔식(第八識)' 곧 '아뢰야식(阿賴耶識)'에 해당시킨다. 그의 《해심밀경소(解深密經疏)》 등에서 이점이 확인된다.[11] 물론 이런 사상은 그 이전 호법(護法)의 영향을 받은 것이지만, 이렇듯 심(心)을 제팔식(아뢰야식)에 해당시켜는 데서, 그 심의 내용은 단순한 인식의 주체가 아니다. "현상[法]의 씨앗[種子]을 쌓아 두었다가 그 모든 것을 생기게 한다"는 것이 그의 심 및 심론이다. 따라서 "모든 현상이 마음으로 해서 생긴다(一切唯心造)"는 이론에 대한 해명이 곧 그의 유식설임을 알 수 있다. 다시 말해, 그의 유식

10 圓測, 《解深密經疏》 卷3, 心意識相品 참조.

11 위의 책.

설은 '유심설(唯心說) 성격임'이 이에서 드러난다.

원측은 이제까지 살핀 제팔식의 심설을 대상[相]에 대한 분별지(分別智)의 차원이고, 번뇌를 벗지 못한 것이라는 의미에서 '유루(有漏)'라 한다. 번뇌를 벗은 무애경지(無碍境地)인 '무루(無漏)'가 있음을 그는 지적했다. 이른바 '제구식(第九識)'을 언급한 그다.[12] 하지만 9식에 대한 그의 관심은 별로 높지 않아서, 그는 심으로 인해서 현상 세계가 있게 되는 문제에 관심을 집중했다. 따라서 8식설까지의 심론에 누구 못지않게 '기존의 유식설들'을 깊게 상세히 종합 정리한 것이 원측 유식철학의 특징이다.

원측에 있어서도 유식설은 이론 자체로 그치거나, 이론만으로 가치를 지니지 않는다. 이론 추구 또한 '깨달음(正覺)'에 궁극의 목적을 두었던 것이다. 그 목적을 이루는 데는 유식론에 더한 '수행(修行)'이 반드시 따라야 한다. 그가 제시하는 그 수행 또한 간단치 않다. 그것은 다섯 단계(五位)[13] 이상으로 복잡하게 된 수행법이다. 그것을 익숙히 실천해야만 인간은 누구나 궁극의 '깨달음의 경지'에 이른다는 것이다.[14]

12 진제삼장(眞諦三藏)은 무애식(無碍識)을 아마라식(阿摩羅識)이라 하여 제구식(第九識)으로 주장했음을 원측은 그의 《인왕경소(仁王經疏)》에서 지적했다.

13 오위(五位)는 자량위(資糧位), 가행위(加行位), 통달위(通達位), 수습위(修習位), 구경위(究竟位)로 이루어졌다.

14 이 부분은 오형근, 〈신라 원측법사의 유식사상 연구〉(《불교학보》[불교문화연구원] 25[1988])의 논문에 도움받은 바 크다.

4. 원효의 번뇌론

원효의 불교사상은 대체로 그의 《대승기신론소》 등에 깃든 유식설을 바탕으로 한 '일심설(一心說)'로 이해된다. 원효의 《대승기신론》에 대한 과목 나눔(分科)과 어구해석 등이 중국 당나라의 법장(法藏: 643-712)과 북송의 연수(延壽: 904-974) 등에 크게 영향을 주었기 때문에, 그 《대승기신론소》라든가 일심설을 그렇게 평가한다. 하지만 원효의 불교사상은 보는 관점에 따라 그의 업적 모두가 대단한 경지임을 누구도 부정할 수 없다.

필자 또한 앞으로 그의 《대승기신론소》에 나타난 그의 일심사상을 소개할 것이다. 다만 편의상 필자는 먼저 '원효의 번뇌론'을 살필까 한다. 왜냐하면 '번뇌(煩惱)'야말로 석가모니의 문제의식인 '고뇌(苦惱)'의 별칭이므로, 그의 번뇌론은 곧 '석가모니의 근본사상'에 대한 원효의 이해를 직접 드러내는 의의를 지녔기 때문이다.

불교의 핵심사상에 대한 논의가 '고뇌론' 곧 '번뇌론'이라는 점에서, 그리고 한국의 불교사상을 대표하는 위치의 원효가 이를 어떻게 이론화했는가는 독자들의 지적 호기심 충족에도 적합할 것이다. 때마침 우리 학계에는 '원효의 번뇌론'[15] 연구가 은정희에 의해 나왔다. 이에 따라 필자는 그것을 신중히 참고해 가며 약술하지 않을 수 없다.

결론부터 밝히면, 원효 역시 번뇌의 극복은 석가모니의 가르침 그대로 궁극엔 '무지(無明)의 탈각'인 해탈(解脫)로 가능하다는 것이

15 은정희, 〈원효의 번뇌론〉, 《인물로 보는 한국의 불교사상》(예문서원, 2004) 참조.

다. 그것을 설명하는 과정의 이론이 당시까지 이루어진 유식설 등을 이끌어 그 나름으로 구사한 까닭에 보다 더 복잡하고 독특해졌을 따름이다.

본격적으로 논의하기 전에 한 가지 유의해야 할 것이 있다. '번뇌' 용어의 쓰임에 따른 의미에 대한 것이다. 앞 미리 결론으로 밝힌 대목의 '번뇌'는 (해탈로 극복되는) '무지(곧 무명無明)' 또는 고뇌(苦惱)와 같은 뜻인 '동실이명(同實異名)'의 용어이지만, 원효가 번뇌 극복 문제에 초점을 맞추어 다룬 저서《이장의(二障義)》에서 쓰인 '번뇌'는 편의상 '지식'과 대응되는 용어임에 주의해야 한다. 이는 '번뇌' 용어의 사용에 두 가지(차원)가 있어 혼란을 예상하고 미리 밝히는 것이다.

이제《이장의(二障義)》에 따라 문제에의 접근을 시작하기로 한다. 이장(二障)이란 번뇌(고뇌)를 일으키거나 버리지 못하도록 가로막는 '두 가지 장애'를 가리킨다. 두 가지란 '지적 장애(障碍)'와 '번뇌의 장애'이다. (이른바 소지장[所知障] 소지애[所知碍]와 그에 대비된 번뇌장[煩惱障] 번뇌애[煩惱碍]가 그것이다.)

번뇌의 장애에 지적 장애가 있다고 함은 번뇌의 직접적 원인인 '탐욕(貪慾)'과 '성냄(嗔恚)' 못지않게 '선입견'이라든지 '오해' 등 '잘못된 지식' 또한 그 원인이라는 데 있다. 이런 분류는 원효가 그 이전부터 해 오던 관습에 따른 것이기도 하다.[16] 이런 장애들을 벗어나면(해탈하면) 문제는 물론 사라진다.

그런데 원효는 장애들에 대한 해명을 더한다. 그 해명을 위해 그는 대승불교의 용어들까지 도입해 구사한다. 은밀문(隱密門) 현

16 불교사의 맥락에서 볼 때 이는 당시까지 마음 다스림에 주력한 유가론(瑜伽論) 계열과 이론 추구에 주력한 기신론(起信論) 계열의 분류 성향을 따른 사유방법이다.

료문(顯了門)과 염(染)·정(淨)이 그것이다. 현료문은 감각 경험되는 현상 측면인 데 견주어, 은밀문은 일종의 선험적 본체 측면에 비유할 수 있다. 염과 정 또한 현상계에서 심식의 오염된 측면과 본체계의 청순한 측면을 가리킨다. 이를테면 염(染)은 현료문의 속성처럼, 정(淨)은 은밀문의 속성처럼 나타낸 표현이다.

염정(染淨)의 두 가지 중에서 원효가 주목하는 것은 (심식의) 염이다. 그는 심지어 '여섯 가지 염심(染心)'을 든다. 근본업불상응염(根本業不相應染)·능견심불상응염(能見心不相應染)·현색불상응염(現色不相應染)·분별지상응염(分別智相應染)·부단상응염(不斷相應染)·집상응염(執相應染)이 그것이다. (그의 이론이 깊다는 것을 독자들은 이제 실감할 것이다. 유식론의 범주에서 설명하는 이론이라 그렇다.)

얼핏 보고서 이 염심들은 은밀문과 관계없이 현료문에만 속한 듯이 여길지 모른다. 하지만 원효에 따르면 그렇지 않다. 이것들은 은밀문 중 '번뇌애의 체'로서, 염심은 현료문에서의 번뇌와 소지(所知) 이장(二障)을 이미 다 포함했다는 것이다. 지적 장애, (知碍)의 체인 '근본무명(根本無明)'마저 이 염심에 기인한다고 그는 설명한다. 왜냐하면 이것이 '진여의 근본지'를 막기 때문이다. 이렇듯 은밀문과 현료문의 관계는 불가분의 '하나의 체계'이기 마련이고, 실제로 그렇게 되었다고 사유하는 사상가가 원효이다. 그런 만큼, 애초의 은밀문과 현료문의 분별은 편의상의 분별에 불과한 것이다. (이런 해명 방법은 또 중관의 논리형식이라 하겠다. 내용은 여전히 그리고 앞으로도 유식론적 내용에 해당한다.)

그에 따르면 인간은 근본 무명에만 가려져 있지 않다. 그런 의미에서 특히《대승기신론소기》에서 그는 앞으로부터 다섯 염을 오상(五相: 상[相]은 모습 및 상태의 뜻임)[17] 또는 의(意)에 배속시키고, 끝염(執相應染)을 육식(六識) 또는 의식(意識)에 배속시킨다. 그리고 의식을 다시 '시작되는 깨달음(始覺)의 네 단계'와 관련시킨다.

원효는 여기서 지식(앎)인 '의와 의식'은 '아뢰야식'[18]의 자상심(自相心) 또는 심체(心體)가 생멸의 조건(緣)에서 전변해 나온 것으로 이해한다. 그 전변을 아라야식의 업상(業相) 전상(轉相) 현상(現相), 곧 '삼세(三細) 또는 삼세식(三細識)으로 된다'고 했다. 바로 이것이 원효의 독특한 이론이다.[19]

다시 말하겠다. 본래의 청정심(淸淨心: 眞如)을 오염하여 일어난 불각심(不覺心)의 무명업상(無明業相)으로부터 아라야식이 지닌 자체(自體)의 능력으로 인해 (마치 어둠이 절로 밝아지듯이) '삼세식의 상태로 전화'하여, 무명인 '번뇌(고뇌)를 극복'하는 (거의 깨달음[覺]에 다가선) 일종의 '명지(明知)' 단계에 이른다는 것이다. 명지 단계는 번뇌(고뇌)가 사라진 경지라 할 수 있다. 이상이 원효가 이론 측면인 '유식측면'으로 설명한 번뇌론의 핵심 요지이다.[20]

하지만 원효에 따르면, 이 단계로는 다만 '이론 측면에 국한된 해명'일 뿐, '번뇌의 실제적 극복'과는 아직 거리가 있다. 그의 견해로, 식(識) 차원인 '지식(앎)'보다도 더 상위에 있는 것이 '깨달음[覺]'이고, 깨달음을 실제로 가능케 하는 것이 '수행(修行)'이다. 깨

17 상(相)은 모습이자 상태의 뜻이다. 유학에서는 '체용(體用)'의 사유를 구사하지만 여기 불교에서는 '체상용(體相用)'의 사유를 구사한다.

18 '아뢰야식'을 어느 사람은 윤회의 주체라는 점에서 '불멸의 영혼(靈魂)'에 비유하는 경우를 본다. 그런 비유는 전혀 틀리지만은 않겠지만, 오해나 곡해를 낳을 여지가 많아서 주의해야 한다. 마찬가지로 오해를 일으킬 비유일지 모르겠으나, 적어도 원효의 이 경우는 의식 또는 인식작용에서 논의되는 '궁극의 잠재적인 통각(統覺)'에 비유할 수 있지 않을까 한다.

19 은정희, 〈起信論疏·別記에 나타난 元曉의 一心思想〉(박사학위논문, 고려대학교, 1982) 참조. 삼세에 대한 보충 설명이 다음 '원효의 일심사상'에서 또 나온다.

20 여기서 그의 식설이 객관적 인식설 아닌 일종의 변증적이고 형이상학적인 해석설임이 드러난다.

달음인 해탈의 경지는 결국 수행에 따라서 이루어진다는 것이다.

이에 원효는 '견도(見道)의 5단계', '수도(修道)의 4단계', '구경도(究竟道)의 3단계'의 실천을 수행 요목으로 제시했다. 따라서 이 '세 가지 12단계의 실천'[21]이 온전히 실행될 때라야 '번뇌의 진정한 극복, 해탈'이 이루어진다는 것이다.

5. 원효의 일심사상

불교에서 논하는 '일심(一心)사상'은 본래 《대승기신론(大乘起信論)》에 나온 것이다. 원효의 일심사상 역시 그의 《대승기신론소》 등을 통해 나름으로 해석한 내용이다. 그 해석이 번뇌의 극복을 해명한 《이장의(二障義)》 못지않게 유려하다. 그의 해석에 나타나는 '독자적 사상'이라 할 점은 《대승기신론》을 해명하는 논법과 논지의 뛰어남과 해석 중의 아라야식에 대한 독창성에 있다.[22]

《대승기신론》에 대한 원효의 견해가 당시 국외에서까지 우수하고 타당하게 여겨진 좋은 실례가 있다. 바로 중국의 '법상계'를 대표하던 화엄종 제3조 법장(法藏)이 《대승기신론》의 과목 나눔(分科)과 어구해석 등을 원효가 한 대로 인용 답습한 것이다.[23] 북송 초의 연수(延壽) 또한 그의 《종경록(宗鏡錄)》에 원효를 많이 인용했음도 이미 잘 알려진 사실이다.

원효는 《대승기신론》의 일심사상을 '중관론과 유식론의 종합'

21 이 12단계의 소개는 이 글의 성격상 필요치 않아 생략했다.

22 그 아리야식에 대한 그의 견해는 이미 앞 그의 번뇌설에서 비친 것이기도 하다.

23 은정희, 《대승기신론 강의》(예문서원, 2008), 28쪽.

으로 이해했다. 그런 만큼 그는 일심을 '인식 기능의 특성'으로 파악하는 한편, 그 해명에는 '중관적 방법'의 구사를 원용했던 것이다. 필자는 이 점을 감안하여 그의 일심사상을 소개할 것이다.

본래《대승기신론》에서는 하나의 마음 곧 '일심(一心)'의 구조를 '진여문(眞如門)'과 '생멸문(生滅門)'으로 설정하였다. 진여문이란 본래의 밝고(明) 청정(淸淨)한 마음을 가리킨다. 원래 진여에는 오염이 깃들 생의 특성(生義)이 없다는 것이다. 그런 마음이 참된 이상이자 참된 원리 곧 '진리'라는 의미로 나타낼 따름이다. 생멸문이란 낳고 사리지 듯이 항상 동정(動靜)하는 마음의 측면이다.

주의해야 할 것이 여기 있다. 한 마음을 '두 측면으로 나누어 설명한다'고 해서 두 측면이 서로 '분리된 두 개가 아니라'는 것이다. 진여문의 진여는 생멸문에도 하나의 씨앗(藏) 곧 가능성으로 잠재되었기 때문이다.

이런 점에서 일심은 "하나도 아니고 둘의 다른 것도 아님(非一非異)"을 원효는 강조한다. "하나이되 하나가 아니고 둘이되 둘이 아님(不一不二)"을 강조하는 대목들이 그의《대승기신론소(大乘起信論疏)》및《대승기신론별기(大乘起信論別記)》에 많이 나온다. 공(空)을 바탕으로 대립되는 양극을 지양하면서 하나로 다시 종합하는 이것이 이른바 '중관의 논리'이다.

다음은 유식사상의 응용 부분이다. 원효에 따르면, 생멸문에 들어 있는 '진여의 씨앗'(잠재적 가능성)이 다름 아닌 '아뢰야식'이다. 그에 있어 '아뢰야식'은 이렇게 '생멸과 무생멸' 또는 '진여와 망염'의 화합 성격을 지녔다고 하는 것이다. 그런 데다가 앞서 살핀 대로, 아뢰야식은 삼세 또는 삼세식(三細識)의 기능을 지녔다는 것이 그의 생각이다. 무명의 영향(薰習)으로 동요하기 시작하는 무명업상(無明業相), 동요하는 증상으로 상대를 보는 전상(轉相), 그리고 상대의 대상에 비춰지는 현상(現相)이 그것(삼세)이다. 이 셋이 생멸심에 깃든 아뢰야식에서 일어나는 '오염된 무명의 마음'을 벗고 '밝은 청정심'이 되는 (자체의) 인식 기능이다. 결국 밝은 청정심으로 되게 하는 것 역시 아뢰야식일 따름이다.

바꿔 말하면 아뢰야식 자체의 '여래장(如來藏)'이라는 '잠재된 씨앗'의 능력으로 해서 무명을 벗어나 자성청정(自性淸淨) 해진다는 의미이다. 여기에다가 수행을 더하면 깨달음[覺]에 이른다.[24] 이는 앞 항에서 이미 밝힌 대로이다. 그 이전의 유식설에서는 아뢰야식은 다만 '윤회의 주체'인 생멸식이라고 여겨졌을 뿐이었던 것을 삼세식으로 밝혀 유식설에 사실상의 보완 작업을 더한 학자가 원효라 하겠다.

여기서 그는《대승기신론》에 명시된 대로 깨달은 사람은 자기 이익(自利)에 해당하는 자기만족(自足)에 머물러서는 안 됨을 강조한다. 중생의 고뇌를 벗도록 도와주는 대승(大乘) 본연의 '타리(他利)' 이른바 '요익유정(饒益有情)'에 충실할 것을 역설한다. 위로 진리를 구하고(上求菩提) 아래로 민중을 교화(下化衆生)하기에 몸소 본보기가 되려고 애써 실천한 그였다. "열반에 들었더라도 거기에 머물지 않아야 한다"(不住涅槃)는 신념이 곧 원효의 실천철학이었다.

24 은정희, 〈원효의《대승기신론소》를 통해 본 일심의 원리〉,《원효학연구》, 제3집(1998) 참조.

6. 원효의 특별한 연구

여기에 기재하고 싶은 것이 더 있다. 원효의 《십문화쟁설(十門和諍說)》로 이론화된 '화쟁설'이 그것이다. 이것은 불교 이론 사이의 '다툼을 화해'시키는 즉, 불교 이론 중의 상이점들을 해소하는 방법론이다. 더러는 이러한 규정에 들지 않는 것도 없지 않지만, 근본적으로 '방법론 지향'의 이론임을 부정할 수는 없다. 그런 화쟁의 논리를 학자들은 원효 불교철학의 일관된 기반이라 지적하고 있다.[25]

화쟁이 일종의 종합 또는 통합을 지향한 점에서 그 가치가 결코 경홀시 될 수 없다. 하지만 원효의 이러한《십문화쟁설》의 완본은 아직 발견되지 않았다. 지금 전해지는 것은 일부가 빠진 결본(斷簡本)이다. 필자는 독자의 편의를 위하여 그 요목만이라도 밝히기로 한다.[26]

1. 삼승일승화쟁문(三乘一乘和諍門) 2. 공유이집화쟁문(空有異執和諍門)
3. 불성유무화쟁문(佛性有無和諍門) 4. 아법이집화쟁문(我法二執和諍門)
5. 삼성이의화쟁문(三性異義和諍門) 6. 오성성불화쟁문(五性成佛和諍門)
7. 이장이의화쟁문(二障異義和諍門) 8. 열반이의화쟁문(涅槃異義和諍門)
9. 불신이의화쟁문(佛身異義和諍門) 10. 불성이의화쟁문(佛性異義和諍門)

이 기회에 필자는 그의 《십문화쟁설》이 지닌 시대적 의의와 학문적 함의를 살피려 한다. 원효는 신라의 삼국통일 시기를 전후하

25 이를 맨 먼저 지적한 이는 박종홍이 아닌가 한다. 윤사순·이광래,《우리 사상 100년》(현암사, 2001), 222쪽 참조.

26 李鍾益,《元曉의 十門和諍思想 硏究》(東方思想硏究院, 1977) 참조.

여 살았다. 비록 통일 문제를 의식한 명시적 문장은 그에서 발견되지 않는다. 하지만 누구보다도 명민한 그의 의식의 안테나에 당시 '국가 최대의 과업'이 감지되지 않았다고 보기는 어렵다. 시대의 첨단에 위치한 철학자가 그런 것을 간과했다고 상상되지 않는다. 따라서 그의 화쟁설이 당시 통일 과제와 전혀 무관하다고 단정할 수 없다.[27] 이는 이미 많은 불교학자들이 지적했지만, 필자 또한 그의 화쟁설을 통일의식과도 무관치 않다고 추측한다. 무엇보다도, '화쟁' 개념은 화합과 통일 의미를 공유했기 때문이다.

학문적 함의 또한 매우 중요하다. 열 가지 부문에 걸쳐 기존의 불교이론들을 '총정리(總定理)'한 작업은 당시 소승 대승을 망라한 '불교의 총정리'에 비유된다. 총정리 뒤에 이어질 다음 작업은 곧 '새 출발'이 아닐 수 없다. 따라서 《십문화쟁설》의 '학문적 함의'는 바로 석가모니 이후 다시금 (그로부터) '원효불교의 새 출발'을 준비하려던 데에 있었다는 입론이 가능하다. 그의 특출한 학자 모습을 필자는 이런 점에서도 확인한다. 그가 고려 시대에 '화쟁국사(和諍國師)'라는 시호를 듣게 된 사실도[28] 이런 데에 근거했다고 해야 할 것이다.

7. 의상의 화엄사상

대승불교의 대표적 이론에는 유식사상 외에 화엄사상이 또 있다.

27 당시 신라가 통일을 위해 외세인 당나라의 힘을 빌린 것은 비난의 대상이 될 수 있다. 그러나 뒷날 그 당의 세력을 신라는 다시 축출했음도 평가해야 할 것이다.

28 趙明基, 〈元曉宗師의 十門和諍論 硏究〉, 《金剛杵》, 제22권(1937) 참조.

화엄사상을 처음 소개한 학자는 삼국시대 자장(慈藏: 590-658)이라고 알려졌지만, 본격적으로 도입 전파한 학자는 통일신라 시대의 의상(義湘: 625-702)이다. 의상은 한국에서 화엄의 흥성을 이루게 한 장본인이다. 당나라에 건너가 두순(杜順: 557-640)의 제자 지엄(智儼: 602-668) 밑에서 법장(法藏)과 함께 화엄의 종지를 배운 의상은 부석사를 본거로 하여 10대 제자를 길러 내었다. 명실공히 이 땅에 화엄사상의 뿌리를 내리게 한 학승이다.

화엄사상의 형성과정과 핵심적 내용을 모르고는 의상의 그 사상에 대한 이해가 불가능할 것 같다. 화엄사상 역시 인도 용수(龍樹)의 중관과 공(空)사상 및 보살행의 계위설로 출발했다. 거기에다 세친(世親)과 무착(無着)에서 나온 섭론과 지론의 유식설, 및 연기설(緣起說)이 더해진 것이다. 이 또한 '일종의 인식론에 존재론 성향을 더한' 독특한 불교 이론이라 할 수 있다.

화엄사상의 이론 체계가 보다 더 상세히 갖추게 된 것은 중국에 전입된 뒤의 일이다. 즉 남북조의 '유식설'이 수나라 지의(智顗)를 거쳐, 당나라 현장(玄奘: 416-484)에서 형성된 '신유식설'에다가, 혜원(慧遠: 523-592)·길장(吉藏: 549-623)·지엄(智儼: 602-668) 등의 현상세계(곧 법계法界)의 변화에 대한 이론인 '연기설'이 더해졌다.

그 연기설이란 현상=사(事)와 실체=리(理)의 이분적 변별 없이 변화가 상입상즉(相入相卽)하는 형식으로 된다는 것이다. 이른바 '법계연기설(法界緣起說)'이라 하는 이 이론이 유식설에 더해져 화엄사상을 이루었다. 해서 예로, 월인천강(月印千江) 또는 인타라망(印陀羅網)의 비유로 논하는 '하나가 곧 많음, 일즉다(一卽多)이고' '많음이 곧 하나, 다즉일(多卽一)'이라는 명제가 이에서 나왔다.

여기에다가 이타행인 보살 태도 곧 '화엄보살도(華嚴菩薩道)'까지 '한 체계의 이론'으로 어우러진 것이 화엄사상이다. 그런 만큼 화엄사상은 삼승(三乘)[29]을 일원화한 '일승(一乘)'이고, 교리를 두루 포괄한 뜻의 '원교(圓教)'라는 주장이 가능해졌다. 이상이 의상 당시까지의 '중국의 화엄사상'이었다.[30]

의상의 화엄사상으로 오늘날 전해지는 글은 〈화엄법계일승도(華嚴法界一乘圖)〉뿐이라 해도 지나침이 없다. 하지만 도식의 형태로 쓰인 이에 대한 이해는 쉽지 않다. 마침 이병욱의 논문에 나타난 '도식의 해설'이 충실한 편이어서 그것을 참조하겠다.

그에 따르면, 화엄의 법계도가 나타내는 사상은 '삼승(三乘)'과 '원교(圓教)'를 비롯해, '일승(一乘)', '인과(因果)' 및 '중도(中道)' 사상들의 포괄적 가르침이다.[31] 다시 말해, 불타의 가르침이 삼승(三乘)의 방법[32]으로, 두루 원만한 원교(圓教) 방법으로, 그러나 삼승이 일승(一乘)에 귀결됨을 가르치며, 인과(因果)를 고려한 상태에서 중도(中道) 성격을 띤 방법으로 된 도식이라 한다. 의상은 이 도식을 통해 '화엄사상 전반'의 특징을 다 드러냈다는 요지로 귀결된다는 것이다.

〈화엄법계일승도〉와 관련하여 이렇게 의상이 밝힌 사상 또한 궁극에는 '깨달음(正覺)'을 위한 방법이다. 그런데 불교의 가르침을

29 여기 승(乘)은 제도됨인데, 불타의 가르침을 들어서 되는 성문승(聲聞乘), 인연이 닿아 공부로 되는 연각승(緣覺乘), 이타의 보살행을 하여 되는 보살승(菩薩乘), 세 가지가 곧 삼승(三乘)이다.

30 의상 당시까지로 국한한다 해도, 세밀한 소개를 하자면 매우 많은 분량의 지면이 필요하다. 여기서는 사정상 이 정도로 화엄사상에 대한 소개를 마치기로 한다.

31 이병욱, 〈화엄사상의 중심개념으로서 중도(中道)〉(《정신문화연구》, 제29권 제4호 통권 105호[2006]) 참조.

32 해탈의 방법(乘)에 석가의 설법을 들어서(성문聲聞), 인연이 다 그의 가르침의 글을 읽고(緣覺) 이타의 보살행의 실천(菩薩行)의 세 가지가 있음을 가리킨다. 셋은 결국 하나로 귀결된다(一乘)는 사유가 이렇게 논의되고 있다.

기하려면 무엇보다도 언어를 통하게 마련이므로, 언어(言語)의 바른 이해 방법이 화엄사상의 한 중요 문제로 된다. 의상 이전부터 이미 언어구사와 연관된 이른바 '삼성(三性)과 삼무성(三無性)의 가르침'이 그것이다. 의상 역시 이를 중요시하여 인용하였다.

이는 언어의 구사에서 언표의 내용에 실물이 있고 없고를 따지는 독특한 사유이다. 따라서 불교 사상 자체는 아닐지라도 진리를 찾는 불교의 방법론의 하나로 특이한 면모임에 틀림없다. 독자의 이해를 위해 그 대강을 주로 달아 놓겠다.[33]

의상이 화엄사상에 입각하여 '깨달음의 방법'으로 제시한 또 하

33 유식파에 따르면, '삼성(三性)과 삼무성(三無性)'이란 변계소집성(遍計所執性), 의타기성(依他起性), 원성실성(圓成實性)을 일컫는다. 변계소집성이란 실물이 없는 대상 사물을 있는 듯이 잘못 생각하는 것이고, 의타기성은 타물에 의지해서 대상의 바른 모습을 깨닫는 것이며, 원성실성은 의타기성을 제대로 보아 대상 사물의 바른 모습을 깨닫는 것이다. 따라서 자성으로 판단하면, 변계소집성은 본래부터 없는 것(相無自性)이고, 의타기성은 실체인 자성이 없는 것(性無自性)이고, 원성실성은 대상 사물이 본래 공(空)임을 가리키는 것(勝義無自性)이다.

나아가 유무로 판별하면, 변계소집성은 본래 없는 것이므로 공(空)이고, 의타기성은 다른 것에 의지해 존재하므로 가유(假有)이고, 원성실성은 사물의 바른 모습이므로 진공묘유(眞空妙有)이다. 이 진공묘유가 결국 중도(中道)이다. 이 사유 또한 중관의 '있지 않고 없지도 않다(非有非無)'는 공(空)을 기초로 한 사유이다.

이를 비유로 설명하는 좋은 사례가 '새끼줄과 뱀'에 대한 존재 인지이다. 밤길을 가다가 새끼줄을 보고서 뱀인 줄 잘못 아는 예가 '변계소집성'이고, 이 예에서 '새끼줄'이 '의타기성'이며, 뱀 아닌 새끼임을 옳게 깨닫는 예가 '원성실성'에 해당한다. 우리가 사용하는 언어에서 이러한 것을 옳게 변식함이 중요하다는 비유이다.

여기서 의상은 언어에 의한 가르침과 깨달은 진리는 서로 떨어져 있지만, 진리의 관점에서 판별하면, 가르침과 진리는 본래부터 중도(中道)여서 사실상 분별할 것이 없다고 한다. 나아가 그에 따르면, 변계소집성은 무상(無相)이고, 의타기성은 무생(無生)이며, 원성실성(또는 진실성)은 무성(無性)이라 한다. 여기서도 의상은 이 세 자성(自性)이 항상 중도에 있다고 주장한다. 중도를 매우 강조하는 의상이다.

나의 이론이 더 있다. 그것은 '개체와 전체에 대한 파악'의 방법이다. 이는 법장(法藏) 화엄의 '일즉일체(一卽一切) 파악'을 위한 비유적 설명법으로, 10개의 동전 세는 방법=수십전법(數十錢法)이라고 일컫는 것이다.

동전을 세는 데도 두 가지 방법이 있다. 하나는 분별적인 '개별 관점'에서 셈하는 방법이고, 또 하나는 '전체의 관점'에서 셈하는 방법이다. 앞의 경우는 '동전 각각의 개성'을 인정하여 하나씩 세는 것을 가리킨다. 하지만 뒤는 동전의 개성보다 의존적 상관관계, 또는 동전의 공통점에서 세는 것이다. 따라서 앞 것은 세속제(世俗諦)와 연결되는 인연(因緣) 의미의 방법이고, 뒤의 것은 진제(眞諦, 또는 第一義諦, 勝義諦)와 연결되는 연기(緣起)의미의 방법이다.

개별적 관점에서 동전을 셀 경우 각각 하나씩 열까지 셈하면 그만이다. 이에 견주어 의존적 공통점을 고려하여 셀 경우는 각각의 하나가 다른(나머지) 아홉 개의 존재와 고려되고 연결된 성격으로 셈해야 하는 셈법이다. 이런 연관성은 다른 아홉과의 관련 속에서 존재하며 세어 가는 출발점이 된다. 그러니까 여기서 하나는 열과, 열은 하나와의 관계에서만 그 존재의 의미를 지닌다. 하나가 없으면 열도 없다. '하나는 열 가운데 하나'인 동시에 '열은 하나 가운데 열인 셈'이다. 이를 의상은 실제로 '하나 가운데의 열, 일중십(一中十)'이라 했다.

이에 대한 의상의 가르침을 그대로 인용해 보겠다.

> 이른바 '하나'라는 것은 자성의 존재(法)로 하나가 아니라, 인연으로 이루어졌기 때문에 하나이고, 내지 열은 자성의 존재로서 열이 아니라 인연으로 이루어졌기 때문에 열이다. 인연으로 생긴 모든 존재는 한 가지도 자성으로 고정된 모습이 없다. (…) 공(空)을 바

탕으로 한 유(有)이다. 불생의 생(生)은 곧 머물지 않는다(不住)는 의미이고, 머물지 않는다는 것은 중도(中道)이며, 중도의 의미는 생(生, 有)과 불생(不生, 空)과 통하는 것이다.[34]

하나 속에 열이 들어 있다는 것은 달리 말해 '하나 속에 일체가 들어 있다(一卽一切)'는 사유의 다른 표현에 지나지 않는다. 달리 말해, '작은 티끌 안에 시방세계가 다 들어 있다(一微塵中有十方世界)'와 같은 사상이다. 이 이론이 화엄사상의 '최고 경지'의 사상이고 철학이다. 깨달음은 이 경지까지 와야 함은 말할 나위 없다. 의상은 여기에서도 '중도(中道)'를 논하고 있다. 중도론(中道論)이 바로 그의 화엄관에 깃든 또 하나의 사상적 특징이라고 하게 되는 이유이다.[35]

이와 같은 화엄 일승 사상은 당시 시대적 현실과 어떤 관계가 있을까? 관점에 따라 달리 해석할 수 있겠지만, 이 사상의 성향은 정치로는 '천하일통(天下一統)의 전체주의'와 무관치 않다는 주장이 얼마큼 설득력을 지닌다. 통일신라의 경우라 하여 예외가 아닐 것이다. 또 사회적으로는 당시 귀족들의 화려한 관념적 취향에 맞는 '귀족사회 성향'과 통한다는 것도 일반 통념적 해석이다.

하지만 필자의 생각으로, 화엄사상의 의의는 보다 더 불교 본연의 시각에서 찾아야 할 것이다. 구체적으로 '화엄의 법계관(法界觀)'은 우주 자연을 인연 연기에 의하여 '생명체의 유기적 특성'으로 파악하는 데에 초점이 모인 이론이다. 여기에 놓인 일승(一乘)과 중도(中道)는 온갖 '잡된 욕망의 일소'로써 이루는 '번뇌 탈각', 곧

34 〈화엄일승법계도〉, 《한국불교전서》 2권.

35 이 부분까지의 필자의 서술에 앞서 인용한 이병욱의 논문(〈화엄사상의 중심개념으로서 중도(中道)〉)이 크게 도움이 되었음을 밝힌다.

'궁극의 깨달음(正覺)'을 얻으려는 데에 의의가 있다. 바로 그 점에서 〈화엄일승법계도〉가 지닌 사상적 묘미는 '정화(淨化)된 마음'으로 우주 자연을 친화하는 '순화(純化)된 삶'을 그린 것이라 해야 할 것이다.

제7장 선교합일의 불교사상

1. 의천의 불교사상

고려 시대 불교의 전체적 사조는 신라 시대와 많이 달라졌다. 화엄·법상·선종 등 기존 종파들을 계승하는 가운데,[1] 특히 신라 후기에 들어온 '선불교(禪佛敎)'가 두드러졌다. 새로 개설된 '천태종(天台宗)'이 활성화 된 것도 이 시대 불교의 변천된 모습이다. 선불교의 경우는 고려 중기까지 신수(神秀: 606경-706) 계열의 북종과 특별한 차별의식 없이 '선 자체를 중요시'하는 성향이 짙었지만, 고려 말부터는 혜능(慧能: 638-713) 계열의 남종을 특별히 따르는 경향으로 바뀐다.

고려 불교의 새로운 모습이라 할 실례는 아무래도 의천(義天: 1055-1101)의 불교사상이다. 이에 의천의 사상을 일단 살펴야겠다. 대각국사(大覺國師)라는 시호로 더 잘 알려진 의천은 문종의 넷째 아들로 태어났다. 11세로 경덕국사(景德國師) 난원(爛圓: 999-1066)에게로 출가, 화엄종의 영통사에서 공부했다. 31세(1085)에는 중국

1 의천 이전에 고려에 있던 종파로는 화엄(華嚴)·율(律)·법상(法相)·밀교(密敎)·선종(禪宗) 등이다.

송나라에 가 이름난 승려들을 만나고 이듬해 14개월 만에 귀국했다.

43세 때 숙종의 칙명으로 '천태종(天台宗) 대본산'인 국청사(國淸寺)의 주지로 되었다. 주지의 입장에서 천태종학을 강의하며 지내다가 47세로 입적했다. 그 뒤 국청사가 숙종의 원호를 받음에 천태종은 왕실불교의 색채를 띠었고, 의천은 '천태종의 개창자'로 알려지게 되었다. 저술로는 《신편제종교장총록(新編諸敎藏總錄)》이 있고, 편집서인 《원종문류(圓宗文類)》와 《석원사림(釋苑詞林)》의 일부가 전해지고 문집도 일부분 전해 온다.

신라 중엽부터 전래된 '선종(禪宗)'이 고려에서 활성화되자 왕실은 거기에 지원을 아끼지 않았다. 태조(왕건王建)로부터 비롯되어 계승되던 '불교 우대'의 관례였다. 물론 왕실에서는 불교를 기복(祈福)신앙의 차원에서 '국태민안'을 명분으로 삼았다. 국태민안의 명분 등이 불교를 '고려의 국교(國敎) 지위'에 올려놓은 배경이다. 왕자 신분으로 왕실 입장을 벗어날 수 없던 의천은 정계와도 무관치 않아, 당시 승려의 선발(僧選)과 승려의 과거인 승과(僧科), 및 동전법(銅錢法) 등에 대한 제정 및 개혁 정책에 간여, 업적을 남겼다.

의천은 종파를 불문하고 '불교의 모든 사상'에 대한 지식의 구비를 강조했다. 소승을 비롯하여 대승의 전체적 학습이 필요함을 주장했다. 천태종 자체가 이론불교 이른바 교종(敎宗)에 들지만, 그는 소승의 《구사론》을 비롯하여 대승의 《유식론》·《기신론》·《화엄경》을 중요시하여 모두 숙지해야 할 것으로 가르쳤다. 그리고 돈오(頓悟)를 핵심으로 한 '선(禪)까지 익히는 겸학(兼學)'을 역설하였다.[2] 이런 점에서 그의 사상을 원효의 영향으로 여겨지기도 한다.

원효에 대한 의천의 숭앙은 실제로 대단했다. 의천은 원효의 위상을 '마명(馬鳴) 용수(龍樹)'와 같은 수준의 인물이고, 또 법상종의 규기(窺基: 632-682)라든가 천태종의 종조 지의(智顗: 538-597)보다도 우위에 있는 인물이라고 했다고 한다.[3] 이로 보아 그는 천태종을 고려에 개창했지만, 천태의 이론을 최상으로 여기지는 않았던 것 같다.

더욱이 교(敎)와 대칭되는 관(觀)으로 나타내는 선(禪)에 대해서도 함께 익힐 것을 주장한 의천이다.[4] 언어와 문자보다는 특수한 명상을 통한 '직관'으로 깨달음(부처)의 경지에 이르려는 것이 선임은 다 아는 대로다. 의천이 이런 선을 이론불교와 함께 해야 한다고 이른바 '교선겸학(敎禪兼學)'을 주장했다. 그의 이런 주장은 확실히 신라 시대에는 보기 어려웠던 것이다. 의천이 주장한 '교선겸학'를 마치 '의천의 대표적 사상'처럼 여기는 이유가 이에 있다.

불교인임에도 그는 유교와 도교까지 습득할 것을 강조했다. 공자의 유교를 인승(人乘), 노자의 도교를 천승(天乘)이라 하면서, 불교의 삼승(三乘: 聲聞·緣覺·菩薩乘)과 합쳐 '오승(五乘)을 알아야 한다'고 했다.[5] 공자의 핵심사상인 인(仁)=사람사랑[愛人]과 노자의 핵심사상인 거짓된 조작 없음=무위자연(無爲自然)을 각각 의천이 인승 천승이라 한 표현 또한 눈길을 끈다. 그것들을 모두 다 포괄하는 '그

2 《대각국사문집》 제2권 〈刊定成唯識論單科序〉, 《한국불교전서》 4권, 529쪽.

3 이병욱, 〈보조국사 지눌의 사상〉, 《한국 불교사상의 전개》(집문당, 2010), 133쪽.

4 선이란 다 아는 대로, 언어나 문자에 의지하지 않고(不立文字) 삼매경에까지 드는 특수 명상법(正定)에 의해 '불현듯 깨닫는 돈오(頓悟)', 이른바 '견성성불(見性成佛)'에 이르는 것이다. 깨달음을 전하는 방법 또한 불타가 연꽃 하나 들어보이자 수제자 가섭이 미소로 받았듯이, 마음으로 마음에 전한다(以心傳心, 敎外別傳)는 것이다. 이는 번뇌를 벗어난 '열반 해탈'이라는 마지막 깨달음의 '오묘한 경지'가 언어와 문자로 표현하기에는 부족함을 느끼는 데서 생긴 현상이다.

5 《대각국사문집》 제13권, 〈與內侍文冠書〉, 《한국불교전서》 4권, 550쪽.

의 사상적 포용성'은 꽤나 이채롭다. 이러한 점은 우주 자연=법계(法界)를 긍정하는 화엄(華嚴)을 거치지 않고서는 나올 수 없던 사상이라 할 수 있다. 그의 포용적 사상 또한 중생을 위한 대승의 본뜻, '부주열반(不住涅槃)의 경지'를 지향했던 인물들이나 실현 가능한 모습이라 할 것이다.

2. 지눌의 돈오점수 사상

의천에서 보이던 '교선겸학' 경향은 보조국사(普照國師) 지눌(知訥: 1158-1210)에 이르러 더욱 무르익었다. 선과 더불어 교(敎)를 버리지 않는 까닭은 긴 설명이 필요치 않다. 언어와 문자에 의지하지 않고 궁극의 깨달음(해탈)을 이룬다고 한들, 그 경험을 표현하거나 전하는 데는 역시 언어 문자를 이용하지 않을 수 없기 때문이다. 다만 그 경험의 표현 형식이 시와 게송(偈頌) 등 특이한 형식으로 새롭게 동원될 따름이다. 고려 시대 지눌의 불교 세계가 이러한 사례의 하나이다.[6]

지눌은 특별한 스승의 가르침 없이 독학으로 '국사(國師)'의 지위에까지 오른 인물이다. 독서와 수행의 체험이 그에게는 더없이 유효했었을 것이다. 하지만 일설로, 그는 국내의 선승 가운데 순지(順之: ?-858경)와 이자현(李資賢: 1061-1125)의 영향을 받았다고 한다.

6 지눌에게는 지금은 전해오지 않지만, 《상당록(上堂錄)》과 《법어가송(法語歌頌)》이 있었다고 전하는데 앞의 책은 아마도 지눌의 선문답이나 설법 같은 것을 담았을 것이고, 뒤 책은 산문적인 법어뿐만 아니라 운문적인 시나 게송 같은 것을 모아놓은 것이 아니었겠는가 추측된다고 한다. 길희성, 〈지눌 선 사상의 구조〉, 《한국사상가 10인》[《지눌》](예문서원, 2009), 2, 108쪽.

그의 사상이 '돈오점수(頓悟漸修)'라는 선사상이어서 나온 추정이다.[7] 그가 중국의 하택 신회(荷澤 神會: 685-760)를 '선의 종맥'으로 보는 점을 고려한다면, 하택의 영향도 분명 적지 않은 것 같다.

현존하는 지눌의 저술은 다음과 같다.《수심결(修心訣)》·《진심직설(眞心直說)》·《법집별행록절요병입사기(法集別行錄節要幷入私記)》·《화엄론절요(華嚴論節要)》·《원돈성불론(圓頓成佛論)》·《간화결의론(看話決疑論)》 등이다.

이 저술들로만 판단해도 지눌은 교종인 '화엄론을 매우 중요시'하면서 '돈오점수'의 선법을 가르치고 있었음이 분명하다. 그의 가르침 또한 (선사의 가르침다운) 요점 위주의 간결한 특색의 문체인 '결(訣)'·'직설(直說)'·'절요(節要)' 형식이다. 이는 언어 문자를 이용하지만, 길고 복잡하게 늘인 '지적 이해의 병통(知解病)'을 피하려는 의도에서 나온 형식에 다름 아니다. 교선합일, 돈오점수를 지향한 지눌의 사상을 드러내는 단적인 상징적 언표이다. 교선합일, 돈오점수가 그의 근본 입장이자 근본 철학이다.

독자의 이해를 위하여 여기서 사용하는 '용어에 대한 해명'이 필요하겠다. 원래 점수(漸修)는 돈오[正覺]를 위한 점진적 수행법이다. 신수(神秀)의 북종 계열에서 그런 의미로 이해하기도 한다. 하지만, 혜능(慧能)의 남종선이 흥성함에 따라 이는 돈오 이후의 수행까지 뜻하게 되었다. 돈오 이후의 점수는 어렵게 이룬 '돈오 상태'의 (흐트러짐 없는) 지속(持續)을 기하려는 데 의의가 있다. 따라서 돈오를 지향한 점수 못지않게 그 뒤의 지속적인 수행의 점수, 사실상의 '지수(持修)'도 중요한 것이다.[8]

7 이병욱, 〈보조국사 지눌의 사상〉, 《한국 불교사상의 전개》(집문당, 2010), 147쪽.

8 유교에서도 '공부의 뜻'은 언어 문자에 의한 배움과 아울러 수양까지 가리키

불교사의 견지에서 하나 더 설명해야 할 것은 '교와 선을 연결하는 징검다리' 같은 사상이다. 의천이나 지눌이나 다 같이 교종과 함께 선(禪)을 아우르는 성향을 보이면서도 교종에 속하는《화엄경》에 주목하여 자신의 견해를 남기고 있다.

화엄사상은 이미 살폈듯이, 세계(法界)에 대한 연기적 변화의 이론—곧 이사무애(理事無碍) 사즉사입(事卽事入)의 이론—으로 '변화무상(變化無常)한 실상(實相)'을 해명한 것이다. 경험하는 대상계의 무상함을 논하는 가르침(教)이 화엄사상이다. 그럼에도 그 경전에서는 (주관의 측면으로) '깨우치려는 마음을 먹기 시작(初發心)하자 곧 터득(覺)하게 된다'고 했다. 선의 단초를 이런 식으로 이미 열어 놓았던 것이다. 의천 지눌 등이 선사이면서도 화엄을 중요시하는 까닭이 이에 있다.

지눌 사상의 내용을 얼마큼 밝혀 주는 기록이 있다. 그것은 유학자인 김군수(金君綏: 김부식의 아들)가 왕명에 따라 지은 '지눌의 비문'(昇平府曹溪山修禪社佛日普照國師碑銘幷序)이다. 이는 송광사(수선사修禪社)의 지눌 후계자(혜각국사 혜심眞覺國師 慧諶)가 지은 지눌의 행장을 기초로 한 것으로 알려졌다. 그런 만큼 사상에 대한 언급에도 신빙성이 있다고 생각된다.

> 사람들에게 권하여 암송하는 것은 늘《금강경》으로 했고, 법을 세우고 설명함에는 반드시《육조단경》을 따랐으며, 이통현의〈화엄론〉과《대해어록》으로 두 날개를 삼았다. 자신의 문(門)을 연 것으로 세 가지가 있었으니, 곧 성적등지문(惺寂等持門), 원돈신해문(圓頓信解

••••••••••••••

는데, 여기서 사용하는 '수행' 또한 '공부'라고 번역할 실천적 행위와 함께 하는 (어느 정도의) 이론 습득까지 포함하는 사실에 유의해야 한다. 교와 관은 이런 점에서 점수와 돈오로 상통한다.

門), 경절문(徑截門)이다. 이에 의거하여 수행하며 믿고 들어가는 이가 많아 선학(禪學)의 융성함이 있었지만, 예나 요즈음이나 이[지눌의 가르침]에 비할 것이 없다.

지눌이 이용하여 가르치던 문헌과 독자적 수행법을 밝힌 내용이다. 먼저 대승의 기본경인《금강경》(일명 《반야경般若經》)에 실린 사상, 즉 공(空)을 바탕으로 번뇌를 없애는 진리(반야, 般若)를 가르쳤다. 이어진 것은《육조단경(六祖壇經)》[9]에 의해 남종(南宗)을 일으킨 육조 혜능(慧能: 638-713)의 돈오사상이다. 그 다음엔 이들을 자신이 더욱 깊이 한 (이동현의) '돈오(頓悟)와 점수(漸修)'에 대한 가르침이다.

여기에 지눌 자신이 행한 수행법 세 가지(三門), 성적등지문·원돈신해문·경절문이 더 있었다. 돈오에 이르는 방법이자 세 가지 요건(관문)으로, 지눌의 창안은 물론 아니다. 선학(禪學)이 융성하면서 이미 많이 언급해 온 것이다. 그렇게 학인들이 많이 언급했음에도, 실은 지눌의 설명만큼 명료하게 밝힌 것은 없었다는 평가가 이 글의 핵심이다.

지눌의 그 설명을 우리는 대강이라도 재현할 수 없을까? 아래에 그것을 차례로 시도해 보겠다. 선 수행(禪行)은 오(悟)라는 깨달음을 이루기 위한 명상법이다. 그 명상은 삼매경에 이르는 것이라고 하듯이 일상의 잡상(潛想)과는 전혀 다르다. 마음을 어지럽히는 욕망과 집착들로 인한 번뇌(煩惱)를 다스려 '고요하고도 맑은(靜寂) 상태'를 이루어야 한다. 그 상태에서 '마음 들여다보기(觀心)', 또는 반성에 견줄 '마음 되비쳐 보기(곧 반조返照 또는 회광廻光)'를 한다. 그

9 이것은 혜능의 가르침(법문)을 그의 제자 하택신회가 기록한 것으로 알려졌다.

러는 가운데 삼매(三昧)의 경지에 이르러야 하는 이것이 선 수행의 과정이다.

이 과정 중에 '마음 되비쳐 보기'—반조에서 그 내용(敎)으로 이미 터득한 '지식'과 '지혜(智慧)'가 또한 동원되어야 한다. 이것이 정(定)과 혜(慧)의 기본적 겸수로서, 이 문장에 첫 번째로 기록된 성(惺, 곧 지혜智慧)과 적(寂, 곧 선정禪定)을 균등으로 아우름이 곧 '성적균등문(惺寂均等門)'이다.

돈오의 깨달음이란 앎(知, 識)이기는 하지만, 그 질 또는 차원이 서로 다른 앎이다. 눈으로 보고 귀로 아는 감각을 통한 객관적 분별지(分別智)와 다른 것이다. 분별지는 점진적이고 이해와 해석을 통한 앎으로서 이른바 지견(知見)일 따름이다. 객관적 지견 아닌 주관적 앎이 있다. 신해(信解)로 표현되는 경우가 그 하나다. 신해는 믿음(十信)과 함께 한 (믿어 의심치 않는) 일종의 '낮은 단계의 깨달음(돈오)'이라 할 수 있다. 교종의 유식 특히 '화엄에 의한 깨달음'이 이에 속한다는 것이다. 그 화엄의 깨달음을 지눌은 결코 가볍게 여기지 않았다. 오히려 점수(漸修)의 하나로 매우 중요시했다. 인용문의 '원돈신해문(圓頓信解門)'이 바로 그 내용이다.

선으로 이루는 순수한 깨달음, 그 돈오는 앞서 직관(直觀)이라 했듯이 순간으로 오는 주관적이되 '혁신적 깨달음'이다. 이에서 마음의 본바탕인 '참마음(眞心)'을 이루게 되고, 참마음의 본체(本體)인 '진여(眞如)'와 '본성(本性)'을 보듯이 깨닫는다. 이른바 선정의 궁극 경지인 '견성성불(見性成佛)'을 이룬다는 그것이다. 그 깨달음을 다시 허물어지지 않게 하는 조치가 또한 화두를 통한 간화선(看話禪)이다. 인용문의 '경절문(徑截門)'은 바로 지눌의 간화선을 의미하는 내용이다.

간화선이란 고요히 앉아 좌선을 하는 묵조선과 달리, 화두(話頭)

를 들고 대하면서 하는 선법이다. 공안(公案)이라고도 하는 화두에 대한 의문을 선문답(禪問答)을 통해 깨우치면 다른 연관된 의문들도 다 풀린다고 한다. 끝에 가서 마음의 본바탕인 참마음을 보아 깨달음, 돈오에 이르려는 점은 묵조선과 다르지 않다.

지눌에 있어 간화선에 의한 돈오는 사실상 '또 하나의 돈오'를 더한 것이라고 할 수 있다.[10] 어찌 되었건 지눌은 간화선을 그의 저술 속에서 기회 있는 대로 강조함이 눈길을 끄는 점이다. 그가 교와 선의 겸전을 주장했음에도, 그의 사상을 '선에 치우친 특징'으로 읽게 되는 이유가 이것이다.[11]

하지만 지눌의 근본 입장은 교선합일의 추구에 있었음을 간과할 수 없다. 그로서는 당시 교종과 선종의 분립은 대립과 갈등이나 가져올 뿐, 불교 본래의 '번뇌하는 인간 구원'에는 저해 요인이라 판단한 것 같다. 이런 점에서 그의 교선 합일은 당시 불교계가 안고 있던 시대적 과제를 해결하려한 자취일 수 있다. 지눌의 교선합일론의 시대적 의의가 이런 데 있지 않을까 한다.

10 이상 지눌의 사상에 대한 자료로 필자는 길희승의 〈지눌 선 사상의 구조〉(《한국의 사상가 십인, 지눌》, 예문서원, 2002)에서도 도움 받았음을 밝힌다.

11 만약 우리가 실제로 돈오한다면 어떻게 될까? 지눌이라면 아마도 그것은 티없이 맑고 깨끗하고 한없이 광활한 마음을 가진 '크나큰 나(大我)'로 해방되어 '자유를 만끽'하면서 다른 사람들에게까지 감화를 주게 되는 경지에 이름일 것이다. 그것이 정녕 가능할까? 누구나 다는 안 되고 일부만 그것도 비슷하게 되더라도, 인간 사회에는 '해악 아닌 이득'이 되지 않겠나? 이제까지 많은 사람들이 돈오를 부정하지 않아 온 근거가 이것 아닐까 한다.

제8장 도교사상 연구의 한 측면

1. 도가철학 살피기

도가(道家)란 도교(道教)와 도교의 핵심 철학인 '노자 장자의 철학'을 다 포함한 용어이다. 이 점을 상기하는 까닭은 가능한 한 종교 측면 아닌 철학 측면을 살피기 위해서다. 하지만 고려시대 도가의 철학이나 사상 측면의 연구물을 찾아보기란 매우 어려운 일이다. 가능한 대로 시도는 하겠지만 그 결과는 우리의 기대에 크게 미치지 못할 것 같다.

고려 시대의 도가는 산천과 그 산천의 신에 대한 제례, 재초제(齋醮祭) 같은 종교 행사와 불로장생을 꾀하던 양생술(養生術, 丹術)의 유행이 매우 활발했다. 도가의 종교적 행사는 하나의 공적 성격까지 띠고 허다하게 행해졌다. 도교의 본산인 한국 최초의 복원궁(福源宮)이 고려 예종(1105-1122) 때 세워져, 도가의 종교적 행사를 주관했다. 노장사상을 중요시하도록 권장하여, 태학에서도 교육케 하였음은 물론, 과거시험에도 출제케 했다. 당시의 양생술 역시 종교적 성격과 연결되었지만, 그보다는 오히려 일종의 의술(醫術)을 빙자하였던 까닭에 널리 성행할 수 있었다.

이와는 달리 철학과 사상 범주에 드는 자료의 개발은 매우 희소

한 편이었다. 고려 시대에는 그런 종류로 소개할 만한 자료가 찾아지지 않는다. 이는 당시 '무신(武臣)들의 반란(叛亂)에 의한 집권'과 '원나라의 침략' 등의 상황에 기인하는 듯하다. 하기야 그렇지 않았던 고려 초기에도 도가철학이나 사상은 유가나 불가의 그것들만큼 긴요하게 요구되지 않았던 모양이니, 혼란기에야 더 말할 나위 없다.

무인들이 전횡하던 12-13세기 고려 사회에는 중국 위진(魏晉) 시대의 죽림칠현(竹林七賢)을 본뜬 일련의 초속적 유학자들 이른바 '해좌칠현(海左七賢)'[1]으로 구성된 '죽림고회(竹林高會)'가 생겼었다. 이들은 당시 불안하고 혼잡한 현실의 세상사를 초탈한 채 '은둔의 태도'로, 현실을 풍자하는 시(詩)를 읊거나, 자신의 안위를 꾀한 학자들이다. 그런 만큼 이들마저 도가철학이나 그 사상의 계발에 진력하지 않았다. 노장의 도가철학에 탐닉함 직했지만, 실상은 도가사상 가운데 문학 측면을 이용, 음미한 데서 그쳤다. 다만 예외적 인물로 벼슬도 마다하지 않은 유학자 이규보(李奎報)가 도가류의 사상을 남겼을 따름이다.

2. 이규보의 도가사상 이해

1) 자연과 조물에 대한 사색

이규보(李奎報: 1168-1241, 호는 백운거사白雲居士)는 문장가이고 문학에서도 일가를 이룬 유학자로서 도가사상의 지식을 풍부히 갖춘 학자였다. 그는 고려의 '초기 성리학 발흥'에 크게 기여했지만, '삼교

1 오세재(吳世才)·이인로(李仁老)·임춘(林椿)·조통(趙通)·황보항(皇甫抗)·함순(咸淳)·이담지(李湛之)를 가리킨다.

를 회통'하였던 터라, 도가사상 부류의 업적도 상당히 남겼다. 그의 도가사상은 '유학이나 불교사상만큼의 분량'에 이르지 못하는 점이 아쉽다.

이규보는 도가사상을 당시 초세간의 태도로 체화하려던 죽림칠현들과 달랐다. 유학의 입장을 고수하려 해서였겠지만, 도가사상을 '비교적 학문차원'에서만 파악하려 한 경향이 짙다. 도(道)로 상징되는 노장의 본체론에서부터 덕(德)으로 상징되는 노장의 현상론(윤리·정치·사회의 이론)에 이르기까지 전반사상을 고루 다루었다. 그의 경우 도가사상은 결코 생활을 떠난 '은둔적 초탈'의 방편으로만 취급되지 않았다. 도와 덕을 두루 유용하게 응용해야 한다는 것이 그의 신념이었던 것 같다.

도가의 핵심사상인 '무위(無爲)'·'자연(自然)'에 대한 그의 견해부터가 '도'와 '덕'에 대한 사유와 별로 차이가 없었다. 이것들 역시 우주자연의 원리로서 인간생활의 규범으로도 실천되고 구현되어야 할 것으로 여겼다. 그가 노자의 "인간은 땅을 본받고 땅은 하늘을 본받고 하늘은 도를 본받고 도는 자연을 본받는다"[2]'를 강조하는 데서 확인된다.

도가사상에 대한 유학자의 이러한 이해는 조금도 이상한 것이 아니다. "인간이 궁극적으로 자연을 본받다"란 유학의 용어로는 인간이 천도(天道)를 본받음에 해당하기 때문이다. 유학의 천(天)은 인격신인 상제(上帝)를 떠올릴 경우에도 '만물의 주재자'로 여겼지, 조물주 같은 창조자로 생각지는 않았다. 예로 《시경》에서 "뭇 인간을 낳았다(天生蒸民)"[3]라고 하듯이, 하늘 또는 하느님을 인간의 생

2 《老子》第25章: '人法地, 地法天, 天法道, 道法自然'.

3 《詩經》〈大禹謨〉.

존을 비롯한 모든 사물의 근원으로 상정은 했어도, 조물주처럼 인간에게 큰 영향을 끼치는 존재로는 생각지 않았다.

성리학의 발흥 이후 유학의 하늘(天)은 아예 태극(太極)과 상통하는 우주 만물의 근원으로 여겨졌다. 따라서 성리학 발흥 이전인 이규보의 시대에는 유학의 천관보다 '도가의 도(道)'와 '자연(自然)'이 더 철학 성격의 '우주의 근원'으로 사유된 셈이다. 성리학이 아직 본격적으로 발흥되지 않은 시대의 이규보로서는 도가(노장)의 도나 자연을 '만물의 조물자(造物者)'로 이해했다. 조물 개념 자체가 유학자 이규보에겐 이상했던 모양이다.

> 조물(造物)이 이르길, (…) "무릇 뭇사람이 태어남(生)은 본디 스스로 생길 뿐이지, 하늘이 시켜서 태어남이 아니다(天不使之生也). 오곡 뽕 삼 등의 나옴(産)도 본디 저절로 나오지 하늘이 그렇게 시켜서가 아니다"라 한다. 내가 대답하기를, "하늘 또한 함이 없어서(且天則無爲)이니 그가 스스로 알지 못함은 당연하지만, 그대는 조물자인데 어찌하여 모를까?"라 했다. 조물이 말했다. "내가 손수 만물 만드는 것을 그대가 보았던가? 무릇 만물은 절로 생기고 절로 변화할 뿐인데, 내가 무엇을 만들고 무엇을 안다는 건가? 나를 조물이라 이름한 것 나 또한 모르겠다"라고 했다.[4]

이는 이규보가 자문자답 형식으로 드러낸 그의 견해이다. 도가에 있어 '자연'이 '도'마저 본받는 최고 불변의 궁극적 원리임에도, '조물'을 더 언급함을 부정한 것이 이 글의 내용이다. 풀자면, '자연'이라고 하면서도 '조물자'를 언급함은 논리의 모순이므로

4 李奎報,《東國李相國集》後集 卷11 〈問造物〉.

긍정하지 않겠다는 의미이다. 옳은 주장이다. 왜? '조물' 자체가 도가에서 주장하는 '무위(無爲)' 아닌 '유위(有爲)'이기 때문이다.

조물자의 존재를 무의미한 것으로 비판하는 데서 이규보의 종교 아닌 '철학의 태도'가 단적으로 드러난다. 그의 이 주장은 다만 그 개인의 특수 견해에만 머물지 않는 보편적 가치를 지닌다. 다만 문장가에다 시인이기도 했던 그는 '운명'을 읊조리는 시구(詩句)에서 '조물자의 손(造物手)'의 표현을 사용한 것 등이 눈에 띈다.[5]

2) 거사가 즐긴 도학풍조

조물 같은 도가사상의 일부를 비판했지만, 이규보는 도가사상 전반을 부정하지는 않았다. 반대로 도가사상을 긍정하고 따르는 측면도 보였다. 특히 '속세의 잡된 일'에 구애되지 않고 마음의 평정을 유지하는 '도가의 지혜'를 좋아하고 따르려 했다. '도'의 특성을 따르는 '무위'·'자연'을 체득하여 실생활에서 구현하려 했던 것이다.

노자에서는 이런 태도가 (거짓과 조작이 없는) '질박(質朴)'으로 강조되었다. '영아(嬰兒)'가 이상적 인간의 모델로 등장함도 이 때문이다. 그리고 장자에서는 이런 이상적 태도가 좀 더 복잡한 이론 밑에서 교시되었다. 예로, 일상으로 대하는 사물에 대한 주관적 판단 및 주관적 평가(곧 호불호好不好)를 떠나 모든 것을 '균등(均等)하게 대하는 태도'가 그것이다. 다시 말해, 모든 사물을 유기적이고도 융합적인 조화를 이루는 '전일(全一)'의 시각으로 관망하는 사상가가 장자이다. 장자의 이른바 '제물론(齊物論)' 시각이고 태도가 바로 이것이다. 만물을 차별하고 차별적으로 평가하는 주체-자아를

5 위의 책(전집), 권11, 〈擁爐有感〉.

유지한 상태로는 제물의 실현은 불가능하다. 수양이 필요하다. 이른바 좌망(坐望 및 坐忘) 정도의 수양에 의한 '망아(忘我)'의 경지가 바로 이에 대한 장자의 대응이다.

이규보는 이 경지를 추구한 것 같지는 않다. 하지만 이 경지가 원초적으로 노자의 도에 대한 파악에서 비롯된 만큼, 그도 노자가 논한 '도의 특성'을 따르려 한 자취 정도는 어렵지 않게 찾아진다.

> 무릇 도를 깊이 터득한 사람은 대부분 깊숙하고 한적한 곳에 있게 된다. 왜인가? 그 마음[心]을 오로지 하여(專一) 도에 듦을 한결같이 하려는 때문이다.[6]

> 오로지 도를 지닌 사람만이 이로움[利]이 오면 받아들이되 구차히 기뻐하지 않고, 해로움[毒]이 이르면 당하되 구차히 꺼리지 않는다.[7]

> 어느 사람이 "거사(居士)라 함은 어떤 것인가" 묻기에, 내가 대답했다. "산에 머물거나 집에 머물거나 오로지 도를 즐기는 이(樂道者)라야 거사라 할 수 있다. 나는 집에 머물러 도를 즐기는 사람이다."[8]

이 언설들로 판단하는 한, 이규보의 도가사상 연구는 '유가의 거사(居士)'로서 한 것이다. 도의 자기체화(自己體化) 역시 거사의 입장에서 한 '도의 즐김', 곧 낙도(樂道)'이다. 되풀이하지만, 좌망으로 망아(忘我)의 경지에까지 이르진 않았지만, 노장 취향으로 '도를

6 위의 책(전집), 권21, 〈送李史舘赴官巨濟序〉.
7 위의 책(후집), 권11, 〈問造物〉.
8 위의 책(전집), 권20, 〈白雲居士語錄〉.

즐기던 탈속인(脫俗人)'의 경지에 들었던 그였다. 노장의 도를 익혀 즐긴 점에서 그 또한 당시의 '해좌칠현(海左七賢)'과 별로 먼 거리에 있었다고 할 수도 없다.[9] 전통적인 좁은 범위의 유가 입장에만 머물지 않고 그것을 넘어선 탈속의 상태로 '자유로운 정신세계'를 유람한 것이 곧 이규보가 맛본 노장의 사상적 유풍이었다고 하겠다.

9 이규보의 도가사상에 대한 필자의 이 서술에 원정근의 〈도가 중심의 삼교회통—이규보〉(《자료와 해설, 한국의 철학사상》, 예문서원, 2001)가 도움이 되었음을 밝힌다.

제9장 유학의 철학적 재편, 성리학의 발흥

1. 노장·불교 배척과 유학 부흥 노력

고려 태조 왕건(王建: 재위 918-943)은 정치와 행정제도에는 유학을 이용했지만, 종교로는 불교를 국교의 지위로 지극히 우대했다. 그 영향으로 고려 초기부터 불교가 홍성했다. 개성에만도 불교 사찰이 넘쳐났고, 연등회(燃燈會)·팔관회(八關會) 등 불교 행사는 그칠 날이 없었다. 왕실의 기복신앙을 위한 후원에 불교계가 위세를 떨치던 판이었다.

도교 또한 왕건에게서 신앙의 자유를 보장받은 여건으로 인해 어느 때보다도 널리 유행했다. 도교의 파생처럼 연관된 '풍수지리(風水地理)사상'마저 왕건의 후원으로 크게 번성했다. 그러한 성향으로 1106년에는 왕명에 따라 김인존(金仁存)이 최선(崔璿)·이재(李載) 등과 풍수지리서인《해동비록(海東秘錄)》을 지어 냈다.

12세기에 이르기까지 사상계는 이런 경향으로 흘렀다. 불교와 도교의 흥성과 대조적으로 유학은 정치 도구 외에는 거의 존재감을 인정받지 못한 형편이었다. 하지만 12세기 중기를 고비로 유력한 유학자들이 사상계의 판도를 바꾸기 시작했다. 그들은 노장사상과 풍수설 및 불교를 배척하기 시작했다.

윤언이(尹彦頤: 1090-1149. 호는 금강거사金剛居士)는 본디 《주역》에 해박하여 중국(북송)에 사신으로 갔을 때에도 그곳의 학자들, 특히 정씨 형제(정호程顥·정이程頤)의 제자들에게 《주역》을 강의했다고 전해지는 인물이다. 북송에서 돌아온 1131년(인종 9) 그는 태학에서의 노장학 교습을 금지토록 건의했다. 이어 이의(李顗: ?-?)도 간관의 위치에서 임금에게 풍수도참설(風水圖讖說)의 황망 허탄함을 지적하여 믿지 않도록 역설했다.[1]

임춘(林椿: ?-?)은 불교를 적극 배척한 인물이다. 그의 불교 배척 이유의 하나는 불교로 인하여 유학이 피해를 받아 멸실 위기에 놓였다는 것이다. 또 하나의 이유 역시 거의 같은 종류로, 당시 승려들의 타락한 폐풍의 사회적 영향을 들었다. 곧 부자(父子)·부부(夫婦)의 인륜관계를 도외시함을 비롯해, 인의(仁義)에 대한 무지 등 가정과 사회를 위한 '윤리 도덕의식 박약'을 폐풍으로 들면서, 인간을 미개인(오랑캐)으로 만든다는 지탄을 서슴지 않았다.[2]

도교 불교에 대한 유학자들의 배척 이유의 이면에는 '유학의 부흥'을 꾀하는 의도가 크게 자리했다. 유학 부흥을 겨냥한 그들의 이런 움직임에는 당나라 말기 한유(韓愈: 768-824)·이고(李翶: 772-841)에게서 받은 영향이 있었다.[3] 아무튼 이들은 '유학의 재인식'으로 통하는 '유학의 학통(道統)'을 먼저 고취하고 나섰다. 이규보가 앞장섰다.

> 공자 뒤로 그 같은 사람이 없었는데, 맹자만이 본받아 (공자에) 거의 가깝게 되었다. 맹자 뒤로 그 같은 사람이 없었는데, 순자(荀子)와

1 崔滋, 《補閑集》 卷上, 《高麗名賢集》[2], 108쪽
2 위의 책.
3 이 영향은 최자(崔滋)의 《보한집(補閑集)》 등에서 실제로 확인된다.

양자(楊子)가 본받아 (맹자에) 거의 가깝게 되었다.[4]

이것이 한국에서 나온 첫 '유학의 학통관(道統觀)'이다. 유학사에서 볼 때 정주 계열의 성리학자들은 '성악설을 낸 순자(荀子)'와 '위아설을 주장한 양자(楊子)'를 이단시했다. 공자 이후에는 오직 맹자만이 공자의 학문을 옳게 이은 유학자로 평가했다. 그러나 당말 및 북송 초기 성리학자들은 그렇지 않았다. 왕안석(王安石: 1021-1086)·소식(蘇軾: 1037-1101)에서 볼 수 있듯이, 그들은 순자 양자의 위상도 유학자의 계보에 넣어 비중 있게 다루었다.

고려의 이규보 또한 이들과 마찬가지로 유학의 부흥을 꾀하던 시각에서 유학 발전에 기여한 이들을 높이 평가했다. 순자 양자를 유학의 학통에 넣은 데에는 아직 (남송 이후의) 학통관의 자체 분열이 일지 않았음을 의미한다. 순수한 유학 부흥을 꾀하던 시각으로 북송 유학자들이 '성리학'이라는 유학의 새로운 철학 분야를 탐구했듯이, 고려의 유학자들 또한 이 무렵 '유학의 새로운 철학적 재편'인 '성리학(性理學)'의 탐구에 나섰던 것이다. 아래 항목들이 그런 성격의 이론이다.

2. 우주 만물에 대한 기론적 이해

성리학이라는 용어는 이른바 '성명의리지학(性命義理之學)'의 줄임말이다. 유학 중의 하나로, 성명의 성(性)과 의리의 이(理)를 탐구하듯이, 어느 유학보다도 철학의 특성을 지닌 유학이다. 사물의 특

4 李奎報,《李相國集》卷26〈答全履之論文書〉.《高麗名賢集》[1], 276쪽.

성과 존재(실체)에 대하여 특히 이(理)와 기(氣)를 동원하여 해석하는 '이기론(理氣論)'이 철학의 핵심에 드는 것이기도 하다. 한국에서 이런 종류의 사색에 앞장서 시작한 학자가 역시 고려의 이규보이다.

이규보는 무엇보다도 먼저 우주 자연에 대한 철학적 사색의 모습을 보였다. 우주는 구체적으로 하늘과 땅으로 집약되고, 자연의 생성은 앞서 보았듯이, 조화(造化)의 개념으로 이해되던 것이 통념이었다. 그 역시 이런 시대적 통념을 완전히 벗어나지는 않았으나, 그 나름 새로운 철학의 영역을 개척했다. 다음의 글이 그의 우주 생성론에 해당한다.

> 인간과 만물의 생성은 다 명조(冥兆)에서 정해져 자연(自然)에서 발생한다. 하느님(上帝)도 모르고 조물자(造物者)도 모른다. 무릇 인간들의 형성은 본디 저절로 생겨날(自生) 뿐, 하느님이 시켜 생겨나지 않았다. (…) 원기(元氣)가 처음 갈라짐(肇判)에 위로 하늘이 되고 아래로 땅이 되었고, 인간이 그 가운데 있어 삼재(三才)라 하는데, 이 삼재는 한 가지 원리(一揆)이다.[5]

유학에서 궁극적인 존재라 믿는 것은 '하느님(上帝)'이다. 하지만 그 하느님은 현상 사물을 생성한 전지전능한 창조주 이른바 '조물자'라고 여기지는 않았다. 그의 경우 우주 자연은 저절로 생기는, 자생물(自生物)일 따름이다. 종교적 이해를 부정하고, 새로운 철학적 이해가 이에서 나오고 있다. 이규보는 이렇듯 자연에 대한 종교적 이해 아닌 철학적 이해를 내놓고 있다.

5 앞의 책, 後集, 卷11 〈問造物〉. (《高麗名賢集》[1], 558쪽.)

그의 철학적 이해란 '원초의 기, 원기(元氣)'가 처음 갈라져 하늘과 땅을 비롯한 인간 등을 포함한 현상 세계를 형성했다고 한다. 하늘과 땅 그리고 인간, 이 세 요소를 일컬어 '삼재(三才)'라 하는 본원 유학의 사유를 그가 인용함도 흥미롭지만, 그것 또한 '한 가지 원리(一揆)'에 의한다는 것이다.

본래 《주역》에 따르면, 태초의 우주 형성은 '태극(太極)'으로 말미암아 이루어졌다. 그 태극을 주희와 이황 등은 궁극의 이(理)라고 해석하여, 신 또는 하느님을 원리의 이로 대체했다. 그러나 여기 이규경은 이가 아닌 기, 원기를 상정했다. 기는 이와 달리 감각 또는 경험되는 에너지 또는 원질에 비유되는 우주형성의 재료(要素)에 해당한다. 그 '기(氣)' 개념에 기댄 그의 철학이 바로 '기론적 우주형성론'이다.

기로 구성된 세계를 보다 더 구체적으로 이론화한 학자가 이 무렵의 임춘(林椿)이다. 앞 인용문에서 비쳤듯이 우주의 사물 모두를 기로 이루어졌다고 함은 인간 또한 기임에 예외가 아니라는 사상이다. 다만 인간과 타물을 구성하는 그 기에 질적 차이가 있다고 한다.

> 저는 일찍이 조화(造化) 노추(爐鎚) 하는 가운데서 잘 다듬어져 정강(精剛)한 기(氣)를 받아, 음양(陰陽)이 그 바탕이 되고 오행(五行)이 신체를 이루고, 28수(宿)가 가슴(胸襟)에 포열(羅)된 뒤 혼령(靈)을 지니고 생겨났습니다.[6]

기는 구체적으로 음양(陰陽)과 오행(五行: 金木水火土)으로 설명된

6 林椿, 《西河集》 卷4 〈上李學士知命書〉(《高麗名賢集》[2], 39쪽).

다. 인간 또한 음양과 오행으로 이루어졌음은 타물과 다르지 않다. 하지만 인간을 형성하는 기는 '정강(精剛)한 기'이고 타물은 정강치 못한 기라고 한다. 이는 인간 영장관(靈長觀)을 뒷받침하는 이론인 셈이다. 일찍이 주돈이(周敦頤: 1017-1073. 호는 염계濂溪)가 인간의 기를 기 가운데 '가장 빼어난 기(五行之秀)'라고 한 것과 상통하는 사상이다. 표현하는 용어가 조금 다를 따름이다.

혼령(魂靈) 또한 성리학자들은 기라고 해석했지만, 가슴에 28수가 포열되었다는 점은 도교적 사유가 섞인 것이다. 이런 점은 임춘이 북송 주돈이 등의 영향을 받지 않았거나, 받았더라도 그에 구애되지 않는 사실이라 해야 할 것 같다.

3. 이와 성에 기댄 인간 파악

초기 성리학을 일으키던 이 무렵의 고려 유학자들은 다만 기(氣) 개념에만 치중한 사색을 하는 데서 그치지 않았다. 원리 법칙 의미의 이(理) 개념에도 눈을 떴다. 예로 이규보는

> 만물의 차고 줄어듦(盈縮)이란 참으로 상리(常理)이다. 이는 천수(天數)이지 치우침(自偏)이 아니다.[7]

라고 했다. '이'를 수치에 비유하였음으로 이는 이 가운데서도 당연의 이가 아니고, 자연의 현상에 적용한 '필연적 원리'이다. 원인 의미의 이른바 '소이연(所以然)'이라고 표현되는 이를 일컬은 사례

7 李奎報, 《李相國集》 後集 卷16 古律詩 〈又樓上觀潮贈同寮金君〉.

이다.

그가 다른 자리에서 아래와 같이 사용한 이는 이와 또 다른 의미이다.

> 나 모든 것을 자연에서 벗어나 성(性)에 근거(因)하여 이(理)를 따를 뿐이니, 저 이상한 조물아(造物兒)가 어찌 이에 간여하랴.[8]

이때의 '이'는 자연법칙 같은 필연의 원리가 아니다. '성에 근거하여 이를 따른다(因性順理)'의 이는 마땅히 해야 하는 '당연의 원리(所當然之理)'에 해당한다. 이는 행위의 원리로서 뒷날 정주성리학에서 많이 논하게 된 '의리(義理)'와 비슷한 이이다. 이로써 '이'가 지닌 두 의미, '소이연'과 '소당연'의 의미가 다 이 무렵에 사용되었음을 확인할 수 있다.

이런 사실로 판단하면 정이(程頤: 1033-1107. 호는 이천伊川)가 말한 "성이 곧 이다(性卽理)"라는 명제의 '성과 이'가 모두 구사 되었다고 하겠다. 앞 임춘에서부터 천(天)을 상제로 보지 않고, '자연 자체로 해석'했음을 고려하면, 이런 사유는 조금도 이상하지 않다. 오히려 이와 기의 특성을 각기 '형이상(形而上)'과 '형이하(形而下)'로 분별하여, 이의 '무작위성'과 그에 대칭하는 기의 '유작위성'을 다 인지하고 구사한 사례라 할 수 있다.

이와 기 개념을 사용할 수 있었던 만큼, 이 무렵의 유학자들은 이와 연관된 심성설(心性說) 분야의 기본 개념들 또한 거의 다 논했다. 인심(人心)과 도심(道心)의 분별이라든가, 인의예지를 중심으로 한 '본연의 성(本然之性)'과 식색(食色)의 특성으로 대표되는 '기질의

8 위의 책, 後集 卷16 〈病中〉(위의 책, 453-454쪽).

성(氣質之性)'의 분별이 그런 실례이다.[9]

이에 따라 인성(人性) 자체에 대한 논의도 활발했다. 일생을 권력층에서 소외되어 '해좌칠현(海左七賢)'의 하나로 자처하며 음풍영월하던 임춘의 경우가 특히 그러했다. 그는 인간의 본성들을 덕목화(德目化)하여 본성에 충실할 것을 강조했다.

> 덕(德)과 도(道)로 칼을 삼고, 인(仁)과 의(義)로 칼끝을 삼고, 지(智)와 용(勇)으로 칼날을 삼고서, 언행의 바르고 믿음직함을 감싸고, 문장의 빼어나고 아름다움(英麗)을 차렸으되, 이것들을 궤에 넣어 간직하면, 일신의 보호를 명철히 하는 것입니다.[10]

인(仁)·의(義)·지(智)·용(勇)을 덕과 도로 익히고 실천하면, 언행이 바르고 믿음직하여 바람직한 인간으로 된다는 주장이다. 풀자면, 고관대작으로 출세함에 앞서 인간은 누구나 바람직한 인간, 인간다운 인간이어야 하는데, 그렇게 되려면 무엇보다도 인·의·지·용 등 인간의 본성을 덕목으로 여기고 실천함이 무엇보다도 앞서야 한다는 내용이다.

뒷날 성리학자들은 성리학을 일컬어 '참다운 자기를 위하는 학문' 곧 '위기지학(爲己之學)'이라고 했다. 그것은 누구나 일정한 직업인이기에 앞서 '참인간'으로 되어야 한다는 의미에서 낸 (성리학의) 별칭이다. 이것이 성리학자들의 보편적 '선비관(士人觀)'이고, 그들이 인성을 중요시한 근본적 이유 또한 이를 벗어나지 않았다.[11]

9 노평규, 〈이규보(李奎報)의 철학사상 연구〉(박사학위논문, 성균관대학교, 1990) 참조.

10 林椿, 《西河集》 卷4 〈上李學士(知命)書〉(《高麗名賢集》[2] 39쪽).

바람직한 인간을 추구하는 인간관은 자연히 '예의와 도덕'의 중요시로 이어지게 마련이다. 실제로 이 무렵 '고려인의 예절 수준'은 국내외의 가림 없이, 학자들이 칭송하던 대상이었다. 일찍이 북송의 사신으로 고려를 다녀간 서긍(徐兢)은 그의 《고려도경(高麗圖經)》을 통하여 "고려는 예의의 나라(禮儀之邦)"라고 찬탄한 사실이 그 증례이다. 그리고 뛰어난 시인으로 알려진 사상가 김구(金坵: 1211-1278. 호는 지포止浦)는 "나라 삼천리가 모두 예의의 강산(禮義之江山)"[12]이라 읊조렸던 것이다.[13]

13세기 말 이러한 사상 풍토 위에 주희의 성리학이 들어오자 그것을 곧 흡수하여 새로운 철학사상을 이룬 것이 고려 말엽 이후 조선 시대 성리학이다.

11 여기서 북송 성리학을 익힌 독자라면, 태초의 우주생설설로 주돈이(周敦頤)의 〈태극도설(太極圖說)〉 같은 이론은 없었는가 할 것이다. 그것은 아직 논의되지 않은 것 같다. 16세기에 이르러 그것이 면밀하고도 진지하게 논의됨을 본다. 그리고 인성에 대한 측면에서 인(仁)을 언급했지만, 아직 정호(程顥: 1032-1085)의 이론인 우주와 합일할 수 있는 '생의(生意)'로 해석한 식인설(識仁說)도 16세기에 가야 매우 중요시하는 시각으로 강조함을 보게 된다.

12 金坵, 《止浦集》 卷3 〈上座主金相國(良鏡)謝傳衣鉢啓〉(《高麗名賢集》[2] 180쪽).

13 이상은 전날 필자의 《한국유학사》(지식산업사, 2012)의 해당 부분에 준비하여 게재한 부분을 다시 활용한 것임을 밝힌다.

제3편

성리학의 독특한 연구

제10장 성리학적 인과응보설의 시도

1. 성리학 시대의 개막

안향(安珦: 1243-1306. 호는 회헌晦軒)은 1289년(충렬왕 15) 유학제학(儒學制學)의 신분으로 원(元)나라 서울 연경(燕京)에 갔다가, 《주자서(朱子書)》를 얻어 보고 그것을 베껴 왔다. 그 뒤(1298년)에 또 연경에 간 그는 주희(朱熹: 1130-1200. 호는 회암晦庵)의 학문을 논하여, 원나라의 학관으로부터 "동방의 주회암"이라고 칭송 받았다.[1] 이로 보아, 주희의 성리학을 공식으로 도입한 때는 1290년 무렵이었던 것 같다.

그 뒤 이제현(李齊賢: 1287-1367. 익재益齋), 이색(李穡: 1328-1396. 목은牧隱), 정몽주(鄭夢周: 1337-1392. 포은圃隱)에 이르는 동안은 주희 성리학을 온전히 익히던 기간이었다. 성균관 교수이던 정몽주는 주희의 《사서집주(四書集註)》에 대하여 원숙하게 숙지한 강론을 한 것으로 이름났었다.[2]

1 魚允迪 編, 《增補東史年表》(동국문화사, 1959), 286쪽.

2 그의 강론이 매우 새로워 의아해한 적이 있었으나, 뒷날 호병문(胡炳文: 1250-1333, 호는 운봉雲峰)의 《사서통(四書通)》이 들어와 대조해 본 결과 서로 일치하지 않는 해석이 없었다. 이에 정몽주의 해석에 대한 의문이 완전히 해소됨은 물론, 그 실력의 우수함을 인정, 유명하게 되었다는 것이다.

이색의 경우만 해도, 하느님에 대한 신앙을 벗어나 하느님을 이(理)로 대치하는 정이(程頤)의 철학 곧 "천즉리(天卽理)"의 명제와, 성품을 이로 환원한 존재론적 사유, 곧 "성즉리(性卽理)"의 명제를 모두 구사했다. 이 밖에 "천명즉리(天命卽理)" "태극즉리(太極卽理)" 등의 명제도 모두 이 무렵(고려 말엽)엔 숙지했다. 음양(陰陽)·오행(五行) 등으로 대표되는 '기(氣) 개념'에 대해서도 이들은 구체적인 지식을 갖추었다. 기의 일종인 '질(質)'과의 관계에서 논의되는 경중(輕重)·청탁(淸濁)·수박(粹粕)과 상승(上昇)·하강(下降)의 운동 특성 등 역시 이미 익힌 상태였다.

1392년 조선의 건국은 성리학의 자유로운 탐구 이상의 비약적 발전을 가능케 한 조건이었다. 역성혁명에 성공한 이성계(李成桂: 재위 1392-1398)와 그 일파가 '성리학을 조선 통치 이념의 원리'로 택했기 때문이다. 성리학은 고려 시대와 달리 '약진이 보장된 시대'를 맞았던 것이다. 불교가 일종의 국교의 위상을 점유한 시대가 지나고 성리학이 국교와 같은 위상에서 '불교를 적극 배척'하면서 자체 발전을 꾀하기 시작했다.

당시 성리학자들은 불교사상을 배척하는 과정에서 새로운 이론을 구상하고 창출하려 노력했다. 그 새 이론의 구상과 창출은 성리학의 시각으로 불교사상을 변박하거나, 간혹 불교사상 가운데 보편적 가치를 지녀 그대로 버릴 수 없다고 여겨지는 사상에 대해 성리학설로 변용 대체하려던 시각으로 이루어졌다. 특히 후자에 속하는 좋은 실례가 불교의 '인과응보설(因果應報說)'을 성리학설로 대체하려던 이론의 구상이다. 다음 항에서 그것을 상론하겠다.

2. 인과응보설의 묵시적 긍정

역성혁명의 주역으로 활동한 정도전(鄭道傳: 1342-1398. 삼봉三峯)은 조선 통치의 이념적 원리를 성리학으로 정하는 데 주도적 역할을 했다. 불교 배척을 통한 유교숭상(배불숭유排佛崇儒)의 구현에 가장 앞장선 인물이다. 그의 대표적 저서《불씨잡변(佛氏雜辨)》등이 이를 입증한다. 불교 배척을 위해 이만큼 다각도로 저술한 서적은 국내외를 막론하고 찾아보기 어렵다.

불교 배척을 위한 정도전의 저술로는《심기리편(心氣理篇)》이 보다 더 먼저 나왔다. 하지만 이는 불교의 신앙과 사상을 다각도로 직접 비판하면서 배척한 내용이 아니다. 다만 불교, 도교, 성리학(유학), 세 사상을 상징하는 개념들, '심(心)·기(氣)·이(理)'를 자의(字意)로 비교하면서 불교를 가장 열등시하는 형식으로 되었다. 자의 또한 성리학에서 이룩한 것이어서 비교라 해도 '성리학 본위'로 하는 방법에 지나지 않는다.

심(心)은 '이와 기로 이루어진다'는 사유를 맨 먼저 앞세운다. 그런데 이와 기 가운데 '이는 기의 생성 원인'임으로 이가 없으면 기는 자연히 없다. 그런 만큼 '이가 기보다 우월'하다. 또 기마저 없을 때라면 심이 성립될 수 없다. 이런 우열의 특성을 환치하면, 성리학(理)이 가장 우월하고 도교(氣)가 그 다음이며 불교(心)는 가장 열등하다는 의미가 된다. 정도전은 이를 실제로 믿고 주장한 학자였다. 이 개념에 기초한 '성리학의 최우월성'을 주장한 것이 그의《심기리편》이고 보면, 이를 통한 간접적인 불교 배척은 결국 앞으로 그가 더 전개할 '직접적인 불교 배척의 정초작업'이었던 셈이다.

불교 배척을 철저히 '직설 형식으로 감행'한 그의《불씨잡변》은 무려 20항목에 걸쳐 불교를 비판 배척한 내용으로 되었다. 불교신앙의 미신성을 비롯하여, 승려들의 부도덕한 행태, 허망한 효력을 선전한 역사적 허구성과 혹세무민의 기만성, 그리고 불교의 갖가지 이론들에 대한 불합리성 등이 그 내용이다. 그의 이런 비판에는 정주 이래 전해지던 성리학설의 답습이 대부분이고, 심지어 어느 정도의 독단 독선적 요소도 없지 않다. 무리한 약점은 더러 있지만, 이 정도의 열성적 이론으로 불교를 비판 배척한 전례란 중국의 주희 외에는 찾아보기 어렵다.

정도전이 불교 이론을 변박하는 데에는 불교의 핵심설까지 모두 포함된다. 영혼 같은 것을 근거로 한 '극락왕생설(極樂往生說)'을 부정함은 물론이고, 심지어 인과설에 기초한 '인연연기설(因緣緣起說)'도 비판했다. 곡식을 예로, '한 톨의 씨앗'이 몇 달 뒤 '많은 양의 수확'을 거두는 현상을 들어 그는 인과설도 부정했다.

불교 대부분의 측면에 대한 비판을 서슴지 않던 정도전이 '선악응보설(善惡應報說)'을 부정하는 모습은 보이지 않는다. 왜 그럴까? 유학에도 이와 비슷한 사유가 있어서였을 것이다. 예로 유학에는 '권선징악(勸善懲惡)'에 따르는 '사필귀정(事必歸正)' 의식이 있고, 심지어 "선한 일을 쌓은 경우에는 반드시 경사가 뒤따른다(積善之家, 必有餘慶)"는 믿음이 있지 않은가! 이런 사유가 그에게 선악응보설을 정면으로 배척할 수 없게 하였다고 보인다.

하지만 정도전은 선악응보설을 '불교 용어의 표현' 그대로 두고 볼 수는 없었던 것 같다. 불교 용어의 표현을 그는 '성리학 용어의 표현'으로 변용하려 했다. 그 작업을 담은 서적이 그의 《심문천답(心問天答)》이다. 책 제목을 "마음으로 낸 물음에 하늘이 답한다"라고 하늘(또는 하느님)의 권위를 빌린 것 자체가 이 '문제에 대한 그의 중요시' 정도로 보인다.

정도전은 인과응보(因果應報)에 대한 설명부터 한다. 그에 따르면, "인간이 선을 행하면 하늘[天]이 복(福)으로 보답하고 악을 행하면 화(禍)로 응답한다"[3]는 그것이다. 하지만 그도 이 현상이 언제 어디서나 실현되는 것은 아니라 했다. 기복신앙 차원의 선행을 그 증례로 삼았다. 정도전은 복을 바라서 하는 믿음과 불공(佛供) 불사(佛事)로는 아무리 많이 하더라도 효험이 없다고 단언했다. 증례로 중국의 양무제(梁武帝)의 불교 행사를 들었다. 불교의 신앙에 대한 그의 거부반응의 강도가 이런 데서 드러난다.

3. 인과응보설의 성리학적 변용

정도전이 책명으로 "마음(진심)으로 묻고 하늘이 답한다"고 한 것을 필자는 '하늘의 권위'를 이용한 그 변용의 중요성 암시로 해석했지만, 그것은 보기에 따라 막연한 중요시가 아니다. 하늘의 권위를 자신의 이론에 투사함으로써 '그 새 이론의 위엄'을 지극히 높이려 한 의도로도 해석된다. 이런 시각에서 보면 그 작업은 자신이 지닌 의욕의 크기만큼 '문제의 난해함'도 인지했을 그였으리라 짐작된다.

그는 무엇보다도 선행에 의한 선과(善果)인 복, 악행에 대한 화의 결과(禍果)가 즉시 따르지 않는 현실적 실태를 지적했다. 실제 현실은 선한 행위를 해도 반드시 복이 따르지 않고, 심지어 반대로 되는 경우가 생기는 '현실의 경험적 실상'을 그는 알고 있었다. 아니 그것 이상으로, 하늘일지라도 근본에서는 인간을 '선행만 하도록

3 鄭道傳,《三峰集》卷10,《心問天答》, 291쪽.

하지 못함'을 그는 이 책에 적어 놓았다. "하늘[天]은 원래 인간에게 이(理)를 부여할 수 있지만, 인간을 반드시 선행만 하도록 부리지는 못한다"[4]는 것이다. 인간에게 선행만 하도록 하지 못하는 '하늘 능력의 한계'가 또한 선행에 선과와 악행에 악과를 반드시 따르도록 '실현하지 못하는 원인'인 셈이겠다.

하지만 이 글로 보아 '하늘의 능력'은 '인간에게 이를 부여함'이고, 그런 만큼 이에 주목할 필요가 있을 것 같다.[5] 정도전 같은 성리학자들은 '성과 이를 동일시(性卽理)했음'을 상기하면, 이의 부여란 '인간이 본성을 타고났음'에 다름 아니다. 타고난 이란 곧 인의예지(仁義禮智) 본성(사덕四德)을 가리킨다. 유학자들은 원래 이 선한 '본성의 발로가 도덕'이라고 생각했다. 《중용》의 맨 앞장(首章)의 "하늘이 준 것을 성이라 하고 그 성을 좇음을 도라 한다(天命之謂性, 率性之謂道)"는 것이다. 도덕을 이루는 선행(善行)을 권장하는 정도전의 이유도 이런 사유에 근거한다.

정도전은 선행의 결과처럼 여기는 복과 상서로움을 하늘에서 구하지 말고, 아무래도 인간의 선행(도덕적 행위)에서 구할 것을 권한다. "천지에 재앙과 상서로움이 있음은 인간의 행위(人事)의 바르고 그름에 달렸으니. 어찌 스스로 반성하여 마땅히 할 것(所當爲者)을 하지 않고 그저 하늘을 책망하는가?"라 했다. 하지만 이는 응보의 논의에서 빗나간 언사에 다름 아니다. 본 논의에 해당되지

4 鄭道傳, 《三峰集》 卷10, 《心問天答》, 288쪽.

5 정도전이 성리학의 '이' 개념을 내세우는 점은 주목할 만하다. 이는 모든 생성변화의 필연적 원리로부터 '의리(義理) 곧 당위(當爲)'라 일컫는 도덕적 원리까지 포함된다. 더욱이 정주(程朱) 이래 이는 '소이연(所以然)'이라 하듯이 모든 현상의 원인 이유를 의미하는 개념이다. 정도전이 이런 다의적인 이를 구사함은 물론이다. 성리학자들 대부분이 당위의 '의리' 용어를 선호하듯이 그의 용례에서도 도덕적 원리를 지칭하는데 더 비중을 둔다. 이 점 미리 유념해야 한다.

않는 무근한 첨언일 뿐이다.

되돌아가, 그가 인간에게 부여된 것이 이(理)라 했으므로, 이제 '이에 대한 그의 사유'를 따라가야 할 것 같다. 정도전은 방금 "스스로 반성하여 마땅히 해야 할 것(所當爲者)"을 언급했다. 이것이 (본론과 연결된) '당위의 이'이다. 정도전이 인과응보를 논의한 동기 자체가 본래 "선행에 복이 따르고 악행에는 화가 따라야 한다"는 사유를 '당연(當然)한 일'로 신봉한 데 있었다. 바로 그 점에서 선행에 선과가 악행에 악과가 따름을 그는 "이의 불변적 원칙(理之常)"이라 하거나, 별칭으로 "의리의 공정(義理之公)"이라 표현했다.[6]

따라서 선한 행위 뒤에 도리어 화가 따른다든지, 악한 행위에 복을 맞는 현상을 정도전은 "하늘의 일정치 않음(天之不定)"이라 했다.[7] 그런 현상은 '이의 원칙에 어긋난 현상'이라는 의미이다. 그렇다면 이의 불변적 공정성이 흐트러지는 원인은 무엇인지가 문제이다.

이 의문에 대하여 그는 이와 기의 작용(운동)의 특성을 들어 아래와 같이 설명했다. 곧 무작용한 이와 달리 (작용을 하는) 기가 '이의 원리 원칙'대로 작용하지(따르지) 않은 데 원인이 있다는 것이다. "기가 그렇게 만든다(氣之使然)"[8]고 한다.

그리고 정도전은 설명을 이어간다. 기의 작용이야말로 일정치 않게 이루어지므로, 긴 시간을 두고 보면 그 작용이 언젠가는 이의 불변적 '원리대로 작용'하여, 마침내 행위에 대한 '응보가 제대로 실현된다'는 것이다. 이것이 이 인과응보 문제에 대한 그의 결론이다.

6 鄭道傳, 《三峰集》 卷10, 《心問天答》, 288쪽.

7 위의 책.

8 위의 책, 권10, 《心問天答》, 289쪽.

결국 응보가 이루어지는 필연성은 그에게서 찾을 수 없게 되고 말았다. 이 이론은 마치 "고장 나 멈춘 시계도 하루에 두 번은 맞는다"는 논리와 같다. 결국 그의 이론은 성공리에 매듭짓지 못한 것이다.

하기야 이는 이미 예견된 결과라 할 수 있다. 왜? 이 문제는 '인과관계'가 성립되어야 이루어질 문제인데, 그는 서두에서 '인연연기설을 부정'하느라 '인과성(因果性) 자체를 부정'하고 시작했기 때문이다. 이 문제 자체가 근본적으로 필연 아닌 '희망에 따른 요청'의 성격이었다.

하지만 그의 이론이 당시 '실효'를 거두지 못한 것 같지는 않다. 이 이론에 대한 반론이 없었던 것으로 보아, 당시의 지성은 이를 받아들였다고 여겨진다. 설혹 그렇지 않았다 해도 이 논의 자체는 정의(正義)와 관련되듯이 두고두고 연구해야 할 '윤리학 또는 철학의 과제'라 할 수 있다. 그 점에 정도전의 작업은 평가할 만한 가치가 자리한다고 할 수 있다.

제11장 유불상동설에 의한 불교옹호

1. 유교와 불교의 관계

삼국시대부터 남북국시대까지 유교와 불교는 무속의 토양 위에서 특별한 차등 없이 이용되었다. 최치원의 지적대로 유불도 삼교의 원활한 이용, 곧 '풍류(風流)적 응용'을 벗어나지 않았다. 이런 사상계의 현상은 중세의 시초라 할 고려 왕건의 시대부터 현저히 변했다. 유교는 다만 행정 체계의 육조(六曹) 중심의 변화에 이용되는 데 그쳤으나, (훈요십조에서 보듯) 불교와 도교가 왕실의 우대를 받아 특별히 흥성하였다. 도교계의 풍수설(風水說)을 자유로이 믿게 하는 한편, 불교를 마치 국교와 같은 위치에 두어 삼교 응용에 불균형이 형성되기 시작했다.

통치제도를 비롯한 고려의 행정기구는 유교에 의지하다시피 한 상황이었다. 태학(太學)의 엄존에 더해, 육조와 양반제(兩班制)를 중심으로 한 관제 개편과, 과거제(科擧制) 등을 설립한 것은 유교를 실질적 통치수단으로 삼은 현상에 다름 아니다. 그런 풍토에서 불교의 '국교적 대우'라든가 도교와 풍수의 '공식적 우대'는 왕실과 일부 양반귀족의 정신적 사치를 충족시킬 뿐, 점차 유학에 의한 실제적 통치술을 등한시하던 행태였다. 유학자들은 유교에 대한 상대적 홀대로 인한 소외감을 느끼지 않을 수 없었다.

고려의 통치가 기틀을 공고히 한 10세기 대표적 유학자의 하나인 최승로(崔承老: 927-989)의 〈시무 28조〉(22조만 잔존)는 유교 불교의 알력을 잘 드러낸 실례이다. 불교는 '내세(來世)를 위한 수양(修養) 위주'의 사상인데 견주어, 유교는 '현세(現世)의 실생활을 위한 치국설'을 담은 사상이므로, 제왕의 학문은 어디까지나 유교이지 불교가 아니라는 요지의 내용이었다. '유교 이념'을 바탕으로 한 '제도정치 강화'를 주장한 것이다. 제도를 따라 하는 정치는 '독재적 전횡 방지'의 효과도 노린 것임은 물론이다.

왕실만 위하고 민본 위민과 관련 없는 통치 행사가 유학자에게서는 배척될 수밖에 없었다. 다시 말해, 번다히 행하는 (왕실을 위한) 연등회, 팔관회의 불교의식을 줄이고, 사찰과 승려의 폐단을 시정해야 하며, 무속과 도교의 산천제 등 제사들 또한 민인을 괴롭히며 국고만 허비하므로, 모두 금지시켜야 한다는 직언을 함께 내포한 상소문이었다.[1]

하지만 의외의 사태로 인하여, 유학자가 불교의 승려에게 보호를 받아야 했던 시기도 있었다. 그것은 바로 '무인정변(武人政變)'으로 인한 것이다. 제도 자체로 고려는 초기부터 문무양반(文武兩班)으로 형성되었었지만, 왕조가 안정된 뒤로 점차 정권은 물론이고 병권마저 문신이 독점하여 장악해 갔다.

그런 현상은 마침내 무신에 대한 '문신들의 횡포'를 빚었다. 문신들의 횡포는 날이 갈수록 극심해졌다. 무신들은 문신귀족에게

1 이는 당시 삼교 중 상대적으로 소외된 '유교인이 지닌 고민'의 실상이기도 했다.

실로 인간 이하의 '푸대접'을 받았다. 때문에 그 반발 사태로 이루어진 것이 1170년의 '정중부(鄭仲夫)의 난'이라 일컫는 무인정변이었다.

정변기의 문신들은 상당수가 무신들에게 심지어 목숨을 잃는 처지로 되었다. 유학자인 문신들은 이 무렵 산간의 '사찰과 승려'에게로 도피하거나, 자진해 승려로 되기까지 했다. 유학자들이 이렇게 불교 승려들의 보호를 한때나마 받아야 했기 때문에, '유학의 명맥'마저 승려들의 손에 들어갔던 것이 이 시기였다.

무인(정중부)의 반란 이후 '백년의 기간'이 왕권조차 무인들의 손에 들어갔던 '무인정권(武人政權)의 시기'(1170-1270)였다. 따라서 유교 불교 등 문화의 암흑기가 매우 길었음은 말할 나위 없다. 1170년 직후부터 거의 반세기 동안 특히 유교는 극심한 침체를 면할 수 없었다. 유학자와 함께 유학이 불교 승려의 배려를 받아야 했던 때가 바로 이 시기였다.

2. 불교에서 본 유불 공통성

무인의 직접적인 간섭을 받지 않던 승려들이 유학에도 관심을 두는 현상은 학문하는 사람으로는 이상한 일이 아니었다. 더욱이 불교와 유학을 비교해 보는 시각의 구사는 학승의 경우 매우 자연스러운 것이었다.

무인정권 시기에 대선사(大禪師) 직에서 불교계를 이끌던 승려가 진각국사 혜심(慧諶: 1178-1234)이다. 12-13세기 그는 누구보다도 '불교와 더불어 유교에도 관심'을 쏟은 인물로 알려졌다. 선입견이나 목적의식 없이 유교와 불교에 조예를 깊이 하면서 '두 사상의 공통점'에 그 나름으로 관심을 쏟은 독특한 사상가이다.

일찍이 불교계에 투신하기 전 그는 과거에 응시할 정도로 유학을 익힌 유학자였다. 유학자이던 시절에 그는 이미 불교 또한 유학과 근본에서 '상동'이라는 신념을 가지고 있었다. 불교로 전향하던 무렵 그의 옛 스승인 유학자(최홍윤崔洪胤: 1153-1229)에게 보낸 서신에서 그 점이 드러난다. "명칭으로 보자면 불교와 유교는 매우 다르지만, 그 실질을 알게 되면 유교와 불교는 다르지 않다"는 견해를 가지고 있었다.[2] 하지만 불교로 전향한 뒤의 입장은 아무래도 유학보다는 '불교 우월'의 견해를 지녔던 것 같다.

혜심이 두 사상의 동일점을 구체적으로 드는 사례는 별로 많지 않다. 일찍이 공자는 "아침에 도를 듣는다면 그날 저녁에 죽어도 좋다(朝聞道, 夕死, 可也)"[3]라 했는데, 이에 대해 혜심은 "도는 곧 만법을 관통하여 끊어짐도 소멸함도 없는 것이다. 이미 끊어짐도 소멸함도 없는 것을 알았으므로 이에 따라 저녁에 죽어도 좋다고 한 것이다"[4]라고 했다. 공자의 도가 과연 '만법(萬法)을 관통'하는 도인지는 확실치 않지만,[5] 혜심은 이런 이해를 바탕으로 유교의 도와 불교의 도를 같다고 주장했다.

이 밖에 공자의 가르침 중 '사무설(四毋說)'에 대해서도 혜심은 무진거사의 해석을 빌려, "불교에서 논하는 '무념(無念)의 심체(心體)'와 명칭만 다를 뿐 실질은 서로 같다"고 했다.[6] 다시 말해, 《논

2 김미영, 〈기화의 유불일치론에 나타난 불교사상〉, 한국불교원전연구회, 《인물로 보는 한국의 불교사상》(예문서원, 2004), 334쪽.

3 《論語》〈子罕〉第9章.

4 김미영, 앞의 논문, 앞의 책, 335쪽.

5 《중용》 등에 나오는 '도(道)'는 인간이 밟아 행해야 하는 당위의 규범을 의미한다.

6 김미영, 앞 논문, 앞의 책, 참조.

어》에 나오는 무의(毋意)·무아(毋我)·무고(毋固)·무필(毋必)[7]에 각각 불교의 진의(眞意) 진아(眞我) 진고(眞固) 진필(眞必)로 대응하면서, 서로 내용을 같다고 생각했다.

그에 따르면, '진의'란 의식기관(意根)에 의하여 마음작용이 없는 상태에서의 지각을 가리키고, '진아'란 소아를 버리고 대아를, '진고'란 형체가 소멸해도 남아있는 본성을, '진필'이란 성인의 지혜로 일체의 번뇌 망상을 끊어 버림을 가리킨다는 것이다.[8]

공자가 말한 사무의 내용을 이렇다고 하면, 공자가 긍정할지 필자로는 의문이다. 다만 마음가짐을 넷으로 분류해 설명한 형식이 같고, 무의 무아 등이 무념과 비슷함을 부정하지는 않을 것 같다. 아무튼 이런 해석을 앞세워 유교사상, 그것도 본원 유학인 공자의 사상을 불교의 입장에서 상통하는 듯이 이해하려던 그의 태도만은 분명한 사실이었다.

혜심의 이 같은 "《논어》에 대한 선(禪)적 이해는 이후 (조선 초) 함허당(涵虛堂) 기화(己和)에게 그대로 계승되어 나타난다"고 한다.[9] 그렇다면, 혜심의 유불상동론은 조선 초 정도전(鄭道傳) 같은 유학자가 (《불씨잡변》을 통하여) 불교를 철저히 배척하는 여건에서, '불교옹호의 논거'로 제시하던 '불교계의 유불상동론'에 이용된 사상이라는 의의를 지니는 셈이다.

7 《論語》〈里仁〉第8章.

8 김미영, 앞의 논문, 앞의 책, 334쪽

9 위의 논문, 위의 책, 335쪽.

3. 유불상동설에 의한 불교옹호

1) 유불상동론자 기화

조선 시대의 불교 승려 함허당(涵虛堂) 4기화(己和: 1376-1433)는 성리학을 이념적 통치원리로 삼고 불교를 적극 배척하던 풍토에서 실제로 '유불상동론'을 적극 주장한 학승으로 유명하다. 그의 《현정론(顯正論)》이 그런 내용이다. 불교가 근본에서 유학(성리학)과 다르지 않다는 점을 밝혀, 그 배척의 조치를 완화시키기 위해 지은 일종의 '불교옹호 성격'을 띈 책이다. 정도전의 《불씨잡변》보다 앞서 출간된 점에서 '불교 배척에 대한 대응의 민첩성'을 읽게 하는 기화의 업적이다.

기화도 혜심처럼 불교에 몸담기 전에는 성균관에서 학문을 익힌 유학자였다. 불교를 탐구하면서 그전에 익힌 유학과 불교의 상호 유사성 또는 상동점을 발견하고서. 그 상동성이야말로 두 학문 사이의 '친화 성격'임을 깨닫고 그것을 적극 주장한 듯하다. 불교의 옹호를 위한 완충적 불교 방어막은 은유의 소극적 조치인 만큼 미약한 성과를 거둘 수밖에 없었다. 또 유불의 상동을 주장했어도 그는 어디까지나 '불교의 입장'에 섰던 만큼 그의 이론의 객관성에는 어느 정도의 한계를 면하기 어려웠다.

기화의 사유로, 유교와 불교는 상동일 수밖에 없는 필연적 이유가 있었다. "천하에는 두 가지 도가 없으며, 성인에게는 두 마음이 없다(天下無二道, 聖人無兩心)"는 것이다.[10] 이는 만약 두 가지 사상(道)이 있다면, 같은 내용을 서로 달리 표현한 데에 그 원인이 있다는 언명이다. 아무튼 두 가지 도가 없다는 주장은 '기화의 신념'이자

10 己和, 《顯正論》(《한국불교전서》 7, 20쪽).

유불상동을 논하는 '선행적 전제'이다. 이 전제는 설령 두 가지 도가 있더라도, 그에 있어 어떻게라도 같은 것이라고 주장할 사유이기도 하다.

하지만 그는 유교·불교를 하나라고 무리하게 억지 쓰거나, 자의로 그 둘을 하나로 만들려는 짓을 하지는 않았다. 유불의 상동을 찾는 그 의지가 두드러지고, 그 의지로 해서 그가 조선 초 유불의 상동을 주장한 대표적 승려로 되었을 따름이다. 더구나 기화는 유불의 상동만 주장한 데서 그치지 않았다. 미리 밝히자면, 그는 두 사상의 차이(差異)도 지적했으며, 불교에 대한 유학자들의 편견이나 오해를 염두에 두고서 그것들을 변해(辨解)하는 대목 또한 더러 눈에 띈다. 그런 점을 차례로 확인하겠다.

2) 유불상동설의 대표적 실례

기화는 무엇보다도 '유학의 오상'과 '불교의 오계'를 동일하다고 한다. 오상(五常)은 인간이 지닌 다섯 가지 본성 '인의예지신(仁義禮智信)'이고, 오계는 불교수행에서 행하는 다섯 가지 계율(不殺生, 不盜, 不淫, 禁酒, 不詐欺)'이다. 그에 따르면, 인(仁)은 오계 중의 살생을 금함(不殺生)과 같고, 의(義)는 도둑질을 금함(不盜)과 같고, 예(禮)는 간음하지 말라(不淫)이며, 지(智)와 신(信)은 각각 오계 가운데의 술 마시지 말라(不酒)와 거짓말 하지 말라(不詐欺)와 같다고 한다.

하지만 이 가운데 오상의 지(智)에 금주를 대응시킴은 유학자들이 부정할 부분이다. 기화도 이 점이 논란의 대상이 될 줄 알았던 것 같다. 그는 '술이 정신을 산란케 하고 덕(德)을 손상시켜, 도에 매우 해가 된다'는 변을 내기 때문이다.[11] 그 변으로는 부족하

11 위의 책(《한국불교전서》 7, 220쪽).

고, 이 외에 의와 예에 대해서 각기 부도 불음으로 같다고 함도 이의의 여지가 많다. 하지만 오상에 오계를 대응시킨 기화의 발상은 전혀 틀린 것이라 하기도 어렵다. 약간의 차이라 할 근사함을 더러 찾을 수는 있고, 그 역시 그런 점에 보다 많은 비중을 두었던 듯하다.

착한 본성 의미의 용어인 (유교의) '명덕(明德)'을 기화는 또 불교의 '밝은 마음'에 견준다. 올바른 '의행(義行)'을 추구하는 유교의 특성에 대해서도 불교에서 악을 제거하고 선(善)을 닦아 중생을 이롭게 하려는 '이타(利他)'와 같다고 여긴다.

그는 불교의 지혜와 교화 및 수행과의 관계를 《논어》에 나오는 문채와 실질의 조화인 "문질의 빈빈(文質彬彬)"[12]에 해당하는 의미로 소개한다. "반야의 지혜를 질(質, 바탕)로 삼고 만행의 꽃을 문(文)으로 삼아, 지와 행이 잘 조화를 이룬다"[13]가 그것이다.

유학자들의 통념은 불교란 예(禮) 관념이 없고 그렇기 때문에 실생활을 소홀히 하는 사상이라 폄하한다. 유교만이 생활에 유용한 사상인 듯이 여기는 (유교인의) 사유를 불교에 대한 오해로 여긴 기화는 불교에서 말하는 '머무름이 없다는 무주(無住)'를 예(禮)라는 식으로 논했다.

원래 불교의 무주는 자신만의 열반 해탈에서 만족하고 남을 위하는 행위가 없으면 안 된다는 의미로 쓰이는 개념이다. 이것을 지금 기화는 예행(禮行)에 대응하는 용어인 듯이 설명하고 있다. "머무름이 없는 것(無住)은 온갖 행위의 큰 근본이고, 온갖 행위는 머무름이 없는 것의 큰 쓰임(大用)이다. (…) 예란 인간세의 큰 쓰임

12 《論語》〈雍也〉第16章.

13 己和, 《金剛經五家解說誼》(《한국불교전서》 7, 45쪽).

이다. (…) 사람이 예를 알면 진퇴를 알 수 있으며 행위에 마땅함을 얻어 베풂음에 잘못이 없게 된다. 만일 예를 알지 못한다면 비록 마음에 일이 없다고 하더라도 움직일 때마다 법규에 어긋날 것이니. 어찌 진퇴승강에 볼 만한 것이 있겠는가?"[14]라 했다.

예가 '행위의 마땅함', 곧 '행위의 당연한 원리'라는 점을 밝히면서, 그것을 행해야 하는 이유까지 이렇게 나름으로 밝혔다. 바로 이 대목에서 '머무름 없음인 무주(無住)'가 행위의 큰 근본이라'는 확대해석을 펴고 있음이 이채롭다.

예뿐만 아니라 유교에서 중요시하는 의(義)에 대해서도 기화는 행위에서 지켜야 할 '마땅함' 곧 '당위성(當爲性)'을 앞세워 이해하고 중요시한다. 그리고 그런 사상이 공자만 아니라 석가모니에게도 있었음을 환기한다. "공부자(孔夫子)는 '군자란 천하에 대하여 오로지 의(義)만 따른다'고 하였으니, 이는 마음에 치우침 없이 의에 맞게 일을 처리함을 말한다. 의에 맞게 일을 처리하면 반드시 사물에 의해 굴레 지워지지 않을 것이며, 사물에 굴레 지워지지 않으면 반드시 마땅함을 잃지 않을 것이다. 성인들은 시대를 달리 태어나도 도(道)는 같고, 말을 달리 해도 서로 뜻(意)은 합침을 이에서 볼 수 있다"[15]가 그것이다.

유교에서는 지식을 많이 쌓으면 결국 모든 것에 막힘 없이 달통(豁然貫通)한다고 한다. 바로 《주역》의 "고요히 움직임이 없는(寂然不動) 마음의 상태에서 직감하여 마침내 통한다(感而遂通)"[16]는 문구의 뜻이 그것이다(유학자라면 이 구절을 아마도 불교의 해탈이나 마찬가지라고 하였을 것이다). 하지만 기화는 석가의 "고요하면서도 항상 비추고, 비

14 위의 책(《한국불교전서》 7, 36쪽).

15 위의 책(《한국불교전서》 7, 52쪽).

16 《周易》〈繫辭上傳〉 第10章.

추면서도 항상 고요하다"고 한 언구와 같다고 이해한다.[17] 그는 해탈과 같다고 여기지는 않고, 다만 수양의 과정에서 있게 되는 한 양상 정도로 언급했음을 본다. 이에서 '통달'로 논하자면, 유학은 불교의 '해탈'만 못하다는 것이 그의 본래 사유였으리라는 추정이 나온다. 어디까지나 불교가 그의 입장임을 실감하게 하는 증례이다.

17 己和,《顯正論》(《한국불교전서》 7, 225쪽).

제12장 성리학의 안내와 기론적 세계관

1. 성리학 연구의 방향잡기

14세기 말-15세기 초 성리학에 대한 연구의 활성화에 크게 기여한 학자로는 정도전 외에 권근(權近: 1352-1409. 호는 양촌陽村)이 있다. 정도전은 불교배척을 위한 '성리학적 선악응보설' 등의 저술에 힘썼지만, 권근은 성리학 자체의 이해와 연구를 위한 '기초적 학습'에 관한 저술을 남겼다. 《입학도설(入學圖說)》·《오경천견록(五經淺見錄)》·《사서오경구결(四書五經口訣)》(실전失傳)이 그런 것이다.

권근은 《오경천견록》에서 오경(《詩經》, 《書經》, 《易經》, 《禮記》, 《春秋》)을 서로 '유기적 관계'로 파악하고 있다. 유기적 관계란 특히 《역경》이 다섯 경전이 지닌 이론의 기준이 되는 '전체(全體)'의 특성이고, 《춘추》는 그 기준을 실현하는 '대용(大用)'에 해당한다는 것이다. 이렇게 자신의 견해가 저변에 깔려 있는 그의 '독특한 경학관(經學觀)'이 잘 드러난 데에 《오경천견록》의 특징이 있다.

권근은 성리학의 기초적 학습을 그의 《입학도설》에 온전히 담았다. 이름 그대로 이는 초학자를 위해 '성리학이 어떤 학문인가'를 소개한 그 '안내서'이다. 성리학의 본격적 연구를 위한 길라잡이 성격으로 가장 먼저 마련한 '학문적 초석'인 셈이다.

권근은 먼저 '천(天)'·'인(人)'·'심(心)'·'성(性)' 등 개념과 이에 따르는 갖가지 명제들의 파악을 나름으로 상세히 설명했다. 이들 개념과 명제의 소개 부분에 이 책의 가장 큰 특징이 있다고 할 수 있다. 이어 '성(誠)'과 '경(敬)'으로 요약되는 수양의 방법과 궁극으로 지향하는 최고 경지인 '천인합일(天人合一)'까지 성리학의 요해를 두루 갖추었다.

철학 측면으로 가장 중요한 '천·인·심·성의 파악'을 위해 그는 '도식적 설명'을 구사했다. 그 도식화의 설명으로 된 것이 〈천인심성분석지도〉·〈천인심성합일지도〉 등이다. 이런 점이 이 책을 돋보이게 하는 요소이다. 따라서《입학도설》은 겉보기에 가장 쉬운 듯하지만, 실속은 성리학에 통달한 사람이라야 저술할 수 있는 '성리학 개설서'이다.

① 가장 앞세운 '천'에 대한 설명에는 한문 '天'의 글자풀이 형식으로 그렸다. 그에 따르면, '天'은 '一'과 '大'의 합성임을 전제로, (하나여서) 대비할 것이 없고(無對) 그침이 없으며(無息), (커서) 밖이 없고(無外) 다함이 없다(無窮)는 것이다. 여기에 또 '모든 변화의 근원(萬化之源)'이고. '모든 현상의 근본(萬殊之本)'이라는 점을 덧붙였다.

풀자면, 이는 예로부터 천(天)이 지닌 하느님(上帝) 의미를 지우고, '무대(無對)·무식(無息)·무외(無外)·무궁(無窮)'이라는 네 특성을 지닌 의미의 태극(太極)과 같은 이(理), 곧 '천즉리(天卽理)임'을 설명한 대목이다. 천이 곧 이로 환원(동일시)되어—종교 성격이 철학의 성격으로 된—이것이 성리학의 첫째 명제 '천즉리'임을 밝힌 그의 해설이다.

② 인간의 경우, 권근은 '人'의 글자 위에 '이일(理一)'을 놓은 것밖에 없다. 인간이란 태극의 이 하나로 된 이를테면 '이의 분신'이

라는 의미를 나타낸 듯하다. 이 도형과 아울러 문자의 설명으로 "인간(人)이란 곧 인(仁)이다"라고 했다. 그의 문장화한 설명으로는 이것이 전부이다.《예기》에서 "인(仁)은 인간(人)이다"라 한 것을 그는 뒤집어 표현했다.

원래 '인(仁)'은 공자 맹자 이후 인간이 지닌 '선한 본성'으로서, 본성 중에도 첫째로 꼽아야 하는 '대표적 본성'이라 여긴 것이다. 그런 만큼 권근의 이 명제(문장)는 '인간이 인성(仁性)의 화신'과 같다는 의미라고 추측된다. 더욱이 뒤 문장들 가운데서 그가 인간이 만물 중 영장(靈長)임을 강조했음을 감안하면, 이것은 선한 본성을 선행(善行)으로 실현하는 존재가 인간임을, 따라서 인간은 그런 점에서 만물 중 영장임을 빗대어 나타낸 표현일 것이다.

③ 심(心: 마음)에 대해서는 심의 '도형'과 '도설' 및 〈천인심성합일지도〉 안의 심 부분을 종합하여 살펴야 권근의 해설 전모가 드러난다. 그것들을 하나씩 다 살피려면 너무 장황하므로, 필자가 종합한 의미들만 소개하겠다.

심이란 "인간이 하늘[天]로부터 받아, 한 몸을 주재하는 것(一身之主宰者)", "이와 기가 묘합한 것", "허령(虛靈)한 신명(神明)이 머무는 곳(舍)", "성(性)과 정(情)을 통섭한 것(心統性情)", "성은 심의 체(體)이고 정은 그 용(用)임", "심의 성은 인의예지신(仁義禮智信)이고 그 정은 칠정, 곧 희노애구애오욕(喜怒愛懼哀惡欲)임", "명덕(明德)과 함께 중리(衆理)를 갖추어 만사에 대응하는 것", "도심(道心)과 인심(人心)으로 분별됨", "심이 발하여 의(意)로 됨(心發爲意, 意心所發)" 등이다.

④ 성(性)에 대한 권근의 설명은 간단하다. 그에 따르면 "성이란 하늘이 인간에게 부여(命)하여, 인간이 타고난 '생의 이(生之理)'로서 심에 구비된 것"이다. 여기서 성을 심 가운데의 '생의 이'라고 한 것은 성(性)이라는 글자 모양을 고려한 설명이다. '性'이라

는 글자가 '心'에 '生'자가 더해진 꼴이기 때문이다. 이렇게 성(性)의 풀이에서 생(生)을 고려한 것은 성을 이라고 하더라도 이는 결코 허공에 있지 않고, 심이라는 기(氣)에 깃들었음을 나타내는 사유이다.

여기서 주목해야 할 점은 "성이 곧 이(性卽理)"라고 한 명제이다. 성을 이로 환원할 만큼 '성과 이를 상동시하는' 것은 '천즉리(天卽理)'와 같은 비중으로 중요시되는 기본명제이다. 이 '성즉리'는 성리학에서 심성론을 존재론의 철학으로 변환시키는 사유임에 유의해야 한다. 이 명제로부터 심 항목에도 속할 "성은 심의 체이고 정은 심의 용임", "성이 발한 것이 정(性發爲情, 情性所發)"이며, "본성인, '인의예지'의 발동이 사단(四端: 惻隱·羞惡·辭讓·是非)"이라는 등의 명제가 뒤따른다.

이 밖에 수양론 부분도 그는 언급했다. 선한 본성에 대한 성찰(省察)과 존양(存養) 및 실천을 주된 내용으로 마련했다. 그 존양 성찰을 위해서는 근본적으로 '성(誠)'과 '경(敬)'의 마음가짐이 가장 중요하다는 점도 잊지 않았다. 집약해, 마음의 흐트러짐 없이 진지하게 '하나로 집중(곧 主一無適)'하는 '경'을 바탕으로 '성실'한 태도라야 바람직하다는 이론이다.

이때 성실함을 지극히 다하면,《중용》에 보이듯, 나와 남의 본성을 다 하게 되고 물성까지 다한 끝에, 마침내 자연의 화육(化育)마저 돕게 됨을 그는 인용한다. 자연의 화육을 돕는 경지가 곧 '천인합일(天人合一)'의 궁극적 경지임은 물론이다.

이처럼 성리학의 개념과 명제들을 응용한 '천인합일 지향'의 내용이《입학도설》의 주요 내용이자 성격이기도 하다. 이 뒤 19세기 말에 이르기까지 한국 성리학은 이러한 연구의 특색을 별로 벗어나지 않았다. 따라서 천·인·심·성 위주의 연구와 성·경 위주의 수양법은 곧 권근이 안내한 한국 성리학 발달을 위한 '초석'이자 '향방 정립(定向)'이라고 할 수 있다. 권근의 영향의 지대함을 이에서 깨닫게 된다.

2. 기철학 탐구의 본격화

1) 사색으로 대성한 재야 철학자

15세기 말엽 개성에서 출생하여 기철학으로 일가를 이룬 철학자가 화담(花潭) 서경덕(徐敬德: 1489-1546)이다. 그는 양반 신분이었으나, 집안은 드러낼 만한 벼슬을 하지 못한 편이었다. 증조부(徐得富)는 벼슬을 안 했고, 조부(徐順卿)가 부사용(副司勇, 종9품)을, 부친(徐好蕃)은 수의부위(修義副尉)를 지냈다. 낮은 직위로 급료가 적은 탓이었던지, 조부와 부친이 모두 남의 전토(田土)를 경작해야 할 정도로 궁핍했다. 하지만 조부와 부친 모두가 속임수를 모르는 '정직 성실한 인물'로 알려졌다. 정신적으로 매우 건전한 가정환경에서 자란 그임을 알 수 있다.

서경덕은 특별한 스승 없이 학문을 익혔다. 소년기에 이름 없는 학인에게 유학의 기본 경전을 습득하였을 뿐이다. 모친의 명령으로 뒤늦은 나이(43세)로 과거에 응시해, 사마시(司馬試)까지 합격했지만, 그 뒤 대과에는 응시하지 않았다. 양반으로서의 체통만 지키려 했던 것 같다. 52세 때 대제학 김안국(金安國: 1478-1543. 호는 모재慕齋)의 눈에 띄어 조정에 천거받았고, 56세 때에도 후능참봉(厚陵參奉)에 임명되었지만, 벼슬에 마음이 없던 그는 취임하지 않았다. 일생을 초야에 묻혀 '재야의 학자'로 강학, 사색, 연구로 일관했다.

그의 학문 열정은 대단했고 학문 방법 또한 독특했다. 스승으로부터 전수받아 암기 위주로 지식을 쌓던 당시, 그는 그런 일반적 방법을 구사하지 않았다. 일정한 의문이 일면 그것을 벽에 적어 놓고 해결될 때까지 홀로 사색하길 멈추지 않았다. 전형적인 철학하기의 본보기를 실천한 그였다.[1] 율곡(栗谷) 이이(李珥: 1536-1584)가 서경덕의 학문을 가리켜, 스스로 깨우친 것 곧 '자득(自得)한 바가 많다'고 한 평도 이런 방법으로 얻은 점에 대한 지적이었을 것이다.

서경덕의 저서는 노쇠한 상태에서 저술한 《화담집(花潭集)》이 대표적 주저이다. 분량은 그리 많지 않은 편이지만, 내용은 기(氣) 개념으로 이룬 독특한 우주관으로 된 것이다. 〈원리기(原理氣)〉·〈이기설(理氣說)〉·〈태허설(太虛說)〉·〈귀신사생론(鬼神死生論)〉이 그 내용이다. 이 밖에 '복괘(復卦)에 대한 이론'과 '황극경세(皇極經世)의 수론(數論)' 및 '상제설(喪制說)로 된 상소문'에서 그의 학문적 관심과 깊이를 알 수 있다.

서경덕 또한 "나의 학문은 모두 고심하고 지극히 힘써 얻은 것이다. 사람들은 간혹 나의 수(數) 논함을 가리켜 배운 것이라 하지만, 상수학(象數學)을 보고서 터득한 것이 아니다. 원래 나 스스로 깨달을 수 있었던 것이다"[2]라 했다. 그의 제자가 쓴 글에서도 이런 문구가 나온다. 하지만 그의 〈원리기〉에서 그가 주돈이(周敦頤: 1017-1073), 장재(張載: 1020-1077), 소옹(邵雍: 1011-1077)을 언급하고, 〈귀신사생론〉에서 주희(朱熹: 1130-1200)까지 언급함을 보면, 이들의 영향이 전무했다고 보기 어렵다. 다만 그의 말대로 하면, 원래 이런 종류의 사색을 깊이 했던 터에 이들의 것을 보았을 따름이라는 것

1 徐敬德,《花潭集》卷3 附錄〈神道碑銘〉(《韓國文集叢刊》24, 323쪽).

2 위의 책(《韓國文集叢刊》24, 327쪽).

이다.

그의 〈유사(遺事)〉에 따르면, 그는 개성 부근의 산속에 초옥을 짓고 세속의 명리를 멀리하면서, 심지어 며칠씩 밥을 짓지 못한 궁핍을 마다하지 않았다. 그런 상태에서도 그는 태연히 학문에만 종사한 초인다운 학자였다.[3] 희귀한 인물이요 희대의 철인이었다. 황진이와의 일화를 비롯한 그에 대한 설화가 많고, 학설 여하와 상관없이 한국 성리학자들에게서 '통시대적 존숭'을 받는 학자로 됨 것도 그의 초인적 행적 때문이다.

2) 기 위주로 설정된 이기설

서경덕의 이기론(理氣論)은 기 위주(主氣論)로 형성되었다. 그가 상정한 기(氣) 개념은 성리학자들의 일반적인 것과 별로 다르지 않다. 그것은 구체적으로 음양(陰陽)과 오행(五行, 金木水火土)을 가리킨다. 현상 사물을 이루는 '바탕(質)'이고, 그 점에서 '재료(材料)'라고 일컬은 것이다.

그 특성은 '동정(動靜)'·'집산(集散)'이라는 유위성(有爲性)이 대표적 특성으로 꼽힌다. 질(質)과 함께 논의될 때, 기는 가볍고 질은 무거우며 기는 맑은 데 견주어 질은 탁하다고 한다. 기와 질은 각기 경중(輕重)·승강(昇降)의 특성을 가졌을 따름이다.

서경덕은 기에 생멸성(生滅性)이 들어 있다고 생각하지 않았다. 그의 기는 무생멸의 특성을 지녔다. 이점은 이황·이이 등 정주계(程朱系) 학자의 기 개념과 다른 점이다. 생멸성 부정으로 말미암아, 그의 '기는 시초도 없고 종말도 없다(無始終)'고 하게 되고, '무궁하게 항존(恒存)'할 따름이다.

3 위의 책, 卷3 附錄 〈遺事〉(《韓國文集叢刊》 24, 326쪽).

무생멸 항존의 특성으로 말미암아, 뒤에 논의될 그의 우주관은 정주계의 우주관과 달리 '태초가 없다'는 것이다. 집산의 특성으로 해서 사물의 '형성'과 '소멸'이 있게 된다. 모든 물체는 집합으로 형성되고, 이산으로 소멸된다. 소멸의 경우라 해도 '항존'이지 무화(無化)는 아님을 주장한다. 이에는 기의 본체(體)와 실용(用)이라는 사유가 깃들었다.

기의 본체란 이른바 '태허(太虛)' 또는 '태일(太一)'로서, 항존하며 그 특성은 '담일(湛一)' '허정(虛靜)'하다는 것이다.[4] 본체인 "허(虛)는 무궁(無窮)하고 밖이 없다(無外)"고 한다. 따라서 그의 사유로 태허 안에서 사물의 형성과 소멸 현상이 일어난다는 것이다.[5] 이는 마치 얼음이나 수증기로 되더라도 물의 본성은 그대로 유지됨과 같은 것이다. 이에서 우리는 장재의 기론을 연상하게 된다.

서경덕은 이렇듯 궁극의 것을 '태극(太極)의 이(理)'라고 하는 정주계의 사유를 따르지 않았다. 이기(理氣)에 대한 그의 사유 전체가 정주계의 것과 다르다. 정주계에서는 이를 실재시하여 모든 운동 변화의 원인, 곧 소이연(所以然)이라고 하지만, 서경덕은 그렇게 생각지 않았다. 기의 작용에서 있게 되는 '질서(秩序)' '조리(條理)' 정도를 이라고 했다.

따라서 운동 변화는 기의 자기 원인으로 이루어지지, 정주계의 이론처럼 이의 주재로 이루진다고 생각하지 않았다. 그가 이를 '기의 재(氣之宰)'라고 할 때가 있지만, 원인으로서 '이가 기에 선행한다'는 사유를 부정하는 만큼, 그 이(理) 또한 '기의 주재' 의미는 아님에 주의해야 한다. 그의 기본 철학은 어디까지나 기를 바탕으

4 위의 책, 卷2 〈鬼神死生論〉(《韓國文集叢刊》 24, 307쪽).

5 위의 책.

로 하는 이른바 유기(唯氣) 또는 주기(主氣)의 색채를 띤 것이다.

3) 기론적 우주관

앞서 밝혔듯이 서경덕이 말하는 기에는 '체와 용' 두 측면이 있다. 그 '체는 허(虛)'이고, '용은 현상 세계'이다. 체는 이른바 '선천(先天)'의 세계이고, 용은 '후천(後天)'의 세계이다. 본체인 허(虛)는 용 측면과 달리 감지되지 않지만, 그렇다고 무(無)는 아니다. 무가 아니어서 그 체는 허정하고 혼연(混然) 또는 담연(淡然)하다고 표현된다. 그러한 선천으로부터 복잡한 만상의 후천이 이루어졌는데, 그 태초의 변화가 바로 '개벽(開闢)'이라는 것이다.[6]

개벽에 대한 서경덕의 견해 또한 눈길을 끈다. 우주는 하느님의 창조나 다른 무엇의 조물도 아니다. 아주 기이하고 교묘하게 "갑작스레 비약하고 홀연히 열렸다. 누가 시켰겠는가! 절로 그럴 수 있을 뿐(自能爾)이다. 또한 (그리) 아니 될 수 없었을 뿐(不得不爾)이다. (…) 기틀이 절로 그렇게 되었을 따름(機自爾)이다"[7]라 한다. 태초의 개벽은 홀연히 비약적으로, 오직 자기 원인과 자기 능력으로 일어났다. 그것을 그는 한마디로 '기틀의 자연'이라 풀었다. 홀연히 절로 이루어진 '자연한 현상'일 뿐이다.

서경덕에게는 우주 태초, 곧 '개벽'에 대한 또 다른 이론도 있다. "태일(太一)이라는 하나는 이미 둘을 함유했다. (…) 하나는 어쩔 수 없이 둘을 생기게 하지만, 둘은 절로 이겨냄, 곧 극(克)의 현상을 생기게 할 수 있다. 생기게 하는가 하면 이겨내기도 한다."[8] 여기서는 태허(太虛)가 태일(太一)로 표현되었을 뿐 서로 같은 동의어이

6 위의 책, 卷2 〈原理氣〉(《韓國文集叢刊》 24, 305쪽).

7 위의 책.

8 위의 책.

다. 이 언사는 엄밀히 말하면, 태초의 개벽 이후에 일어나는 음양(陰陽)의 기가 '상생(相生)'·'상극(相剋)'의 작용을 하는 현상에 대한 풀이다. 하지만 상생·상극의 구체적 실례에 대한 더 이상의 설명은 없다. 다만 '음양의 기'로 인한 갖가지 '사물의 형성'에 대한 설명이 나온다. 다음 글이 그런 것이다.

> 하나의 기가 나뉘어 음양이 되는데, 양이 지극하다가 고동쳐 하늘[天]이 되고, 음이 지극하다가 뭉쳐 땅[地]이 되었다. 양의 고동의 극치로 그 정수를 응결시킨 것이 해[日]이고, 음 모임의 극치인 그 정수를 응결시킨 것이 달[月]이다. 나머지 정수의 흩어진 것이 별들[星辰]이다. 땅에 있는 그것들이 물과 불이 된다. 이를 일러 후천(後天)이라 한다.[9]

이는 '우주 형성론(宇宙形成論)'인 셈이다. 이전에 나온 소옹(邵雍)의 이론을 연상케 하지만, 서로 꼭 같지는 않다. 소옹은 여기에 사상(四象)을 더해 논의했는데, 서경덕은 그런 것 없이 오직 태초의 물체 형성만을 사실적으로 논했다. 소옹의 이론과 다른 그의 이론의 특징이 이에 있다.

서경덕은 당시 개천설이나 혼천설을 떠올리게 하는 이론을 내기도 했다. '하늘의 운행'과 '땅의 위상'에 대한 견해가 그것이다.

> 하늘이 기를 운용함에는 (한결같이) 움직임(動)을 위주로 하여 부단히 둥글게 돈다(圜轉). 땅이 그 형상을 응집함에는 (한결같이) 고요함(靜)을 위주로 하여 중간에 머물러 있다. 기의 특성은 움직이고 위로

9 위의 책.

> 오르는 것(騰上)이다. 형상의 질(質)은 무겁고 아래로 떨어짐(墜下)이다. (이에) 기가 형상의 밖을 감싸서, 형상은 그 기 가운데 실려 있다. 서로 위로 오르고 아래로 떨어짐의 특성이 '머물도록' 한 것이다. 이것이 바로 태허 가운데 걸려 위아래로 움직이지 않고 왼편 오른편으로 둥글게 돌면서, 예로부터 지금까지 떨어지지 않게 됨이다.[10]

당시의 천체관은 '하늘은 둥글고 땅은 모나며(天圓地方)', '하늘이 움직이고 땅은 정지해 있으며(天動地靜)', '하늘은 좌측에서 우측으로 돌고(左右旋圜)', '땅덩이는 물 위에 떠 있다'고 생각했다. 서경덕의 생각으로는 땅덩이가 물 위에 떠 있지 않고, "주위를 둘러싼 '기(氣)와 질(質)'로 인해 공중에 떠 있다"는 것이다. 왜냐면 기는 가벼워 오르려 하고 질은 무거워 떨어지려는 성질 때문이다. 그리고 땅덩이가 태허의 기 가운데서 걸린 듯 '뜬 상태에서 좌우로 둥글게 돈다'고 한 이 이론은 당시의 천체관을 자기의 기질론으로 조정한 것이 아닌가 한다. 그의 창발성의 한 모습이 아닐 수 없다. 이와 같은 서경덕의 '우주관(宇宙觀)'이야말로 경험적 사실을 자기 이론으로 각색한 '독특한 자연철학'이다.

여기에 《주역》의 이론을 이끌어, 그는 복괘(復卦)에서 만물의 발아(發芽)와 같은 '생명의 단초'를 읽은 사유(復, 其見天地之心乎)를 발표했다. 이 대목에서, 우주를 '유기체'로 보는 그의 철학도 아울러 짐작할 수 있다.

덧대어 생각할 것은 대표적 생명체인 인간에 대한 그의 철학, 곧 '인간관(人間觀)' 또는 '인생관(人生觀)'이다. 그는 인간관을 별도로 밝히지 않았지만, 우리는 그것을 어림짐작할 수 있다. 모든 현

10 위의 책.

상 사물이 '기의 집합'으로 이루어진다는 주장을 상기하면, 인간 또한 '기의 집합'이므로 죽으면 '몸의 기가 흩어지는 것'이고, 그로써 그만이지 무엇이 더 있겠는가라는 사유로 집힌다.

그가 세속의 명리(名利)에 눈 팔지 않고 궁핍조차 마다하지 않으며, 오직 학업에만 전념할 수 있었던 데는 그의 이와 같은 기론으로 이룬 '달관(達觀) 또는 초월(超越)의 철학'이 작용했을 것이다. 초월자(超越者)다운 이 점이 우리가 그를 '특별한 철학자'로 존숭하는 까닭이다.

제13장 천명 연구에 기초한 인존정신

1. 천명 연구의 출발

성리학의 중요 용어 가운데 하나가 '천명(天命)'이다. 직역하면 '하느님의 명령' 또는 '하늘의 명령'이지만, 말 없는 하늘의 경우 '명령'이란 인간에게 무엇을 '부여(賦與)'함을 가리킨다. 구체적인 예로, "하늘이 누구에게 임금의 자리를 준다"(《서경》)라든가, "인간에게 본성을 타고나게 [부여] 했다"(《중용》)가 대표적인 쓰임새이다.

이런 용례는 누가 '임금' 된 사실을 놓고 하늘[天]이라는 초인적이고도 절대적인 궁극자의 권위를 빌어 그 임금 지위의 권위를 높이거나. 또 '본성'에 대해 인위로 되지 않고 '운명'처럼 (자연으로) 된 현상에 하늘의 근원적 절대성을 빌어 (본원의 의미로) 쓰이는 것이다.

이 밖에도 '천명'의 의미는 또 다른 것이 있다. 하느님이든 하늘이든, 말 없는 것의 '명령'은 무의미한 데다가, 성리학에서는 '하늘[天]' 자체를 이로 환원(天卽理)하여 '천명'또한 '궁극의 이'인 '태극(太極)'과 같게 될 때가 있다. 여기에 쓰인 천명도 태극과 같은 개념이다.

16세기 한국의 성리학자들은 천명을 유별나게 열심히 연구했다. 그것은 중국 일본 등 어느 나라에서도 찾아볼 수 없는 현상이었다. 당시 천명 연구에 참여한 학자는 정지운(鄭之雲: 1509-1561. 秋巒)을 비롯하여, 이황(李滉: 1501-1570. 退溪), 김인후(金麟厚: 1510-1560. 河西), 기대승(奇大升: 1527-1572. 高峯) 등이다.

이들은 천명에 대한 사상을 제각기 〈천명도(天命圖)〉로 그려낸 공통점을 지닌다. 특히 정지운이 〈천명도〉를 가장 먼저 그렸을 뿐만 아니라 〈천명도해(天命圖解)〉도 지어냈고, 이황은 그 정지운의 천명 연구물(천명도)을 함께 논의하고서 〈천명신도(天命新圖)〉를 그린 뒤에 자신의《천명도설(天命圖說)》을 지었다.

애초에 정지운은 〈천명도〉를 완성본 하나로 그려내지 않고, 임시로 시제품(試製品) 몇 개를 그렸던 모양이다. 그것들이 밖에 떠돌던 중, 그 하나가 우연히 이황의 눈에 띄었다. 그것을 보고 호기심에 차 있던 이황에게 마침 정지운은 하나, 이른바 〈천명구도(天命舊圖)〉를 보이며 자문을 구했다. 이에 둘이 협의하여 확정한 수정본이 두 학자의 문집(《추만집》—《퇴계집》)에 게재된 〈천명신도(天命新圖)〉이다. 따라서 정지운의 첫 〈천명도〉(구도) 이후의 것(신도)은 사실상 두 학자의 공저인 셈이다.[1]

때로 〈천명신도〉는《퇴계집》에서 이황의 저작처럼 전하지만, 그것 또한《추만집》에선 정지운의 작품으로 전한다. 그 신도는 누구의 단독 저작이라 하기 어렵고, 공저일 개연성이 크다. 때마침 김인후의 〈천명도〉도 발견되었는데, 거기에는 김인후가 정지운의 원본을 보았음을 밝히고 있다. 이는 정지운이 첫 구도를 이황 외에 김인후에게도 보여 자문을 구한 사실을 알게 한다. 아무튼 김인후 또한 그 나름의 〈천명도〉를 단독으로 저작하여, 정지운에게

1 이는 정지운의《추만실기(秋巒實記)》로 상상되는 추정이다.

보여 주었던 것으로 추정된다. 왜냐면 김인후의 것이 오늘날 전해질 수 있게 된 연유 자체가 정지운의《천명도해》에 삽입되어 왔기 때문이다.[2]

이렇게 천명의 연구는 정지운에서 출발했음이 분명하다. 그의 〈천명도〉가 이 무렵 한국 성리학계의 '천명연구의 발단'으로 작용했던 것이다. 우리는 여기서 정지운의 〈천명도〉를 기본으로 살필 것이다.

2. 〈천명도〉의 내용

〈천명도〉[3]에서 맨 먼저 눈에 띄는 것이 하늘과 땅과 사람의 형상을 나타낸 세 도형이다. 이는 앞서 언급한 그 시대의 '천인관(天人觀)'을 나타낸 것으로, '하늘은 둥글고(天圓)', '땅은 모나(地方)'며, '인간은 둥근 머리에 모난 발바닥 모양(頭圓足方)'이라는 그림이다. '동그라미'(하늘, 天形)를 크게 그리고, 그 안에 '네모'(땅, 地形)를 그려 넣고, 네모 안에 또 '동그라미와 네모가 합쳐진 모양'(사람, 人形)을 그린 것이 그것이다. 인간의 모습을 이 도형의 정중앙에 놓아. 도형의 초점이 인간에게 모인 형상을 나타냈다.

하늘과 땅과 사람의 세 도형 안에는 또 그것들을 설명하는 그림과 글자(용어)가 들었다. 하늘의 그림에는 '하늘[天]' 또는 '천명'과 동격인 '태극(太極)'을 그리고서, 음양(陰陽)·오행(五行: 金木水火土)을

2 김인후(金麟厚)의 〈천명도(天命圖)〉는 정지운의《천명도해(天命圖解)》(고려대학교 도서관의 소장본) 속에 삽입되어 발견되었다.

3 독자들은 게재된 정지운의 〈천명도〉를 보면서 필자의 설명을 들어야 이해가 될 것이다.

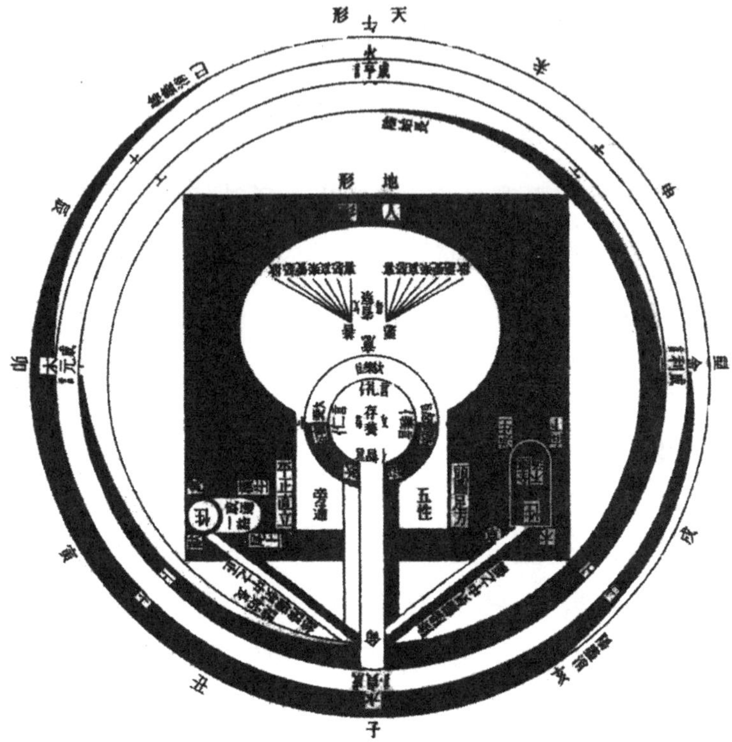

그림 1 정지운의 〈천명도〉

적어 넣었다. 둥근 하늘에는 '천명'과 동격인 '하늘의 원리 곧 천도(天道)'라는 (《주역》의) 자연원리 '원·형·이·정(元亨利貞)'을, 《중용》의 '성(誠)'자의 파자(破字) 속에 겹쳐 넣었다. 여기에 12간지(干支)도 함께 적혔다. 땅의 그림은 검은색으로 되었고, 땅의 인간 양 옆에 짐승(動物)과 초목(植物)이 각각 횡생(橫生) 역생(逆生)이라는 문자로 표현되었다.

인간의 도형에는 매우 많은 그림과 어휘들이 자리한다. 먼저 하늘로부터 인간에게 이르는 줄기(통로) 가운데에 '명(命, 곧 天命)'을 명

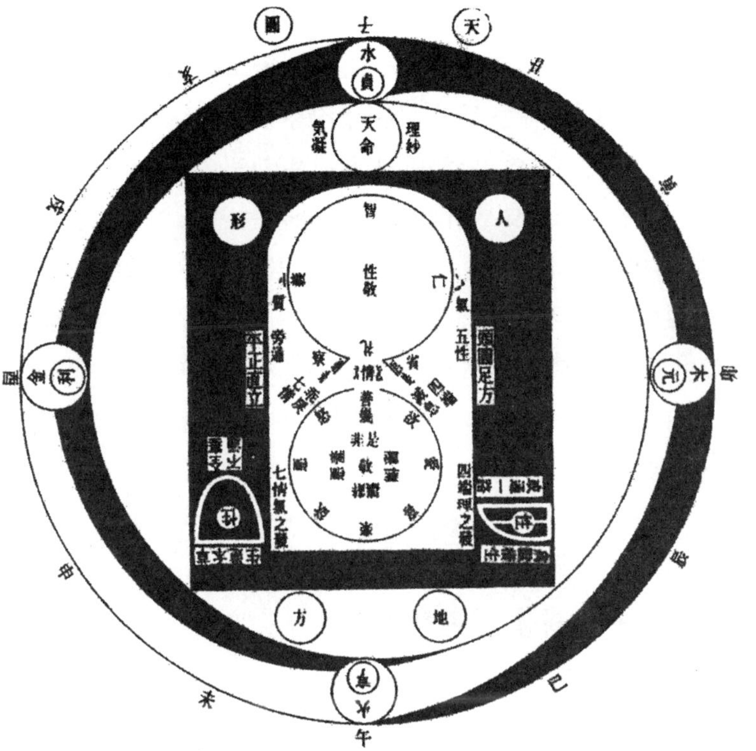

그림 2 이황의 〈천명도〉

시했다. 그 아래 중간 가슴 위치에 음양으로 된 둥그런 '마음[心]'의 그림을 놓았다. 마음 안 맨 가운데에 수양법인 '존양(存養)'을 '경-敬'자에 합쳐 놓고, 경 글자의 둘레에 본성인 '인의예지(仁義禮智)'를 적었는데, 인의예지는 모두 '성-誠'자 위에 겹친 모양으로 적었다.

마음 도형(心圈圖) 끝의 밖에 '의(意)'자와 '선악(善惡)' 및 '경-敬'자와 '성찰(省察)'을 적은 다음, 선악의 글자로부터 두 갈래로 '칠정(七情)'을 연결시켰다. 마음의 그림이 이렇게 된 데는 '천명이 곧 이이자, 본성(性)이라는 것(天卽理 性卽理)'과 '마음이 발하여 의로 됨(心發爲意)', 수양으로는 무엇보다도 '경을 바탕으로 한 존양(存養)과 성찰(省察)이 중요'하다는 등의 사유가 작용했다.

정지운 〈천명도〉의 또 하나의 특징은 그림의 맨 아래 자(子) 방향(천도로는 誠과 貞)으로부터 천명이 올라가는 형식이다. 이는 하늘의 명령 의미보다도 (만물의) 화생(化生), 곧 생성 자체를 고려한 철학적 표현이다. 이황의 것은 명령하는 존재인 하늘의 존엄성을 고려하여 맨 위로부터 내려오는 형식으로 되었다. 따라서 이 표현들은 서로 흥미롭게 비교되는 점이기도 하다. 이런 도형의 의미를 풀어야겠다.

3. 천명연구의 핵심, 인존철학

유학에서는 《주역》에 보이듯이, 인간은 하늘과 땅으로 말미암아 태어난 만큼, '하늘과 땅'을 각각 '인간의 부모'라 여겼다. 머리와 발바닥의 둥글고 모난 모양이 하늘과 땅의 소생이라는 증거라는 것이다. 유학의 전통적인 '삼재사상(三才思想)'이 여기에 깃들었다.

유학자들은 땅 위의 다양한 생물들도 다 하늘과 땅의 소생이지만, 그 많은 것들 가운데 인간이 가장 으뜸가는 존재라고 주장했다. 이른바 '영장관(靈長觀)'이 그것이다. 앞 〈천명도〉 중앙에 그려져 초점을 모은 인간상이 곧 영장관의 반영이다.

생물의 겉모양으로 평가한 대목이 초목·금수·인간의 사는 형태이다. 초목은 땅속을 향해 거꾸로 사는 '역생(逆生)'이고, 금수는 옆으로 살아가는 '횡생(橫生)'인데 견주어, 인간만이 바르고도 곧게 사는 '평정직립(平正直立)'이다. 이 모양새의 의미는 초목보다 짐승이, 짐승보다 인간의 (삶의) 자세가 가장 우월하다는 것이다. 그 우월의 평가가 곧 인간 영장관으로 직결된다. 이것만으로도 〈천명도〉가 '인간중심(人間中心)', '인간본위(人間本位)'로 되었음을 알게 한다. 인간관은 이에 그치지 않고 더 이어진다.

〈천명도〉는 초목과 금수와 인간을 내면적 특성으로도 분별 평가한다. 초목은 본성인 오성(五性: 仁義禮智信)이 '완전히 막혀 불통(全塞不通)'이고, 금수에는 오성의 '간혹 한 가지로 통(或通一路)'하였는데 견주어, 인간은 그것들을 '다 갖추었다(五性旁通)'고 한다. 오성 두루 갖춤이 또 인간을 영장(靈長)으로 여기는 조건임은 물론이다. 인간 영장관 가운데서 다른 무엇보다 으뜸으로 꼽히는 요건이 '오성구비'이다.

오성이란 '오상(五常)'이라고도 일컫는 선한 본성(善性)으로 '도덕(道德) 형성'의 씨앗 같은 요인이라는 것이다. 따라서 오성 구비를 드는 의도에는 '도덕형성 능력'의 유무로 평가하는 사유가 들었다. 이에는 인간만이 '도덕 능력(道德 能力)'을 지녔고, 그 점에서 가장 우월한 '영장'이라는 사유가 또 잠재한다.

이에 인간이 해야 할 '영장의 값'이 문제로 따른다. 영장의 값은 '도덕의 충실한 실천'에 달렸다. 〈천명도〉의 영장관에 담겨진 인간의 가치는 이렇게 '도덕적 인간(道德的 人間)의 성취에 있다. 천명의 연구로 그린 이 도형 자체가 '도덕의 성취'와 '도덕의 자율적 실천'을 강조하려는 의도로 그린 것이다.

돌이켜 보면, '천명의 연구(天命硏究)'란 타고난 운명 같은 본성에 대한 연구라 했지만, 보다 세련되게 표현한다면, 나라는 '인간 존재의 의미' 또는 '나의 가치'에 대한 물음이 아닐 수 없다. 나의 존재 가치를 정지운 같은 성리학자들은 결국 '도덕'으로 여겼다는 것이 된다. 이것이 〈천명도〉의 요지인 셈이다. 다만 성리학의 이론

체계로 나타내려니까, 본성 자체가 '천명'임을 앞세우고서, '본성의 구현'으로 이루어지는 도덕은 인간 누구나 마치 '천명의 실천(天命 實踐)'처럼 여겨야 한다는 가르침을 장황하게 펼친 작품이 〈천명도〉로 되었을 따름이다.

이런 특징은 여기에 실린 '수양론(修養論)'으로도 확인된다. 인간 모양의 그림 안에 경-敬자 (그 파자) 위에 존양(存養)과 성찰(省察)을 넣은 점이 가장 중요한 수양론이다. 마음을 한데 모아(主一) 흐트러짐이 없는(無適) 경(敬)의 태도를 바탕으로, 본성을 지키고(存養) 그 지킴에 소홀함이 없나 살피(省察)는 태도가 가장 먼저 필요한 수양의 요건이다.

수양의 이론을 밝히기 위해 한 가지 유의해야 할 사유가 더 있다. 다름 아닌 〈천명도〉에 '경' 다음으로 명시된 '성(誠)'의 태도다. 정지운은 "둥근 하늘 그림 안에 '천명'과 동격인 '하늘의 원리 곧 천도(天道)'라는 자연원리 '원·형·이·정(元亨利貞)'을 각각 '성-誠'자 속(그 파자 속)에 겹쳐 넣"었다. 이에는 《중용》의 사유인 "성 자체(誠者)는 천도(天之道)이고, 성하려는 것(誠之者)은 곧 인도(人之道)이다"라는 의미가 들었다. 풀자면 주체인 나의 '정성스런 성실함'이 객관적인 천도 곧 자연의 생성원리인 원·형·이·정과 같고, 나아가 천명과도 맞먹는 무게임을 가리키는 것이다.

집약하면, '경'에 이어 '성실을 다 함'이 사람의 길, 인도(人道)이고, 그 인도를 다 할 때 하늘의 길 천도(天道)와도 합치하는 이른바 '천인합일(天人合一)'의 최고 경지가 이루어진다는 사상이다. 천명을 실현하는 방법은 결국 도덕의 자율적 실천으로 귀착한다는 이것이 〈천명도〉의 핵심사상이다.

이쯤 살피면 〈천명도〉에 담긴 또 다른 함의마저 드러난다. 비록 종국에는 특히 도덕의 권위와 가치 확립을 위한 이론이었지만, 그

과정에서는 항상 '인간 영장관'을 이용한 이론이었다. 이 점은 도덕 중요시마저 어디까지나 '인간 본위'로 구축한 발상임을 의미한다. 여기에 '인간제일주의'로 통하는 '인존철학(人尊哲學)'이 함재하는 것이다. 다시 말해, 도덕을 아무리 중요시하였다 해도 그 또한 인간의 가치를 높이려는 '인존정신'의 소산이었지, 인간을 제외하고 그 자체로 중요시된 것은 아니었다. 따라서 인존정신이 〈천명도〉에 잠재된 근본철학임에 우리는 유의해야 한다.

16세기 정지운 등이 이룩한 이 인존정신은 실제로 19세기 성리학 쇠퇴기에 이르기까지 한국철학에 일관된 특징의 성향이었다. 이 점을 상기하면, 〈천명도〉가 지닌 철학사적 가치도 자명해진다.

4. 천명 연구가 낳은 사유들

정지운은 〈천명도〉를 가리켜 《중용》과 주돈이(周敦頤)의 〈태극도설(太極圖說)〉을 참고했다고 밝혔다. 실로 '태극'·'음양'·'오행' 등의 개념은 〈태극도설〉을 참고한 것이다. 한편 '천명'을 비롯해 '성(性)'과 '칠정(七情)' 및 '성(誠)' 등은 《중용》에서 빌린 개념이니, 그의 해명이 맞다.

우리 눈길을 끄는 것은 '천명'과 '성(性)'에 얽힌 사유 부분이다. 본래 《중용》에서 언급한 '천명'은 "천이 명한 것을 성이라 한다(天命之謂性)"고 한 것이다. 성(性)의 유래가 천명이라는 뜻이다. 그 본성은 또 이이기도 하다(性卽理)는 것이 성리학임은 누누이 언급해 왔다.

천명을 본성으로 간주한 《중용》의 사유는 반추할 만하다. 본성이 마음[心]에 내재했음을 상기하면, 천명의 하느님(上帝, 天)또한 인간의 마음[心]에 내재된 셈이다. 이미 밝힌 대로 이는 인격신 하느님이 그 명(命)과 함께 성으로 변환되어 "천즉성(天卽性)'의 명제를 이루고 있는 것이다, 천이라는 궁극적 절대자에 대한 원리화(原理化)가 작용한 이러한 사유의 변환과정에서 '천'과 '명'마저 '천명(天命)'으로 합성되고, "천즉리(天卽理)"와 "명즉리(命卽理)"에 이어 "성즉리(性卽理)"의 사유를 낳았다.

필자가 천에 대한 종교적 사유가 철학적 사유로 바뀌었다고 한 것은 이런 변환과정을 가리킨다. 이 과정은 또한 '이학(理學)' 또는 이를 위주로 한 이른바 '주리(主理) 철학'이 대두한 배경이기도 하다. 앞에서 살핀 서경덕의 '기(氣) 철학'과 대조되는 특성이다. 이 뒤 한국 성리학은 이 철학, 곧 주리 철학의 우세 속에서 진전되어 갔다.

아무튼 정지운은 자신의 이 도형 하나에[4] '성과 정의 관계'를 더 밝히려는 의도에서, 사단(四端)과 칠정(七情)에 대한 그의 해석을 곁들였다. "사단은 이에서 발하고, 칠정은 기에서 발한다(四端發於理, 七情發於氣)"가 그것이다. 이것이 당시 한국 성리학계를 크게 진동시킨 '사단칠정에 대한 이기론적 해석'의 시초이다.

그는 이 사단칠정에 이기론적 해석을 곁들인 〈천명도〉를 이황에게 보였던 까닭에[5] 이황은 이 해석을 약간의 수정을 했다. "사단은 이의 발이고, 칠정은 기의 발이다(四端理之發 七情氣之發)"가 그것이다.

이황의 수정해석이 기대승 등 학계에 알려지면서, 마침내 학계에서 논란이 일었다. 논란은 특히 이황과 기대승과의 논변을 낳았

4 이는 그의 〈천명도〉 가운데 비교적 뒤에 만든 것으로 여겨진다.

5 이황은 정지운으로부터 감수(監修)를 요청받았다고 한다.

고, 이어 이이와 성혼 사이의 논변을 낳았다. 그 결과 당시 이후 한국 성리학자들의 '사단칠정에 대한 이기해석설'—〈사단칠정론〉—이 타국에서 볼 수 없는 '한국성리학의 한 특징'으로 되었던 것이다.[6]

이 대목에서 필자 나름으로 더할 견해가 하나 있다. 그것은 한국에서 일컫는 '성리학 용어의 쓰임'이다. 성리학은 본래 여러 이름으로 불린다. 이학(理學)·도학(道學)·신유학(新儒學)·의리지학(義理之學) 등의 명칭이다. 예로부터 중국 학자들은 '이학' 용어를 쓰는 경향이 짙은 데 견주어, 한국 학자들은 '성리학' 용어를 선호하는 편이다. 물론 어떤 명칭을 사용하든지 내용은 하나로 통한다.

하지만 엄밀히 따지면 이 용어들에 작으나마 차이가 없지 않다. '이학'은 원리의 객관적 탐구 의미가 두드러진 명칭인데 견주어, '성리학'은 '성명의리지학(性命義理之學)'이라는 용어의 약칭으로서, '천명으로 기인한 본성 중요시'라는 의미가 짙게 배었다는 점이다. 따라서 한국 학자들이 선호하는 '성리학 명칭'에는 암암리에 '천명과 그로 인한 본성'의 의식이 암묵리에 잠재한다는 것이 필자의 추단이다. 추단대로라면, 정지운 등 16세기 학자들의 천명 연구를 더 깊이 이른바 사단칠정론에까지 성찰하지 않을 수 없다. 그것을 다음 장에서 하겠다.

6 곧 이어 다음 항에서 이를 상론하게 된다.

제14장 심화된 윤리설의 두 갈래

1. 성리학 난숙기의 특수 사상들

1) 의리관념과 선비정신의 확립

16세기는 한국 성리학의 난숙기에 해당한다. 성리학은 14세기 말 조선의 통치원리로 채택된 뒤 줄곧 자유로운 분위기에서 활발히 연구될 수 있었다. 구체적인 연구 측면은 권근의 세심한 안내 이후 한 세기를 지낸 15세기 말부터는 중국 성리학의 답습 차원을 넘어섰다. 앞장의 천명 연구부터가 벌써 '한국 성리학의 특수성'에 드는 사상이다.

사회 측면에선, 양반층이 날로 증가한 터에 그들은 노동을 피하던 풍조로 해서 '관료로의 출세(立身揚名)'만이 양반들 생계의 수단이었다. 이에 성리학의 '연구 인력'이 갈수록 증가해 가면서 '연구의 활성화'를 이루었다.

15세기 말-16세기 전기의 정치 상황에서 받은 영향도 간과할 수 없다. 그 무렵 특별한 외국의 침략은 없었으나 국내 정치는 평탄치 않았다. 양반사회의 증대와 분화로 그들의 경쟁과 알력이 본격화했다. 예로 무오사화(戊午士禍, 1498년) 갑자사화(甲子士禍, 1504년) 기묘사화(己卯士禍, 1519년) 을사사화(乙巳士禍, 1545년)가 그런 현상이다.

세조의 왕위찬탈로 인한 사육신(死六臣)과 생육신(生六臣) 및 생육신을 추종하여 세조에 줄곧 저항하던 선비들(新進士類)을 비롯하여, 민본 위민의식을 잊고 방탕한 임금(연산군)을 축출하던 '반정(反正) 사태'의 굴곡이 그 당시의 대표적 정치 상황이었다. 이 중에도 연산군을 축출하던 '반정의 정신'을 진정한 '위민정치'로 승화시키려던 양심적 선비들이 목숨을 잃은 '기묘사화'가 당시 선비 학자들에게 끼친 영향 중 가장 충격적인 사건이었다.

사화의 영향이 선비들의 사기(士氣)를 꺾어, 그들의 사회진출을 외면하고 학문에 눈 돌리게 한 요인이었다는 해석도 있다. 연이은 사화가 결과적으로 학자 선비들을 성리학에 매진, 그 발달을 초래한 요인이라는 이 해석에는 일리가 있을 것이다.

왕통(王統)의 원칙을 고수하던 선비들이 목숨을 잃던 무오사화의 영향은 겉으로는 사기의 실추를 가져왔지만, 그 못지않게 선비들에게 '절의(節義)'라는 '의리(義理) 정신'을 고취했음도 부인할 수 없다. 반정으로 맞은 기회에 유교의 정치이상을 구현하려 혁신적 개혁을 감행하던 조광조(趙光祖: 1482-1519. 靜庵) 등 젊은 선비(新進士類)의 죽음은 그 의리정신을 더욱 고양시켰음은 물론, 선비들의 '사기 고취'에 연결된 '선비의 임무의식'을 굳힌 것이었다.

선비들의 임무의식이란 "선비란 나라의 으뜸가는 기운(國之元氣)"이라는 명제로 요약된다. 풀면, 선비란 '나라 지킴이이요 나라 이끎이'라는 의미의 의식화이다. 선비에 대한 이런 '임무의식(任務意識)'이 바로 이 무렵 조광조 등에 의해 확립된 것이다. 그로 해서 16세기의 선비들은 자신들의 임무를 실천하는 데 열과 성의를 다하는 모습을 보였다. 조선 시대 선비사회(士林)에 굳친 '선비정신'이란 바로 이 의식에 다름 아니었다. 임진왜란(壬辰倭亂)에서 수많은 선비들이 붓 대신 칼을 들고 의병장(義兵將)이 되어 전장에서 목숨을 바친 사실들이 그 좋은 증거이다.

2) 주리철학의 구체화

주리적 사유의 이기 개념 성리학의 연구가 깊이를 더해 가면서 이기론의 성향도 달라졌다. 서경덕에서 보았던 기(氣)를 위주로 한 성향에서 점차 '이(理)'를 위주로 하는 성향으로 바뀌었다. 이른바 '주리(主理)철학'으로 흐르는 현상이 점증했다. 이기론의 대체적인 흐름은 주리의 성향이 주류를 이루었다. 이는 정주(程朱) 철학의 영향이다.

주리의 성향이란 어떤 것인가? 현상 세계는 (서경덕이 제시한 대로) 기의 운동 변화와 그에 따른 질서(조리)에 그치지 않는다. 주희와 이황 등의 생각으로, 기의 운동 변화조차 원인(所以然)이 먼저 있어 생긴 현상인데. 그 '원인을 하나의 이(理)'라고 한다. 이는 기의 작용에 따르는 것이 아니라 오히려 기 또는 기의 작용에 앞선다—'이선기후(理先氣後)'라는 명제가 유력시 되었다. 이의 의미로는 모든 '원리' '이치' 및 '원인'을 든다. 그리고 행위를 위한 당연(所當然) 또는 선(善)을 논할 때, 이는 그 '당연'과 '선의 원리 원칙'이고, 실재하는 원리로서의 '선(善)' 자체를 가리킨다.

기에 대한 사유 역시 서경덕의 사유와 같은 점과 다른 점이 있다. '음양'과 '오행'을 기로 본다든지, 기가 사물의 현상적 '질료'라든가, 기와 질(質)은 기질(氣質)로서 같더라도 엄밀하게는 서로 청탁(淸濁)·경중(輕重)의 차이가 있다든지, 기에는 주로 집산(集散)·승강(昇降)의 운동 변화를 하는 작위성이 있다는 정도까지는 서경덕의 경우와 같다. 그러나 기에 '생멸(生滅)의 특성'이 있다는 사유가 서로 다른 점이다. 생멸성을 전제하니까 기는 항존, 불멸, 아닌 '유한하게 존속'하는 것이 된다. 생으로서 '시초'와 멸로서 '종말'이 있다고 하게 된다. 그 생멸 현상을 일으키는 것은 물론 원인인 이이다. 이상이 이를 중심으로 하는 '주리(主理) 성향'의 사유내용이다.

우주 생성론과 인식론 등 주리 성향의 철학을 한 대표적 학자 중의 하나가 이황(李滉)이다. 이황의 기(氣)야말로 생멸성을 지녔다고 상정되었다. 세계가 기로 이루어졌으므로 그의 경우 이 세계(우주자연)는 생에 해당하는 시초, 곧 '태초(太初)'가 있다.

물론 서경덕에게도 태초에 대한 이론은 있었다. 그것은 '선천의 기에 의한 개벽설(開闢說)'이었다. 하지만, 이황에서 태초는 '근원적 원인인 이'가 '최초의 기(陰陽)'를 생성한 것, 곧 (한 기의 선천에서 후천으로 양태의 변모 아닌,) '무(無)에서 유(有)가 생김'이라는 질적 변화이다.

이황에 따르면, 태초를 생성시킨 근원적 원인은 '태극(太極)인 이(理)'이다. 그는《주역》의 "태극이 최초의 기인 음양(陰陽)을 생했다(易有太極, 是生兩儀)"는 사유를 계승한다. 여기에 주돈이(周敦頤)의 이론 "태극이 동함에 양의 기가 생하였다(太極動而生陽)"[1]를 보충하여, 자기류의 이론을 형성했다. 곧 "태극이 동함에 양이 따라서 생하였다(太極動而陽隨而生)"[2]는 것이 그의 이론이다. 이것이 한국의 주리 성리학계의 우주 태초에 관한 생성론을 대표한다.

이 이론에서는 무작용이라는 '이가 어떻게 동하느냐' 등의 문제가 당시부터 제기되었고, 이황은 그 답을 위해 이에 '체용설(體

1 周敦頤, 〈太極圖〉 및 〈太極圖說〉 참조.

2 졸저,《퇴계 이황의 철학》, 제2장 우주발생관(예문서원, 1980) 참조.

用說)'을 적용했고. 그것 역시 문제 됨을 안 그는 마지막에 '동정이 한 근원(動靜一源)'이라는 묘한 사유 양상으로 매듭지었다.[3] 이렇듯 이에 원인의 의미를 넣어 모든 현상을 풀려다 보면 '이동(理動)' 같은 이 개념에 대한 본래의 설정을 어기게 되는 결과를 맞게 된다.

이황의 경우, 우주생성설 외에 '인식론'에 해당하는 '격물설(格物說)'에서도 '이가 온다'고 했다. 그의 이른바 '이도설(理到說)'이 그것이다. 이황은 우주발생설과 심성설(사단칠정설) 등을 논할 무렵만 해도, 격물설에서 이런 문제가 생길 것을 예상하지 못한 듯했다. 만년 무렵에야 주리의 이론에서는 이런 문제가 야기됨을 기대승(奇大升)에게서 지적받고서 이도설을 안출했다.

당시 격물설을 논하던 일부 학자들이 '지식'이란 그 (이치의) '이가 내게 와줌'—즉 '이도(理到)'에 의해 이루어진다고 함을 기대승이 보고서, 그 사실을 이황에게 알렸다. 이에 이황도 그 이의 도래를 인정하게 되었다. 다만 이황은 아무 때나 또는 덮어놓고 이가 온다 함이 아니고, 내가 글을 '읽음에 따라 이치가 와주어 글 내용을 이해하게 된다'는 식으로 '이도'를 긍정했다.[4] (그리고 다음 차례에 살필 심성설인 '사단칠정설'에서는 '이가 발한다(理發)'고 함이 또 이와 같은 이 작용설의 실례이다.)

3 위의 책.

4 위의 책, 〈제1장 진리관〉 참조.

2. 사단칠정론에 담긴 두 윤리사상

1) 사단칠정에 대한 이기 해석

이황의 첫 해석 사단(四端)이란 맹자가 말한 '측은(惻隱)·수오(羞惡)·사양(辭讓)·시비(是非)' 네 정을 가리킨다. 이 넷에 단(端)이라고 한 것은 이들이 각각 인(仁)·의(義)·예(禮)·지(智)의 선한 본성을 들어내는 '단서(실마리)'를 뜻하기 때문이다. 칠정(七情)은 《예기》에 나오는 '희(喜)·노(怒)·애(哀)·구(懼)·애(愛)·오(惡)·욕(欲)'을 일컫는다. 사단이 선한 일부의 정인데 견주어, 칠정은 인간의 정 전체로 선하지도 악하지도 않은 자연한(가치중립의) 정이다. 때로 이는 《중용》의 '희노애락(喜怒哀樂)'으로 약칭한다. 약칭하더라도, 의미는 칠정 전체임은 물론이다.

천명 연구 항목에서 언급했듯이, 정지운은 자신의 〈천명도〉에 사단과 칠정에 대한 이기론의 해석을 시도했다. "사단은 이에서 발하고 칠정은 기에서 발한다(四端發於理, 七情發於氣)"가 그것이다. 이는 '사단칠정 해석론'의 시발인 의의를 지닌다. 되풀이 해, 정지운이 이황에게 주며 감수를 청했다는 〈천명도〉가 바로 이 해석이 적혀있는 것이었다. 이황은 이를 개정하여, "사단은 이의 발이고, 칠정은 기의 발이다(四端理之發, 七情氣之發)"라 했다. 이황의 이른바 본래 해석 또는 제1차 해석이라 불리는 것이다.

시일이 지남에 이것이 학계에 알려졌다. 특히 기대승은 이황의 해석에 대한 의구심을 지울 수 없어, 이황에게 이 해석에 대한 설명을 요청했다. 문의를 접한 이황은 "사단의 발은 순리여서 선하지 않음이 없고, 칠정의 발은 이기를 겸한 까닭에 선악이 있다(四端之發純理, 故無不善, 七情之發兼氣, 故有善惡)"고 답했다.[5] 자신의 해석이 사단과 칠정의 '선악 특성'을 고려하여 내렸음을 밝힌 답신이다. 그러나 이 해명만으로는 기대승의 의문이 풀리지 않았다. 마침내 그는 의구를 풀 겸, 이에 대한 자신의 종합적인 견해를 밝혔다. 둘 사이에 논변이 일어난 것이다.

2) 해석을 놓고 나눈 논변

기대승의 비판적 견해 사단과 칠정의 내포관계, 그 선악적 특성, 그리고 이와 기의 상호관계 등을 감안한 그의 견해는 아래와 같이 요약된다. 사단과 칠정은 의미의 다름(所就而言)으로 서로 분별 되지만, 사단은 칠정 안에 드는 만큼, 마치 칠정의 밖에 사단이 따로 있는 듯이 서로 '대비(對擧)'할 것이 못 된다.

또 '사단은 순리여서 선하고, 칠정은 기를 겸하여 선악이 있다'고 (이황이) 했지만, 사단에 대한 선 자체가 칠정 가운데 (그것이) '발하여 절도에 맞은 것(中節)만'을 가리킬 뿐이다. 사단칠정은 애초부터 서로 다른 정들이 아니다.

이기의 관계 또한 개념상으로 이와 기가 구분될 뿐, 실제로는 (사물인 정에) 합쳐 있지 제각기 떨어져 있지 않다. 떨어져 하나씩 따로 있거나 홀로 발한다고 할 수 없는 것이다. 그런데다 이는 무작위하므로 '발(發)'이라는 표현이 부적합하다. 결국 이황의 해석과 해명이 수긍되지 않는다는 것이다.

이황의 변론 기대승의 비판에 대한 이황의 답변은 다음과 같다. 사

5 이상, 졸저《한국유학사》(지식산업사, 2012), 307쪽 참조. 이 해석에 대한 상세한 논변은 필자의 이 저서에 상세히 서술했다. 여기서는 그것을 다시 요약할 따름이다.

단칠정은 물론 '의미(所指)의 다름'으로 구별된다. 사단에 대해 '순선무악(純善無惡)'이라 한 것은 맹자가 말한 본의에 따라 한 표현이다. 맹자는 성선(性善)을 언급하느라 사단을 이룬 이기 가운데 이 측면만을 중요시한 셈이었다. 이런 점에서 (이황의) 사단과 칠정은 마치 본연의 성(本然之性)과 기질의 성(氣質之性)의 분별과 같다. 이와 기 또한 '그 선악의 특성'이 이는 선하고 기는 선악 어디에도 들지 않으니, 이 점은 사단칠정이 지닌 선악의 특성과 일치한다. 일치하는 것끼리 연관 지은 것이 자신의 해석이라는 주장이다.

이황은 의미(또는 특성)뿐 아니라, 이것들의 '발하는 유래(所從來)'로도 분별됨을 주장했다. 사단은 본성(ÀÌ)에서 발하는데 칠정은 형기(形氣)에 대한 외물의 감촉이 있은 뒤에 마음을 움직여 발한 것이다. 따라서 하나는 '이의 발'이고 하나는 '기의 발'이라는 해석이 가능하다고 주장했다.

기대승의 거듭된 비판 기대승은 사단칠정의 구분을 본연의 성과 기질의 성 구분에 견줌을 먼저 비판했다. 특히 '기질의 성(氣質之性)은 이와 기를 다 갖추었는데' 그에 견준 '칠정을 기만의 발'이라 한 이황의 해석이 타당치 않은 점이다.

기대승은 여전히 '기(氣) 작용'에 주목하여, 천명의 성이라든가 이의 본체 따위가 모두 기의 발이 절도에 맞은(적중한) 현상으로 해서 일컬어진 것임을 지적했다. 기작용으로 해서 생기는 점을 고려하면, 사단과 칠정마저 "동실이명(同實異名)"이라고까지 주장했다. 주희의 명제 "성이 발하여 정으로 됨(性發爲情, 情性所發)"에 비추어도, 사단만 아니라 칠정도 인의예지가 발한 것(곧 동실이명)이라고 할 수 있다는 것이다.

이황이 사단칠정의 발에 대한 '유래(所從來)의 다름' 주장에 대해서도 그는 비판했다. 기대승은 칠정만 '사물(外物)의 감촉'에 의해 발하지 않고, 사단의 발도 마찬가지임을 지적했다. 사단이라고 해서 외물의 감촉 없이 발하게 되지 않음을 역설했다. 따라서 발하는 유래가 다르다는 해명 또한 성립되지 않는다는 그의 비판이다.

이황의 개정해석설 이에 이황은 사단도 외물의 감촉이 있어서 발한다는 지적을 받아들인다. 그러면서도 그는 의미만 아니라 유래로도 사단과 칠정은 서로 다르다는 주장을 굽히지 않는다. 이른바 사단칠정의 '발하는 맥(脈)이 다르다'는 것이다. 더욱이 사단칠정이 동실이명이라는 것을 그는 극구 부정한다. 의미 특히 맹자가 사단을 말할 때의 주로 중요시한 점(所主, 所重)을 고려할 때 그렇다는 것이다. 다만 칠정의 성격을 '선도 악도 아님'이라 한 것을 '본래 선하지만 악으로 흐르기 쉬움(本善而易流於惡)'이라 수정했다.

이황은 이때 유래의 다름을 더욱 합리화 하는 이론을 창안해 냈다. 기만 아니라 이 역시 발이라는 작용성을 가지고 있다는 이론이 그것이다. 다름 아닌 "이와 기에는 다 발용이 있다(理氣互有發用)"는 것이다. 이것이 이른바 '호발설'이라는 것이다. 이의 체로는 무작위이지만 용의 측면으로는 작위성을 가고 있다는 의미로 낸 해명이다.

이런 이론들을 바탕으로 이황은 마침내 사단칠정에 대한 '개정해석설'을 안출했다. 즉 "사단은 이가 발함에 기가 따르고, 칠정은 기가 발함에 이가 탄다(四端則理發而氣隨之, 七情則氣發而理乘之)"는 것이다. 여기에는 사단과 칠정이 지닌 이와 기의 독특한 특색과 아울러 어느 정이나 이와 기(겸유)로 되었음도 감안한 해석임을 알 수 있다.

그러나 기대승은 이마저 긍정치 않았다. 그는 오히려 이황의 앞

첫 해석을 유래 아닌 '의미의 측면에서만 긍정'하는 글로 논변을 마무리했다.[6]

3) 해석과 논변에 깃든 윤리의식

사단과 칠정에 대해 두 학자가 나눈 논변을 다시 상기하면서 거기에 깃든 의미를 찾기로 한다. 이황은 사단을 어디까지나 칠정에 대응시켜 해석하였다. 이황의 이 태도는 칠정에 함유될 사단을 별도로 대비시킴으로써 칠정보다 사단을 더 중요시한 태도로 통한다.

그의 이런 태도는 사단에 대해 취한 맹자의 본뜻을 따르려 한 것임을 실제로 강조한 대목으로 확인된다. 맹자는 측은·수오·사양·시비의 네 마음(情)이 본성(性)인 인의예지(仁義禮智)를 드러내는 단서(端緖)이라는 뜻으로 '사단(四端)'이라 일컬었다. 이황의 '이의 발(理之發)'이란 곧 맹자의 '성의 발(性之發)'에 다름 아니다.

여기 '발(發)'이란 기대승의 지적대로 '기에 의한 발'이라면 '발현(發現)'이겠지만, 이황에 있어 발현은 '의미(所指)'로 말할 때 적용될 뿐이다. 그런데 이황은 유래로도 해석했으므로 이는 이의 자발(自發) 의미인 '발동(發動) 또는 발출(發出)'까지 가리킨다. 사덕(四德)으로 불리는 '네 본성의 발현과 발동 발출'까지 의미함이 이황의 해석이다. 특히 발동 발출을 합리화하려고 그는 '이기의 호발(互有發用)'을 안출했던 것이다. 이것이 이황 해석의 총체적 모습이다.

이황 해석의 지향점은 사단을 통해 선한 덕성의 발현과 아울러 발동 발출을 가리키려는 데 두어졌던 것이다. 선한 본성의 발동

6 이상은 이황 기대승의 《양선생논사단칠정서(兩先生論四端七情書)》를 살펴 서술한 졸저 《한국유학사》(지식산업사, 2012)의 해당 부분(제19장)을 축약한 것이다.

발출의 결과는 어찌 되나?《중용》에서 가리키는 대로 "성을 따르면 도덕이 형성된다(率性之謂道)"이다. 그 결과는 도덕의 자율적 형성과 실천으로 이어짐이다. 이로써 이황의 사단을 위주로 한 해석에는 '덕성윤리(德性倫理) 의식'이 잠재했음을 알게 된다.

기대승의 경우는 '사단을 내포한 칠정'에 더 주목했고, 칠정 가운데의 '기(氣) 작용'을 중요시했다. 그런 나머지 심지어 사단과 칠정이 동실이명에 지나지 않음을 역설했다. 아울러 기대승은 선(善) 자체가 칠정 또는 기작용이 절도에 들어맞음, 곧 '중절(中節)'일 뿐임을 강조했다.《중용》의 "중절이 곧 화(中節謂之和也)이고 화는 곧 올바른 길(達道)이라"는 사유를 염두에 둔 발언이었다. 다시 말해 절도라는 규범에 맞춤(적중)이 곧 선이고 또한 도덕이라는 사유였다. 여기서 기대승의 이론에는 규범윤리(規範倫理), 또는 의무윤리(義務倫理) 의식의 잠재가 발견된다.

이와 같이 사단칠정을 논하던 두 학자의 이론에는 바로 덕성윤리와 규범윤리로 통하는 두 갈래의 사유가 작용했던 것이다. 이것이 한국의 성리학자들이 사단칠정론을 통해 독특하게 심화한 윤리의식이었다.[7]

또 하나 더 캐야 할 점이 있다. 이황이 주목한 사단의 본성 인의예지는 당시 성리학자들의 사유로 친(親)·의(義)·별(別)·서(序)·신(信)으로 확장되는 것이었다. 이런 점에서 그것들은 구체적으로 부자(不子)·군신(君臣)·부부(夫婦)·장유(長幼)·붕우(朋友)의 질서, 이른바 오륜의 관계를 맺는 근본원리로도 인지되었다. 따라서 호발설까지 내어 주장한 그의 '이발설(理發說)'에는 당시 '오륜(五倫)의 체계'를 고수하려는 의지가 잠재했다고 할 수 있다. 그의 사상의 시대적

7 주6과 같음.

의의가 바로 여기에 깃들었다. 상당한 약점들이 있었음에도 그의 그 이론이 권위를 지녔던 까닭 또한 이런 시대적 함의에 있었다는 것이 필자의 판단이다.

제4편

후기실학의 철학사상

제15장 실학의 고취와 그 분기

1. 학자 관료의 한 모델

16세기 성리학계를 이끈 학자 관료—선비—는 적지 않았지만, 그 중 두드러진 인물로 이황과 이이가 꼽힌다. 이들은 다 최고의 이상적 인간 '성인(聖人)'을 자신의 모델로 삼은 공통점을 지닌다. 성리학을 '성인으로 되는 학문' 의미의 '성학(聖學)'으로 규정한 점도 서로 같다.

하지만, 이황은 성인 성취를 경(敬)의 마음가짐 같은 '철저한 수양'으로 이루려 한데 견주어, 이이는 지식과 수양을 비롯하여 가정 이끌기(齊家) 및 사회와 국가에의 기여(治國) 등을 고루 원활하게 하는 방법을 택한 차이가 있었다. 이황보다 이이가 더 사회와 국가를 위한 공헌 측면에 적극성을 기울였고, 그 결과, 이이가 학자와 관료의 실천에서 보다 더 전범을 보였다고 할 수 있다. 성인되기의 '방법'에 이와 같은 차이가 서로 있었다.

학자로서 이이 역시 나름의 '독특한 사단칠정론'을 지니고 있었다. 마침 그의 절친한 친구 성혼(成渾: 1535-1598. 牛溪) 또한 이 문제에 관심이 깊던 터라, 두 학자는 이에 대한 '5년여에 걸친 논변'을 나누었다.

미리 밝히면, 성혼은 이황의 견해와 비슷했고, 이이의 이론은 기대승의 것에 가까웠다. 이이 또한 기(氣) 작용을 위주로 해석했다. 일정한 정으로 발할 수 있는 것(能發者)은 오직 기일 뿐이고, 이는 다만 발하게 하는 것=원인(所以然의 所發者)임을 철칙처럼 강조했다. 따라서 사단칠정은 오직 "기가 발함에 이가 타는 한 길일 뿐임(氣發而理乘一途)"이라는 것이 곧 그의 주장이다.[1] 이 밖에도 이이는 이기의 특성에 대해 "이통기국(理通氣局)"이라는 독특한 이론을 창안해 냈다. 이기의 관계에 대한 '묘함(理氣之妙)' 또한 매우 강조했다.[2]

그는 과거 시험에서 아홉 차례나 장원(九度壯元)을 한 재사(才士)이다. 어머니 사임당(師任堂) 신씨(申氏)의 훈도를 받아 저명해진 점도 있겠지만, 성인 지향의 목표 아래 자신의 소임들을 다 하려던 열의와 노력으로 그는 남다른 모습을 보였다. 그 남다른 점의 일부가 아래에 소개할 그의 '개혁정신과 연관된 실학사상(實學思想)'이다.

이이는 성리학을 '성학(聖學)'이라 일컬은 동시에 '실학(實學)' 이름으로 즐겨 일컬었다. 이는 실학 이름이 본디 '유학의 또 다른 이름'으로 불렸던 관습에서 나온 현상이다. 하지만 실학 이름 아래 '추구한 그의 개혁사상'이 일으킨 반향[3]이 일반학자들이 사용한 경우와 크게 달랐다. 후속 학자들에게 끼친 그의 영향 또한 컸음은 물론, '실학에 대한 그의 해명'부터가 눈길을 끈 이론이었다.

1 이이의 경우에도 필자는 졸저《한국유학사》(지식산업사, 2012)의 해당 부분—제20장의 내용—을 축약하여 서술함을 밝힌다.

2 위와 같음.

3 곧 아래에서 밝힐 것임.

2. 성리학 바탕의 실학 지향

1) 실 개념과 무실정신

실학에 대한 파악에서는 '실(實) 개념'의 터득이 첫 관문이다. 실의 의미는 매우 다양하다. '참(眞實)', '사실(事實)', '속' 또는 '안', '알맹이(內實)', '알짜', '공효(功效)', 및 때에 따라서는 '유(有)'도 그에 든다. 특히 '허(虛)·공(空)·무(無)의 대어'가 실이다. 용례로 보아 실제성(實際性)의 원초적 의미를 상징하는 개념이 실이라 할 수 있다.

이이의 경우 두드러진 용례로, '실속'의미의 '실용(實用)'·'실공(實功)'·'실효(實效)'를 가장 비중 높게 사용했다. 실례로 확인하자.

> 아침이 다 지나도록 밥상만 구경하고, 배 한번 불러 볼 수 없듯이 빈말(空言)뿐이고 실속(實)이 없다면 무슨 일을 하겠나?[4]

> 지금 우리 임금님(主上)이 (…) 정치를 하면서도 실공(實功)에 힘쓰지 않는다면, 비록 두려워함(危懼)이 간절하더라도 치효(治效)가 마침내 아득할 것이니.[5]

이이는 실을 이처럼 공언(空言)·허문(虛文)에 반대되는 '공효(功效)' 의미로 많이 사용했다. 나아가 '실의 추구에 힘씀'이라는 '무실(務實)'을 강조했다. 그의 실학은 사실상 '무실의 태도'로 하는 학문이다. 무실 정신이 그의 유학을 '실학의 성향으로 추구'하는 것

4 李珥, 《栗谷全書》, 卷15, 《東湖問答》.

5 위의 책, 권5, 〈萬言封事〉

이다. 무실의 태도를 적용한 분야를 그는 '유학 전체범위'로 들고 있는 사실이 이런 추측의 근거이다.[6]

> 격치지실(格致之實) 성의지실(誠意之實) 정심지실(正心之實)
> 수신지실(修身之實) 효친지실(孝親之實) 치가지실(治家之實)
> 용현지실(用賢之實) 거간지실(去姦之實) 보민지실(保民之實)
> 교화지실(敎化之實)[7]

이 열 가지는 원래 《대학》에서 언급한 팔조목(八條目)을 모형으로 한 것이다. 그 가운데 격물(格物)과 치지(致知)를 하나로 하고, 제가(齊家)를 효친(孝親)과 치가(治家) 둘로 하고, 치국(治國)을 용현(用賢) 거간(去姦) 보민(保民) 교화(敎化)로 구체화하고, 평천하(平天下)를 생략했을 뿐이다. 그의 이 조정 자체가 '무실(務實)의 관점'에서 '실제성만 갖추려' 한 의도에 기인했다고 할 수 있다. 그리고 이 항목들 자체가 유학 전반을 아우르는 유형(類型)인 만큼, 그의 '실학의 구조와 범위와 성격' 또한 이로써 다 알게 되는 것이다.

원래 유학의 내용을 팔조목 외의 방법으로 더 간략히 나타낼 때는 공자가 제시한 "수기(修己)와 안인(安人)"으로 나타낸다. 때로 이는 '수기(修己)와 치인(治人)' 또는 '정덕(正德)과 후생(厚生)'으로 하지만, 그것들도 이 수기와 안인의 다른 표현일 따름이다. 필자는 이 가름으로 이이가 구상한 실학을 정리해 보겠다.

6 여기서 유학의 학문 분야 전체란 《대학》에서 밝힌 팔조목(八條目) 전체를 의미한다.

7 李珥, 《栗谷全書》, 卷15, 《東湖問答》.

3. 무실적 수기론

1) 무실 시각의 수기론

굳이 무실을 의식하지 않더라도 수기는 이이가 일찍이 언급한 요목이다. 무실 개념을 적용치 않은 채로 언급한 수기가 그런 실례이다.[8] 그 경우 "수기의 공부는 거경(居敬)·궁리(窮理)·역행(力行)의 셋에 지나지 않는다"는 것이다.[9] 지속적인 경의 태도(거경)를 바탕으로, 바른 규범을 살피고(궁리), 그것을 힘써 실천(역행)하는 세 가지가 수기의 요건이라는 뜻이다.

수기에서 이 세 요건을 드는 것은 정주계통 성리학자들의 공통적 견해로, 그만의 독특한 이론은 아니다. 그러므로 이는 이이의 '일반적 수기론'에 해당한다. 곧 소개할 '무실적 수기론'과 구별되는 이론이다.

무실개념을 적용한 그의 수기론은 다음과 같다.

> 궁리가 이미 밝아졌으면 몸소 행할 수 있지만, 반드시 실심(實心)이 있은 뒤라야 비로소 실공(實功)을 가져오게 된다. 그러므로 성실(誠實)은 몸소 행함(躬行)에 근본이 된다.[10]

이 문장에서는 '경'의 마음가짐이 생략되었지만 그것을 제외한 것은 아니다. 되풀이 하지 않았을 뿐, 의미상 위 세 요건은 은연

8 이것은 그의 《성학집요(聖學輯要)》에서 언급한 수기론이 대체로 그렇다. 그 까닭은 특히 '주희의 수기설'을 의식하고서 언급하느라 그렇게 되지 않았을까 추측한다.

9 李珥, 《栗谷全書》, 《聖學輯要》 2, 〈摠論修己章第一〉.

10 위의 책, 《聖學輯要》 3, 〈誠實章第五〉.

중 포함된 것으로 보아야 한다. 이유는 수기에서 '경'의 마음가짐을 요구하는 이유는 무엇보다도 실제 공효(實功)를 가져올 마음인 '실심(實心)'의 필요성과 연관되기 때문이다. 그런 실심을 여기서는 '성실(誠實)'이라 하고 있다. 그리고 실공을 겨냥한 실천 실행마저 공효를 거두게 하는 것은 '실심인 성실'임을 역설했다.

수기에는 실심이 가장 중요한데 '실심(實心)은 곧 성실(誠實)'이라는 이 주장은 결국 '성실의 마음가짐'이 수기에서 가장 중요한 요건이라는 견해이다. 성실이야말로 무실적 수기론에서의 핵심적 위치에 있다는 결론에 이른 셈이다. 여기서 우리는 수기의 핵심 요건으로 상정되는 '경(敬)'과 '성(誠)'의 관계를 좀 더 분명히 해야 할 문제의식을 갖게 된다.

2) 경과 성의 관계

앞 일반적 수기론에서 지속적인 경, '거경(居敬)'을 말했듯이 이이는 누구 못지않게 '경의 태도'를 중요시했다. 문제는 그것을 성(誠)과 아울러 논의할 경우 어떻게 어느 정도의 비중으로 생각했는가에 있다.

'경'을 중요시함은 원천적으로 맹자에게까지 올라간다. 맹자는 수기를 위한 첫째 요건으로 '마음의 흐트러짐이 없게 함(求放心)'을 들었다. 이 태도가 '경'으로 표현되어 내려오다가, 정주에 이르러 그 '경의 의미부여'가 '마음을 흐트러짐 없이 한 곳에 모음(主一無適)', 곧 의식의 통일인 일종의 '경건'에 견줄 '진지한 마음가짐'으로 되었다.

주희에 따르면 경의 태도는 '마음의 주재자(心之主宰者)'라 할 정도로 마음가짐에서 핵심적 요건으로 중요시된다. 심지어 "경은 학문의 시작과 끝(學文之始終)이라"고 했다. 이황 또한 이런 경사상을 잇는 모습을 그의 《성학십도》 등에서 보인다. 이황의 경에 대한 신봉은 그의 철학을 '경의 철학'이라 할 정도이다.

성(誠)의 이론적 원천은 《중용》에 있다. "성 자체는 하늘의 길이고 성하려함, 곧 성실은 사람의 길(誠者天之道, 誠之者人之道)이다"가 그것이다. '성'은 단순히 인간의 원리 이상의 '천도'이므로, 그것을 본받는 성실함(誠實)이 마땅히 지켜야 할 인간의 '규범 원리'라는 뜻이다. 이런 맥락의 성실을 지금 이이는 '참된 마음, 알찬 마음'인 '실심(實心)'이라 주장했다. 집약해 "천도는 곧 실리(實理)이고 인도는 곧 실심이라"[11]는 것이 그의 주장이다.

이이의 사유로, '경(敬)'과 '성(誠)'은 아래와 같다.

> 경(敬)은 공력을 기우리는 요건(用功之要)이고, 성(誠)은 공효를 거두는 바탕(收功之地)이다.[12]

경과 성은 비슷하지만 이렇게 변별된다. 다 같이 진지한 마음가짐이라 해도, 경이 '동기의 성격'을 띠는 데 견주어, 성은 '성과(결과)의 성격'을 띤다는 해명이다. 따라서 공효를 중요시하는 무실의 사유로는 경보다 성을 택하게 마련이다. 실효를 중요시하는 실학의 사유는 경보다 성을 더 중요시하게 된다. 이점이 '경을 성보다 더 중요시' 하는 이황(李滉)과 '성을 경보다 더 중요시'하는 이이(李珥)의 사상적 차이다.

사실 성실은 예로부터 '거짓 없는 마음가짐(眞實無妄)'이라 풀이되므로, 이는 참된 마음인 실심과 서로 다르지 않다. 성실은 이미

11 위의 책. 〈拾遺〉, 권6.

12 위의 책, 《聖學輯要》 3, 〈修己第二〉; 〈正心章第八〉.

경을 통과하고 이루어진 실심의 참된 마음이다. 물론 이것은 마음의 준비과정과 형성된 상태를 엄밀히 분별할 때의 특징일 뿐이다. 그런 분별을 하지 않을 경우에는 경과 성은 사실상 변별되지 않은 채 사용된다. 아무튼 성실로서의 실심, 이것이 이이의 '무실적 수기론의 핵심'이라는 것이 이 대목의 요점이다.

4. 무실적 안인론

1) 시대 파악, 조선의 중쇠기

이이는 앞서 안인(安人), 곧 치국에 적용하는 '무실의 항목'으로 네 가지를 들었다. '현인(賢人)의 등용', '간사한 자의 제거(去姦)', '국방에 의한 보민(保民)', '국민 교화(敎化)'였다. 이것이 치국의 실속을 채울 요목들이다.

하지만 그는 이들을 총체로 묶어 안인을 논하지는 않았다. 저서와 상소문을 통해 '개별'로 자주 강조하고 역설했다. '현인의 등용'만 해도 일찍이 조광조(趙光祖)가 발의한 현량과(賢良科) 설치를 답습한 정도였고, '간사한 자의 제거'는 항상 상식처럼 강조한 항목이었다.

국방에 의한 국민보호(保民)가 가장 비중 있게 다룬 조목이다. 그의 〈연보〉에 '10만 양병설'을 제기한 것으로 기록되었듯이, 국방 강화는 '거의 상소문마다' 역설한 것이다.

국민의 교화 역시 이이로는 역점을 두었던 항목인데, 이는 상소문보다 그의 저서들을 통해 상세히 논했다. 예로 초학의 교육을 위해 저술한 《격몽요결(擊蒙要訣)》·《학교모범(學校模範)》이라든가, 지역민의 교화를 위한 향약들—《여씨향약(呂氏鄕約)》을 한국화한 향약―《서원향약(西原鄕約)》·《해주향약(海州鄕約)》·《사창계약속(社倉契約束)》 등이 그런 것이다.

이상의 항목은 그의 무실을 적용한 치국의 설계, 곧 '경장설(更張說)'이라는 개혁설 안에 포섭되고 더욱 구체화 되었다. 그런 만큼 그의 경장설 이름의 개혁설로 눈길을 돌려야 한다. 개혁과 관련해 이이는 그 필수요건을 먼저 논했다. 시대 파악, 곧 일정한 시기마다 마땅히 해야 할 '시의(時宜) 파악'이 그것이다.

> 정치에서 귀중한 것은 때(時)를 아는 일이고, 일에서 긴요한 것은 실(實)에 힘씀―무실(務實)이다.[13]

> 예로부터 나라의 역사가 중기에 이르면 (…) 우리나라도 2백 여 년을 자내 이미 중쇠(中衰)에 이르렀으니, (…) 오늘날 분연히 일어나지 못하면 다시는 바랄 수 있는 날이 없다.[14]

정치에서 가장 중요한 요건은 '때를 아는 일', 곧 시대 흐름과 그 변화에 따른 '상황 파악'이다. 시대 변화에 따라 취해야 할 일이 무엇인지, 이른바 '시의(時宜)'의 간파가 가장 중요한 관문이라는 것이다. 그에 따르면, 당시 16세기는 이미 조선 왕조가 '중쇠기(中衰期)'에 들었다. (지금 보면, 이는 참으로 정확한 진단이었음에 놀라게 된다.) 중쇠인 당시 시의는 쇠퇴 극복의 구체적 조치인 '개혁책'이었다. 이이의 발언으로 확인하면 이렇다.

13 위의 책, 권5, 〈萬言封事〉.

14 위의 책, 권30, 《經筵日記》〈만력 9년 7월조〉.

> 시대조건(時勢)은 일정치 않아 각기 합당(適宜)함—곧 시의—이 따로 있지만, 그 큰 요체를 개관하면 창업(創業)과 수성(守成)과 저 경장(更張)이라는 세 가지가 있을 따름이다. (…) 경장해야 할 때 구법의 준수를 일삼는다면, 이는 어린애가 병을 앓으면서 약 먹기를 싫어하여 누어 죽음을 기다리는 것이다.[15]

되뇌자면, '경장' 표현의 '개혁'이 시의에 가장 합당하고 긴요한 조치라는 요지이다.

2) 개혁의 목적, 민본적 위민

이이가 제시한 구체적 경장책은 다 헤아리기 어려울 정도이다. 그것들은 상소문 종류인 소(疏)·계(啓)·봉사(封事)·책(策) 등에 허다하게 나온다. 이 가운데 대표적인 것은 〈육조계(六條啓)〉·〈만언봉사(萬言封事)〉·〈의진시폐소(擬陳時弊疏)〉 그리고 저서류인 《동호문답(東湖問答)》 등의 내용이다.

경장책의 내용은 강조하는 점에 따라 조금씩 차이가 나지만, 주된 점에서는 대부분 공통된다. 예로 '백성을 편안하게 함(安民)'을 벼리로 한 '다섯 조목'의 상소문(萬言封事)이 하나의 전형인 만큼 인용하면 아래와 같다. ① 임금은 정성(誠心)을 다해 모든 신하의 충정(衷情)을 얻을 것, ② 공물 바치는 법(貢案)을 개정하여 폭염(暴斂)의 폐해를 줄일 것, ③ 절약과 검소를 중히 여겨 사치의 풍조를 고칠 것, ④ 선상제(選上制)를 변경하여 공노비(公賤)의 고통을 구제할 것, ⑤ 군정(軍政)을 개혁하여 내외의 방비를 굳게 함이다. 바로 이런 내용의 역설과 반복 및 약간의 부가적 요소를 담은 것이 그의

15 위의 책, 권25, 《聖學輯要》.

전형적인 상소문 내용이다.

개혁의 목적과 기준은 '백성을 아끼는(愛民) 마음'을 바탕으로 '그들을 편안케(安民)', '그들에게 이롭도록(利民)', 곧 '그들을 위하는(爲民) 것'이어야 한다. 민본(民本)의 바탕에서 '위민(爲民)'을 목적'으로 한 개혁이다. 그의 언표로, "국민은 먹음(食)에 의존하고 나라는 국민에게 의존하는 것이니, 먹지 못하면 국민이 없게 되고, 국민이 없으면 나라가 없게 된다"[16]는 그것이다.

3) 대표적 개혁설, 노비양민화와 공론정치설

이이의 개혁설 가운데 당시 시대를 앞서 나아간 사상을 기준으로 하면, 다음 셋을 대표적인 것으로 들 수 있다. '서얼(庶孼) 차별의 완화'와 '노비의 양민화(良民化)' 및 '언로(言路) 확장'을 앞세운 '공론(公論) 정치설'이다.[17]

당시는 남녀차별 못지않게, 같은 양반이라도 적자와 서자에 대한 차별이 심했다. 서얼에게는 벼슬길인 '과거응시 자격'을 주지 않았다. 재주와 능력이 아무리 뛰어나도 과거는 적자에게만 주어진 시대였다. 이이는 이에 대한 완화의 조치를 강구했다.

이이는 또 같은 인간이지만 마치 짐승처럼 마구 다루던 노비들을, 공사노비의 가림 없이, 양민으로 격상시키자는 개혁설을 제기했다. 다만 거기에는 '일정한 조건'의 충족을 앞세운 제한적인 것이었다. 곧 무재(武才)를 지닌 경우, 각자가 양식을 지니고 일 년 이상의 '군역(軍役)'을 시행케—북도의 경비는 일 년이고 남도에는 20개월—하자는 조건이 그것이었다.

16 위의 책, 권4, 〈擬陳時弊疏〉.

17 위의 책.

물론 이런 조건은 그 개혁정신을 무색케 하는 제약이고 한계였다. 하지만 이 개혁설의 제안 자체가 하나의 '인간 평등(平等) 사유'에 속하는 조치라는 의미에서 평가할 가치를 지닌다. 당시는 이 정도의 개혁도 실행 가능성이 희박했던 여건이었음을 감안해야 한다. 이점은 이이가 "옛날 이시애(李施愛)의 난 때에도 천민으로 군기(軍器)를 운송한 자에게는 모두 양민으로 되게 했다"고 지난날의 고사를 환기함에서 확인된다.

다음, 언로의 확장과 연결된 공론의 정치설 또한 볼 만 하다. 이이는 먼저 임금에게 직언하는 길 곧 '언로'[18]의 확장을 기본적 조건으로 역설했다. "언로의 열리고 닫침이야말로 나라의 흥망이 달린 것"임을 환기했다. 공론(公論)이란 그에 따르면, '사람들이 (스스로) 동의하는 것(人心所同然者)'이다. 누가 시키지 않아도 국민이 다 '함께 찬동하는 논의'가 곧 공론이다. 그는 이런 공론에 대한 중요성 인지를 위해 주목할 만한 발언을 했다.

> 공론이란 나라의 으뜸가는 기운(元氣)이다. 공론이 정부(朝廷)에 있으면 그 나라는 다스려지고, 시중(閭巷)에 머물면 그 나라는 어지러워진다. 만일 어디에도 공론이 없으면 그 나라는 망한다. (…) 어찌 공론을 금할 수 있겠나![19]
>
> 더욱이 국시(國是)의 정함은 다 구설(口舌)로 다룰 수 없는 것이다. (…) 공론의 소재를 국시라 한다. 공론이란 꾀하지 않아도 한 나라의 사람들이 옳다고 동의하는 것이다.[20]

18 이는 당시 제도상으로 홍문관, 사헌부, 사간원의 삼사 관리가 맡았던 것이다.

19 李珥,《栗谷全書》卷7〈代白參贊疏〉.

20 위의 책, 권4,〈玉堂論僞勳箚〉.

국민이 '누구의 꾐 없이' 함께 동의하는 '공론(公論)'을 이이는 '나라를 이끌 으뜸가는 힘(元氣)'이라 생각했다. 공론에 대한 그의 이 사유는 어디까지나 언로의 개방을 조건으로 한 데에서만 가능한 것이다. 그 '자유로운 언로와 공론의 형성'에서 마침내 나라의 헌법(國憲)이라 할 '국시(國是)' 또한 형성됨을 주장한 이이이다.

이이의 이런 사상은 비록 명목상으로 국가가 임금의 소유처럼 되었다고 하더라도, 실제는 '국권이 국민에게 있다'는 발상과 별로 다르지 않다. 그의 '민본사상(民本思想)'은 근본에 있어 이렇듯 '민주사상(民主思想)'에 근접하고 있음이 확인된다. 물론 이 사상에는 "누구의 꾐이 없다"는 표현의 '자유로운 언론관'이 선행'했음은 물론이다.

여기서 언로의 확장을 그는 아예 '언론자유(言論自由)'로도 설파했음을 본다. "옛날에는 언관(言官)을 설치하지 않고 조정의 모든 신하가 각기 직분에 따라 규계(規戒)를 진술했다. 상인은 저자에서 의논하고, 행인은 노상에서 비평했으니, 나라 사람들이 간관(諫官) 아닌 사람이 없었다. 그 언론(言論)이 얼마나 광대했는가!"[21]라는 것이다.

그의 민본사상은 이에 이르러 언론의 자유까지 그린 '공론의 정치(公論政治)'라는 점에서 더욱 민주에 접근했음을 알 수 있다. 이런 구상이 아직 제도화되지 않았던 만큼 온전한 민주주의라 할 수는 없지만, 하나의 '민본적 민주(民本的 民主)' 범주에는 이른 사상이라 할 수 있다. 결국 '민본사상의 극대화'를 이룬 경지가 곧 이이의 '무실적 안인론'이 지닌 종착점이었다고 하게 된다.

21 위의 책, 권3, 〈玉堂論僞勳箚〉.

5. 이이 실학의 성격과 영향

실학 용어의 쓰임새에 주의할 것이 있다. 이이와 같은 학자들이 자신의 성리학을 가리켜 실학이라 하지만, 그 성리학을 비판하고 극복하려 한 '탈성리학 성향'의 학자들 또한 자신의 유학을 실학이라 일컬었다. 17세기 이후(조선 후기)의 '탈성리학적 실학(脫性理學的 實學)'이 그것이다. 뒤 실학 용어가 앞보다 더 많이 사용한 용어로 보인다.

1930년대 이후 학계에서도 실학 용어를 뒤 것에 한정한 경향이 있었다. 아무튼 실학 용어 하나만으로는 성리학과 후기 탈성리학이 분명치 않아 혼란이 일게 마련이다. 후기 실학을 성리학의 연장으로 보는 견해가 학계의 일각에 잔존하는 현상도 그 혼동의 하나이다.

실학 어의가 원래 '유용성(有用性)을 지닌 학문(유학)'을 뜻하므로, 어떤 성격의 유용성이냐가 이 문제의 변별 기준이 된다. 성리학을 실학으로 일컫는 이면에는 역사상 '불교의 유용성'에 대비한 의미가 있다. 곧 불교의 출세간적 실생활 경홀시 성향에 견준 성리학의 (가정과 국가 사회의) '실생활에 대한 중요시'의 유용성이 그것이다. 조선 초 불교를 배척하고 성리학을 통치원리로 삼던 정도전(鄭道傳)이 '성리학을 실학이라'고 주장한 사실이 이를 입증한다. 성리학자의 사유로, '정치'를 비롯해 '예의'와 '도덕'은 모두 알차다고 실학시(實學視)하는 배후에는 이렇듯 불교 유용성과의 비교가 작용했던 것이다.

이 점은 이이에서도 예외가 아니었다. 그가 굳이 무실을 괘념치 않을 경우에는 덕성의 고양(進德)에 기초한 '수양(修己)'과 '예의염치(四維)' 또는 '윤리 도덕(綱常)'에 대한 유용성이 곧 실학의 성격으

로 통했음을 본다.[22]

그러나 후기 탈성리학적 실학은 불교의 유용성 아닌 '성리학의 실제적 유용성'을 비교 대상으로 삼은 것이다. 실제적 유용성 추구의 (실학의) 범위가 성리학보다 넓어진 경우가 탈성리학적 실학이다. 예로 박지원(朴趾源: 1737-1805. 燕巖)은 실학의 학구적 대상을 '사농공상(士農工商)'이라 하여 성리학자들이 소홀히 하던 농업 공업 상업 분야를 추가하고, 정약용(丁若鏞: 1762-1836. 茶山)과 최한기(崔漢綺: 1803-1877. 惠岡)는 농공상에다가 국가방위(國防)을 더 추가했다.[23]

이에 따라 이들 후기 실학자들에서는 이이의 경장설에서 볼 수 없던 '전제(田制)·세제(稅制)·교육제(教育制)·노비제(奴婢制) 등에 대한 적극적인 개혁설'이 쏟아진다. 조선 왕조의 '체제 붕괴(體制崩壞)의 경계'까지 허물 정도로 참신한 개혁을 꾀했다. 그리고 경학(經學) 분야에서도 이들은 정주의 '기본개념과 기본명제들을 근본적으로 부정'하고 새로 출발하는 '철학의 변화'를 보였다. 박세당(朴世堂: 1629-1703. 西溪), 홍대용(洪大容: 1731-1783. 湛軒), 박지원, 박제가(朴齊家: 1750-1805. 楚亭), 정약용, 최한기의 개혁설과 경학설에서 이런 사실이 확인된다.[24]

하지만 이이의 경학은 정주의 이론을 그대로 답습한 것이고, 경장설 이름의 개혁설도 후기의 실학에는 미치지 못함은 이미 살핀 대로다. 따라서 그의 실학이 지닌 성격은 성리학의 범주를 넘어선다고 할 수 없다. 그의 실학은 아무리 '무실정신(務實精神)' 아래 '알차고 실속 있게 이룬 것'이라 해도 그의 시대 환경에 따라 적의하

22 위의 책, 권13, 〈記扶餘玄義祠記〉.

23 졸저, 《실학의 철학적 특성》(나남, 2008), 44-50쪽.

24 위의 책, 183쪽.

게 이룬 '성리학적 실학임'이 분명하다.

이러한 이이의 실학이 학계에 끼친 영향은 지대하다. 그의 실심(實心) 위주의 수기설(修己說)은 그 뒤 예학자인 김장생(金長生: 1548-1631. 沙溪), 그리고 성리학자이고 예학자인 윤증(尹拯: 1629-1714. 明齋) 등의 실심을 바탕으로 한 '예학(禮學) 강화의 실학'을 낳았다.

다른 한편 그의 무실로 상징되는 '실제성 추구의 성향'은 후기의 탈성리학적 실학을 일으킨 이수광(李睟光: 1563-1628. 芝峯)·유형원(柳馨遠: 1622-1673. 磻溪)·이익(李瀷: 1681-1763. 星湖)에게서도 칭송을 받았다. 실제성 추구의 학문적 성향만은 그가 후기의 탈성리학적 실학을 일으키는 데도 얼마큼 영향을 끼쳤다. 따라서 이이의 실학 지향의 학문성향은 조선 후기의 '성리학적 실학'과 '탈성리학적 실학'이라는 '두 갈래 분기'의 계기로 작용했다고 할 수 있다.

제16장 불교 본위의 삼교원융설

1. 삼가귀감의 전제적 특징

16세기 이후 불교배척 분위기에서 불교계를 이끈 대표적 승려가 서산대사(西山大師) 휴정(休靜: 1520-1604. 본명은 崔汝信)이다. 36세에 불교계 최고지위인 판선종사(判禪宗事)에 올라 활동한 그는 임진왜란을 당하자, '팔도십육종도총섭(八道十六宗都摠攝)'으로 승병(僧兵)을 크게 일으켜 국난극복에 진력했다.

학문으로는 조선 초 함허당(涵虛堂) 기화(己和)가 했듯이, 휴정 역시 '불교와 유교(성리학)의 유사점'을 밝혀 '불교 옹호(護佛)의 업적'을 남겼다. 그의《삼가귀감(三家龜鑑)》—《유가귀감》·《도가귀감》·《선가귀감》이 그것이다. 불교의 이론 탐구가 한산하던 당시 '불교의 존유'를 알린 업적만으로도 불교계에서는 높이 평가할 판에, 불교 옹호의 시각에서 이루어진 저서이니 더 말할 나위가 없다.

이 밖에도 휴정은《선교석(禪敎釋)》·《운수단(雲水壇)》·《선교결(禪敎訣)》·《청허당집(淸虛堂集)》을 남겼다. 하지만《삼가귀감》이 그의 학문을 대표한다고 할 수 있어, 여기서는 이를 살필 것이다. 그의 불교 옹호가 과연 세평대로인지, 특히 기화가 이룩한 방법과도 같은지 여부가 이에서 밝혀질 것이다.

책 제목으로 보아, 먼저 발견되는 사실은 유교·도교·불교의 '상호 동이를 적시한 논의'가 아니라는 점이다. 휴정이 이에서 노리는 과녁은 세 사상이 '각기 지닌 귀감(龜鑑)' 될 점이다. 그 나름으로 세 사상에 담긴 '귀감 될 특징'의 파악이 이 책의 서술 방법이자 내용이다.

필자의 추측대로라면, 이는 불교가 지닌 유학과의 상동점 발굴(儒釋質疑)로 불교에 대한 '오해를 불식(顯正)'하려던 기화의 방법과 내용이 다를 것이 예상된다. 문제는 어떠한 기준으로 귀감이 될 특징을 짚었는가에 있다. 단언할 수는 없지만, 아무래도 그가 불교인인 만큼 '불교의 시각'으로 그것을 진행하지 않았을까 예측하게 된다. 고찰을 마치면 분명해질 추측일 따름이다.

2. 유가귀감의 내용

1) 유가 귀감의 얼개

휴정은 동중서(董仲舒)의 언구 "도(道)의 큰 근원은 천(天)에서 나온다"와 채침(蔡沈)의 "천은 곧 마음이 나온 곳"이다를 상기시킨 뒤에, 이는 또 주돈이(周敦頤)의 "무극(無極)이며 태극(太極)"[1]이라 했다. 유가의 도(道)와 천(天)의 개념을 휴정은 왜 이렇게 언급했을까?

유가의 '도(道)'는 물론 윤리 도덕 성격의 당위를 가리킨다. 이를 천과 연계시켰음은《중용》수장에 보이는 천의 명(天命)으로 받은 '성(性-天命之謂性)'을 따르면 도가 된다(率性之謂道)'는 사유의 적용

1 이는 본래 주돈이(周敦頤)의 〈태극도설(太極圖說)〉에 나오는 "無極而太極"의 번역임을 밝힌다.

이다. 천을 '마음이 나온 곳'이라는 언구의 인용 자체가 '마음으로 표현된 본성'의 근원이 천임을 밝힌 것이라 할 수 있다.

천과 연계시킨 '무극과 태극'의 관계는 주돈이의 '우주 생성설'인 〈태극도설(太極圖說)〉에 나온 것으로, 표현이 애매해 무엇이라 단정하기 어렵다. 학자 중에는 이를 '무극에서 태극이 나왔다'는 식으로, 무극을 태극보다 더 근원적 개념이라고 이해하지만, 문법상 반드시 그렇게 해석해야 할 근거는 없다. 오히려 《주역》에서 보듯 태극이 '궁극의 근원'을 가리키는 개념임을 상기하면, '무극도 태극 외의 다른 것이 아니라'는 해석이 더 설득력을 지닌다. 휴정도 바로 이런 의미로 무극과 태극을 천에 해당시킨 듯하다.

그가 마음을 천(天)에 연계시킨 점 또한 색다른 의의가 있을까? 필자의 견해로, 그로서는 유가에서 중요시하는 '도란 인간의 마음을 떠나서 이루어지지 않는다'는 점을 거론하고 싶었던 것 같다. 본성이 바로 천명으로 품득한 마음씨임을 숙지한 그는 당위로 실행해야 할 도(道) 못지않게 본성의 마음씨가 중요함을 익히 알고 있던 학자였다. 도(道)·천(天)·마음[心]에 대한 그의 언급은 결국 '마음 닦기의 수양(修養)'에로 귀착되는 맥락의 성격인 것이다. 정리하자면, 휴정은 궁극의 근원인 '천'(및 태극)에 연결된 '마음의 위상'을 지적하면서 도덕의 실천을 위한 유교의 '마음 닦기(수양)'에 대한 그 나름의 발상을 한 셈이다.

2) 유가의 심성 수양론

휴정은 또 채침의 언구를 빌어 요(堯)·순(舜)·우(禹)가 차례로 전했다는 심법, '정일집중(精一執中)"을 언급하고, 또 상탕(商湯)·주무(周武)가 전했다는 '건중(建中)'·'건극(建極)'을 언급했다.[2] 채침이 든 덕(德)·인(仁)·경(敬)·성(誠) 등도 이어 지적했다.

여기에 지적한 내용만으로 휴정이 논하는 사상 전체를 속단하기는 어렵다. 하지만 이것들이 유가의 심성·수양설이고, 인(仁)이나 덕(德)을 지적했지만, 경(敬)·성(誠) 등으로는 원초 유학이기 보다 주로 성리학적 사유임을 알 수 있다. 이는 아마도 성리학자들로 인해 불교가 배척받던 시대적 여건과도 무관치 않아 보인다.

휴정이 실제로 비중 높게 언급한 수양설은 바로 성리학자들이 중요시한《서경》의 "정일집중(精一執中)"이다. 정(精)은 정성 또는 순수함이고, 일(一)은 오로지 또는 한결같음이며, 중(中)은 때와 장소에 따라 마땅함(適宜)=곧 시중(時中) 또는 선(善=擇善而固執)을 가리킨다. 따라서 "정일집중"이란 오로지 순수하고 정성된 마음가짐으로 '시중'으로 통하는 '선'을 알아차려 실천하라는 의미로 결집된다.

이는 본래 "인심(人心)은 위태롭고 도심(道心)은 미약하니, 오로지 정(精)과 일(一)로써 그 중(中)을 잘 잡아야 한다"[3]는 문장의 언사이다. 마음의 작용에는 위태롭게 하는 부도덕한 인심(人心)과 미약하나마 도덕의 방향으로 작용하는 도심(道心)인 두 뿌리가 있음을 전제하고서, 전자에 끌리지 말고 후자를 따라야 함을 교시한 마음가짐이 곧 "정일집중"이다.

성리학에 따르면, 마음의 두 갈래 중 인심은 '형기(形氣)'에서 생기는 사특함이고, 도심은 (천명이 깃든 본성인) '성명(性命)'의 공정에 근원한다는 것이다.[4] '신체'인 형기와 '천리'인 성명이 그 인심과 도심의 두 근원이라는 사유가 이런 분류를 가져왔다. 따라서 인심을 위태롭다고 함은 그것이 때로 사욕(私慾)을 일으켜 불선인 악을 범

2 이것들은 모두《서경》〈집전서(集傳序)〉에 나온다.

3 《書經》〈大禹謨〉: 人心惟危 道心惟微 惟精惟一 允執厥中者.

4 《中庸章句》〈序〉: 人心道心異者 則以其或生於形氣之私 或原於性命之正.

하게 하기 때문이고, 도심을 미약하다고 함은 천명과 연계된 공정한 도리라 알기 어렵기 때문이다. 이런 도덕의 실천을 위한 주희 성리학의 '수양 명제'가 곧 "인욕을 버리고 천리를 존수하라(去人欲存天理)"이다.

성리학에서 바람직한 마음가짐으로 또 '경(敬)과 성(誠)'을 지극히 중요시하는 까닭도 실은 '정일(精一)'을 하나에 집중하여 의식의 흐트러짐 없는 '주일무적(主一無適) 곧 경(敬)의 태도와 동일시하는 데 근거한다. 그리고 정일의 뜻에는 본래 '순수한 정성', 곧 '참된 성의'를 내포하였으므로 진실함과 통하는 '참된 성실'을 중요시하지 않을 수 없는 것이다. 같은 맥락을 《중용》에서는 성(誠)과 성실(誠實)을 각각 하늘의 도와 인간의 도라고 하였으므로, 구체적인 수양에 성(誠)이 빠질 수가 없다.[5]

휴정은 경의 상태를 정일의 맥락에서 중요시 했지만, 그것을 '주일무적'으로 해석하려는 모습을 보이지는 않았다. 《유가귀감》에서 살피는 한, 그는 오히려 경의 태도를 소박하게 《중용》의 '신독(愼獨)'과 '계구(戒懼)'로 설명하고 있다. 홀로의 자기를 신중히 함과 경계하듯 두려워하는 마음가짐으로 경(敬)을 설명했다. 그에 따르면, 계구(戒懼)는 곧 천리(天理)를 존수하는 공부로서 마음의 기미가 아직 '움직이기 전의 경'이고, 신독(愼獨)은 인욕(人欲)을 막는 공부로서 기미가 움직인 뒤의 경이라 했다. 이 둘이 마음의 움직임 전후로 배분될 것으로, 각기 천리를 존수한다든지 인욕을 막는 수양법이라는 해석이다.

보다 더 '수양의 범위'를 넓힐 경우, 휴정은 마음[心]과 생각(意)과 말(言)과 행동(動)을 아울러 언급했다. 마음으로는 반드시 조심

5 이는 벌써 누차 나온 "誠者天之道, 誠之者人之道也"를 말한다.

(操)해야 하고, 생각은 반드시 참(誠)되어야 하며, 말은 반드시 가려서(謹) 해야 하고, 행동은 반드시 삼가서(愼) 해야 한다. 그 이유 또한 분명하다. 마음이란 한번 풀어지면 돌아올 줄 모르기 때문이고, 선하고 악한 생각은 각각 요순(堯舜)과 걸주(桀紂)의 갈림길이기 때문이며, 말을 함부로 하면 허물을 범하게 되기 때문이다. 행동을 한 번 잘못하면 후회해도 바로잡기 어렵기 때문이라 했다.

한마디로, 바람직한 사람 곧 대장부(大丈夫)의 마음가짐은 늘 거울처럼 비어 있고 평평하여 '천지·자연의 특성(德)'과 합치해, 유가의 최고 경지인 '천인합일(天人合一)'의 상태를 이루는 데 목표를 둔다는 것이 그의 주장이다. 이 경지야말로 음미하지 않으면 안 될 '유가의 활구(活句)'라고 지적하는 휴정이다. 이것이 또한 그가 상정한 '유가귀감(儒家龜鑑)의 종착점'이다.

3. 도가귀감의 수양론

1) 노자의 도

휴정은 노자의 저서 《도덕경(道德經)》에 쓰인 '도(道)'와 '덕(德)'을 주목하였다. 풀이하길, 도와 덕은 각기 체(體)와 용(用)에 해당한다고 했다. 체를 떠나 용은 없고, 용 없이 체만 있을 수 없는 '밀접한 관계'라는 것이다.

원래 도(道)는 노자부터도 언어로 나타내기 어렵다고 한 것이다. "도를 도라 하면 도가 아니다(道可道, 不可道)"고 한 노자였다. 하지만 설명을 통하여 해득하려면 언어로 나타내는 수밖에 없다. 체용의 관계라 했듯이, 감지되는 현상과 그 배후의 본체를 상정한 뒤에, 본체에 해당시킨 것이 도(道)이고, 그 본체가 현상으로 드러난

것을 덕(德)이라 일컫는다.

본체인 도를 말로 나타낼 수 없음을 강조한 까닭은 '도는 절대적'인데 '말이란 상대적'인 도구에 지나지 않기 때문이다. 노자의 변으로는, "나는 그것의 이름을 알지 못하므로 그에게 글자를 붙여 도라 하고, 억지로 이름하여 '대(大)'라 한다"[6]고 한 것이다.

이를 휴정은 "억지로 이름하여 마음[心]이라"고 했다. 이는 휴정이 노자 장자, 곧 도가(道家)에서 논하는 '마음 다스리기(修養)'가 쉽지 않음을 예고한 문장으로 보인다. 하지만 그가 제시하는 '도가의 귀감'될 사상 또한 이 부분에 있음은 말할 나위 없다.

2) 도가 수양의 귀감 요목

노자가 수양의 태도로 밝힌 언구로 휴정은 "사람은 땅을 본받고, 땅은 하늘을 본받고, 하늘은 도를 본받고, 도는 자연(自然)을 본받는다"[7]를 들었다. 그리고 '사람은 땅을 본받다'의 이해를 위해 그는 "강과 바다가 모든 '냇물의 왕'이 될 수 있는 것은 낮은 곳에 자리하기 때문이라"[8]한다. '겸손'이 본받을 땅의 특성이라는 의미이다. 그 겸손을 실천하는 사례로 물[水]를 지적했다. 본래 "바람직한 태도는 물과 같은 것(上善若水)이다"[9]가 노자의 사상이므로, 그의 이런 설명은 올바른 것이다.

물에서 배울 특성은 (노자의 암시대로) '부드럽게 아래로 내려감'이다. 아래에 (내려) 자리하는 성향이 '수양의 요목'으로 꼽히게 마련이다. 이에 겸손(謙遜)을 비롯하여, 유약(柔弱)·부쟁(不爭)·질박(質朴)

6 老子,《道德經》〈第25章〉.

7 위의 책.

8 위의 책, 〈第66章〉.

9 위의 책, 〈第8章〉.

등이 노자 수양의 실제 요목이다.

땅이 본받는 하늘의 특성을 노자나 휴정은 특별한 상징물로 들지 않았다. 필자의 견해로는, 온 세계에 대한 햇볕의 비쳐줌이 아닐까 한다. 노자에서 공평(公平)·공정(公正)·무사(無私)·무욕(無欲)·무기(無己)·무아(無我)가 꼽히고, 장자에서 망아(忘我)·균등(均等) 및 마음의 전일(專一)한 심재(心齋)와 심재에 의한 좌망(坐忘)이 꼽힘은 필지의 추측에서 먼 거리에 있지 않는 것이다.

하늘이 본받을 도의 특성은 무엇일까? 일찍이 노자는 그것을 '반(反)'으로 나타냈다. "반은 곧 도의 움직임(反者道之動也)"[10]이라 했다. 반의 뜻에는 '반복'과 '반대로 됨'이 들었다. 일상인의 사유와 반대이고, 특히 유학의 가치관과 반대 성향을 가리킨다. 높은 것보다 낮은 것. 강함보다 약함, 화려함보다 질박함의 사례가 그에 속한다. 그리고 노력에 의한 명성(名聲)과 치장(治裝) 등 일체의 조작(造作)과 통하는 인위(人爲) 아닌, 무작위의 자연(自然) 그대로를 보다 더 중요시함이다.

도가 본받는 '자연(自然)'은 곧 노장 수양의 종국적 귀감이다. 여기 도와 자연은 같은 위상이지, 서로 층차가 있어 본받는다는 표현을 썼다고 할 수 없다. 자연은 근원적 원리인 도의 한 가지 특성일 따름이다. 노자가 말한 자연의 의미 내용을 파악하면 그 점이 더 분명히 드러난다.

자연이란 감각되는 '우주'라는 뜻과 함께 '저절로 그러함'을 가리킨다. 우주 자연의 영존을 믿는 데서 '불로장생'을 추구하는 도교의 종교 측면이 나왔지만, 여기서는 저절로 그러함의 의미만 적용된다. 뒤의 자연은 '조작하는 인위가 없음'=무위(無爲), 또는 '거

10 위의 책, 〈第40章〉.

짓된 조작 없음'=무위(無僞)를 기본 의미로 삼는다. 노장사상을 '무위'와 '자연'을 짝지어 '무위자연(無爲自然)'이라 일컫는 까닭도 이에 있다.

여기서 귀감의 요목 중 으뜸인 '무위 자연'의 '질박'을 기준으로 할 때의 인간상 또한 그려보게 된다. 그것은 태어난 그대로의 순진한 '아기', 곧 '영아(嬰兒)'일 수밖에 없다. 영아가 실제로 성인(聖人)과 맞먹는 도가의 이상적 인간상이다. 다른 한편 성인(聖人)은 바로 위에 든 요목들을 실제 수양으로 충분히 익혀 최고 경지에 오른 이상적 인간이다. 이 밖에도 가장 이상시 되는 도가의 인간상으로는 또 신인(神人)과 지인(至人)·진인(眞人)이 있다. 모두 표현만 바꾼 성인(聖人)에 해당한다.

정리하면, 휴정이 지적한 도가(道家) 수양의 요목은 결국 땅과 하늘 그리고 도와 자연의 특성인 '겸손'·'유약'·'부쟁'·'질박'·'무위' 등이다. 이것이 수양에 의해 실천되어야 할 요목을 대표한다. 이것들이 바로 서두에서 언급한 본체인 도(道)의 실용인 덕(德)의 구체적 내용이기도 하다. 도와 더불어 말한 '덕'의 내용은 결국 휴정의 견해로도 윤리 도덕에 이용될 덕목에 다름 아니다.

4. 선가귀감의 수양론

1) 불교의 심

불교 중에도 선불교[禪家]에 대한 서술에서 휴정은 '마음[心]에 대한 논의'를 꺼낸다. 그 마음, 심(心)은 이미 앞 노자의 도(道)에 대한 대목에서 그가 "억지로 이름하여 '심(心)'이라 한다"고 했던 것이다. 그토록 언어로 논의하기 어려운 것을 왜 언급할까? 불교에는 본체에 해당하는 도(道)나 천(天)은 없지만, 그와 비슷한 위상에 있는 (불교의) 개념이 곧 '심'이라 여겼기 때문일 것이다.

휴정은 심(心)을 아래와 같이 설명한다. "여기 한 물체가 있으니, 이는 본래부터 한없이 밝고(昭昭) 신령(靈靈)하여, 일찍이 생겨난 적도 없고 없어진 적도 없고 이름 지을 수도 없으며 모양(狀)을 그릴 수도 없다." 상대적이고 유한한 언어로 무한하고 절대적인 본체를 무어라 표현하기 어려움은 이미 노자의 도에서 본 대로다. 마음의 경우도 우리가 알 수 있는 것은 '한없이 밝고 신령하다'는 (심의 작용) 정도에 그친다는 것이 휴정의 견해이다.

밝고 신령함만으로는 충분하지 않다면서 누구는 아마도 '법(法)'을 떠올릴 수 있겠다. 하지만 불교의 법은 현상적 존재 일반을 가리키지 본체와 같은 것이 아니다. 휴정이 '억지'라는 전제 아래 제시한 심은 일찍이, 원효의 일심(一心)이 '생멸문(生滅門)'과 아울러 '진여문(眞如門)'으로 되었다고 했듯이, 심의 진여문만이 (무한 무궁한) 실체에 가까울 것이다. 휴정의 심은 이를 염두에 두고 언급한 '대상(物)'이라 이해해야 할 것 같다. 어떻든 문제는 불교, 특히 선불교에서 '귀감 될 것'을 그가 무엇이라 했는지 알아내는 데 있다.

2) 선가귀감의 수양설

선불교의 수행에서 으뜸으로 드는 것은 계율이고, 계율 중 필수로 치는 수행은 '오계(五戒)'=불살(不殺)·부도(不盜)·불음(不淫)·불망(不忘)이다. 휴정도 이것을 필수로 여김은 말할 나위 없다. 오계의 실천 외에 그는 '탐욕(貪慾)'과 '갈애(渴愛)'를 버려야 함을 크게 강조했다. 수행은 되도록 '자연스럽게' 해야지, 억지로 해서는 안 된다고도 했는데, 자연스럽게 함이란 거문고 줄의 조임과 풂이 알맞은

균형을 이룸과 같다.

일반인(凡夫)의 어리석음(迷惑)이라 할 '그릇된 집착, 망상'을 벗어남이 중요함을 그 또한 강조한다. 이것이 일반인에게는 수행의 요결인 셈이다. 망상의 벗어남이 다름 아닌 '무념(無念)'에 듦인데, 무념이야말로 닫힌 마음의 무심(無心)이 아니다. 오히려 초롱초롱 '밝고 맑게 깨인(惺惺)' 상태이다. 이에서 '참선(參禪)'으로 나아가는 것이 그 다음 순서이다.

휴정에 따르면, 선에는 반드시 갖추어야 할 세 가지 필수적 요건이 있다. ① 큰 믿음(大信根), ② 크게 분발하는 의지(大憤志), ③ 큰 의심(大疑心)이 그것이다. 여기 큰 의심이란 한 가지 '화두(話頭)'를 의심의 방향으로 하여 계속함이다. 의심으로 해서 이론과 의미를 이루는 맥락이 끊어져 '분별의 사유'가 사라지고, 재미는커녕 오히려 답답하게 되는 시점이 조사나 부처가 될 고비이다. 그 고비를 넘어야 한다.

그러자면, 일상으로 의심 없이 믿던 '세계가 모두 환상(幻想)'임을 깨달아야 한다. 그것을 넘어설 때 이루어지는 경지가 곧 깨달음(覺)·돈오(頓悟)이다. 그 깨달음을 이어가게 함이 돈수(頓修) 또는 점수(漸修)의 수행이다. 물론 불교의 수행은 결코 돈오에서 그친다고 할 수 없지만, 휴정이 논한 '선가귀감의 핵심'은 일단 이와 같이 정리되는 것이다.[11]

11 이《삼가귀감》의 내용 중〈선가귀감〉의 부분은 은정희의〈西山 休靜의 三家龜鑑 精神〉(《동양철학》[한국동양철학회] 제3집, 1992)에 힘입은 바 많았다.

5. 삼가귀감의 함의

이렇듯 휴정은 유·도·불 삼가의 철학을 숙지하고 있었던 셈이다. 흔한 표현으로 그는 세 가지 철학에 회통했던 학자 승려였다. 회통한 세 가지의 수양론을 소개한 작품이 그의《선가귀감》이다. 거기에서 '수양론을 집중'으로 밝혔던 까닭에, 그 내용 또한 유불도의 심론(心論)이 핵심이었다. 심론을 바탕으로 수양을 지향한 점이 '유불도의 공통점'임을 밝힌《삼가귀감》의 특징이다.

유불도가 공유하는 공통점에 대한 휴정의 조명은 결코 우연일 수 없다. 이 저술을 의도한 데에는 그 나름의 목적이 있었다고 해야 할 것이다. 조선의 건국 이후 성리학자들이 두 세기 이상에 걸쳐 불교 배척에 열중했음을 상기하면, 세 사상의 공통점 제시는 곧 유불의 상이점 못지않게 '상동 점에 대한 인지'를 위한 작업이자, 그 상동점 인지를 통한 '불교 배척 명분'을 약화 또는 상실케 하려는 효과를 겨냥한 것이 아닐 수 없다. 그의 '《삼가귀감》 제시의 함의'가 여기에 잠재한다.

이런 맥락에서 필자는 일찍이 조선 초 불교 배척의 선봉에 섰던 정도전(鄭道傳)이 본격적인 불교 배척의 길을 닦으면서,《심기리편(心氣理篇)》을 지었음을 상기코자 한다. 이(理)·기(氣)·심(心)은 곧 성리학·노장학·불교학을 상징하는 문자로 사용된 것이었다. 유·도·불, 세 사상의 특징을 나타낸 문자가 이 세 어휘였다. 정도전은 이를 가지고 삼교 중 성리학인 유학이 으뜸이고, 도가사상이 그 다음이고, 불교사상이 가장 열등하다는 주장을 성리학 중심의 견강부회로 폈다.[12]

12 여기 심(心)·기(氣)·이(理)의 해석을 견강부회식으로 한다 함은 성리학 위주

이를 상기하면 휴정이 지금 귀감을 전제로 '마음 다스리기(治心)'의 수양론을 가지고 '불교와 유교 도교의 상동(相同)'을 제시한 사실은 곧 "불교가 유학만 못하지 않다" "불교가 유학과 대등하다"는 호불(護佛)로 통하는 이론이 아닐 수 없다.

보기에 따라서는 불교가 유학과 동등하다는 주장은 호불론 이상일 가능성조차 있다. 왜 그럴까? 수양 이름 아래 '마음 다스리기'를 기준으로 (귀감 요소를) 논하는 한, 참선으로 확인할 수 있듯이 '삼교 중 불교가 으뜸'이라는 주장—불교제일 주장—이 잠재할 개연성이 높기 때문이다.

이는 임진왜란에서 승병을 이끌고 호국에 공훈을 세운 휴정만이 할 수 있었던 '불교인의 자긍심 발로'라 읽힌다. 휴정이 제시한 수양론의 귀감적 함의는 이 점에까지 이어질 수 있는 성격이라는 것이 필자의 견해이다.

로 하여 불교를 가장 열등시하는 이론 형식을 말한다. 곧 불교인 심은 성리학인 이와 도가사상인 기의 합(合)이므로, 불교는 이와 기가 없으면 안 되는 일종의 성리학(유학)과 도가사상의 산물같이 열등하고, 도가사상은 불교보다는 우월하지만 기 또한 성리학인 이로 말미암아 생출하므로, 도가사상 역시 성리학인 유학보다는 열등하다는 것이다. 그러므로 오직 유학 성리학만이 가장 우월하다는 식의 주장이다.

제17장 노자사상에 대한 유학적 조명

1. 유학자들의 도가사상 연구

조선 초부터 도교는 불교와 함께 유학자(성리학자)들에 의해 이단으로 배척받는 처지였다. 도교의 본산인 도관, 소격전(昭格殿)의 철폐론이 조선 초부터 나오다가, 얼마 안 되어 (세조 때) 소격서(昭格署)로 개칭 격하된 뒤로, 중종 때에는 조광조(趙光祖) 등의 청원에 따라 실제로 철폐되었다.

배척받지 않던 고려시대에도 도가철학을 연구하던 학자는 찾아볼 수 없었다. 그 종교의 측면만 크게 유행했다 해도 지나침이 없다. 종교 측면마저 명맥의 유지가 어려워진 조선에서 그 철학에 대한 진지한 연구는 기대조차 할 수 없었다. 조선의 집권층은 '성리학(性理學)만의 홍성'을 꾀하며, 그 외의 사상은 이단(異端)이라 하여 배척했다. 이것이 도교의 철학과 사상을 발전되지 못 하게한 원인이었다. 정도전(鄭道傳)의 《심기리편(心氣理篇)》에 보이듯이, 도가사상은 '성리학자들의 상식 수준'에 머물러 있었다. 적어도 15세기를 전후한 무렵까지는 그러했다.

16세기에 이르러 도가사상은 드물게나마 성리학자에 의해 연구되기 시작한다. 한 예로 이이(李珥)에 의한 노자사상 연구서《순언(醇言)》이 그것이다. 그 뒤의 노자 장자사상 연구자는 17-19세기까지 5-6명 정도에 지나지 않았다. 그들도 실은 성리학자들이지 노장학에 전념한 학자가 아니다. 다행히 전념하지 않았어도, 연구서에 버금가는 '주석서'를 남겼다. 그렇지 않은 경우에는 노장사상의 배척을 위한 저술을 남겼다. 배척까지는 하지 않고 단순한 연구서로 남긴 주석서조차 실은 '유학과의 유사점'을 찾아 유학에 이용할 일종의 '유학화(儒學化)'에 해당할 작업을 한 경우가 대부분이다.

구체적인 예로, 《노자》의 경우는 이이의 《순언》을 비롯해, 박세당(朴世堂: 1629-1703. 西溪)의 《신주도덕경(新註道德經)》과 서명응(徐命膺: 1716-1787. 保晩齋)의 《도덕지귀(道德指歸)》, 이충익(李忠翊: 1744-1816. 椒園)의 《초원담노(椒園談老)》, 홍석주(洪奭周: 1744-1842. 淵泉)의 《정노(訂老)》, 신작(申綽: 1760-1828. 石泉)의 《노자지략(老子旨略)》 등이 있다. (신작의 《노자지략》은 현재 서문만 전할 뿐이다.) 《장자》의 경우는 박세당의 《남화경주해(南華經註解)》와 한원진(韓元震: 1682-1751. 南塘)의 《장자변해(莊子辨解)》가 있다.[1]

주석이라 해도, 한원진의 경우만 제외하고는 거의 다 본인의 견해 아닌 중국(송·명) 학자들의 주석을 원용하거나, 그것들과 대조하며 고증한 것이다. 자신의 철학을 담아낸 점은 매우 희귀하고 미약하다. 좀 더 연구하면 달라질지 모르겠고, 또 그렇게 되길 바랄 뿐이다.

더욱이 도가사상을 편협하게 이단시하는 성향으로 저술된 홍석주나 한원진의 저술은 왜곡과 곡해까지 한 흔적이 보인다. 이점은

1 이 저자와 저서들 명목은 박원재의 〈조선유학의 도가이해〉(《자료와 해설, 한국철학사상》, 예문서원, 2001)을 참조했음.

객관성을 충실히 띤 연구서는 찾아보기 어렵게 하는 조건이기도 하다. 이에 유학의 입장에서 노장사상을 당시 성리학의 풍토에 어떻게 이용하려 했는가, 그 '유학 본위의 연구'를 우선 살피는 것이 현재로서는 '노장사상 연구물'의 바른 이해에 도움이 될 것 같다.

이런 시각에서는 이이의 《순언》에 나타나는 노자사상에 대한 연구가 첫 고찰의 대상이 된다. 학계의 연구에 따르면, 《순언》에는 이이 자신의 성리학 집성인 《성학집요(聖學輯要)》의 '수기(修己)'와 '안인(安人)'의 분류적 모형이 그대로 반영되었고,[2] 이이가 지닌 유학 경전의 지식이 마치 '유교·도교의 회통'의 특성처럼 혼재되었다.[3] 그 밖에 가장 큰 특징이라면, 필자의 견해로, 《노자》 사상에 대한 유학 본위의 연구라는 것이다.

이이는 노자 사상에서 유학의 '수기'와 '안인'에 속하는 성격의 사상을 선별하여, 노자 사상이 본래 유학과 크게 다르지 않음을 지적했다. 이는 실상 '유학의 영향권에 노자 사상을 포용'하는 태도이다. 그리고 이런 태도는 박세당의 경우가 매우 심하다. 박세당의 《신주도덕경》이 《순언》보다 더 유학 본위의 태도가 적극적으로 구사되었다. 필자는 그 '박세당의 노자 사상에 대한 연구'를 고찰의 대상으로 하여 살피겠다.[4]

2 이종성, 〈율곡의 《순언》에 반영된 《성학집요》의 특징과 의의〉, 《율곡학연구》(율곡연구원) 제39집(2019. 9).

3 이종성, 〈율곡의 노자관에 반영된 경학사상의 유도회통적 특성과 의의〉, 《율곡학연구》(율곡연구원) 제40집(2019. 12).

4 아래에 서술하는 글의 내용은 졸저 〈박세당의 실학사상에 관한 연구〉(《韓國儒學論究》, 현암사, 1980)을 사실상 축약한 것이다. 그런 만큼 상세한 각주를 생략함을 미리 밝힌다.

2. 노자사상에 대한 박세당의 입장

박세당은 유학자로서 특출한 학자이다. 그는 정주계의 성리학을 비판·극복하려던 '탈성리학의 학풍'—곧 '후기 실학'의 형성을 시도한 점에서 그렇다. 정주의 성리학 이론에 대한 그 부정의 태도로 인해 그는 '사문난적(斯文亂賊)'으로 지목되어 지탄받다가 목숨을 잃었다. 《시경》·《서경》과 '사서(四書)' 등의 주희의 해석에 반기를 든 《사변록(思辨錄)》(일명 《통서(通書)》)의 출간이 그 참극의 발단이었다.

당시 불교에 대해서는 반대한 박세당이었지만, 반정주학 성향으로 대두한 양명학을 호의로 대했고,[5] 이단시 되던 노장사상에 대해서는 주해서(《신주도덕경(新註道德經)》과 《남화경주해(南華經註解)》)를 저술할 정도로 긍정적이었다.

노자 사상에는 단점이 있지만 장점도 있다는 것이 그의 판단이다. 단점마저도 실은 진(晉)나라 이후 학자들이 '공허 무실(玄虛無實)'하고 '끝없이 요상(渺茫无涯)'하게 꾸며, 마침내 세상을 기만하는 것으로 만들어 놓았기 때문이라는 것이다.

허황 무실해 보이지만, 오히려 그 언표는 간결하고 의미는 심오하다는 것이 그의 견해이다. 구체적으로 '수신(修身)'과 '치인(治人)'을 목표로 삼고 있는 것이 노자 사상이라 하면서, 바로 이점이 '유학과 같고' 배울 것이 있는 그 장점이라 한다. 노자의 '수신'에 대한 언설을 가리켜, 그는 '매우 순수한 것'이라 칭송한다.[6] 치인 또

5 이 양명학(陽明學)은 당시 장유(張維)에서 최명길(崔鳴吉)로, (최명길의 손자) 최석정(崔錫鼎)으로 전해졌는데, 마침 박세당(朴世堂)은 같은 소론계로서 최석정과 친분이 있던 터라 최명길의 저서(《遲川集》)의 서문과 그의 〈신도비명(神道碑銘)〉을 써 주면서 최석정의 학문(양명학)을 칭찬해 주고 있다.

한 왕의 무위(無爲) 태도가 백성에게 '교화의 성과'를 이룬다는[7] 등의 주장을 냈다.

《노자》를 보는 그의 관점은 이렇듯 '유학을 기준'으로 한 것이다. 유학 기준 곧 '유학을 본위'로 노자 사상을 살피는 박세당이다. 따라서 노자 사상에 대한 그의 해석은 결국 유학 본위의 해석으로 되게 마련이다.

3. 노자 사상에 대한 유학적 해석

박세당은 노자의 수기(修己) 치인(治人) 사상만 다루지 않았다. 그 철학사상 전반을 다 해석의 대상으로 삼았다. 노자의 근본철학인 도(道)·자연(自然)·무위(無爲)를 모두 대상으로 삼았다. 그는 노자의 '도'를 '무(無)'라 이해하고, 주희 등이 말하는 '이(理)로서의 태극(太極)'이라고도 했다. 도와 만물의 관계 또한 체용관계로 보면서, 유학의 이(理)와 상(象)에 배당했다.

이처럼 유학과의 대비로 해석하는 박세당은 노자의 '자연(自然)'이란 '천성(天性)인 본성의 억지 없음(非强爲)'이라 했다. '지나침(泰甚) 없는 것(無過)'을 자연이라 풀었다. 천성 또는 본성대로 하되, 지나침이 없는 것이 자연이라는 뜻이다. 자연에 대해 다분히 유학의 '중용(中庸) 관념'을 적용시킨 해석인 셈이다.

자연을 '억지 없게 하는 특성'으로 해석하는 까닭에, 노자의 '무위(無爲)'란 결코 '아무 일도 함이 없음(無事)'이 아니라 한다. 무위

6 朴世堂, 《新註道德經》 〈第54章〉 주석.

7 위의 책, 〈第57章〉 주석.

를 역설로 받아들여 '유위(有爲)'라 주장했다. 하기야 노자도 "함이 없되 안 함이 없게 함(無爲而無不爲)'을 말했으니, 그의 이 해석을 부정만 할 수도 없다. 무의지의 뜻으로 말한 자연을 의지 있는 자연으로 이해한 셈이다. 참으로 유위를 벗어나지 않으려는 박세당의 유학적 태도가 드러난 대목이다.[8]

이런 사례가 더 있다. 배움이 없으면 근심도 없게 된다는 노자의 '절학무우(絶學無憂)'[9]에 대한 해석이 그런 예다. 배움에 대해 노자는 '유위의 학'과 '무위의 불학'을 내세운 듯이 보이지만, 그렇지 않다고 한 박세당이다. 그에 따르면 《노자》의 5천 언 자체가 '학-배움'이기 때문이다. 유학의 유위를 부정한 노자의 사상을 박세당은 다시 뒤집어 오히려 노자 사상을 부정하는 식의 해석을 폈다. 아래 이론들도 그런 것이다.

일찍이 노자는 유학의 '인(仁)과 의(義)'를 가리켜 '대도(大道)'가 폐지된 뒤에나 있게 되는 것이라 했다. 풀면 유위로 말하는 인과 의는 큰 원리로 실현되지 못할 '불필요하는 것'이라는 부정적 비평이었다. 하지만 이 부정적 비평에 대한 부정이 박세당의 견해이다. 대도가 실현되지 않을 때 '인의가 있음'을 알게 될 뿐, 인의가 있어 대도가 실현되지 않은 것이 아니라고 한다. 대도의 기능 없음은 '인의' 자체의 탓이 아니다. 따라서 노자가 오히려 '근본을 헤아리지 못했다'고 그는 반박한다.[10]

노자의 사상을 뒤집어 유학의 성향인 듯이 해석하거나 비판 또는 공박까지 한다면, 애초에 '수신과 치인'에 걸쳐 배울 것이 있다고 했음은 어떤 무엇인가?

8 주 4 참조.

9 老子,《道德經》〈第20章〉.

10 주 4 참조

4. 유용성에 입각한 실학적 이해

위와 같은 견해가 노자 사상에 대한 박세당 견해의 전부는 아니다. 그는《노자》의 문장들을 그대로 알기 쉽게 주해한 모습도 보였다. 하지만 여전히 유학적인 견해를 버리지 않았다. 오히려 유학의 견해를 노자 사상에 주입했다. 예를 들면 "도(道)를 잃고서야 덕(德)이고, 덕을 잃고야 인(仁)이고, 인을 잃고야 의(義)이고, 의를 잃고야 예(禮)라 한다"[11]가 노자 사상을 뒤집은 그의 유학적 견해이다. 이는 유학의 도·덕·인·의·예보다 노자의 도와 자연을 인정하고 낸 듯이 보이는 그의 언구이다. 그 이유는 아래와 같다.

노자는 유학을 여러모로 비판했지만, 그 대표적인 비판이 유가의 예절 숭앙이었다. 공자 같은 유학자 본래의 출신이 춘추시대 '예 교육(相禮)'을 직업으로 삼았던 사실과 연관된 현상이었다. 어찌 되었건, 노자의 견해로, "예(禮)란 진솔한 믿음 곧 '충신(忠信)의 박약'이자 '번잡함의 으뜸'(忠信之薄而亂之首)"[12]라고 비판했다. 박세당은 이를 일단 수긍하는 내용의 언구를 내어, '예에 빗댄 문채(文)가 왕성해 질박(質)을 잃게 하면, 형벌(刑罰)이 많아진다고 한 다음, 나아가 '순수한 질박(醇質)'은 안정을 초래해 나라의 복(福)이 되지만 '교묘한 유위(巧爲)', 곧 문채는 번잡을 초래해 나라의 도둑(賊)이 된다고 했다.

이로 미루면 박세당은 예를 지극히 강조하는 유학을 문채(文采)라는 걸 형식을 중요시하는 사상으로 파악하고서, 노자 사상은 그 반대라고 해석한 다음, 그 노자 사상을 유학에서 일단 배워야 할

11 朴世堂,《新註道德經》〈第38章〉 주석.

12 老子,《道德經》〈第38章〉.

요소로 여겼다. 그의 경우 유학이 노자 사상에서 취할 점의 하나가 이런 것이다. 하기야 공자도 실은 사치스런 문채(文)보다는 오히려 질검(質儉)이 더 좋다고 했다. 그 점을 상기하면 박세당의 해석도 본원 유학에서 벗어나지 않았다는 변명이 가능하겠다.

하지만 박세당은 노자의 질박 중요시와 공자의 앞 사유와는 농도에 차이가 있음을 알았다. 박세당은 노자의 '자연'이 그 도의 본성이라 파악한 한편. 질박의 '박(樸)이 곧 도의 근본(道之本)'이라 한 주장이 그런 증거이다.

다른 한편, 노자는 '도의 움직임'을 '반대(때로는 반복)의 형식'(反者道之動也)이라 생각했다. 약하고 부드럽고(弱柔), 채움보다는 비움(虛)을, 움직임보다 고요함(靜)을 더 높이 평가하는 것이 그런 사례였다. 물을 그런 특성의 상징(上善若水)으로 꼽았다. 이런 특성을 높이는 이유가 무엇인가? 물의 부드러움이 끝내 바위를 뚫듯, 약함이 강함(强)을 이기고 부드러움이 굳셈(剛)을 이기는 식의 '반대로 되는 성과' 때문이다.

박세당 또한 바로 이점을 지적하면서 매우 강조했다. 그는 구체적으로 '무위(無爲)'·'호정(好靜)'·'무사(無事)'·'무욕(無欲)'의 태도로 (수양인) 덕(德) 쌓기를 역설했다. 이렇게 해야 '영아(嬰兒)'처럼 순진무구한 최고의 이상적 인간—'성인(聖人)의 경지'에 이른다는 이유에서다. 성인다운 행위는 '사익 취함' 없이(無私) '공중(公衆)을 위함'에 있다. 그럴 때 타인들 또한 그를 통치자(王)로 섬긴다는 보상의 따름까지 그는 지적했다. 통치자가 되어서도 "마음을 비우고(虛其心)", 이 태도를 유지하면 백성들은 통치자로 섬길 뿐 아니라, 감화되어 스스로 질박해져(民自樸)서, 도의가 절로 바로잡히고(盜自止) 복지가 윤택한 부강한 나라를 이루게 된다는 것이다.

집약해, 무위 무욕한 수양으로 성왕(聖王)이 되게 하고, 유가류의 왕도정치의 효과까지 누리게 한다는 이것이 노자사상에 대한 박세당의 '유학적 해석의 귀결'이다. 이는 탈성리학자인 그가 '유용성(有用性)의 실효(實效)'를 꾀하기 위해 '노자를 빙자'하여 그려 낸, 내용상 '또 하나의 실학(實學)'이기도 하다.

박세당이야말로 조선후기 실학을 연 개창자의 하나임에 틀림없다. 이미 밝힌 대로 철학(곧 경학)의 측면에서 주희의 이론을 비판 반대한 것이 그의 목숨까지 잃게 한 선구적인 '탈성리학 태도'였다. 관직 사퇴 후 그는 당시 양반들이 하지 않던 농사(農事)에 스스로 종사하면서, 농사 서적인《색경(穡經)》까지 지은 사실 또한 그의 독특한 '탈성리학적 실학자'의 모습이었다.

第18장 후기실학, 체제탈피 성격의 개혁설

1. 후기실학의 박학 지향

이이(李珥)가 '무실(務實)의 실학'을 강조한 뒤로, 17세기 한국의 유학은 '성리학적 실학'과 '탈성리학적 실학'이라는 두 갈래 흐름이 뚜렷해졌다. 실학의 용어 적용이 사실상 부자연한 성리학 측으로는 호서의 이이 계열인 윤증(尹拯: 1629-1714. 明齋)으로 대표되는 '실심(實心) 표방의 심성수양'과 그것을 기초로 한 '예학(禮學)'을 실학시한 성향이었다. 그리고 영남 방면의 이황 계통인 정구(鄭逑: 1543-1620. 寒岡) 등이 '예(禮)'의 실용성을 중심에 두고 탐구한 예학이 성리학적 실학의 흐름이었다.

다른 한편 탈성리학적 실학의 경우는 이들과 전혀 달랐다. 그들은 예보다는 무실의식을 보다 더 경세의 '치인(治人)·치국(治國) 측면'으로 구현하려는 의식이 두드러졌다. 이이의 무실 태도를 존숭하던 경기지역의 이수광(李睟光: 1563-1628. 芝峯)·이익(李瀷: 1681-1763. 星湖)과 호남의 유형원(柳馨遠: 1622-1673. 磻溪), 그리고 북학파로 알려진 수도권의 홍대용(洪大容: 1731-1783. 湛軒), 박지원(朴趾源: 1737-1805. 燕巖), 박제가(朴齊家: 1750-1805. 楚亭), 정약용(丁若鏞: 1762-1836, 茶山), 최한기(崔漢綺: 1803-1879. 惠崗)가 모두 그러했다. 이들은 치국 중에도 '양민의 후생(厚生)'을 '수기의 실심과 예' 못지않게, 아니 그 이상으로 중요시한 학자들이다.

박지원·정약용·최한기 등은 성리학자들이 추구하던 시문·경전·역사 중심의 범위를 넘어 '농업·공업·상업 및 군사학'까지 아우르는 범위라야 한다고 생각했다. 모든 분야를 다 대상으로 포괄하는 범위의 학문으로 추구해야 한다는 '실학관의 변천'을 이들은 일으켰다.

이렇게 된 배경에는 이들 실학계의 '백과전서식 학문' 추구 경향이 크게 작용했다. 이수광의 《지봉유설(芝峯類說)》, 유형원의 《반계수록(磻溪隧錄)》, 이익의 《성호사설(星湖僿說)》, 박제가의 《북학의(北學議)》, 그리고 정약용의 저서 《경세유표(經世遺表)》·《목민심서(牧民心書)》·《흠흠신서(欽欽新書)》 등이 그것이다.

탈성리학적 실학자들의 실학관의 이런 경향은 한마디로 해 '박학(博學)의 추구'에서 나온 현상이다. 그 '박학의 긴요성'을 가장 먼저 깨닫고 당연시하도록 촉구한 학자는 바로 (이이의 영향을 받은) 이수광이었다. 그는 당시 성리학자들이 잡스럽고 천박하다고 경홀시 하던 '박학 역시 성인(聖人)의 가르침(곧 《중용》)'을 강조하여, 실학관 자체에 변화를 가져왔다.[1] 그리고 실제로 그 박학 추구를 자신의 백과전서식 저술, 《지봉유설》로 제일 먼저 구현하려 했다.

그 박학 지향의 '백과전서식 저술'은 결코 지식의 사전적 나열이 아니었음에도 또 유의해야 한다. 그것은 주로 농업에 종사는 '양민의 생활 개선'을 기하려던 데에 목적이 두어진 것이었다. 농사법의 개선을 중심으로 각종 제도의 개혁까지 새롭게 구상한 내

1 박학 추구의 성향은 성리학자들이 대체로 그 실용적 가치를 몰랐거나 기피한 성향이었는데, 그 원인에는 특히 양반들이 노동의 기피를 당연시한 데 기인했다고 보인다.

용이었다. 각종 제도의 개혁까지 가장 철저히 시도한 저서는 바로 '유형원의 《반계수록》'이기도 하다. 이제 우리는 그 '유형원의 개혁사상'을 집중적으로 살피겠다.

2. 참신한 개혁설, 《반계수록》의 내용

1) 17세기의 시대상

조선 사회는 15세기 중기부터 정치 사회의 문란으로 민생의 고난이 증가해 갔다. 거기에 16세기의 임진왜란(壬辰倭亂: 1592-1598)과 17세기의 병자호란(丙子胡亂: 1636-1637)은 국가의 보존마저 어렵게 만든 충격이었다. 17세기에 민생은 형용할 수 없는 도탄에 빠진 상황이었다.

조선의 법과 제도는 출발 초기부터 양반중심으로 이루어져, 양민에게는 불리한 점이 많았다. 시대가 흐를수록 양반 지배층은 부실한 법과 제도나마 존수하기는커녕 사욕 충족에 이용하는 데 혈안이었다. 국정의 극심한 문란은 '삼정(三政)' 곧 토지(土地)·병무(兵務)·환곡(還穀) 시행의 문란으로 집약되는 것이었다. 그 피해를 고스란히 받던 계층은 양민일 수밖에 없었다.

조선조의 토지제(田制)는 국유를 원칙으로 한 공전제(公田制)였으나, 17세기 무렵에는 사실상 거의 와해된 형편이었다. 왕족·양반·관료·토호·부상들의 토지 사유화가 그 원인이었다. 그 중에도 특권층의 은결(隱結), 수령들의 사은(私隱), 서원배(書員輩)의 투탈(偸脫)이 토지의 부정하고도 악랄한 사유화의 대표적 사례였다. 그로 말미암아 자영농자(自營農者)는 급격히 감소되었다. 15세기 중기에 이미 전국 농민의 3할이 자기의 전답을 갖지 못한 형편이었으므로,

17세기에는 대부분의 농민들이 '농노(農奴)의 처지'와 별로 다르지 않게 되었다.

병무제(兵務制) 또한 법제대로 시행되지 않아 문란과 혼란만 극심해진 분야였다. 병역을 치러야 할 대상자에 대한 파악조차 엉망이었다. 병무 장부가 실제 사실과 전혀 다른 '허문(虛文)'에 지나지 않았다. 도망간 자, 죽은 자의 허명(虛名), 나이 초과한 노인, 나이 어린 어린이가 끼어 있기 예사였다.

이속(吏屬)들의 농간으로 병역 차출에 기준이 없음이나 마찬가지였다. 병역을 포(布) 제출로 대신하기도 했지만, 그것 또한 기준을 지키지 않아, 병무행정이 마침내 '농촌의 황폐화'를 초래할 뿐이었다. 심지어 도망간 자를 이웃에게 대신하게 하던 조치는 더 큰 부조리였다. 촌락은 점점 비게 마련이었다.

환곡과 세제 또한 제도의 모순과 운용의 문란이 대단했다. 대동법(大同法)이라든가 사창제(社倉制)가 있었지만, 운용의 문란으로 양민을 괴롭히기만 했다. 그 원인에는 '무급으로 운용에 참여'하던 '이속(吏屬)들의 농간'에 기인했다. 부역(稅賦)과 지역 산물의 공물(貢物, 上納) 또한 불합리하게 운용되는 폐단 폐풍에 쌓여있었다. 환곡과 부역 및 공물 모두가 양민을 극심한 곤궁과 피폐로 전락시키던 적폐였다.

참신한 개혁이 시급히 요구되던 상황이었음은 물론이다. 그럼에도 지배층은 현실에 적합한 개혁을 꾀하지 못했다. 실심(實心) 수양 위주의 성리학에 종사하던 학자 및 학자관료들은 민생의 돈후를 위한 개혁은커녕, 예절(禮節)의 종류와 실행에 대한 예론(禮論)과 예학(禮學)에나 열중했다. 가장 대표적인 사례가 왕실 복제(服制)의 실천을 놓고 당쟁에 비유될 붕쟁(朋爭)—복송(服訟)에 여념이 없던 것이었다. 서인과 남인이 다투던 '조대비(趙大妃)의 복상 논쟁'이

그것이다.[2]

이런 상황에서 민생(民生)의 돈후(敦厚)를 기하기 위한 '근본적이고도 철저한 개혁'을 구상한 학자들이 바로 탈성리학적 실학을 탐구하던 학자들이었다. 그 가운데서도 17세기 유형원(柳馨遠)이 누구보다도 가장 적극적이고도 철저한 개혁을 꾀했다. 그의 개혁안을 주목하는 까닭이다.

2) 토지제와 세법 개혁안

유형원도 시대 환경의 영향으로 초학에서는 성리학으로 출발했다. 그의 저술《이기총론(理氣總論)》·《논학물리(論學物理)》·《경설문답(經說問答)》·《주자찬요(朱子纂要)》가 그 증거다. 이로 보아 그의 성리학은 상당히 높은 수준이었음을 알 수 있다. 성리학의 바탕 위에서 그 학문 범위를 크게 확대하여 참으로 '박학(博學)'을 이룬 학자가 그이다.

전기(傳記)에 따르면, 그의 박학은 역사·지리·언어·변법·음양·율려·천문·의약·복서 등에 걸친 것이다. 주요 분야의 개혁안을 담은 《반계수록(磻溪隧錄)》은 그의 이런 박학의 산물이다. 그의 학문을 대표하는 이 수록은 무려 19년에 걸쳐 지은 '26권에 〈보유편〉까지' 달린 거질이다. 내용의 방대함은 차례만으로도 확인된다. 즉 전제(田制)·교선(敎選)·임관(任官)·직관(職官)·녹봉(祿俸)·병제(兵制)·속편(續篇)·보유(補遺)가 그것이다. 이를 백과전서 종류로 지칭한 이유를 이 목록만으로도 알 수 있을 것이다.

먼저 '토지제의 개혁안'부터 살피겠다. 당시 공전제의 붕괴를

---

2 필자,《한국유학사》(지식산업사, 2012)의 제22장 〈예학의 철저화와 당쟁적 예송〉에 상론하였음.

가져온 '토지제의 불합리'는 토지의 크기에 따라 구분하지 않고, 과세를 위한 '수확량(收穫量)을 기준'으로 구분했던 이른바 '결부법(結負法)' 시행이 그 하나였다. 토지 면적을 고려치 않던 이 제도는 토지의 '실제적 질과 크기'를 두고 '부정과 협잡'을 일으키던 폐단의 원인이었다. 거기에 왕실 소유는 물론이고, 왕족과 선비족속(士族)의 토지도 면세의 혜택을 누렸다. 당시 토지제의 문란은 이런 조건들에도 기인되었다.

유형원은 먼저 '토지의 국유화'에 초점을 둔 개혁을 시도했다. 토지의 '세습화를 타파'하고, 토지의 '경작권'을 분배받은 농민의 생존 기간으로 한정했다가 그의 사후에는 국가에 반납케 하도록 구상했다. 이는 '토지의 재분배'와 '노비제 개혁'과도 관련된 방안이었다.

유형원은 '결부제를 폐지'하고 토지의 '크기를 단위로 한 경묘법(頃苗法)'의 시행을 주장했다. 토지 재분배를 위한 계획 가운데 국유화 다음의 전제에 해당한 복안이었다. 그 재분배는 유학 본래의 '정전법(井田法)'이었다. 그것은 국민 전체가 각각 적합한 분량의 토지를 경작하여 생활케 하는 균전(均田)정신을 살린 제도이다. 토지 국유의 '공전제를 앞세운 균전론'이 곧 그의 토지 개혁설의 핵심이었다.

그의 이런 구상은 다음과 같이 비교적 상세히 짜였다. 농민 한 사람에게 100묘(40여 두락)—이를 1경(頃)으로 정함—씩 지급함을 원칙으로 한다. 이때 '농민'이란 양민을 비롯하여 노비에 이르기까지 '모든 신분'을 다 포함한다. 상공인에게도 지급하는데, 이는 수입이 일정치 않았음을 고려한 조치일 것이다. 다만 적으나마 수입이 있음을 감안했던지, 그 상공인에게는 일반 농민의 절반인 50묘를 지급한다.

급료의 낮음과 무급을 감안하여, 현직 관료와 지방 관아의 이서(吏胥)·복예(僕隸)·서리(書吏) 등에게도 일정량을 지급한다.[3] 왕실의 세자·중자(衆子)·대군(大君)·군(君)·공주·옹주들에겐 적서(嫡庶)를 가리지 않고 모두 12경을 배당한다. 읍학(邑學), 사학(四學)의 사생(舍生) 및 교육기관[4]과 그 학생들에게도 일정량의 토지 지급을 계획했다. 금전의 유통이 발달되지 않았던 시대여서 토지는 오늘날 금전의 대용이었던 만큼, 토지의 배급으로 모든 국민의 생계유지를 구상한 것이다.

여기 유의해야 할 점이 있다. 토지의 지급을 가능한 한 '국민 전체(國民全體)'에게 하려 한 것, 그 의도에서 '상공인'을 비롯하여 천인(賤人)이던 지방의 '이예(吏隸)와 노비(奴婢)들'까지 포함하고, '적서의 차별'도 무시한 점이다. 이런 것은 당시 누구도 구상하지 못한 획기적인 계획이다. 토지의 배분에 '균형을 기하려 한 노력'이 보이는 점 또한 주목해야 한다. 유형원의 '토지 개혁설의 특징'이 바로 이 같은 독특한 점에 있다.

조세제도 부분을 살피자. 각종 조세의 징수와 수시로 동원하던 부역 또한 17-18세기 농민을 괴롭힌 분야였다. 집권층의 '양민 갈취'에 이용되던 주요 분야이다. 이 분야의 시행 또한 문란하기 짝이 없었다. 토지 결부제의 집행, 상납을 빙자한 공물(貢物)의 잡된 징수가 모두 그 중간에 낀 '수령(守令)과 이속(吏屬)들의 농간'에 따라 불규칙하고 부정하게 이루어졌다. 심지어 '공인(貢人)'으로 불린 공납 청부인까지 생겨, 공물의 품질과 대납 등을 핑계로 양민 착취를 일삼았다. 이에 연결되어 행해지던 노비들의 신역(身役)은 말

3 현직 관료로 9품-7품까지는 6경, 그 이상은 최고 12경까지, 그리고 이서와 복예, 서리 등에게는 반경(50묘)를 지급한다.

4 교육기관과 그 개편안은 곧 다음 항목에서 설명한다.

로 다 할 수 없을 만큼 심각한 고통이었다.

유형원은 앞 토지제의 개혁 항목에서 이미 '면세전(免稅田)의 폐지'를 주장했다. 그리고 조세 자체를 '농지세(農地稅)로 통일'시키려 했다. 그에 따르면 수확고에 따라 토지 등급을 9등급으로 나누고, 농지세를 풍흉을 3가지(상년·중년·하년)로 나누어 시행하는 식을 구상했다. 이 조건으로 집행하는 '토지세(田稅)'는 수확량의 20분의 1로 했다.

전세 외의 잡된 세의 징수는 일체 금지하자는 것이 그의 복안이었다. 부역 또한 금해야 한다는 견해였다. 더욱이 노비들이 당하던 처참한 신역은 '노비제 자체의 폐지'를 주장하던 유형원이었던 만큼 아래 그 항목에서 살핀다.

군역(軍役) 또는 병역(兵役)의 시행에서 발생한 부조리와 그로 인한 양민의 고통은 이미 앞서 지적했다. 특히 군역을 포(布)로 대신하던 조치는 '용병(傭兵)의 재정 기반'을 삼기 위해서 라는 명목으로 시행되었지만, 그것이 빚는 심한 부정이 또 양민을 크게 괴롭혔다. 이를 숙지한 유형원은 '대포제(代布制)의 폐지'를 주장했다. 군병이 담당하던 '잡역(雜役)의 중첩'도 금지해야 할 요목으로 들었다.

아울러 군대의 '부대 편성의 정비'[5]와 '군병 훈련'의 철저를 역설했다. 그는 천인들로 구성하던 '동오군(東伍軍)'을 폐지할 대상으로 지적했다. 이상의 내용이 조세의 합리적 개혁을 통해 양민과 노비의 고통을 해소하려 한 유형원의 개혁안이다.

5 예를 들면, 서울 밖의 위전(衛前)의 종류를 3종으로 하고, 이조(吏曹) 소속으로 해야 한다는 것 등이다.

3) 교육제와 관료임용제의 혁신

17세기 조선 정치의 혼란은 법과 제도의 미비와 관리의 무능 부패, 및 무보수로 실무를 보좌하던 이서(吏胥)들의 비행에[6] 있었다. 이런 부조리의 이면에는 특히 '관리 임용제'의 결함과 인재양성의 '교육 미비'가 더 큰 원인으로 작용했다. 적임자의 엄정한 선발과 교육의 중요성을 깨우치게 하는 대목이다.

조선 시대 교육기구는 서울에 있던 초학단계의 사학(四學: 學堂)과 최고단계의 태학(太學)이었고, 지방에 있던 초학인 향교(鄕校)였다. 그 밖에 훈장 개인의 서당(書堂)과 사설 서원(書院)이 16세기 이후에 번창했다. 주로 지방에 설립되었던 서당과 서원의 교육은 초등부터 고등 교육이 혼재된 것이었다.

당시 관리로 되는 길은 사학과 태학에서 치르던 '생원시(生員試)', '진사시(進士試)', '향시(鄕試)' 등을 거쳐, 마지막 대과인 '과거시(科擧試)'의 합격이 정규 코스였다. 그 밖에 '학행의 뛰어남'으로 추천 받아 되는 길과 '조상의 공훈'에 따라 주어지던 '음서(蔭敍)'제가 있었다.

음서 시행에는 일정한 규정이 없었던 때문에 남용이 가능했다. 실제로 집권층에서는 그 음서를 권력의 유지와 확장에 이용하던 폐단을 낳았다. 과거에 이르기까지 '정규 시험'이라 해도 사실상 행정과는 거리가 먼 '문학적 재능'과 '유교 경전의 지식'으로 시행되었다. 이는 유능한 관료 선발의 기능을 발휘하지 못할 제도에 지나지 않았다. 거기에 날이 갈수록 '부정이 개입'되어 불공정한 선발이 빈발하는 악폐를 드러냈다. 모두가 개혁을 기다리던 시대적 과제였다.

6 이는 생계를 위해 어느 정도는 불가피했던 조건이기도 했다. 곧 원천적으로 제도상의 불합리에 속한 현상이었다.

혁신적 개혁을 구상한 유형원은 '음서제와 과거제'를 아예 폐지하고, 새로운 교육제와 그것을 토대로 한 관리 채용의 방안을 창안했다. 그는 관리 채용과 무관한 순수 '교양 위주의 교육기구'와 '관리양성을 목적으로 한 기구'의 설치를 별도로 구상했다. 지방의 면 단위로 세우는 '향상(鄕庠)'과 서울의 방(坊) 단위로 세우는 '방상(坊庠)'이 교양교육 위주의 학교이다. 관리 양성을 위한 학교는 아래와 같다. 지방에 1차 학교인 읍학(邑學)과 2차 학교인 영학(營學)을, 서울에는 1차 학교인 사학(四學), 2차 학교인 중학(中學), 최상급인 태학(太學)을 세운다.

교육기관에 입학한 학생에 대한 대우도 그는 기획했다. 내용은 읍학과 사학의 학생들을 '사(士)' 곧 선비라 일컫는 준관료로 특별히 대우한다. 이들에 대한 교육은 전액 국비로 충당한다. 그 '사'에게는 농토를 농민의 2-4배인 2-4경 지급하고 군역도 면제해준다. 학교에도 비용 일체를 공량으로 지급한다. 학교 토지(學田)를 주고, 교수의 급료를 주되, 그것은 지방재정으로 충당한다. 각급 학생의 정원수를 할당하고, 그 수는 토지에 비례한다.[7]

관리 임용은 학업 진도에 따라 하는데, 거기에는 엄정한 과정이 있다. 1차 학교(읍학과 사학)에 들면, 시험으로 2차 학교(영학과 중학)에 진학한다. 거기서 또 시험을 통해 태학으로 진학한다. 태학의 수업을 마친 뒤 또 선발시험을 거쳐, '진사원(進士院)'에 들어가 실습을 마쳐야 비로소 (관직을 받아) 관리가 된다. 이런 여러 단계를 시험으로 거치므로 기존의 '과거(科擧) 폐지'를 주장했다. 폐단에 쌓인 과거를 폐지하고 엄정한 시험을 통해 '실력이 검증된 능력자만'을 채용하는 방안을 그려 냈다.

7 鄭求福, 〈磻溪 柳馨遠의 社會改革思想〉, 《역사학보》 45집(1970) 참조.

그의 이 개혁안 중에 유의해야 할 것이 있다. 읍학(邑學) 사학(四學)에 '입학할 자격' 문제다. 그것은 특수한 일부만 제외될 뿐, '대부분의 신분'에게 개방해야 한다는 것이다. 15세 이상 연령의 대부(大夫)와 선비의 자제를 비롯해 이른바 '범민준수자(凡民俊秀者)'에게 다 적용된다. 이에는 사족(士族)·서얼(庶孼)·양인(良人)의 차별이 없다. 다만 제외된 대상이란 상공인·시정인(市井人)의 아들과 무격·잡류·공사천인의 아들이다. 이것은 그의 '개혁안의 한계'였다.

물론 노비 아들의 경우, 그가 노비제의 철폐를 기획한 것으로 보아 뒷날로 미루고, 상공인 등은 특정한 직종의 존속을 고려해 예외로 한 듯하다. 아무튼 이는 한계임에 틀림없다. 다만 당시 과거 시험에 배제되던 '서족 서얼과 양민'을 포함시킴만도 시대를 뛰어넘은 '파격에 가까운 혁신'이었다. 따라서 그의 교육설과 관리 임용설은 상당히 '열린 이론'이라는 평가가 따를 수 있다.

4) 노비제의 점진적 폐지설

노비제는 고대 이래 조선 시대까지 존속되었다. 노비는 공민권(公民權)이 주어지지 않은 이들이다. 공공기관에 예속된 '공노(公奴)'와 개인(가정)에 속한 '사노(私奴)'가 있었다. 어디 속했던 이들은 명부까지 만들어진 채, 인간 이하의 짐승 같은 사역(使役)에 시달렸다. 사노의 경우는 일종의 재물로 여겨져 '매매'까지 되는 대상이었고, 그들 자녀 또한 계속 세습된 상태로 살아야 했다. 민권은 고사하고 인권을 송두리째 잃고, 온갖 고역에 신음하던 그들이었다.

유형원은 이 노비제에 대해 부당하다고 여겼다. 그가 지적한 부당성은 다음과 같다. 인간은 누구나 하늘로 인하여 태어난 '하늘사람' 곧 '천민(天民)'인 점에서 누구나 같다.[8] 모든 사람이 '동류(同類)'라는 것이다.[9] 동류인 만큼 존귀하기도 다 마찬가지이고, 그런 만큼 누구(주인)가 누구(노비)를 사역시키고, 재물로 여겨 매매함은 매우 부당하다. 따라서 폐지되어야 마땅한 제도라는 주장이다.

그에 따르면 옛날에도 재물을 물으면 말(馬)로 대답했지, 노비로 답하지 않았다. 비록 천자(天子)나 제후(諸侯)라도 '사람을 재물로 여기지 않았음'을 그는 지적했다. 이 대목에서 "지금 노비에 대한 처우는 인간의 도리, 곧 인도(人道)가 아니라"고 단언한 그였다. 이렇듯 그는 '인도주의(人道主義) 시각'에서 이를 부당시하여 그 제도의 폐지를 역설했다. 나아가 노비의 군역(軍役) 제외로 인한 '병력(兵力)의 약화' 역시 이 제도 폐지의 또 하나의 이유로 들었고, 노비의 소유를 둘러싸고 일어나는 송사(訟事)로 인한 '행정력 낭비'도 이유로 들었다.

노비의 자녀까지 노비로 '세습됨은 더욱 부당'하다는 것이다. 죄에 기인한 벌(罰)로 노비를 삼는 데도 그 '한계가 있어야' 하거늘, 하물며 '죄 없는 자녀'에게 세습이란 더욱 부당한 악폐이다. 노비제 폐지가 당장 어렵다면, 그 '세습제부터라도 먼저' 행해야 마땅하다. 이런 의미에서 아비가 노비일지라도 어미가 양가의 출신이라면 노비신분을 면제하는 '종모법(從母法)'의 시행이라도 시급히 먼저 할 것을 제안했다.

종모법 이외에 관역(官役)에 종사하는 '공천(公賤)'에게도 '관리로 취급'하여, 그들이 일꾼을 고용해 농사지을 만큼의 급료(給料)를 지급할 것도 제안했다. 당장 노비제 폐지가 불가능하다면 '공사노비로 이루어진 동오군' 안에서 시험을 보아 우수한 자를 양인으로 전환(免賤)시키자고 했다. 이 제안은 '신분의 이동이 가능한 사회'

8 여기 인용하는 다음의 이론은 다《磻溪隨錄》卷26 續編〈奴隷〉에 나오지만, 이 글은 그 책, 권21,〈兵制〉에 나온다.

9 앞서 밝힌 대로 권26 속편〈노예〉조목 참조.

를 앞세운 사유로서, 신분 상승의 길을 튼 점에 의의가 있다. 노비제의 폐지를 위해 유형원은 이렇듯 그 '실현의 완급과 가능성 여부'를 다각도로 사색하면서 고안에 고안을 더하는 노력을 기울였다.

5) 개혁설의 사회 개편적 혁신성

유형원의 개혁설을 돌아보며 성찰해야겠다. 그의 토지개혁은 농민을 비롯하여 상공인과 지방관아의 복예 및 노비들에게까지 일정한 토지의 배분을 구상한 것이었다. 여기에는 온갖 '신분차별의 철폐', 특히 '노비제의 폐지'까지 고려한 발상이 깃들었다. 모든 인간의 최소한의 '독자적 생존, 또는 생계유지'를 계획한 사유가 작용한 것이다. 이는 누구에게나 독자적 생계유지를 기하게 하려 함을 인간이 누려야 할 일종의 '천부의 기본권(基本權)'으로 여긴 사유에 다름 아니다. 여기에 그의 개혁설이 지닌 '근대적 각성(近代的 覺醒)'이라는 함의가 깃들었다.

유형원은 일반 교양교육도 중요시했지만, 관리양성을 목적으로 한 기구로 구상된 학교 교과과정 중 '초학인 읍학의 입학자격'을 양반층에 국한하지 않았음도 눈길을 끈다. 재능 등의 우수자, '범민준수자(凡民俊秀者)'라 판단된 사람이면, 양반만 아니라 서얼과 양민들에게 그 '입학자격'을 주자고 했다. 그 시대의 관례와 통념을 타파하고 '능력본위의 새로운 사유'로 사회와 국가를 이끌려던 의지를 보인 그였다.

더욱이 시행에 가능성이 매우 희박함을 알면서도 노비제의 폐지, 적어도 점진적인 폐지를 주장한 대목은 혁신 이상의 '획기적이고도 혁명적인 주장'에 해당한다. 이 주장은 어느 나라의 철학이나 사상과 비교해도 뒤지지 않을 '선진성(先進性)'을 지닌 것으로, 이것이 그의 개혁 사상의 '핵심적 백미(核心的 白眉)'가 아닐 수 없다.

노비제 폐지의 주장은 노비들에게 '인간으로의 복귀(復歸)' '인간해방(人間解放)'을 위한 '자유(自由)의 부여' 의미의 발언이다, 거기에는 노비들이 각자 독립된 존재로서 '자유롭게 살아갈 인권(人權)'에 대한 철학이 노비를 비롯한 모든 인간을 '동류(同類)'로 파악하면서 '하늘이 내린 사람들' 곧 '천민(天民)'이라 한 주장은 인류의 공존 공생을 가능케 할 '천부(天賦)의 평등(平等) 사상'에 대한 각성의 표출이다. 당시 시대를 뛰어넘는 그의 개혁설의 '철학적 수월성'은 이렇게 노비제 폐지를 통한 '자유와 평등'의 깨우침에서 빛난다. 유형원의 개혁설이 지닌 철학적 함의가 이에서 최고조에 달했다고 하여 지나침이 없다.

조선 시대 개혁설은 이미 이이(李珥)에게서 '경장설(更張說)' 이름을 띠고 나왔음을 우리는 살폈다. 그것과 유형원의 개혁설을 대비하게 된다. 이미 이익(李瀷)의 지적대로, 이이의 개혁설은 모두 당시에 실현가능한 것이었지만, 이것은 그런 것이 아니었다. 유형원의 개혁설은 그대로 실시하면, 조선의 정치 사회 차원을 넘어 왕조 체제마저 붕괴해야 할 이론이다.

그런 점에서 실제 실천은 누구도 목숨을 걸기 전에는 발설하지 못할 주장이었다. 이는 분명히 조선조 '체제의 해체'와 그 해체를 통한 '체제의 재구성'을 계획한 구상이다. 필자가 유형원의 이론을 '혁명적 성격'이라 했음은 이런 후폭풍을 염두에 두고 한 평가이다. 이이의 개혁설과 변별되는 현격한 격차가 여기에 있다. 한마디로, 유형원의 개혁설은 봉건적 전근대성을 탈피하고 '근대지향(近代志向)의 성격'을 지닌 특색으로 판단된다.[10]

10 이상은 필자의 《한국유학사》(지식산업사, 2012) 제23장 〈사회 개편적 제도개혁의 제기〉를 거의 축약한 것에 해당한다.

제19장 근대지향 성격의 철학사상

1. 후기실학의 근대지향적 특성

후기 실학에 담긴 근대지향의 성격은 18세기 이후 일련의 탈성리학적 실학자들에 의해 더 뚜렷해졌다. 그것은 앞의 제도 개혁 외에 '광범한 생활관의 변화'로 나타났다. 한 예로 홍대용(洪大容: 1731-1783. 湛軒)은 지구설(地球說)에 따른 중국 중심의 '화이관(華夷觀)'을 탈피하고 '민족 자주정신'의 각성을 한 학자이다. 지구가 둥근 만큼 중국뿐 아니라 어느 지점도 세계의 중심일 수 있다는 것, 곧 한국도 중국 못지않게 세계의 중심일 수 있음을 그는 설파했다.[1] 한국인 각자가 자유롭게 세계로 진출할 정신자세를 고취했다.

이어 박지원(朴趾源: 1737-1805. 燕巖)은 《양반전(兩班傳)》 같은 문학 형식을 통해 '양반사회의 부도덕과 비리 척결'의식을 드높였다. 양반 자신의 '자기반성(自己反省)'을 감행했다. 양반 귀족이 천시하던 노동(勞動)의 신성함과 상업(商業)에 의한 부의 축적 등이 삶에서 긴요함을 새롭게 인식시켜, 양반층의 '정신자세 전환(精神姿勢 轉換)'을 가져오도록 촉구했다. 그의 《예덕선생전(穢德先生傳)》과 《허생전

1 洪大容, 《湛軒書》 內集 補遺 卷4 〈毉山問答〉.

(許生傳)》의 요지가 그런 것들이다.

정약용(丁若鏞: 1762-1836. 茶山)은 그의 《목민심서(牧民心書)》를 통해 관리의 부정부패를 교정하는 동시에, '위민(爲民) 봉사'가 관리의 책무임을 각성토록 했다. 그의 《경세유표(經世遺表)》(미완)에서는 보다 이상적인 새 왕조의 설계를 기획하는 모습까지 보였다. 이 모두가 유형원의 개혁사상과 맥락을 공유하는 것임은 물론이다.[2] 유형원의 개혁설은 조선 후기의 탈성리학적 실학이 함유한 근대 지향적 생활관의 선편을 친 이론이었다. 성리학의 실학과 탈성리학의 실학의 차이는 이렇듯 개혁설 부면에서만도 한 눈으로 변별되는 것이다.

탈성리학적 실학이 지닌 근대 지향적 성격은 경학(經學) 분야에서도 보다 더 확실히 드러났다. 박세당, 이익, 홍대용, 그리고 정약용과 최한기 등의 이른바 탈성리학적 철학의 내용과 성격이 그것이다. 이들은 서로 농도의 차이는 있지만, 연대가 내려올수록 그러한 성격을 짙게 갖추었다. 특히 정약용에서 집대성되는 만큼 정약용의 견해를 중심으로 살피면 아래와 같다.

2. 정약용의 경학에 담긴 사상

정약용은 먼저 이(理)와 기(氣) 개념에 대한 성리학자들의 사유를 부정한다. 특히 '이'는 실재하고 주재하는 원리 원칙이 아니라, 옥돌(玉石)에 보이는 '결', '맥리(脈理)' '법리(法理)'와 같은 조리 질서에

2 조선조 체제의 해체를 통한 재구성을 계획 한 후기 실학의 또 하나의 예가 정약용의《경세유표》등이겠는데 그것은 미완성으로 그쳤다.

지나지 않는다. '기'는 음양(陰陽)·오행(五行)으로 구체화되는 우주 형성의 재료(요소)가 아니다. 음과 양 자체가 각기 '그늘'과 '양지'에 지나지 않는다. 오행은 우주 형성의 요소가 아닌 '다섯 가지 사물'일 따름이다. 궁극의 이인 태극(太極)을 그는 '기(氣)'라 하고 천(天)을 본래의 상제(上帝, 하느님)라 주장했다. 따라서 이기로 이루어진 성리학의 기본 명제인 '천즉리(天卽理)'·'성즉리(性卽理)'·'이일분수(理一分殊)' 등을 모두 부정한다. 그런 만큼 이것들로 이루어진 철학 전반이 그에게서는 부정된다.[3]

우주의 형성에 대한 이해만 해도 이황은 주돈이를 따라 '태극의 이가 동정'하여 음양오행이 생기고 이것들의 응합으로 만물이 생겼다고 했지만, 정약용에서는 그렇지 않다. 하나의 기(氣)인 태극(太極)이 두 기인 '천(天)과 지(地')로. 그것이 네 기인 '천지화수(天地火水)'로, 그 넷의 상호작용으로 '산(山)·택(澤)·풍(風)·뇌(雷)'를 더 생하여—'여덟가지 물체'로, 그 다음에는 만물로 생기게 했다는 것이다. 따라서 우주는 결코 하나의 이의 체계(理一分殊)라는 성리학설을 그는 부정했다. 자연(사물) 또한 성리학에서 생각한 인간과 마음으로 통할 수 있는 '천인합일'의 대상이 아니고, 인간과 감응할 수 없는 어디까지나 무생명 무의지의 타자인 물체일 따름이다.[4] 자연에 대한 관념이 이렇게 서로 분명히 다르게 되었다.

인간관(人間觀) 또한 성리학과 탈성리학적 실학 사이에는 차이가 대단하다. 성리학에서 인간은 '선한 본성(德性)'을 타고나 그것으로 도덕을 행할 수 있고, 실제로도 행하는 존재라 했다. 하지만 정약용에 있어 인성(人性)은 일종의 소질과 같은 '기호(嗜好)'에 지나

3 졸저, 《실학의 철학적 특성》(나남, 2008), 159쪽.

4 위의 책.

지 않는다. 마음, 심(心)은 '이기의 합(理氣之合)'이라든가 '성과 정을 통합(統性情)한 것'이 아니다. 그것은 하느님이 부여한 '영명(靈明)'의 특성을 지녀, 영명한 지식을 습득하고, '스스로 사색하고 스스로 주장(自作而自主張)'하는 능력(사고력과 판단력)을 발휘하는 것이다. 도덕은 그 영명한 능력의 부단한 노력에 의해 가능하지, 자연적으로 되는 것이 아니다. '인(仁)' 자체가 어짊과 사랑을 '꾸준히 노력하고 습관화'하는 데서 있게 된다는 것이 정약용의 사상이다. 덕(德)윤리설로 그려지던 태생적인 도덕적 인간관은 그에서는 이렇게 부정되었다.[5]

잠시 성리학 본래의 인간관을 상기해야겠다. 일찍이 정지운과 이황의 〈천명도(天命圖)〉에 나타난 인간은 자연의 일부로서 다만 오상(五常, 곧 仁義禮智信)의 구비 여하로 영장시 된 존재였다. 초목과 금수와 인간은 본질에서 서로 별개로 변별되는 것이 아니었다. 타고나는 오상의 유무(有無) 또는 다과(多寡)만을, 곧 도덕능력 여하로, 인간과 타물의 자연이 구분될 뿐, 본질에 있어 근본적 차이는 있지 않았다. 오히려 본래적으로 동질이어서 인간은 우주 자연과 '물아일체(物我一體)' 형식의 '천인합일(天人合一)'이 가능한 것이라고 이해되었다.

하지만 여기 정약용에서는 인간은 '스스로 사색하고 스스로 주장(自作而自主張)'하는 사고력과 판단력인 '영명성(靈明性)'으로 해서 자연물과 변별되는 '영장'일 따름이다. 이는 금수나 초목과는 영명한 사고력과 판단력이라는 '지능(知能) 차이(差異)'로 변별되고 영장시 되는 인간관이다. 따라서 금수 초목 등 자연과 인간은 본질적으로 일체이기는커녕 분리(分離) 된 피차 타자일 뿐이다.

5 위의 책, 164-168쪽.

태생 자체로 도덕의 실현이 가능한 듯이 이해한 성리학의 '도덕적 인간관'이 부정되는 이유도 이런 지능을 척도로 한 사상의 인간관에 있다. 우수한 지능과 지식이 곧 생활력으로 통하면, 그 결과는 인간 개체로서도 '개아(個我)의 독립적 위상'을 인정하는 사상으로 이어지게 마련이다. 자유로운 '개아의 인간해방'이라는 근대사상의 싹이 돋아날 자리가 정약용에서는 이렇게 마련되고 있었다.

영명한 인간에 대하여서는 도덕 이전에 욕구체(欲求體)로서의 파악이 일어나게 됨은 자연스러운 현상이다. 16-17세기 허균(許筠: 1569-1618. 蛟山)은 '예교(禮教)'는 성인(聖人)이 정한 것이지만, '남여의 정욕(情欲)'은 하늘이 부여해 준 것이라 하여[6], 정감(情感)을 도덕보다 더 우월한 차원에 놓았다. 박세당(朴世堂: 1629-1703. 西溪) 또한 이와 비슷한 사유를 하였다. 일찍이《시경》에 대한 공자의 말 "사무사(思無邪)"를 주희가 '사특함이 없어야 함'이라고 교훈조(教訓調)로 해석한 것을 박세당은 '(시의) 생각 모두가 사특함 없는 것'이라고 교정,[7] 정감(情感)의 순수로 이해했다.

17-18세기 후기 실학에서는 이처럼 욕구체적 인간의 '자연성(自然性) 긍정'이라는 사상에 근접한 사유가 속출하고 있었다. 이 정도만 살펴도 후기실학의 철학 속에는 전근대적 사유를 벗어나 '근대를 지향'하는 사상들이 싹트고 있었음을 알 수 있다.[8]

하지만 이는 어디까지나 후기 실학의 맥락에서나 발견되는 사상일 뿐이다. 이와는 상관없이, 조선 유학의 본류이던 성리학은

6 安鼎福,《順菴先生文集》卷17.

7 朴世堂,《論語思辨錄》〈述而〉.

8 이상은 필자의《한국유학사》(지식산업사, 2012) 제33장 〈탈성리학적 실학의 집대성〉의 '근대 지향의 초보적 민주 정치사상'을 축약한 것에 해당한다.

조선 말기에 이르기까지 명맥을 유지하면서, 그 나름의 철학과 사상을 (21장에서 보듯이) 계승하거나 새롭게 창출하였다.

제5편

독립지향의 민족주의

제20장 서학(천주교)의 전입과 사상의 변이

1. 서학 전입 초기의 상황

조선 성리학의 풍토에서 후기 실학(탈성리학적 실학)이 대두할 무렵, 또 다른 학문적 도전의 사태가 발생했다. '서학(西學)'이라 일컫던 '천주교(天主教)'의 전입이 그것이다. 이것은 같은 유학으로서 다만 반성리학 또는 탈성리학의 기치로 발흥한 양명학(陽明學)이라든가 후기 실학이 성리학에 끼친 영향보다 더 큰 충격이었다. 서학의 경우는 본래 이색적인 문명을 지닌 서양에서 발흥한데다가, 유학과는 판이한 종교와 철학 등을 담지한 사상이었기 때문이다.

서학이 전래되던 초기, 그것을 배척한 학자들은 성리학자였지만, 그것을 스스로 연구하여 수용한 이들 또한 성리학을 익힌 이들이었다. 역사의 대세는 결국 그것의 수용이었다. 서학 최초의 전래는 이수광(李睟光: 1563~1628)의 《지봉유설(芝峯類說)》(1614년에 완성)에서 천주교 서적 《천주실의(天主實義)》와 《교우론(交友論)》을 이미 읽었다는 기록으로 짐작된다. 《천주실의》가 북경에서 간행된 해가 1603년이었으므로, 아마 1603-1614년 사이가 그 전래시기일 것이다.

이후 천주교 서적은 상당히 많이 들어왔다. 《직방외기(職方外

紀)》, 《주제군징(主制群徵)》, 《기인십편(畸人十篇)》, 《만물진원(萬物眞源)》, 《삼산논학기(三山論學記)》, 《기법(記法)》, 《성세추요(盛世芻蕘)》, 《진도자증(眞道自證)》, 《칠극(七克)》, 《영언여작(靈言蠡勺)》 등이 그것이다.

천주교 서적 외에도 천문·역산·지리 등에 관한 서적 또한 헤기 어려울 만큼 많이 들어왔다. 이익(李瀷: 1681-1763. 星湖)의 경우만 해도, 천주교 서적으로는《천주실의》, 《직방외기》, 《천문략(天問略)》을 직접 읽은 듯하고, 그 외에 간접으로 인용한 서적으로《주제군징》《기하원본(幾何原本)》, 《간평의설(簡平儀說)》, 《곤여도설(坤輿圖說)》, 《혼개통헌(渾蓋通憲)》, 《시헌력(時憲曆)》, 《칠극》, 《영언여작》 등이 있다.

이익은 특히 천문, 역산, 지리 등 서양의 과학 기술에 심취해, 그 이론들의 연구와 수용에 적극적이었다. 천주교에 대해서도 얼마큼 열린 자세였다. 하지만 그의 제자 신후담(愼後聃: 1702-1761. 河濱)은 성리학의 옹호를 위해 주로《영언여작》에 담긴 천주교 사상에 대한 비판과 배척에 열의를 다 했다. 1724년에 완성한 그의《서학변(西學辨)》이 그런 내용을 담은 결정체이다. 이는 조선 시대 천주교 이론에 대한 배척을 대표하는 이론서이다.

천주교에 대한 정부의 정책적 배척은 19세기에 몇 차례 있었지만,[1] '과학 측면의 서학'은 18세기 이익을 통해 성리학계에 매우

1 19세기에 들면서 천주교는 정책에 의한 배척, 이른바 박해를 크게 받았다. 그것은 대체로 4대 박해사건으로 일컬어진다. 1801년의 신유박해(辛酉迫害), 1839년의 기해박해(己亥迫害), 1846년의 병오박해(丙午迫害), 1866-1873년 사이에 있었던 병인박해(丙寅迫害)가 그것이다. 정확한 숫자는 밝혀지지 않았다. 신유박해의 경우만 해도 서울에서 희생당한 천주교신자가 300여 명에 이르렀다고 한다. 이로써 네 차례에 걸쳐 희생당한 전체 신자수효가 헤아리기 어려울 만큼 많았음을 알 수 있다.

큰 영향을 끼친 뒤로 특별한 저항 없이 수용되어왔다. 해서 인간과 천체에 대한 '근대 과학적 지식'을 얻어 성리학적 '인간관'과 '우주관'에 변이가 불가피해졌다. 뒷날 천주교는 더욱 배척받는 처지였지만, 그런 환경에서 조선 사회에 끼친 영향 또한 매우 컸다. 그것은 차례에 따라 뒤에서 살필 것이다.

2. 인간에 대한 근대적 지식

서학을 통하여 얻은 인간에 대한 새로운 지식은 주로 '심(心)'으로 불리던 '심장(心臟)'과 두뇌='뇌수(腦髓)'의 기능에 집중되었다. 당시는 특별한 의학인 외에는 해부학적 지식이 없었다고 해도 과언이 아닐 만큼 박약했다. 그런 만큼 기억 추리 등의 사유와 의식작용을 뇌가 아닌 '마음=심(心)'의 기능이라 여겼다.

그런 풍토에 전근대적 사회에 〈인체해부도〉가 담긴 '서구 의학서'가 들어오고, 인체의 각 기능을 논한 아담 샬(Adam Schall)의 《주제군징》이 들어왔다. 새 지식의 습득에 열성이던 이익(李瀷)과 그 제자 신후담(愼後聃) 같은 학자는 이런 새 지식을 받아들였다. 신후담의 전언으로, 이익은 《천학정종(天學正宗)》과 《영언여작(靈言蠡勺)》을 읽고 뇌수라든지 삼혼설(三魂說), 곧 '세 영혼(아니마)설'에 심취했다는 것이다.

성리학자들은 '방촌(方寸)'이라고도 일컫는 마음[心]을 의식작용의 주관처로 생각하여, 방촌인 심을 '한 몸의 주재자(一身之主宰者)'라 했다. 그들이 이해한 심은 '이와 기의 합(理氣之合)'으로 구성되었고, '성과 정을 통치 또는 통섭(心統性情)하는 것'이었다. 다시 말해 그 작용으로는 허령(虛靈) 또는 영명(靈明)의 특성을 갖고서, 지각

사려 지식과 희로애락 등의 정감을 일으킨다고 이해했다. 지식을 쌓고 당위의 원리를 실천토록 하는 정신작용의 주체라는 식으로 심의 특성을 이해했다.

이익은 심이 방촌과 관련된다고 생각하면서도, 인간만 아니라 다른 동물과 식물에도 각각 '지각(知覺)하는 심'과 '생장(生長)하는 심'이 있다고 여겼다. 이 3종의 심에 대한 사유는 천주교의 삼혼설의 영향이었다고 추측된다. 실제로 뇌에 대한 그의 언급에서 그는 '서양학자의 이론'임을 앞세워 초목의 생혼(生魂), 동물의 각혼(覺魂), 사람의 영혼(靈魂)을 언급했다.

심을 영혼과 연결시키는 이익은 마침내 '뇌(腦) 기능'을 언급했다. "서학자의 말로는 머리가 생명을 받아들이는 근본인데, 머리에는 뇌 주머니(腦囊)가 있어 기억(記含)의 주인이 된다. (…) 이것은 비록 우리 유학의 심성설과 다르지만, 그렇다고 어찌 반드시 그렇지 않음(틀렸음)을 알 수 있겠는가?"[2]라 했다. 기억의 기능은 심이 아닌 '뇌의 기능'임을 긍정한 발언이다. 비록 성리학의 이론과 다르지만 이것이 틀리지 않는다 함은 이미 '성리학 심성설'의 일부라도 '수정이 불가피함'을 피력한 대목이다.

다른 자리에서 이익은 '뇌 기능'은 다만 깨닫는 데 그치고, 아는 것은 여전히 '심의 기능'이라 했다. 그의 서구과학 수용의 한계를 드러낸 점이다. 하지만 심을 한 몸의 주재자라 하던 당시 그가 "뇌가 한 몸의 주인(腦之一身之主)"이라고[3] 한 것은 획기적인 '사유의 전환'이다. 심 중심의 인간관으로부터 '뇌 중심의 인간관'으로 이행되는 과정의 시초였다.

2 李瀷,《星湖全書》,《遯窩西學辨》〈甲辰春見李星湖紀聞〉.

3 李瀷,《星湖僿說類選》〈西國醫〉.

3. 천체에 대한 근대적 지식

성리학자들의 천체에 대한 지식은 개천설(蓋天說)과 혼천설(渾天說), 이른바 혼개설(渾盖說)로 대표된다. 혼개설의 공통점은 '하늘은 둥글고 땅은 모나며(天圓地方), 하늘이 돌고 땅은 움직이지 않고 가만히 있다(天動地靜)는 것이다. 이것이 17세기까지 성리학자들이 지닌 기존 관념이었다.

이익은《천주실의》를 비롯하여 샬(Adam Schall, 湯若望)의《주제군징》과 디아즈(Emmanuel Diaz, 陽瑪諾)의《천문략》의 영향을 받아, '땅덩이가 둥글다'는 지구설(地球說)을 알게 되었다. 지구가 움직인다는 지동설도 어느 정도 알았던 듯하다. 대부분의 성리학자들은 이런 이론을 단호히 부정했지만, 이익은 그렇지 않아 긍정하고 수용했다.

그는 혼천설부터도 땅덩이를 '달걀 같은 타원형'이지 완전한 네모로 생각지 않았다. 사유의 개방성에서였던지 지구설만은 주저없이 곧 받아들였고, 그런 태도로 그는 점차 성리학 세계관에서 벗어나려는 모습을 보였다. 흥미로운 것은 그가 서구인들의 이론임을 앞세워 '구형체인 지구'의 '반대편에도 사람이 산다'는 신념을 가졌고, 그렇지만 반대편 사람이 땅에서 떨어지지 않음을 인력(引力) 개념 없이 논의한 것이다. 그는 '지심(地心)을 전제'로 모든 사물이 '지구 중심'인 지심에로 쏠리게 마련이라는 식의 주장을 폈다.[4] 이 설명은 애매하지만, 개미가 천정에서 떨어지지 않는 사례를 드는 것보다는 더 진척된 가정이었다.

이익은 서학의 영향을 받으면서 하늘과 땅덩이의 구조와 상호

4 李瀷,《星湖僿說》〈天地門〉'地球'.

관계 등을 논한 과거의 이론, 논천설(論天說) 여덟 가지[5]를 다시 살피면서, 어느 하나도 개별로는 충분치 않다고 했다. 선교사들의 서적에 나오는 논천설도 살폈다. 예로 구중천설(九重天說)[6]에 대해 그는 원래 굴원(屈原)의《천문(天問)》에도 나오지만, 서구의 천문관에 따라 나온 이것이 분명하다고 평했다. 이 밖에 해와 달과 오성(五星), 경성(經星)이 도는 하늘 밖의 '또 하나의 하늘'이 더 있다면서, 이를 종동천(宗動天)이라 부른다고 소개했다. 그 종동천 밖에 영정부동천(永靜不動天)이 있다는 십이중천설(十二重天說)도 소개했지만, 이것들은 서구 과학계에서는 이미 부정된 '중세시대의 이론'이었다.

이익은 중세의 천문관에 따른 서구의 우주관을 새로 갖게 된 셈이다. 서학에서 습득한 그의 지식의 한계였다. 하지만 이로 인하여 그가 종래의 '성리학적 우주관을 수정'한 것 또한 '서학의 영향'이었음에 틀림없다.

지동설에 대해서는 이익은 분명히 알지 못했다. 지동설을 누구보다도 먼저 안 것은 당시 북학파(北學派)[7]의 선도자이던 홍대용(洪大容: 1731-1783. 湛軒)이었다. 천주교와 서구 과학이 전래된 지도 상당히 지나간 때, 그는 청나라 연경(燕京)에 다녀오게 될 기회를 맞았다. 그 35세 무렵(1765-1766)이었다. 거기서 그는 학자들과 신부를 만나 교류했다.

5 개천설(蓋天說), 혼천설(渾天說), 선야설(宣夜說), 흔천설(昕天說), 궁천설(穹天說), 안천설(安天說), 방천설(方天說), 사천설(四天說)을 뜻한다.

6 이 중천구설은《천문실의》에 나오는 것을 가리킨다.

7 당시 청나라 문물, 특히 '청의 학문'을 북학(北學)이라 일컬으면서 받아들이려고 한 학자들 무리인데, 곧 홍대용을 비롯하여 박지원(朴趾源), 박제가(朴齊家), 이덕무(李德懋), 유득공(柳得恭) 등이 이에 든다.

그때 서구의 수학·천문·과학기술 등의 우수성을 알게 되었고, 그의 학구열은 그것들을 받아들이는 데 인색치 않았다. 특히 북경의 남천주당에 네 차례나 들려 풍금과 자명종 등을 보았고, 세 번이나 흠천감정(欽天監正)이던 할러슈타인(August von Hallerstein, 劉松齡)과 부감(副監) 고가이슬(Anton Gogeisl, 鮑友管)을 만나 대화를 나누었다.[8] 그렇게 익힌 지식을 자기화하여 낸 그의 철학이 《의산문답(毉山問答)》이고, 《주해수용(籌解需用)》라는 수학 서적이다.

홍대용의 앞 서적에 따르면, 땅덩이가 공중에 떠 있고, 그것이 원형(正圓)이라는 지구설이 나온다. 그 지구는 돈다는 자전설(自轉說), 그 자전은 하루에 한 번씩—12시간만큼—이라는 것을 언급했다. 물론 이 자전설은 일찍이 김석문(金錫文: 1658-1735. 大谷)도 말했지만, 그것은 과학적 이론이 아니었다. 홍대용의 지구 자전설은 물론 과학적 이론이었다. 지금으로서는 상식화되었으나, 당시로는 상상 못할 지식, 그야말로 '코페르니쿠스 전회'라 할 파격적 지식이었다. 파격적인 새 지식이던 만큼, 이것이 한국의 철학사상에 끼친 영향 또한 컸다. 그 영향 등은 이어지는 아래 항목에서 다루겠다.

4. 서학으로 인한 사상 변천

혼개설로 상징되는 전통적 천체 관념은 동아시아에서 '중국이 세계의 중심'이고 한국과 일본 같은 '다른 나라는 변방국'이라는 관념을 자아냈다. 하지만 땅덩이가 둥글다는 사실은 바로 중국만이

8 홍대용의 연행록 속의 〈유포문답(劉鮑問答)〉에 이 선교사들과의 접촉이 상세히 나온다.

세계의 중심이 아니라는 깨달음을 불러오게 했다. 이른바 중화주의(中華主義)를 벗어나게 한 것이었다. 홍대용은 바로 이 점을 깨달은 한국 최초의 학자였다.

그에 따르면, 지구는 둥글기 때문에, 어디나 정계(正界)라고 할 수 있다. 미리 정해진 정계나 도계(度界)란 있을 수 없다. 따라서 중국을 '세계의 중심'이라 하면서 마치 문화국과 미개국의 차별에 해당하는 '화이(華夷)의 관념'은 인정할 것이 못 된다. 본래는 '무화이(無華夷)일 뿐'이다.

기준을 한국에 두고 판단하면, '한국도 세계의 중심'이라 할 수 있음을 그는 주장했다. 지구설에 근거하여 홍대용은 '민족적 자아(民族的自我)' 또는 '민족적 주체성(民族的主體性)'을 발견하고 발휘했다. 국가 사이의 '국제적 평등(國際的平等) 사고'에 대한 지적과도 통하는 각성이 일어난 것이다.

전통사상의 탈피로는 이외 다른 사례도 있다. 지난날 유학에서(앞 '천명天命'의 연구에서 보았듯이) 인간의 모양을 '하늘과 닮은 꼴'인 머리가 둥글고 발이 네모(頭圓足方)라고 한 사유가 그것이다. 이것은 인간을 '하늘과 땅의 자식(乾稱父坤稱母)'이라고 하면서, 인간을 '만물의 영장'이라는 관념을 타당시 하게 한 사유였다. 그 영장성이 다름 아닌 '도덕의 본래적 수립과 실천'으로, '도덕적 인간관(道德的 人間觀)'을 떠받들던 이론의 근거이기도 했다. 지구설은 바로 이 사고를 부정케 한 이론이기도 하다. 이는 도덕적 인간관 아닌 '자연적 인간관(自然的 人間觀)'을 가져온 요인의 하나였다.

천주교가 지닌 '종교 측면의 영향' 역시 결코 경시할 수 없다. 유학에서도 하느님(上帝)은 초인적 위상의 신(神)으로 믿어졌지만, 유학의 하느님은 우주 만물의 주재자(主宰者)이지 전지전능한 창조주가 아니다. 창조의 권능을 가지고 인간 생명의 근원=아버지로 여기면서, 그 앞에서는 누구나 '평등(平等)'이라는 사상이 천주교였고, 이 사상이 당시 끼친 영향은 지대한 것이었다. 그 앞에서 양반과 상민의 차이가 없고, 남녀의 차별이 없고, 적서의 차별이 없다는 이 '평등(平等)사상'은 당시 전근대 사상을 탈피하는 데 획기적인 영향을 끼쳤음에 틀림없다.[9]

비록 이런 신앙이 기존의 집권층과 사회체제의 붕괴를 가져온 요인이었지만, 핍박 받던 민중과 차별대우로 고민하던 소외자들에게는 복음(福音)이었다. 통치원리이던 성리학이 지닌 허약한 종교성과 천주교가 지닌 종교성의 이 차이가 조선사회를 '근대의 방향으로 이끈 변혁'의 또 하나의 요인이었음을 부정할 수 없다. 양지와 음지가 있듯이, 앞의 복음 같은 평등사상이 양지였다면, 천주교의 배경인 '서구 제국주의 세력'은 당시 조선인이 인지 못한 또 다른 흉험한 음지 측면이었다.

9 이 뒤 개신교까지 전래되고서 기독교는 한국에 교육의 보급, 의학수준의 향상, 성경의 한글화에 의한 한글보급과 한국어의 발달 등 문화 향상에 기여한 것이 막대하였음도 이 자리에 언급해둔다.

제21장 인간과 타물의 본성 동이설

1. 인성물성의 동이에 대한 논변

16세기 '사단과 칠정'에 대한 윤리적 탐구가 하나의 심성연구였음은 이미 살핀 대로이다. 17세기에 그 연구의 여진은 두 학파(퇴계학파와 율곡학파)를 이루면서 계속되었다. 아울러 예(禮)를 따지는 기풍 또한 왕성하여, 일종의 '예학(禮學)'형식이 학계를 휩쓸었다. 예학의 풍조는 마침내 왕(효종)의 서거를 당하자(1659년) 왕비의 복상(服喪) 문제를 둘러싸고 붕쟁이 일어난 정도였다.[1] 예로 말미암은 일종의 '당쟁(黨爭)현상'이었다. 이는 성리학의 엄격한 합리적 명분이식이 빚은 '도덕정치(道德政治)'의 한 모습이었다.

18세기에도 보다 순수한 철학적 논의가 일었다. 인간과 금수 등(타물)이 지닌 '본성(本性)의 동이'를 문제시하여 행한 심리학자들의 논변—〈인성물성동이론(人性物性同異論)〉—이 그것이다. 이는 사단칠정에 대한 논변 다음으로 한국 성리학계에서 열띠게 추구한 큰 논변이다. 그만큼 한국 성리학의 독특한 특징을 이루게 한 철학의

1 1659년 효종이 서거했을 때 그의 계모이며 인종(仁宗)의 계비인 자의대비(慈懿大妃) 조씨(趙氏)가 입어야 할 상복(喪服)의 기간에 대한 문제를 말한다.

탐구이다.

인성물성동이 논변이라는 이 명칭은 '탐구하던 문제를 중심'으로 한 것이지만, 시각을 바꾸어 이를 논한 '학자들의 생존지역'을 고려하여 일컬을 때는 또 다른 명칭이 있다. 충청도 곧 호서지역과 서울에 가까운 경기 지역 이른바 낙하 지역에 분포된 학자들의 대립이었다는 의미에서, 〈호락논변(湖洛論辨)〉이라고도 한다.

한 가지 더 밝혀야 할 것은 이 문제를 한국 성리학자들이 거론하기에 앞서 기존의 유학계에서 논한 것과 이와의 차이점이다. 기존에도 맹자의 성선론 이래 주희의 경전주석들에서 발견되듯이, 이 문제는 조금씩 언급되어 왔다. 그러나 그것들은 모두 단편적 언급에 그쳤지, 18세기의 한국에서처럼 두 학자의 논의가 5년 이상 대립했거나, 그들 뒤 학파를 이룬 집단적 대립으로까지 열띠게 탐구된 사례는 일찍이 없었다. 이를 한국 성리학의 특징의 하나라고 평가하는 근거가 이런 데 있다.

2. 논변의 발단

이 문제의 단초를 연 '최초의 학자'는 한원진(韓元震: 1682-1751. 南塘)이었다. 그는 일찍이—1705년(24세)에—이 문제를 숙고하던 끝에 '인성과 물성의 상이(相異)'라고 해야겠다는 판단을 내렸다. 인근의 한 도우 최징후(崔徵厚, 梅峯)에게 이를 논의하던 그는 또 서신을 통해 그의 스승 권상하(權尙夏: 1641-1721: 遂庵)에게 확인받고 싶어 했다. 대략 2년 동안 문제를 가지고 가까운 지인들과 이렇게 지냈다.

이 무렵 그의 스승의 같은 문인이던 이간(李柬: 1677-1727. 巍巖)이 지인들을 통해 한원진의 이런 동태를 알게 되었다. 이간은 때마침

'인성과 물성의 상동(相同)' 견해를 가지고 있었던 만큼, 자신의 견해를 담은 서신을 한원진에게 가도록 조치했다. 이에 이들 두 학자는 아직 만나지도 않은 채, 서로 대립되는 견해로 이를 논하기 시작했다. 곧 만난 뒤 이들은 약 5년 동안 '서론(書論) 형식의 논변(論辨)'을 진행했다. 논쟁(論爭)에 버금가는 논변이 시작되었던 것이다.

열기가 점차 올라가며 진행되던 이들의 논변은 스승과 주변의 친우 및 학인들에게 퍼져, 파문은 상당수의 학자들이 이에 대한 견해를 피력하게 되었다. 그 결과 둘 중 어느 편을 지지하느냐에 따라 마침내 '학단적 대립'을 이루었다. 그렇게 양분된 당시의 학자들만 해도 다음과 같다. 최징후·윤봉구(尹鳳九: 1681-1767. 屛溪)·채지홍(蔡之洪: 1683-1741. 鳳巖) 등은 한원진의 견해에 동조했고, 이재(李縡: 1680-1746. 陶庵)·박필주(朴弼周: 1665-1748. 黎湖)·어유봉(魚有鳳: 1672-1744, 杞園) 등은 이간의 견해에 동조했다.

마침 한원진의 (인성물성) 상이 주장에 동조한 학자들의 거주 지역은 대체로 호서 충청도(忠清道)였고, 이간의 상동 주장에 동조한 이들 지역은 근기(近畿) 이른바 낙하(洛下)에 많았다. 그로 해 이 논변의 명칭이 '인성물성동이론' 외에 '호락론' 또는 '호락논변(湖洛論辨)'이라는 별칭을 갖게 되었다. 하지만 이간만 해도 낙하 아닌 충남 아산이 그의 거주지였다. 따라서 '호락논변'이라는 이름은 어디까지나 개략적인 표현에 지나지 않는다.

3. 논변의 관점 차이

한원진이나 이간이나 문제를 '논하는 관점'에 대한 의식을 가지고 있었다. 한원진은 두 가지 관점을 먼저 들었다. 하나는 형기를 벗어난 '초형기(超形氣)', 또 하나는 형기 및 그 바탕인 기질에 말미암는 '인기질(因氣質)'의 관점이 그것이다. 그는 이 가운데 하나인 '인기질'의 관점을 택했다.

이간은 한원진이 말한 초형기의 관점을 '하나의 근원, 곧 일원(一原)'이라 하고, 다른 하나 인기질을 '다른 형체, 곧 이체(異體)'라고 했다. 표현이야 어찌되었던 이간 또한 한원진처럼 '인기질'에 해당하는 '이체'의 관점을 택하였더라면, 그들 두 학자의 견해는 달라지지 않았을지 모르겠다. 그런데 실제 이간은 '한원진의 인기질 아닌, 초형기'에 해당하는 '일원(一原)'의 관점을 택했다. 이들 두 학자는 이렇게 서로 다른 관점을 택했던 것이다. 따라서 둘의 견해 차이가 생긴 근본 원인의 하나는 그들이 선택한 '관점의 차이'에서 비롯했음을 알 수 있다.

더 살피기 전에 이를 이들의 기본철학인 이기설(理氣說)에 비추어 살피어야겠다. 이들은 다 현상 사물을 모두 "이(理)와 기(氣)로 (곧 이기의 합으로) 이루어졌다"고 한다. 그리고 "성(性)과 이(理)는 같다(性卽理)"고 전제한다. 이 사유에 비추면, 앞의 '기질을 벗어난(超形氣) 관점'이란 인성과 물성의 성(性), 곧 (기를 고려치 않은) 이(理)만 생각하는 것이다. 그런데 그 (형이상자인) 이(理)란 어느 사물에나 두루 (보편으로) 존재한다. 그러므로 이때는 인성물성은 서로 같다고 해야 한다. 이에 견주어 기에 말미암는 인기질의 관점에서 보면 인간과 다른 사물의 기질은 각각 다르므로, 기질에 속한 성, 즉 인성과 물성 또한 서로 다르다고 하지 않을 수 없다.[2]

2 여기서 한원진은 특히 기질에 말미암아 살피는, 곧 인기질(因氣質)로 말하는 경우를 좀 더 상세히 설명하였다. 그 상세히 설명한 것이 그의 '성삼층설(性三層說)'이다. 그런 만큼 한원진의 이론은 사실상 성삼층설에 입각한 인성물성상이설

되풀이 해 이들 두 학자는 문제를 논하는 관점을 각기 서로 다르게 택했고, 그로 말미암아 이들의 이론이 서로 다르게 되었던 것이다. 왜 이들은 이렇게 했을까? 그 대답은 이들이 논의하는 (인성 물성이라 할 때의) '그 성(性)'을 좀 더 살펴야 나올지 모르겠다.

4. 본성이 지닌 두 가지 의미

한원진과 이간이 논하는 '성'이란 '본연의 성(本然之性)'이다. 이는 형기(신체)로 해서 있게 된 '기질의 성(氣質之性)'과 대칭되는 '본성(本性)'을 가리킨다. 주의해야 할 점 하나가 있다. 여기 두 학자가 가리키는 성의 이름은 분명 '본연의 성'이지만, 그 의미 '내용이 같지 않다'는 사실이다.

한원진이 지적하는 본성은 '인의예지(仁義禮智)'인데, 견주어 이간이 지적하는 본성은 '태극(太極)'이다. 돌이켜 보면, 성리학에서는 실제로 이것들을 다 '본연의 성'이라 했다. 그러므로 이들이 각기 지적하는 본성이 (의미로는) 성리학의 용례(用例)에 어긋나지 않는다. 그들에게는 그렇게 주장할 근거가 있었던 것이다.

이라고 해야 충실한 표현이다. 부언하는 김에 성삼층설은 여기에 소개하면 아래와 같다. 한원진에 따르면 그이 관점에서 살필 때 세 가지 경우가 있다. 첫째 마음을 가진 인간의 기질, 둘째 (마음이 없는) 타물의 기질, 셋째 애당초 이기를 혼잡해 볼 경우가 그것이다. 첫째 경우 인간 마음의 기는 온전하므로 인간들의 성들은 서로 같다. 둘째 경우(마음이 없는) 타물로 본다면, 인간 아닌 다른 것들의 기는 모두 온전치 못하므로 인성과 물성은 서로 다르다. 셋째는 애당초 이기를 혼잡한 기질(雜氣質, 이는 사실상 因氣質이 아님)로 볼 때이므로, 물성과의 비교는 물론이고 인간끼리의 성마저 서로 다르다고 해야 하는 것이다. 이상이 한원진의 '성삼층설(性三層說)'이다.

본래 한원진이 본성으로 가리키는 '인의예지'란 맹자 이후 '사단(四端)의 정감'[3]에 의하여 구현되는 성으로, 인간이 고유하게 지니고 태어난다는 '선한 본성'을 뜻한다. 선한 성이므로 사단으로 구현되듯이, 이의 발현이 바로 '도덕(道德)'으로 되는 요인으로 여겨졌다.[4] 도덕을 이루는 원리인 점에서 이 본성은 인간을 다른 '동물 특히 금수와 변별케' 하는 네 가지 덕성(곧 四德)이라고도 해왔다. 한원진은 이 용례를 따라 본성(사덕)이 인간에게만 있고 금수에는 없다는 의미로 '인성과 물성의 서로 다름'을 주장한 것이다.

반면, 이간은 이런 사유를 알면서도, 미약하나마 다른 동물(금수) 역시 사덕 같은 성품 또는 성향을 (약간은) 가졌다고 생각했다. 더하여 태극은 인간을 포함한 우주의 궁극적인 '생성 원리, 곧 이(理)'로서 '모든 개체에 두루 내재(遍在)'한다고 생각했다. 뿐만 아니라 당시 성리학자들은 '성은 곧 이다(性卽理)'라는 명제까지 이미 인정(전제)한 터이니, 이간은 인성물성의 '서로 같음'을 주장하게 되었다. 두 학자들의 주장에는 각기 이와 같은 뒷받침 하던 근거가 있었다.

5. 본성에 대한 필자의 재해석

여기서 새로운 제3의 재해석을 하게 된다. 필자의 이해로, '본연

3 사단(四端)이란 맹자가 말한 "측은의해 하는 마음(惻隱之心), 부끄러워하고 미워하는 마음(羞惡之心), 사양하는 마음(辭讓之心, 또는 恭敬之心), 시비를 가리는 마음(是非之心)을 가리킨다.

4 《중용》 첫머리의 "하늘이 준 것을 성이라 하고(天命之謂性) 그 성을 따르는 것이 도라고 한다(率性之謂道)"는 명제가 바로 이 사유에 해당한다.

의 성(본성)'이라는 용어는 두 가지 의미를 가지고 있다. 하나는 '본질(本質)'이라는 의미이고, 또 하나는 '본래적 성(本來的性)'이라는 의미이다. 한원진이 생각한 '본연의 성'은 '본질'에 해당한다. 본질이란 다 아는 대로 일정한 사물을 그 사물이게끔 하는 특성이다. 인간의 경우 '인간을 인간이게 하는 특성'이고, 금수의 경우엔 '그 금수로 되게 하는 특성'이다.

도덕을 형성하는 '인의예지'를 기준으로 인성과 물성이 다르다는 한원진의 주장은 인간을 금수와 변별된다는 본질 차이의 사유였다. 따라서 그의 주장이 함유한 의의란 '인간다운 인간'으로 되게 하기 위한 것이다. 인간다운 바람직한 인간이 되어야 하겠다는 '요청적 소망'에 바로 한원진 견해의 의의가 자리한다. 윤리 도덕에 의하여 사회에 질서를 수립하고, 사회를 정화하며, 나아가 인간의 생활 자체에 이상적 가치를 부여하려는 데에 '한원진 사상의 함의'가 놓였다고 할 수 있다.

이간이 생각한 '본연의 성'은 '본래적 성'에 해당한다. 그것은 이미 살핀 대로 태극(太極)을 가리킨다. 태극이란 어떤 것인가? 성리학에서 말하는 태극은《주역》에 보이는 '우주 생성의 근원적 원리'이다. 인간을 포함한 온 우주라는 생명체(天地之德曰生也)[5]가 지닌 궁극의 생성 원리가 태극이다. 더욱이 '본연의 성'이라는 용어 속의 '본래'의 의미에는 시간 개념의 함유가 가능하다. 태극의 경우에는 이간이 '일원(一原)'이라고 표현했듯이, 우주 형성의 '태초부터'라는 시점의 의미를 함유한다. 따라서 태극의 본연성은 태초부터 지닌 인간의 본성과 아울러 만물의 본성을 함께 뜻하는 것이다.

사실 태초부터라는 사유로는 모든 개체가 태극이라는 원리에

5 《周易》, 〈繫辭下傳〉 第1章.

의하여 '인간과 타물(금수)의 구별 없이 출발했다'고 해야 한다. 가령 태극 속에 변별적 형성의 요인이 있었다 해도, '태극을 공유'한 점에서만은 인간과 타물에 차이가 없다. 다시 말해 태극을 공유했다는 사실은 금수일지라도 인간과 다를 수 없는 것이다.

실제로 주희의 태극설은 이점을 명시하고 있다. 곧 "총체로는 한 태극이지만, 사물마다에 하나의 태극이 들어 있다"는 것이다.[6] 이간이 태극을 통하여 인성과 물성이 같다(相同)고 주장하는 데는 바로 이런 사유가 작용했다고 해야 한다. 사실 인간은 금수와 '같은 동물'이고, 더 근원적으로는 '같은 생명체'이다. 특히 '생명 소유'인 점에서 인간과 금수는 서로 다르지 않다. 이간의 이론에는 이런 근거가 있었다.

물론 '생명의 공유'를 바탕으로 한 인성물성의 서로 같음이라는 이론에 서면, 선악의 변별의식 부재로 인한 도덕 수립에 난점이 있지 않겠냐는 반론이 일 수 있다. 이 점 어느 정도 그렇지 않다고 하기 어렵다. 하지만 이런 의문을 풀자면,《주역》에 다시 눈을 돌려야 한다.

《주역》에 따르면, 인간이건 금수이건 본연의 성이란 '형성과정에서 이루어지는 것(成之者性)'이고, 그 과정을 '이어감이 선(繼之者善)'이라고 한다.[7] 이는 본성이란 자연의 생성에서 생기는 특성일 뿐, 그것이 따로 정해져 있지 않다는 이론이다. 선 또한 자연의 생성을 끊이지 않게 함—곧 '생명의 온전한 보존'이 선일 따름이라는 사유이다. 여기에는 도덕적 가치관은 분명히 깃들지 않았다. 하지만 선과 악이 없는 자연의 생성에 선 관념을 적용시킴은 우연

6 朱熹,〈太極圖說解〉《朱子全書》13冊 74쪽: 萬物統體一太極也, 分而言之一物各具一太極也.

7 《周易》〈繫辭上傳〉第5章. 필자가 알기 쉽게 차례를 바꾸어 설명했다.

이 아니다. 인간이 밟아 갈 길(人道)를 중요시하는 유학자들은 예로부터 자연의 원리, 천도(天道)를 본받아 그에 합일(천인합일)토록 함을 이상으로 여겼다.《주역》에서 말한 선은 이와 관련이 있는 것이다.

물론 이간은 자연의 생성을 선이라고 확언하지 않았다. 그러나 그 역시 '천인합일'을 인간이 추구해야 할 최고 경지로 여겼음은 일반 유학자들과 다르지 않았다. 그 점을 감안하면, 여기서 말한 선을 어느 정도의 도덕적 가치관과 함께 일종의 '생명 중요시' 가치관으로 이해함이 타당할 것이다. 따라서 이간 주장의 장점은 바로 그것이 생명중요시(生命重要視) 또는 인명중요시(人命重要視)의 사상으로 통하는 데 있다. 생명으로 통하는 자연 전체를 온전히 친애하고 보존하면서 '어울려 함께 살아가려는 의지'에 바로 이간 인성물성 '상동론의 함의'가 자리한다.

이와 같이 살핀다면, 한원진과 이간 이론들의 함의를 다 인정하게 된다. 어느 한 이론에만 집착하지 않아도 무방할 것 같다. 필자는 두 이론에 깃든 함의를 오히려 '오늘에 잘 살리는 것'을 우리의 과제로 삼아야 하지 않을까 생각한다, 이것이 '인성물성동이론'에 대한 필자의 철학적 재해석에서 얻은 결론이다.[8]

8 이 글의 핵심적 부분은 졸저,《한국유학사》(지식산업사, 2012) 중 제27장 〈인성물성의 동이에 대한 탐구〉를 참고했고, 그 밖에 근년 충남 홍성 소재 청운대학교에서 거행한 남당기념학술회의 기조발표문 내용 등도 더 참고하여 보충한 것이다.

제22장 서양세력 저항 명분의 종교들

1. 유교가치의 옹호, 위정척사 의식

19세기 중반 20세기 초 조선은 서구세력의 위협에 직면했다. 지난날 서학이라 지칭한 천주교의 전래 이상으로 제국주의 야욕에 찬 서구 열강의 침략적 파고가 높아졌다. 동아시아의 맹주이던 중국(淸)이 아편전쟁(阿片戰爭: 1839-1842; 1856-1860)으로 영국에게 홍콩 등 국토를 할양하고, 상해 등 16개 항을 개항해야 하는 상황이었다. 프랑스, 러시아, 미국, 그리고 뒤이어 근대화에 조선보다 앞선 일본이 중국과 조선을 침략의 과녁으로 삼는 중이었다.

조선은 그럼에도 당시 무장을 강화하지 않은 처지나 다름없었다. 외세가 아니어도 온전히 부지하기 어려울 만큼 허약하기 짝이 없던 나라가 조선이었다. 그런 상황에서 1845년에는 영국 군함(사마랑호)이 제주도와 남해안 일대를 측량해 갔다. 1856년에는 프랑스 군함 한 척이 충청도 보령의 외연도 앞 바다에 와서 소를 비롯한 축산물을 약탈해 갔다. 1865년에는 러시아 선박이 함경도 연안에서 통상을 요구했다. 이듬해에는 상해에 주둔하던 독일 상선(오페르트)이 두 차례 서해안에 와 통상을 요구하다 갔다. 같은 해 7월 미국 군함(셔먼호)이 대동강을 통해 평양에 이르러 통상을 요구하며 행패를 부리다가, 조선군의 화공을 받고 격침되었다.

갈수록 외국 군함의 내습이 격증했다. 1866년 프랑스의 로즈는 군함 3척을 이끌고 조선군의 저항을 뚫고 강화부를 점령한 채, 군기(軍器)와 식량 및 서적 등을 약탈해 갔다. 이를 병인양요(丙寅洋擾)라 한다. 미국은 1866년에 평양에서 당한 셔먼호 사건을 빌미로, 1871년 군함 3척을 이끌고 강화도를 침략했다. 다시 아시아 함대 군함 5척으로 화친을 요구하다가 거절당하자, 초지진과 덕진을 점령하고 북진과 광성진을 공격, 피차간 피해가 컸다. 신미양요(辛未洋擾)였다.

양요들을 겪으면서 대원군은 '쇄국의 정책'을 더 공고히 했다. 그도 쇄국이 능사 아님을 알았지만, 개방 정책에서는 이득보다 손해가 더 많다는 판단을 한 모양이다. 지배층 여론을 이끌던 성리학자들 또한 쇄국에 의한 '통상거부'를 주장했다. 그들은 서구 문물의 통상을 앞세운 '서구와의 화친'이라던가 '서구화(西歐化)'를 강력히 반대했다. 반대구호로 내세운 것이 '위정척사(衛正斥邪)'였다.[1]

삼강오륜(三綱五倫)으로 요약되는 유교 도덕을 절대시하던 성리학자들은 그 같은 도덕이 아니었던 문화를 지닌 서구인들을 미개한 오랑캐로 여겼다. 그 점에서 이들은 유학 및 유교문화를 '바른 학문(正學)'이라 부른 반면, 그런 것이 없는 서구의 문물을 '오랑캐의 사특(불순)한 것'이라 했다. 전통적인 유교문화는 지켜가야 할

1 이 용어를 맨 먼저 본격적으로 사용한 사람은 18세기의 정조(正祖)였다. 그는 소도정(宋道鼎)에게 준 글에서 "그대들은 물러가 학업을 닦으면서 위정척사(衛正斥邪)의 방책에 힘쓰라"고 했다(《일성록》, 정조 15년 11월 26일조). 이때 채제공(蔡濟恭)은 정조에게 천주교(天主教)를 개칭하여 부르기를 사학(邪學)이라 하도록 명하기를 건의했다(《대한계년사》 권1).

가치인 데 견주어, 서구 문물은 배척해야 한다는 주장이 '위정척사론(衛正斥邪論)'이었다. 여기에는 무엇보다도 '나라와 겨레를 지키려던' 강렬한 충정이 담겼다. 그 까닭에 일제의 강점이 노골화하자 성리학자들 상당수가 의병장(義兵將)으로 목숨을 걸고 전투에 임했던 것이다.

위정척사를 주장한 학자들은 전국에 퍼져있던 조선의 정신적 지주들이었다. 경기지역의 이항로(李恒老: 1792-1868. 華西)·김평묵(金平默: 1819-1891. 重庵), 강원도의 유인석(柳麟錫: 1842-1915. 毅菴), 충청도의 최익현(崔益鉉: 1833-1906. 勉庵), 호남의 기정진(奇正鎭: 1798-1876. 蘆沙), 기우만(奇宇萬: 1846-1916. 松沙), 기삼연(奇參衍: 1851-1908. 省齋), 경상도의 곽종석(郭鍾錫: 1846-1919. 俛宇) 등이 모두 그런 학자들이다.

일제의 침략 전장에 붓을 던지고 직접 의병장으로 '전투를 감행한 학자'로 대표적 인물이 최익현·김평묵·유중교·유인석·이남규·기우만·기삼연·김도화(金道和: 1825-1912)·김복한(金福漢: 1860-1924)·이인영(李麟榮: 1867-1909)·허위(許蔿: 1854-1908)·이승희(李承熙: 1847-1916) 등이다. 이들은 성리학에 조예를 깊이 한 학자들이었지만, 결코 문약하거나 구두로만 '애국애족'을 논하던 이들이 아니었다. 강인한 의지로 목숨을 걸고 자신의 신념을 행동으로 관철한 '선비의 본보기' 같은 학자들이다.

위정척사 구호의 외침에 앞장섰고 그 이론형성에도 선도역할을 하던 학자는 특히 이항로였다. 그는 "이단(천주교)을 물리치는 데는 정학(正學 곧 儒學)을 밝히는 것보다 급한 것이 없다"면서, "전자—적을 공격하자는 주장—를 따르면 나라 안에 의상의 구태(衣裳之舊)를 보전할 수 있지만. 후자—양적과 화친하자는 주장—를 따르면 인류가 금수의 지경에 빠지게 될 것이다"라 했다.[2] 무력에 항거한 '문화주의'가 그의 저항의 주요 입장이었다.

이 문화의식은 '생명의 중요시'를 무엇보다도 우선시하는 사유였다. 의병장이던 유인석에서 그 점이 확인된다. "저들의 물질이 비록 정교함의 극치에 달했다고 하더라도, 공장(工匠)의 말예(末藝)에 불과한 것이다. (…) 그 중에도 병기(兵器)는 오직 사람을 죽이지 못하는 것만을 근심하니, 천지 생물의 마음(生物之心)을 근절시키는 것이므로 더 말할 것이 못 된다"[3]는 것이다. 생명 중요시가 이들의 '문화제일주의의 알속'이었다.

그는 겨레의 생명 보존을 위해 민중의 단합을 강구했다. 기정진 등 역시 마찬가지였다. "안으로 닦아야 할 조목을 다 말하려면 매우 번잡하지만, 그 요체는 인심을 결집시키는 것 '결인심(結人心)' 세 글자에 불과하다."[4] 인심의 단합을 위한 방법으로 유인석은 "사(私)를 제거하고 공(公)을 넓히며, 약함(弱)을 버리고 강함(强)을 도모하는 것뿐"임을 지적했다. 한 마디로 도덕적 내치와 무력적 방어를 역설했던 것이다. 조선의 무력 강화 또한 절실히 강구하려 했던 그들이었다.

유인석에 따르면 "백 가지 법도와 만 가지 사업에서 옛것을 회복해야 하는데, 그것들은 다 스스로 강해지기 위한 것 아님이 없다."[5] 그는 사농공상을 가릴 것 없이 누구에게나 다(四民萬人) 병술(兵術)을 가리켜 '막강한 힘(莫强之勢)' 기르기를 구상했다.[6] 막강한 '자강(自强)'에 의하여 '자주권과 국권 확립'까지 주장한 학자로는 의병장이던 최익현도 마찬가지였다. 하지만 이들의 신분은 직접

2 李恒老, 《華西集》 卷3, 10쪽.
3 柳麟錫, 《毅菴集》 卷33, 9쪽.
4 奇正鎭, 《蘆沙集》 卷3, 7쪽.
5 柳麟錫, 《毅菴集》 卷51, 8쪽.
6 위의 책.

정책을 수립하여 집행하던 관리 아닌 민간인(학자學者)이었다. 때문에 정견을 상소(上疏) 등으로 왕 또는 조정에 제출하는 데 그쳤다. 결국 역사의 흐름은 자강의 결실은커녕 '일제의 강점'으로 치달았고, 이들이 목숨을 건 의병으로 궐기한 까닭도 사태의 이런 제약적 흐름에 기인했다.[7]

2. 동학사상의 대두

지배층의 성리학자들이 위정척사의 구호를 내세워 서양세력의 동점에 저항할 무렵인—19세기 후반(1860년)—농민층에서 등장한 종교가 '동학(東學)'이다. 이는 3대 교조(손병희) 때(1905년) '천도교(天道敎)'로 개명되었지만, 본래는 천주교인 '서학'에 대응하는 의미의 '동학' 이름으로 출발한 종교이다. 창시자는 최제우(崔濟愚: 1824-1864. 水雲)이다.

그는 어릴 적에 신동으로 불리며 성리학과 유교 교양을 쌓은 지식인이었다. 그에게는 출세 길이던 과거시험 자격이 막혀있었다. 반상·남녀·적서의 차별이 심하던 당시 그는 몰락한 양반(崔鋈)의 '서자(庶子)'로 태어났기 때문이다. 이름만 양반일 뿐, 가난에 시달리는 하층 상민과 다름없이 지내던 그였다. 이렇듯 소외된 지식인이 사회의 온갖 부조리를 체험하고서 그 시대의 '민중구제'라는 염원으로 이룩한 것이 동학임을 알 수 있다.

동학 명칭에 대한 그의 해명이 있다. "나 역시 동방에서 태어나

7 위 글 가운데 각주 없이 서술한 것의 출처는 모두 필지와 이광래 공저, 《우리사상 100년》 중 필자의 서술인 1장 〈위정척사파 사상〉임을 밝힌다. 그것들을 간추려 약술한 것이기에 간혹 각주를 달지 않았다.

동방에서 수학하였으니, 도(道)는 비록 천도(天道)이지만 학(學)은 동학(東學)이다."[8] 여기 '학문'의 '학(學)'이란 과학으로서의 학문이 아니다. 선어(仙語)처럼 하느님으로부터 홀연히 들었다는 '천리(天理)' 또는 '천명(天命)'의 지혜를 가리킨다.

그에 따르면, 학문의 성격으로는 '동학'이지만 그 내용은 '하느님을 모시는—시천주(侍天主)—종교이다. 당시만 해도 유교에서는 하느님을 인격신으로 지칭하더라도 '상제(上帝)'라고 했을 뿐, '천주(天主)'라고 일컫지 않았다. 천주라는 명칭 자체가 '천주교' 전래 이후 사용되기 시작한 어휘이다. 이로써 동학은 천주교의 영향을 받고서 그 반작용으로 대두한 사상임이 분명하다.

당시 민생 고난의 원인을 최제우는 국내 정치의 문란과 함께 '서구인들의 침략' 때문이라고 판단했다. 서구인들은 침략자이고 천주교는 그 '침략의 도구'라는 것이 그의 생각이었다. "서양 사람들은 천주를 위한다고 하여 부귀는 취하지 않는다고 하면서도, 천하를 공취하고 교당을 세워 포교를 행한다고 함으로써 (…)"[9] "쳐부수는 무기 앞에 당해내는 사람이 없어 중국이 소멸한다"[10]는 것이 그의 상황판단이었다.

최제우가 표방한 근본 구호는 '보국안민(輔國安民)', 또는 '구세제민(救世濟民)'으로 집약된다. 이는 도탄에 빠진 민중을 구해 주겠다는 내용의 요지이다. 동학의 대표적 주문에 "시천주영아장생(侍天主令我長生)"라는 구절이 있다. 하느님을 모심으로써 장생하게 하고(…)라는 인간의 염원이 어렸다.[11] 장생은 인간의 '기본(본능적) 소

8 《東經大全》〈論學問〉(정민사, 1986).

9 위의 책.

10 위의 책.

11 이 글에서 필자는 각주에 세심한 신경을 쓰지 않을 것이다. 대체로 앞의 책

망'임을 누구도 부정할 수 없다. 위태롭고 불안한 세태에서 누구나 공감하고 공유할 소망을 절대적 존재인 하느님에게 통지하여 그것을 이루려는 식으로 된 데에 동학의 또 하나의 종교적 특징이 있다.

정치의 문란으로 민생이 질곡을 헤매는데 열강의 침략까지 겹친 상황에서 불안에 떠는 민중과 함께 국가를 구제하려는 의도 또한 이로 확인된다. 위기에 처한 민중과 국가의 구제를 하느님의 절대적인 힘으로 이룩한다는 식의 '신앙심'을 자극한 것이 동학이다.

동학에는 이러한 종교의 성격 외에도 당시 '동아의 철학사상'도 포괄했다. 최제우 자신이 창안한 본원의 주문을 살필 때 이점이 분명히 드러난다.

> 지기지금 원위대강 시천주조화정 영세불망만사지(至氣今至 願爲大降 侍天主造化定 永世不忘萬事知)

이 스물 한 글자가 그것이다. 천주를 모심(侍天主)은 물론 종교의 성격이지만, '지기가 지금 이름(至氣今至)'의 기(氣)는 최제우가 '혼원의 일기(渾元之一氣)'로도 설명하는 성리학 또는 노장철학의 개념이다. 내 안의 '신령(神靈)'과 짝하는 밖의 '기화(氣化)의 기'를 지칭한 개념이다. 그의 철학지식의 일단을 짐작케 하는 예증이다.

마음에 모셔지는 하느님 천주(天主)부터가 외계의 초월적 존재를 내재화 한 것이다. 하느님을 마음에 모시면, 기로 이루어지는

이거나 《용담유사(龍潭遺詞)》에 나오는 범위를 벗어나지 않음만 밝혀둔다. 꼭 필요할 경우에만 각주를 달겠다.

자연의 생성인 '조화도 바로 된다(造化定)'는 데서 하느님을 통한 자연과의 합일까지 기하려는 사유가 있다고 여겨진다. 이 대목에서 '유학의 천인합일(天人合一)의 변용' 같은 사상을 감지하게 된다.

"하느님을 모시면서 영원히 잊지 않는다면서 만사(萬事)를 알게 된다"는 대목에서는 직관과 통하는 유학의 '활연관통(豁然貫通)' 및 불교의 해탈(解脫)을 연상케 된다. 더욱이 동아의 이상적 낙원으로 여긴 '신선(神仙)의 세계를 지상에 건립한다'는 최제우의 약속에는 분명 도교의 사유까지 잡힌다. 이런 동학은 주문을 외는 소박한 신앙 성격과 함께 내재화한 신관과 동아의 철학까지 동원한 점에서, 그 상대로 삼은 천주교와 크게 변별된다. 동학의 이런 특징은 한국인의 '전통적 신관과 신앙을 응집'한 것이고, '전통사상의 잔재'도 겸섭한 것이라 할 수 있다.

더욱이 제2대 교조 최시형(崔時亨: 1829-1898. 海月)에 이르면, '인간관(人間觀)의 변천'이 일어난다. 그는 민중의 구제와 연결된 '인간의 존귀성'을 강조하는 의미에서 "인간이 곧 하늘이다." 곧 "인내천(人乃天)"이라는 명제를 창안했다.

이는 과거 유학에서 "사람 섬김을 하늘 섬기듯 하라(事人如事天)"는 사유를 더욱 일반화한 것이라 할 수도 있다. 하지만 '인간존귀시(人間尊貴視) 사상'을 더욱 일반화함으로써 유교적 색채를 탈피한 독자성을 담지한 사상임을 부인할 수 없다. 이로 인해 동학은 민중에 대한 보편적 구제의식에 깃든 '인류 평등사상(平等思想)'과 함께 인간 자체를 존귀시하는 '인본(人本) 또는 인존사상(人尊思想)'의 특색을 지니게 되었다. 평등과 인존 두 가지가 동학의 사상적 특징이다.

동학은 이렇듯 민중을 고통과 고난으로부터 해방시키는 데 열성을 다 했지만, 국난극복을 기하려는 의식에 차 있었지만, 이씨 왕조의 구제 따위에는 결코 괘념치 않았다. 최제우가 서학에 대응하여 보전하려던 것은 조선의 '전근대적 군주체제' 아닌 '이 겨레'이었을 따름이다. 이 점에서 동학은 오히려 '혁명의 성격'을 띠었다. 동학에서 제시한 '지상낙원(地上樂園)'을 표방한 '후천개벽설(後天開闢說)'이 특히 이 혁명성과 연결된 사상이다.[12]

겨레와 국가의 구제를 추구한 동학의 방법 자체가 기존의 성리학자들이 추구하던 '충성개념' 속의 '의리실천(義理實踐)' 방법이 아니다. 그와는 달리 동학은 '시천주'의 신앙을 통해 '민중의 공감'을 자아내는 데에 초점을 둔 시대 개혁적 종교였다. 이 점은 뒷날 최시형의 문하에서 '동학의 접장'으로 있던 전봉준(全琫準: 1853-1895)이 앞장서 일으킨 '동학혁명'(1894)과 그것에 동조한 '농민들의 호응도'로 알 수 있다. 그 혁명의 봉기가 청(淸)과 일제(日帝)의 각축 속에서 실패로 끝난 것은 근대화(近代化)를 주체적으로 추구하던 의지와 희망에 덮쳐진 파탄에 다름 아니었다.

하지만 그 뒤 동학은 제3대 교조 손병희(孫秉熙: 1861-1921. 義菴)에 이르러, '민족주의 이념' 아래 일제의 강점으로부터 '자주독립(自主獨立)'을 지향하는 국력의 역할을 일부나마 감당 하고 발휘했다. 김구(金九: 1876-1949. 白凡) 또한 동학의 접주(八峯都所接主)로 해주(海州)에서 동학혁명을 지휘하다가 만주로 피신했음은 그 좋은 증례이다.[13]

12 이 글은 필자와 이광래의 공저, 《우리사상 백년》(현암사, 2001) 가운데, 필자가 쓴 〈서학에 대한 종교적 반응—동학의 발생〉을 축약한 것이다.

13 위의 책, 〈서학에 대한 종교적 반응—동학의 발생〉 참조 축약했다.

3. 증산교 사상

20세기에 접어드는 1901년 31세의 청년 강일순(姜一淳: 1871-1909. 甑山)이 세운 종교로 또 증산교(甑山教)가 있다. 동학혁명이 실패로 끝남을 목도한 그는 자신의 사상이 '참 동학'임을 자처했다. "동학의 주문에 '시천주조화정(侍天主造化定)'이라 했으니 나의 일을 이름"이라 주장한 그였다.

자신을 하늘에서 내려온 옥황상제(玉皇上帝)이니, 구천에 있던 상제(上帝)니, 심지어 도솔천에 있던 '미륵불(彌勒佛)'이라고도 자칭했다. 이런 점은 동학 외에 기존의 유교·불교·도교 및 무속 신앙의 요소를 두루 포함하려 한 방증이다. 천주교마저 언급하길, 그것은 자신의 종교보다 하위에 있다고 했다.

심지어 전지전능(全知全能)을 자처한 강일순은 온갖 신(神)들, 곧 신의 무리인 신단(神團)을 거론하면서, 그중에 특별히 역점을 두고 자칭한 신은 '원한을 품고 죽은 신', 곧 '원신(冤神)'이었다. 이는 당시 지배층의 강압으로 고통 속에서 살다가 죽었거나, 동학혁명의 전투에서 사망한 민중의 '원통한 영혼'을 주로 의미한 듯하다. 무소불능의 상제인 자신이 이들 '원신의 아픔과 억울함을 풀어준다'고 역설했다. 이점이 지방에 널리 퍼져 있던 '가난한 농민층의 호응'을 받게 된 큰 원인이었던 것 같다.

강일순이 내세운 활동은 '천지공사(天地公事)'이다. 그것은 다시 '선경공사(仙境公事)'와 '후천공사(後天公事)'로 구체화되었는데, 이것들이야말로 종교에서 약속하는 이상적 경지—유토피아이다. 자신을 믿으면 죽어서는 물론이고 살아서도 행복으로 충만 된 '천당의 경지'에 이른다는 내용이다.

그 천지공사는 또 신정정리공사(神政整理公事)를 비롯한 세운공사

(世運公事)와 교운공사(敎運公事)로 세분된다. 이것들 또한 더 세분되어지는데, 그 가운데의 신정공사 안에 드는 공사 하나가 바로 '해원공사(解寃公事)'이다. 곧 원한을 품고 죽은 영혼인 신과 귀신의 원한을 풀어 주는 것이다. 그에 따르면 이 해원공사가 바로 영혼을 신선이 사는 것 같은 '선경(仙境)'으로 이끌고, 그런 작업으로 인하여 세상을 어떤 재난도 없는 실로 '후천개벽(後天開闢)'을 이룬 이상세계를 이루게 한다고 주장했다.

뿐만 아니라 세운공사는 몇 단계의 국제적인 역학관계를 거쳐, 먼저 서구 유럽인의 동아 유린으로부터 특히 '조선구출(朝鮮救出)'을 하고, 나아가 그 '서구세력'이 다시는 침범하지 못하도록—전쟁은 서구에서나 하도록—한다는 내용이다. 조선의 구출에서는 서구세력에 대한 배척과 함께 '일제의 강점'에 저항하며 독립을 지향한 정신이 여기에 들었다고 한다.

아울러 그의 선경 약속의 종교적 주장에는 물론 반상 귀천 등의 차별을 지양한 '평등사상(平等思想)'이 깃들었고, 개인들에게 '자유부여(自由賦與)'를 전제한 사상도 함께한 것이라는 해석이 있다. 인간 구원의 관점에서 제시한 그의 '인존사상(人尊思想)' 또한 근저에 함재함은 물론이다. 그 점은 강일순이 '천존(天尊)', '지존(地尊)'과 함께 '인존(人尊)'을 역설한 대목에서 더욱 분명해진다.[14]

14 위의 책, 〈민중 민족 종교의 속출과 전통종교의 변혁〉, '증산교의 해원사상' 참조 및 축약.

제23장 개화사상과 기독교의 영향

1. 서구화 성격의 개화사상

19세기 쇄국정책과 짝하던 '위정척사운동'은 점차 그 한계에 직면하였다. 서구열강과 일본의 위력을 체험하면서 조선 지배층이 얻은 것은 근대과학 기술의 유용성에 대한 큰 깨우침이었다. 그러나 낙후된 우리의 과학기술은 단시일에 진전되기 어려운 처지였고, 그런 상태에서 개항으로 상징되는 '문호개방(門戶開放)'은 일제의 압력에 못 이겨 감행하지 않을 수 없었다. 개항 자체가 벌써 서구 문명에 대한 개방 성격을 띠었던 만큼, 쇄국 아래서 진행되던 위정척사 운동은 동력을 완전히 잃을 수밖에 없었다.

새로운 세대의 지식층에서는 서구 문명에 대한 단호한 부정이 불가능하고 오히려 그 긍정이 불가피함을 감지해 갔다. 이것이 그 시대사조의 추세였고 풍조였다. 다만 이 풍조는 성리학의 잔재로 해서 완급 조절의 타협적 성격을 띠지 않을 수 없었다. 여기서 유학의 가치관을 중심으로 한 '정신문화'는 지키되, '기술문명'의 점진적 수용을 모색하자던 주장이 나왔다. 이른바 '동도서기론(東道西器論)'이 그것이다. 하지만 어느 일에서나 소극적 성격은 적극적 성격에 밀리고, 타협적 성격의 점진적 중도론 또한 대체로 급진론에 가로막혀 실효를 거두지 못하듯, 동도서기론은 어느새 열띤 논의도 없이 흐지부지 되었다.

시대의 추세는 문명발달의 지체를 극복할 욕구에서, 서구사상의 수용을 시급히 추진하려던 '급진적 서구화(西歐化)' 경향이었다. 서구세력의 침략적 '위기의식(危機意識)'이 그 서구화를 급진적으로 촉진시킨 배경이었다. 바로 19세기의 서구화 추구가 이른바 '개화(開化)'였다.[1]

오경석(吳慶錫: 1831-1879. 亦梅)을 비롯하여, 김옥균(金玉均: 1851-1894. 古筠), 박영효(朴泳孝: 1861-1939. 春皐), 유길준(兪吉濬: 1856-1914. 矩堂), 유정수(柳正秀: 1857-1938. 雷園) 및 윤치호(尹致昊: 1865-1946. 佐翁)와 서재필(徐載弼: 1864-1951. 松齋) 등이 개화의 사조를 직접 형성하거나 이끈 인물이다.

이들 가운데 '개화사상(開化思想)'에 가장 먼저 눈 뜬 인물은 유길준이었다. 일본시찰단(일명 신사유람단)의 하나로 1881년 봄 일본에 갔다가 이듬해 임오군란으로 귀국한 그는 일본에서 익힌 것이 많았다. 도쿄의 후쿠자와 유키치(福澤諭吉)의 집에 머물며 다윈의 진화론, 스펜서와 헉슬리의 사회진화론을 배우고, 도쿄대학 초빙교수 모르스의 집에서도 반년가량 머물면서 몽테스키외와 토크빌에 대한 강의를 들었다.[2]

이들 사상 중에 일반 '진화론'과 '사회진화론'의 경쟁에 의한 진보발전관(進步發展觀)이 개화를 뒷받침하는 사상으로 가장 크게 영

1　1898년 9월 23일자《황성신문》의 논설에 따르면, 개화라는 용어는 '개물성무(開物成務)'와 '화민성속(化民成俗)'의 약칭이라 했다.

2　이듬해에는 대미사절단 보빙사(報聘使)의 정사(正使)이던 민영익의 수행원으로 미국에 갔던 길에 민영익의 지시로 샌프란시스코에 남아, 국비유학생으로 대학에 들어가려 준비하다가, 갑신정변(1884년 12월 4일)으로 그 이듬해 돌아왔다.

향을 끼쳤다. 진화론은 그 무렵 일본에서 '대학의 진화론'이라는 새로운 철학으로 부상했던 만큼 그에게 더 강렬히 작용한 듯하다. 그리고 토머스 제퍼슨이 초안한 미국독립선언문에 나타나는 '천부인권설(天賦人權說)'도 그에게 적지 않게 각인된 사상이었다. 그것은 남북전쟁 이후 미국에서 유행한 것 못지않게 일본에서도 메이지 유신 이후 지성계를 풍미했기 때문이다.

이 같은 사상을 바탕으로 저술한 유길준의 《서유견문(西遊見聞)》은 당시 서구문물을 조선 '민중에게 계몽'하기 위한 것이었다.[3] 그 '견문'이라는 용어가 시사하듯이, 한국인 최초로 서구의 근대적 정치·사회·학문·종교·교육제도 등을 소개한 일종의 '문명론(文明論)'이다. 문명론적 저술을 통해 그는 개화사상을 설계하고 이끌었던 것이다.

유길준은 진화론을 토대로 하여 개화를 사회 변혁과 진보 발전의 과정으로 파악하였다. 그에 따르면, 사회 발전이란 미개한 상태가 개화 상태로 부단히 진보 발전하여 간다는 것이다. 미개 → 반(半)개화 → 개화의 '3단계설'이 진보 발전에 대한 그의 믿음 형식이다. 이것이야말로 근대화에 뒤쳐진 '조국의 발전을 촉구'해 마지않던 그의 염원 어린 이론이다.

개화의 '방법'에 대해 그는 반드시 졸속을 주장하지는 않은 것 같다. 외국 문명과 문화의 수용에 임하여 자주성과 주체성의 유무에 따라 개화를 '두 가지'로, 곧 '실상개화(實狀開化)'와 '허명개화(虛名開化)'로 분류했다. 앞 것은 전통을 토대로 현실과 실정에 맞도록 받아 새로운 문화를 창조하는 것이고, 뒤 것은 맹목적인 수용 및

3 이는 마치 후쿠자와 유키치가 《서양사정》을 통하여 일본인들에 한 것과 같다.

모방을 가리킨다. 앞 것은 '개화의 주인'이고 뒤 것은 '개화의 죄인'이라 한 데서 그에게 서구화에 대한 비판의식이 없지 않았음을 본다. 이런 의식은 1900년대에 개화운동이 활발해지면서 더 두드러지게 된다. 겉핥기식의 개화를 '피개화(皮開化)', 알찬 실질적인 것을 '골개화(骨開化)'라 한 사실이[4] 그 증거이다.

1884년 갑신정변의 실패로 미국에 망명한 서재필이 개화에 끼친 영향도 비록 짧은 기간(1895-98년)이었지만 결코 적다고 할 수 없다. 당시 한국의 볼테르라는 별명을 들은 사실로도 개화사상을 이루는 데 그가 한몫했음을 알 수 있다. 그는 널리 알려진 대로 '독립신문(獨立新聞)을 창간', 이를 통한 개화의 국민계몽에 나섰다. 그의 지식은 당시로는 광범한 편이었다. 진화론을 비롯하여, 로크와 루소의 계몽주의, 몽테스키외의 자연법사상, 등이 그의 지식을 대표한다.

이를 바탕으로 그는 '진보주의'·'법치주의'·'천부인권설'을 집중적으로 소개했다. 예로, 1897년 3월 7일자《독립신문》논설에 국민의 권리가 얼마나 보장되는지가 '진보의 척도'임을 천명했고, 아울러 이런 인간의 권리는 천부적으로 주어졌으므로 누구도 침탈할 수 없음을 강조했다. 군주제(君主制)를 벗어나 '민주제(民主制)를 지향'하던 점이 '그의 개화사상의 특징'이었다. 나아가 독립신문 영문판에서는 '인간의 자유(自由)'가 이성을 지닌 사유로 소망스럽다고 판단되어 스피노자를 빌려 소개했다.[5] 이어지는 스피노자의 범신론, 아리스토텔레스의 형이상학 등은 사실상 개화를 벗어나는 차원의 사상에 속한다고 해야 할 것이다.

4 《황성신문》, 1906년 7월 6일자, 논설 〈皮開化之大弊〉.

5 위의 신문, 1897년 10월 7일자, 논설 참조.

2. 기독교의 영향

1) 사회 개혁에 끼친 영향

개신기독교는 독일계 네델란드인 목사 귀츠라프가 1832년 충남 홍성의 고대도와 금강 입구에 상륙하여 행한 전도로 시작되었다. 그 기독교의 전파는 전국 범위로 매우 신속하게 진행되었다. 교회의 설립만 해도, 1885년 황해도 장연군 송천에 처음 장로교회가 생긴 뒤로 1910년까지 683개가 설립되었을 정도다.[6]

이렇게 급속한 전파의 이면에는 정국의 연이은 혼란이 작용했다. 1895년 일제의 '명성황후 시해(乙未事變)', 1905년 '을사늑약(乙未勒約)', 1910년 일제의 '강제합방(强制合邦)' 등이 그것이다. 국체를 근본에서 뒤흔든 이 사건들로 인한 '불안한 민중 심리'가 기독교 전파에 반영되었을 개연성이 높다. 기독교는 위기의식의 불안에 떠는 민중에게 '구원을 장담'하는 일종의 '보증적 예언'이 구원을 갈망하는 민중의 신앙심을 부추겼을 것이다.

당시(1896년 8월 20일자) 《독립신문》 논설, "바라건대 조선의 백성들이 서로 생각하기를 형제와 같이 하며 구세주 예수 그리스도를 믿고 (…) 세상에 종교가 많이 있지만 예수교와 같이 진정으로 선하고 참사랑하며 남을 참으로 불상이 여기는 종교는 세계에 다시 없는지라"가 그 당시의 사정을 알 수 있게 하는 한 사례이다.

그리스도교는 민중 구원의 위안에 그치지 않았다. 낙후된 봉건사회를 개명케 하던 일종의 '개화운동에 동조'한 자취도 남겼다. 기독교인들의 '교육 사업'에 힘 쏟은 것이 그런 사례에 든다. 그들은 서구세계를 개명된 진보로 이끈 원인을 기독교의 신앙과 아울

6 차재명 편, 《조선예수교장로회 사기(史記)》 참조.

러 행한 '교육에 의한 계몽'이라 믿었다. 당시 기독교 선교사들이 종교전파와 함께 교육에 기여한 요인 또한 이런 사유였다. 1899년. 4월 12일자 《대한그리스도인회보》의 기사로 확인된다. "나라의 개명함은 인재를 교육하는 데 있은즉, 어느 나라든지 만약 개명 진보하려면 각 학문으로 인민을 널리 가르치는 것이 가장 급선무이다"라 했다. 당시 공립학교가 80개교인데 견주어, 기독교 단체가 세운 사립학교는 무려 755개에 달했다.[7] 국가에서 설립한 공립학교의 거의 10배 정도에 이를 성과를 거두었던 것이다.

그들의 업적에는 또 '성경의 한글 번역'으로 인한 '한글의 보급'과 '국어의 발달'도 들어야 한다. 성경의 한글 번역은 물론 그들의 선교 활동을 위한 것이었지만, 기독교의 선교가 성경을 필수로 수반하는 만큼, 기독교의 보급은 곧 '번역본 성경'의 보급으로 통했다. 이에 따른 한국어와 한글로 된 번역본 성경의 보급이 곧 '한국어와 한글의 보급' 및 '그 발달'을 가져왔다. 당시 언문(諺文)으로 취급받던 한글은 우연찮게 기독교 선교사들의 손을 타고 새롭게 보급되고 발달하였다.

한국에서 성경 번역을 최초로 시도한 것은 중국 만주 지방에서 선교하던 로스와 메킨타이어 목사였다. 이들은 이응찬·백홍준·김진기·이성하·서상륜 등의 도움을 받아 《누가복음》·《요한복음》을 번역하여, 1882년 심양(瀋陽)의 문광서원에서 출판했다. 그 뒤 언더우드·아펜젤러·스크랜튼·최병헌·이창식 등이 공동으로 번역한 새로운 《신약성서》가 출간되었다. 이들은 또 1911년에 《신·구약성서》 완역본을 간행했다. 이 한글판의 판매고가 1924년에 60만 부, 1936년에 86만 부를 넘겼긴 사실로 그 보급상을 짐작할 만하

7 1910년 8월 13일자 기독교 관보 참조.

다. 급속히 전파되던 번역본 성경에는 '한문식 문장이나 사투리'가 날이 갈수록 다듬어졌음을 눈 여겨야 한다. 이런 사실로 인한 판단이겠지만, 황용수 같은 국어학자도 "국어에 대한 본격적 연구는 서양선교사들이 먼저 시작했다"고 한다.[8]

한국에 전입된 기독교가 '조선의 근대화'에 기여한 요소로 또 한 가지, '서양 의술(醫術)의 도입'과 '의료사업(醫療事業)의 전개'도 꼽아야 한다. 조선에 제일 먼저 들어온 선교 의사는 1884년(9월 20일)에 들어온 알렌이었다. 그는 미국 북장로교회에서 파견, 한성(서울)의 미국 공사관 의사로 임명된 데 이어 다른 외국공사관의 의사로도 위촉되었다. 이듬해(1885년) 그가 고종에게 왕립병원의 필요성을 진언하여, 마침내(2월 29일) 최초의 서양병원—'광혜원(廣惠院)'을 개원하게 되었다. 이것이 곧 '제중원(濟衆院)'으로 개명한 병원이다.

진료를 개시하자 환자들이 밀려들어 하루에 260명, 일 년에 1만명 정도를 헤아리게 되었다. 알렌 혼자서 감당할 수 없어 미국 북장로교 본부에 증원을 요청, 스크랜턴이 도착했고, 이듬해에는 여의사 애니 앨러스가 들어와 왕녀를 비롯한 왕실의 부인 진료를 담당했다.

알렌의 부인, 언더우드 부인은 의학교육을 위해 학생들을 16명 모집하여 '예과교육'을 했고, 그들 가운데 12명에게 '본과교육'을 시켰다(1886). 하지만 이는 아직 본격적인 의학교육에는 미치지 못했다. 본격적인 의과교육은 훨씬 뒤, 제중원 의학교에서 김순필을 비롯한 7명을 제1회 졸업생으로 배출한 것(1908년 6월)이 '서양의사 양성'의 효시였다. 이것이 연세대학교 전신 '세브란스의학교'의

8 황용수, 《국어학사논고》(집문당, 1986) 참조.

설립과 그 결실이다. 세브란스가 한국 의학계에 기여한 자취는 지금 우리가 짐작하는 대로다.

2) 초기 교인의 사상적 동향

기독교의 영향을 받은 서재필의 《독립신문》은 '인간평등 사상'이 하느님이 준 '천부의 인권'임을 역설했다. "그 나라에 사는 사람은 모두 그 나라 백성이므로 백성마다 어느 만큼 하느님이 주신 권리가 있는데 그 권리는 아무도 빼앗지 못하는 권리요."[9] 인간은 누구나 다 같이 존숭받아야 한다는 기독교의 '천부인권적 평등설(天賦人權的 平等說)'이다. 마치 제퍼슨의 미국 독립선언서의 복사판 같은 사상이다. 달리해, 하느님 앞에서의 '사민평등(四民平等) 사상'이라고도 할 수 있다.

한글판 《제국신문》을 창간한 최병헌도 《황성신문》을 통해(寄書) "천하로는 같은 하나의 민중으로 보고(天下視同一衆) 사해로는 형제라 부를 수 있다(四海可稱兄弟)"(1903년 12월 22일)고 했다. 사해의 만민을 형제로 본 평등관의 피력이다. 이것이 바로 기독교가 지닌 대표적인 사상이자, 당시 지식인이 새롭게 지닌 '기독교적 가치관'이기도 했다.

하지만 당시 교인들이 기독교를 이용하던 시각은 '문명의 개명(開明)'과 '자주독립(自主獨立)'이었다. 독립협회의 기관지 역할을 한 《매일신문》에서 그 증거를 찾을 수 있다. "우리는 특별히 믿지 않는 동포들을 위해 예수교가 나라의 문명 부강과 독립 자주의 근본이 되는 줄을 깨닫게 하노라"(1898년 5월 28일). 안창호(安昌浩: 1878-1938. 島山)가 앞장서 조직한 '신민회(新民會)'가 바로 이런 방향으로

---

9 《독립신문》, 1897년 3월 9일, 논설.

기독교를 이용하기 위한 모임이었다. 강압적인 한일합방을 범한 일제가 뒤에 신민회를 해산시킨 것도 한국인의 독립운동 방해의 일환으로 자행한 탄압이었다.

문제는 인간의 '천부적 평등' 사상과 자주 독립지향의 '진화론 사상'의 상호 충돌에 있었다. 평등의 근본적 사유에는 인간 상호의 갈등이나 경쟁을 넘어선 특성이 잠재하는데, 진화론은 경쟁을 전제한 '약육강식, 우승열패'를 당연시하기 때문이다. 당시 지식인들은 기독교인을 포함해 모두 '진화론에 입각한 자주독립'을 우선시하는 상황이었다. 국가의 부강을 갈구하는 열의로 충만한 풍토였다. 이 기풍의 왕성에는 변법유신(變法維新)의 실패로 일본으로 망명해, 요코하마에서 《신민총보(新民叢報)》를 발행하던 량치차오(梁啓超)의 영향이 컸다.[10] 그 영향은 한마디로 해, 부국 강성을 지향한 진화론이었다.

당시 진화론의 편중적 이용이 가져온 폐단에 대한 비판적 성찰은 물론 없었다. 그 폐단은 제국주의들의 침략을 뒷받침하던 데 있었다. 다시 말해, 그것은 서구 제국주의 열강의 동아경시 및 약탈의 '오리엔탈리즘'으로 드러났고, 일제의 '아시아부정'='조선 침략'으로 드러난 사실로 확인된다. 따라서 서구화로만 직결되는 '모방적 개명'에 의탁하던 사유와 태도는 겉으로 자강(自强)을 표방한들 기대만큼 효과를 거두기 어려웠다. 오직 그 진화의 방향만 바라보고 해악에 대한 비판적 성찰을 결여했던 만큼, 효과는커녕 오히려 열강이 범하는 해악의 현실까지 정상시하는 '오판(誤判)의 결과'를 가져올 뿐이었다.

10 이 풍조는 당시 안창호가 대성학교 교장으로 한문시간에는 오경(五經)보다 량치차오의 《음빙실문집(飮氷室文集)》을 교재로 사용했을 정도였다.

자강(自强)에 의한 자주독립에 대한 개화기 지식인들의 강박관념은 진화론의 늪에 빠진 나머지, 마침내 제국주의 열강의 약소국에 대한 식민지화(植民地化)를 정상시하는 '오류(誤謬)'를 초래했다. "하느님이 주신 권리는 누구도 빼앗지 못하는 권리"라고 주장하던 서재필의 《독립신문》조차 '논설 사이의 상충'을 가져왔다. 제국주의의 식민지 지배의 목적이 '수탈에 있지 않고 보호에 있다'는 논설 등이 그것이다. 논설 만에 그치지 않았다. 개화의 선봉에 섰던 유길준이 제기한 '일제의 보호 아래'에서 조선의 개화와 독립을 모색해야 한다는 견해라든가,[11] 윤치호의 선진국에 의한 '보호 개화 불가피론'이라든가, 한·중·일 상호협력을 강조한 김옥균의 '삼화주의(三和主義)'가 모두 그런 것이었다. 이는 당시 유행하던 시대사상 하나에만 지나치게 편중한 결과로 나온 '불행한 역사적 역류(歷史的 逆流) 현상'에 다름 아니었다.[12]

11 유길준의 이런 사유를 담은 저서로《평화극복책》(1907)이 있다고 한다. 필자는 불가피한 조건으로 아직 찾아보지 못했다.

12 이상 기독교 관련 부분은 필자와 이광래 공저,《우리사상 100년》(현암사, 2001) 가운데, 이광래의 서술을 많이 참조했다.

제24장 독립지향의 종교와 그 사상

1. 단군교(대종교)의 독립정신

1) 단군교의 중광

단군을 교조로 섬기는 민족종교가 단군교(檀君敎)이다. 그 시발은 정확치 않다. 근원을 캐면 단군신앙은 아득한 고대로 올라가는데, 지금 논하는 단군교는 주로 20세기에 형성된 것이다. 일제 침략으로 말미암아 민족정신이 부상함과 때를 같이 한 것을 일컫는다. 교단의 체계를 갖추고 주관자와 신도들의 구성이 새롭게 된 것은 1909년 이후의 일, 여기서는 이를 대상으로 한다. 그러나 본래의 기원이 더 오래이기 때문에, 단군교에서는 이때를 가리켜 '중광(重光) 표현'을 사용한다. 단군교의 이름은 또 대종교(大倧教)라 변경했는데, 그것은 그 이듬해(1910) 일이다.

대종교란 단군교에 대한 수순한 우리말 '한검교'를 한자음으로 전음한 명칭이다. 다시 말해, '한과 검'이 '대(大)와 종(倧)'인 데 근거하여, '대종(大倧)'이라 합성하였다.

단군교의 중광 작업에 누구보다도 기여한 인물은 나철(羅喆: 1813-1916. 弘巖)이다. 나철은 43세 되던 해 한일늑약(을사늑약)이 발표되자, 곧 일본에 네 차례나 잠입하여 오기호와 함께 조약의 폐기를 주장하는 일본 궁성 앞 '단식농성(斷食弄聲)'을 벌이는 한편, 외교 방법으로도 조약의 무효화를 강구했다. 뜻을 이루지 못한 그는 귀국하여 구국의 방법으로 매국정부의 전복과 새 정부 수립을 결심했다. 권총 50여 정을 마련, 오기호 등 50여 동지와 6개 결사대를 조직, 매국노 6적의 암살을 감행하려다 실패했다. 이 사건의 죄목으로 지도(智島)에 유배당했다가, 고종의 내명으로 그해 10월에 사면되었다.

실의에 빠졌던 그는 단군교에 접촉했다. 한 90세의 노인(佰佺, 호頭岩)에게서 (심부름 명목으로) 경전《삼일신고(三一神誥)》와《신사기(神事記)》를 받았다. 1908년 12월 네 번째 도일, 4년간 백방으로 구국 활동하던 그가 두일백(杜一白)에게서 또 경전들을 받는다. 그것이《단군교포명서(檀君敎佈明書)》·《고본신가집(古本神歌集)》·《입교의절(入敎儀節)》·《봉교절차(奉敎節次)》·《봉교과규(奉敎課規)》 등이다. 이를 주던 두일백은 나철에게 단군교의 포명을 부탁했고, 귀국한 뒤에도 그 일을 나철에게 촉구했다고 한다.

나철은 마침내 단군신앙을 구심점으로 한 민족 단합이 곧 민족의 해방과 독립의 길이라는 신념을 굳혔다. 이듬해(1909) 정월 보름에 '단군대황신위(檀君大皇神位)'를 봉안하고, 수십 명의 동지와 제천보본(祭天報本)의 대례도 봉행하고, 〈단군교포명서〉를 선포했다. 그가 마침내 교주(都司敎)로 되었다.

교단 설립(중광) 직후부터 구국의 열정에 찬 신도들이 몰려들기 시작했다. 1910년 6월 29일, 1년 5개월 만에 21,539명의 신도를 헤아리게 되었다. 민족정신 앙양을 통해 독립 쟁취를 기하려던 열망과 열기의 집합이었다.

그러나 이를 방관 방치할 일제가 아니었다. 그네의 탄압 핍박은 드디어 1915년 조선총독부령(83호)으로 〈종교통제안〉을 공포하여,

대종교에게 새삼스런 종교등록을 하도록 하고는 그 등록신청을 거절했다. 대종교에 대해 '비종교단체'의 낙인을 찍어 활동을 금지시켰던 것이다. 단군교 명칭의 대종교로의 변칭 자체가 일제의 이 탄압의 탓이었다.

일제의 핍박에 굴종할 대종교도 아니었다. 그러한 금압 조치에 앞서 교당본부를 아예 만주로 옮겼다. 더 넓은 곳을 활동무대로 삼은 나철은 곧《신리대전(神理大全)》을 저술 발간(1911)했다. 신도를 만주뿐 아니라 중국 내륙, 러시아 등지로 확장, 5년 만에 망명동포의 80%인 30만 명을 헤아리게 했다. 해내외를 막론하고 명실 공히 독립운동을 위한 '정신적 구심점(精神的 求心點)'이 되었다.

이 무렵 54세의 나철은 바라던 독립이 자기 개인의 힘만으로는 더 이상 진척을 보기 어렵다고 판단했던지, 1916년 교주 자리를 김헌(金獻: 1868-1923. 茂園)에게 물려주고 황해도 구월산의 삼성사(三聖祠)로 향했다. 삼성사는 환인(桓因)·환웅(桓雄)·단군(檀君)의 삼신을 모신 사당이다. 거기서 3일간의 수도를 빙자로 문을 걸고, 폐기법(閉氣法)에 의해 숨을 거두었다.

2) 대종교의 독립운동

대종교가 견지한 독립정신은 2대 교조 김헌[1]에게 이어졌다. 그 역시 만주로 망명한 교인으로 독립정신을 몸소 실천에 옮긴 애국자이다. 그는 독립운동의 대표적 인사 39인과 연락하여 연대의 끈을 이었다. 김규식·박은식·김동삼·이승만·이시영·김좌진·이동휘·신

1 김헌은 1868년 수원에서 태어나 18세에 과거(科擧)에 급제하여 규장각(奎章閣) 부제학(副提學)을 받았다. 그러나 취임하지 않은 그는 경술국치(庚戌國恥)의 한을 안고 그 해에 대종교에 입교하였다. 교단의 교통(敎統)을 거쳐 사교(司敎)에 이르러 제2대 교조로 되었다.

채호·조소앙·안창호 등이 그들이다. 이들의 동의를 얻은 김현은 대종교 총본사에서 1918년 〈무오대한독립선언서〉를 작성 발표했다. 그것을 국내에는 물론이고 국외로 중국·노령·미국·일본 등에도 발송했다. 이것이 1919년 기미독립선언서 나오기 3개월 전이었다. 1919년 2월 8일 도쿄 유학생들의 독립선언서와 3월 1일 서울의 독립선언에 영향을 끼친 기폭제였다는 것이 대종교 측의 견해이다.

대종교의 독립운동은 또 독립군 양성으로 이어진다. 김헌과 함께 나철의 양대 제자의 하나인 서일(徐一: 1881-1921. 白圃)은 국내에서 항일운동을 하다가 만주로 온 '의병들을 규합'하여 '중광단(重光團)'을 조직, 단장에 취임했다. 1918년 그는 김좌진(金佐鎭) 장군을 영입하고, 현천묵·조성환·이범석·김규식·이홍래·박성태 등과 협의, 이것을 다시 '북로군정서'로 개편했다. 40만 교도들의 성금으로 무기를 구입, 500명의 독립군을 완전 무장시킨 이것은 (같은 교인) 이시영이 세운 '서로군정서'의 신흥무관학교와 쌍벽을 이루었다.

청산리 전투에서 일본군을 크게 섬멸한 것도 바로 이 북로군정서의 장병들이다. 1920년 9월 북로군정서는 참모장에 나중소 장군을 세우고, 제1지대를 김좌진 장군이 맡고, 제2대를 이범석 장군이 지휘했다. 이들 독립군은 청산리 백운평(白雲坪) 협곡에 매복했다가, 이곳에 들어온 일본군 2,000명을 순식간에 전멸했다. 이어 천수평(泉水坪)의 일본 기마대마저 섬멸했다. 적군은 청산리를 빠져나오면서 저희끼리 대전해 6,700명의 사상자를 냈다. 양군의 최대 격전장인 마록구(馬鹿溝)에서는 아군의 50배가 넘는 적군 1,000여 명을 몰살시키는 전과도 올렸다.

그 뒤 일본군의 보복을 예측한 대종교 군병은 만소국경 당벽진

(當壁鎭)으로 이동했다. 그곳에서 홍병도 장군과 이청천 장군이 이끌던 대한독립군단과 구춘선의 예수교파 간도대한국민회의, 이명순 휘하의 대한국민회, 그 밖에 대한신민회·도독부·의군부·혈성단 등 10개 독립군 단체가 모두 북로군정서에 합류했다. 명실 공히 북로군정서가 그 지역 '독립군의 주축'이 되었다. 야포와 매수한 비적떼 2만 명을 동원한 일본군의 야습에 이듬해(1921) 패퇴하기까지 이것이 '대종교 독립투쟁' 절정기의 모습이었다.

3) 대종교의 사상

대종교 사상의 근간은 나철의 《신리대전》에 담겼는데, 북로군정서 독립군을 지휘한 서일(徐一)의 저술로 더 보충되었다. 서일은 최남선이 스승으로 모셨듯이 국사에 밝았고, 철학에도 조예가 깊었다. 그의 저서는 철학 분야에 《삼일신고강의(三一神誥講義)》·《회삼경(會三經)》·《진리도설(眞理圖說)》이 있고, 역사서로 《신단민사(神檀民史)》·《신단실기(神檀實記)》·《단조사고(檀祖事攷)》가 있다.

대종교의 신앙대상은 환인(桓因)·환웅(桓雄)·단군(檀君) 셋으로 대표된다. 하느님인 환인, 그 아들인 환웅, 손자인 단군을 섬기는 종교가 단군교, 곧 대종교이다. 환웅은 태백산 신단수에 내려와 나라를 세운 배달민족의 국가의 시조이다. 단군은 그에게서 기원전 2333년 10월 3일 이 나라를 이어받았다. 그 뒤 단군신앙의 줄기는 계속되어 부여에서는 '대천교(代天教)'로, 고구려에서는 '경천교(敬天教)'로, 고려에서는 '왕검교(王儉教)'로, 조선에서는 '대종교(大倧教)'로 이어왔다.

대종교의 세 분 신들(환인, 환웅, 단군)은 그 역할로 구분될 뿐, 신의 특성(神性)을 다 같이 공유했다고 한다. '삼신일체(三神一體)의 특성'이라는 설명이다. 기독교의 '삼위일체설'에 비견될 만하다. 보다 더 구체적인 이론은 우리 말 '한'이 지닌 의미에 따라 나온다. 곧 '한'이 '하나', '큼', '한 가지로 같음', '중간', 및 '쯤'이라 하는 의미들(多義)이 곧 하느님에 대한 해명으로 된다.

대표적 경전 중 하나인《천부경(天符經)》에 따르면, 우주 자연의 변화원리는 '일(一)과 삼(三)의 독특한 변화'로 설명된다. 하나(一)와 많음(多)의 설명 또한 일과 삼의 관계 변화로 해석하려 함을 본다. 그로 인해 대종교의 철학을 '삼일철학(三一哲學)'이라 부른다. 신관 또한 '삼일신론(三一神論)'이라 한다.

그 요지는 하느님인 하나의 존재가 덕(德)과 지혜(慧)와 힘(力)이라는 셋으로 드러나는 특징이라는 것이다. 그 '하느님이 온 누리를 지으셨다'이고, 그는 또한 없는 데가 없다'고 한다. 유일신관과 아울러 범신론적 이론을 구사하는 종교가 대종교라 할 수 있다.[2]

2. 자강화 특징의 유교 개혁

1) 대동교의 창설

유교는 19세기 말엽 '위정척사 운동'과 20세기 초 '의병 역할'로 '한 시대의 임무'를 매듭지은 듯했다. 더 이상 시대의 흐름을 이끌 동력이 유교에는 남은 것 같지 않았다. 유학을 더 이끌 만큼 존숭받던 인물들은 의병으로 전사했거나,[3] 나라 잃은 선비의 수치를

2 이상, 윤사순·이광래,《우리사상 100년》(현암사, 2001) 가운데 필자의 〈대종교의 민족·독립정신〉을 축약했다.

3 이 무렵의 의병전투로는 민긍호(閔肯鎬)가 1907년 8월 5일 강원도 원주에서 일으킨 것이 가장 컸다, 민긍호는 장날이던 그날 민중이 많이 모인 기회를 이용, 300여 명을 규합하여, 원주 진위대 무기고를 부수고 1,600여 정의 소총과 탄약

감당 못해 자결했기 때문이다.

개화사상이 시대사상의 자리를 차지한 판국에, 일제의 변복령(變服令)과 단발경(斷髮令)까지 맞아 유교인들은 거세게 저항했지만, 저항은 효력을 거두지 못한 채 허망한 과거사로 지나친 꼴이 되었다. 통치원리였던 유학(성리학)은 국망의 원흉처럼 보는 시각이 많아졌을 따름이다.

개화 이름으로 날로 서구화하는 사조에서 잔존한 유학자들은 유교 명맥을 유지하고 동시에 시대적 임무로 여긴 '독립정신'까지 갖추려면, 오직 '흘러간 구학(舊學)'의 모습을 탈피하는 '자기 개혁'이 급선무임을 깨달았다.

기독교의 영향 또한 무시할 수 없었다. 오히려 배척하던 기독교의 유용 유력한 측면을 날이 갈수록 배우려 했다. '창조적인 인격신관'이라든가 '교회 중심의 집단적 구조' 등이 그런 것이다. 이 무렵 중국에서도 유학은 조선과 거의 같은 처지였기에, 캉유웨이(康有爲: 1858-1927) 등의 주동으로 개혁 유교, '공교회(孔敎會)'가 등장함을 이곳 유교인들은 목도했다. 20세기 초엽 드디어 유교 개혁이 한국에서도 이루지기 시작했다. 그 효시가 박은식과 장지영이 '개혁 유교'로 창설한 '대동교(大同敎)'이다. 1909년 9월의 일이다.

2) 대동교의 사상

박은식과 장지연은 《황성신문》 등을 통해 '민족자강'의 국민계몽

....

을 노획, 원주 우편취급소와 일본 경찰을 습격, 원주읍을 장악했다. 곧 이어 제천 죽산 장호원 여주 홍천 등지를 점령하며, 대단한 전과를 거두었다. 민긍호 의병장이 이끌던 이 부대가 단위부대로는 전국에서 최대인 수 천 명에 이르렀다. 그들은 모두 100여 차례의 전투를 감행, 일본군에게 큰 피해를 입혔다 하지만 민긍호 의병장은 이듬해 2월 29일 43세의 나이로 장렬히 순국했다.

에 앞장섰던 언론인이자 사상가이다. 자강운동의 시각에서 기존 유교계의 폐단 불식에도 누구 못지않았던 이들은 '유교개혁'에 착수, 그 명칭까지 바꾸어 '대동교라는 새로운 유교'를 설립했다. 대동교의 개명은 일제와 친일파의 농간에 기인한 것이기도 했다.

일제의 강점이 진행되자 이완용(李完用)을 비롯한 친일파가 생겼음은 다 알려진 대로다. 이완용과 신기선(申箕善) 등은 그 전해(1908)에 유교 확장을 구실로 친일 유림조직인 '대동학회(大東學會)'를 조직했다(이것이 그해 10월에 공자교회孔子敎會로 개칭된 것이다). 저들은 교인 또는 교도가 가장 많은 유교를 이용하여 친일파 확대를 꾀했다. 이를 저지하기 위해 나선 박은식과 장지연은 아예 대동 명칭의 '새 유교—대동교'—를 창립했다. 그 창립부터가 일제에 대항하는 애국애족의 반일정신, 독립정신의 일환이었다.

본래 '대동(大同)' 개념은 유교의 으뜸가는 '이상사회(理想社會)'로 그려진 사회상을 의미한다. 유교 경전《예기(禮記)》에 담긴 다음과 같은 내용이 '대동사회'이다. 화평한 가운데 인간들이 서로 화목하고, 도덕적 질서가 실현되고, 복지시설이 완비된 사회이다. 이를테면, 종교가 공통으로 추구하는 '행복한 이상세계(유토피아)'를 가리킨 것이 대동이었다. 기존의 유교에 담겼던 폐단을 찾을 수 없도록 참신하게 개선하고, 유교에서 행복의 보장은커녕 도덕의 실천만을 요구하던 점도 여기에는 별로 드러나지 않는 새로운 모습이었다.[4]

'대동'의 이상사회에 대한 유교의 이론은 또《춘추(春秋)》에도 나

4 유교는 원래《중용》에서 "도를 닦는 데서 가르침(敎)이 있게 된다"고 했듯이, 믿어 '마음의 안정(安心)'을 갖게 하는 종교의 성격보다 가르침의 '교화 또는 교육'의 성격이 강한 특징을 띤다. 이런 점에서 유교는 일반적 종교의 성격과 다름을 부인하기 어렵다.

온다. 그에 따르면, 사회의 발달 자체가 거란세(據亂世)라는 혼돈사회로부터, 소강세(小康世)라는 약간이나마 안정된 사회를 거쳐, 온전히 안정된 사회인 대동세(大同世)로 진전한다는 것이다. 보기에 따라서는 당시 유행하던 사회진화론과 별다름 없는 사유였다.

박은식과 장지연은 비록 천당을 논하지 않는 유교일지라도, 민중에게 희망을 주는 요소가 있음에 착안, 대동사회 관념을 이용했던 것이다. 그들은 대동교의 종지가 바로 공자 이래 전래되는 인(仁)임을 밝혔다. 그리고 인간사랑(愛人)의 의미를 담은 '인의 정신'을 회복하여, 온 인류의 '태평과 복락'을 향유하게 하는 종교로 출발한 것이 대동교임을 천명했다.

대동교의 편집부장을 맡았던 장지연은 새로운 대동교의 개혁사상을 6가지로 밝혔다. ① 보수 아닌 '진화(進化)'로, ② 전제(專制) 아닌 '평등(平等)'으로, ③ 독선 아닌 '겸선(兼善)'으로, ④ 문약 아닌 '강립(强立)'으로, ⑤ 단협(單狹) 아닌 '박포(博包)'로, ⑥ 허위 아닌 '지성(至誠)'으로 한다는 내용이다. 이것이 앞의 인(仁) 사상과 함께 대동교의 '6대주의'로 불리는 종지이고, 장지연의 강국화를 위한 '자강주의'와도 맥락을 같이 한 것이다.

물론 당시 캉유웨이가 중국의 강국화를 꾀하느라 대동사상을 주장했던 그 영향이 이들에게 없지 않았다. 하지만 대동 개념 자체가 이미 인간의 단합 단결 의미를 내포했음을 고려하면, 대동교의 설립은 곧 '자주 독립'을 위한 방법에 드는 사실을 부인할 수 없다.

박은식은 이런 맥락에서 '대동의 정(情)' 개념을 제시했다. 그것은 바로 인간의 타고난 '호오(好惡)의 정'을 가리킨다. 인간 감정의 움직임은 구체적으로 "사망·치욕·위태·비천·화환(禍患)을 싫어하는 반면", "생존·영화·안락·존귀·복지를 좋아한다"는 내용이다.

이런 호오의 정을 재론한 의도는 대동교의 운용이 초래할 성과를 위함에 있었다. 곧 일제로 인한 치욕과 비천 등을 피하고, 누구나 바라고 추구하는 자유로운 생존 안락 복지를 고려해 운영하면, '민중의 단합'이 가능할 것이라는 확신과 기대에서 제시한 것이었다. 그의 표현으로, "대동의 정이 단합의 목적으로 추진되는 것은 당연한 이(理)"이기 때문이다. 민중의 단합이 또한 자주 독립의 성취를 목적으로 하였다는 해명이다. 따라서 이는 당시 장지연과 함께 일으킨 '대한자강회'의 자강운동(自强運動)과 직결되었던 것이기도 하다.

박은식에게는 특히 '개신유학자'의 모습이 역력했다. 대종교의 종교부장이던 박은식은 유교개혁을 담은 글 〈유교구신론(儒教求新論)〉을 지어 냈다. 이는 조선의 통치원리이던 주자학, 곧 성리학을 버리고, 반주자학 성격으로 이루어진 양명학(陽明學)을 바탕으로 유학의 새로운 진흥을 꾀한 저서이다. 개신유학자 이외의 박은식의 또 다른 모습은 '민족주의 사학자'이다. 그것은 항목을 바꾸어 뒤에서 언급하겠다.

장지연 또한 개신유학자로 《조선유교연원(朝鮮儒教淵源)》을 저술했다. 이는 '조선 유학의 역사적 흐름의 맥'을 처음으로 정리한 업적으로 높이 평가받는다. 그 또한 대한자강회의 대표로 계몽활동에 이바지했을 뿐만 아니라, 《황성신문》·《대한매일신보》를 통한 언론인으로서도 박은식과 함께 민족계몽에 지대한 업적을 남겼다. 뒷장에서 별도로 다시 언급할 것이다.

3) 이승희의 공교와 이병헌의 공교사상

유교를 당시 시대에 맞는 새로운 유교로 변혁하려던 학자로 이승희(李承熙: 1847-1916. 韓溪)와 이병헌(李炳憲: 1890-1940. 眞庵)도 있었다.

이들은 제각기 유교를 '공교(孔教)'라는 이름으로 변혁한 사람들이다. 이들은 서로 밀접한 관련 없이 똑같은 명칭의 공교를 설립했다. 아마도 당시 중국에서 캉유웨이 등이 일으킨 공교운동의 영향이었으리라 짐작된다.

이승희는 한말 성리학계의 대가로 위정척사 운동을 주도한 인물 중 하나인 이진상(李震相: 1818-1886. 寒洲)의 자제이다. 부친의 학통을 이어 성리학을 익혔지만, 을사늑약이 이루어지자 62세(1908)로 망명의 길을 택했다. 일제에 저항할 방법을 찾던 그는 블라디보스토크를 거쳐 만주로 갔다.

만주에 도착한 그는 그곳(密山府 韓興洞)에 독립운동의 기지로 한국인 부락을 세웠다. 한국인 공동체의 정신적 구심 역할을 할 목적에서 '공교회'를 도입, 공교운동을 시작했다. 공교 설립은 망명 전부터 계획한 것으로 전해진다. 공교를 생활화하기 위하여 〈일칙명(日則銘)〉·〈일송오강(日誦五綱)〉·〈오강십목(五綱十目)〉 등을 지어 매일 아침 낭송토록 했다. 기존의 유교에서 볼 수 없던 기독교의 방식이라 할 모습이었다.

근본에서는 '공자를 교주'로 모시면서도, 종주는 '인격신 하느님(上帝)'을 믿고 섬기었다. 기존의 유교와 다른 것은 하느님(상제)과 동격의 태극(太極)을 위치시킨 점이었다. 성리학에서 태극은 우주 생성의 근원적 원리(理)이기 때문이었던 만큼, 이를 이해하지 못할 것도 없지 않다. 이승희의 사유로 공교가 새로운 종교일 바에야 바로 '우주 만물을 생기게 한 것'으로 믿는 태극도 하느님 못지않아야 한다고 여겼던 것 같다. 그로서 이런 점을 공교에 종교와 철학을 합쳐 놓은 특징이라 할 것이다.

이승희는 공교를 만주에 설립한 뒤, 1913년에는 '북경공교회'를 방문하여 상호 교류의 길을 텄다. 중국인들의 《공교잡지》에 그가 〈공교진행론〉·〈공교교과론〉·〈공사관복설(孔祀冠服說)〉 등을 발표한 것은 그 교류의 농도가 결코 피상적 형식에 그치지 않았음을 알게 한다.

다른 한편, 이병헌은 공교를 국내에 설립했다. 그 역시 청소년기에는 성리학을 익히다가 34세 때(1903) 서울에 와 세태의 급변을 실감하고, 《태서신사(泰西新史)》 등 서양에 관한 서적을 통하여 서양에 대한 지식을 습득했다. 이 새로운 지식이 그의 사상적 전환을 가져왔다. 유교가 구태를 탈피하지 않으면 안 된다는 각성을 갖게 되어, 그를 개혁 유교인 '공교(孔教)의 설립자'로 나서게 했다.

그의 공교 운동 또한 캉유웨이의 영향을 많이 받았다. 다섯 차례나 중국으로 가서 그의 지도를 받았다. 캉유웨이는 그에게 '국가의 명맥은 민족정신'에 달렸는데, 그 정신을 유지하는 요건은 종교임을 역설했다고 한다. 아무튼 이병헌은 종교 중에도 특히 유교를 '나라의 생명(自國之生命)'으로 삼고, 위난에 처한 국가의 위기 극복을 우선시했다. 그의 1921년 간행물 〈역사교리착종담(歷史教理錯綜談)〉·〈오족당봉유교론(吾族當奉儒教論)〉이 그 영향으로 나온 것이다.

당시 일제는 총독부 종교령으로 유교를 종교 단체에서 삭제했다. 그는 일제의 조치에 항의서를 제출하고, 유교의 종교 성격을 낱낱이 밝혔다. 이 내용을 정리하여 출판한 책이 그의 대표작《유교복원론(儒教復原論)》(1919)이다. 이승희와 마찬가지로 이병헌도 신(神)을 상제라고 하면서 태극도 신임은 물론이고, '마음[心]도 신'으로 여겼다. 유교의 변신에 열중한 그는 기존의 유교를 '향교식 유교'라 하고 자신의 공교를 '교회식 유교'라고 했다.

그의 공교는 실제로 기독교의 체제와 내용을 많이 닮았다. 유교를 '기독교식 교단체제'로 바꾸려 하면서, 공자를 교당(教堂)에 모시고, 유교의 성경을 선택하여 번역 배포했고, 교사(教士)를 두어 경전을 강설할 방법을 제안했다. 1923년 그는 공자의 고향인 중국 곡부(曲阜)의 공자상(孔子像)을 모사하여 '서당(書堂) 안의 문묘(文廟)'에 봉안했다. 물론 서당이라는 사설 문묘에 선현과 조상 신위를 봉안함은 성균관과 향교에서 하던 식과 달랐다. 그 까닭에 그의 처사는 보수 유림의 강력한 배척에 부딪쳐 마침내 좌절되고 말았다.[5]

3. 불교의 혁신

1) 불교계의 상황

불교계에도 혁신의 풍조가 일었다. 개화의 영향도 있었지만, 보다 더 큰 원인은 일본 불교의 침식에 있었다. 일제는 강점 이후 조선에 그들의 진종본원사(眞宗本源寺)를 비롯한 많은 종파의 별원(別院)을 세웠다. 1877년 부산에 진종본원사의 본원을 세운 뒤로, 원산·인천·경성·목포 등 심지어 지방 소도시에도 세웠다.

한국인의 포섭을 위한 이 야욕의 방법은 매우 간교했다. 자선(慈善)을 앞세웠던 탓에 그 속내가 선뜻 잡히지 않는 것이었다. 예로, 빈민구호, 행려병자의 구조, 감옥의 옥수교화 등을 행한 것이었다. 조선 불교인들에게 이는 충격이 아닐 수 없었다. 조선불교의 무력화(無力化)를 노린 노림수였기 때문이다.

지배층의 유교인에게 배척받던 분위기에서도 임진왜란을 당해

5 이상, 윤사순·이광래, 《우리사상100년》(현암사, 2001) 가운데 필자의 〈유교의 종교 개혁, 대동교와 공교〉를 축약했음.

서는 승병(僧兵)을 일으켜 왜적과 싸운 조선불교였던 만큼, '호국불교(護國佛敎)'의 전통'을 지닌 불교계가 이를 방치하지 않았다. 일본불교 전파의 저지는 당연하고도 자연스럽기까지 했다. 저들의 불교 전파 방지를 위해 불교계는 '자강의 단합'과 단합을 향한 '혁신의 필요성'을 깨닫게 되었다.

1910년경에 제기한 권상로(權相老: 1879-1965. 退耕堂)의 〈조선불교혁신론〉, 한용운(韓龍雲: 1879-1944. 萬海)의 〈조선불교유신론〉, 백상규(白相奎: 1865-1940. 龍城)의 〈불교혁신설〉이 그것이다. 불교혁신을 가장 체계 있고 상세히 논급한 것이 한용운의 이론이라 하겠다.

2) 한용운의 불교관과 혁신설

시인이고 불교 승려이던 한용운에게는 '자유(自由)의 의지(意志)'가 자리 잡고 있었다. 사람이 꾀하는 일의 성패를 하늘이 좌우한다는 생각은 '자유의 포기'이고, 자유의 포기는 곧 '노예(奴隸)로 전락'함에 다름 아니라고 했다. 일제의 지배 아래 '노예' 같은 처지에서 한시바삐 벗어나야 한다는 것, '자주독립(自主獨立)의 해방'을 갈구하던 승려가 한용운이었다. 1919년 3.1 독립운동의 '33인 중 하나'였고, 시='님의 침묵'만 상기해도 그의 독립정신은 더 말할 나위가 없다.

그는 불교란 '깨달음(覺)의 종교'일 뿐, 천당을 막연히 찾는 미신 아님을 강조했다. 미신 요소를 타파한 불교 본래의 '이성적 신앙', '철학적 종교'의 모습을 회복하려 노력했다. 그렇게 해야만 불교는 '미래의 도덕·문명의 원료품 구실'을 착실히 하게 된다는 신념에 찬 학자였다.

그에 따르면, 깨달음이 곧 인간구제이고, 그 깨달음은 누구나 차별 없이 가능하다. 불교의 핵심사상은 '구세주의(救世主義)'와 '평등주의(平等主義)'라는 것이다. 평등주의는 근대 서구사상과 통하고, 구세주의야말로 고금의 성현들 사상과 일치하는 것임을 지적하면서, 그는 불교의 근대적 부활을 꾀했다.

그가 시도한 불교의 '구폐(舊弊) 개혁'은 다음 몇 항목으로 정리된다. ① 승려들에 대한 '교육'—이것은 다시 기초적인 보통학, 모범적 사범학, 외국 유학의 셋으로 분류됨. ② '참다운 참선(禪定)'을 위해 사찰 안에 '선학관(禪學館)'을 별도로 건립할 것. ③ 형식에 치우친 (소리만의) 염불로 그치게 하는 염불당(念佛堂)을 폐지하고, 각자가 부처님을 진심으로 마음에 담는 '염불의 실천'을 해야 함. ④ 불교의 포교 부진을 극복, 그 적극화를 위해 설법 이상의 신문 잡지의 이용과 경전 번역본의 유포가 필요함. ⑤ 사찰의 산간 설립을 벗어나 '도시로 진출'하여, 경쟁심을 지닌 진보의 정신을 고취해야 함. ⑥ 수많은 소회(塑繪)—예로 나한독성(羅漢獨聖)·칠성(七星)·시왕(十王)·신종(神宗) 등—를 폐지하고, '석가모니 한 분만' 모실 것 등이다.

3) 불교의 변신—원불교

원불교는 박중빈(朴重彬: 1891-1943. 少太山)이 창건한 민간종교이다. 불교 사상의 일부를 이용하고, 도시로 진출, 대중과 호흡하면서 '구세의 목적'을 이루려는 종교이다. 불교라는 어휘를 넣고 있으나 불교의 한 분파는 아니다. 오히려 독자적 특성을 추구하는 측면을 많이 지녔다. 불교에 '원(圓)'자를 더 넣고 있음이 종래 불교와의 차이를 명시하는 점이라 한다.

원불교에서도 '개벽(開闢)' 표현의 '이상세계'를 상정한다. 인간들이 점차 물질의 노예가 되어간다고 지적하지만, '과학문명'을 완전히 부정하지도 않는다. 이 점이 당시에 대두한 다른 민간종교들과 다르다. 안으로 정신문명을 촉진하여 과학을 발전시키는 '영육(靈肉)의 쌍전(雙全)'을 통한 평화를 희구한다는 것이다.

정신문화의 발전을 위해 박중빈은 '인의(仁義)'로 대표되는 유교사상도 받아들였다. '충·효·열(烈)의 덕목들'을 매우 중요시했다. 그는 '오륜의 도덕'을 준수하는 분위기에서 자라며 그 장점을 익혔기 때문인지, 예절(禮節) 또한 매우 중요시하여 '예절의 실행'을 실학(實學)이라고까지 평가했다.

불교를 논할 경우에는 특히 "불법이 곧 생활이며 생활이 곧 불법임"을 강조했다. 불교사상 중에서 '법신불(法身佛) 사상'에 치중한 경향이 짙다. 그에 따르면, 법신불이 곧 '만법의 근원인 진리불(眞理佛)'이다. 법신은 곧 진리를 의미하고 이것이 곧 '일원(一圓)'으로 상징된다는 것이다.[6] 일원상은 곧 '사은(四恩)'을 요체로 하는데, 사은이란 '천지·부모·동포·법률'로 말미암아 받는 네 은혜를 가리킨다. 대중과 교류하고 대중적인 종교로 되는 원불교의 특징이 바로 이런 데서 확인된다. 독립운동에 참여한 치열함이 별로 찾아지지 않는 것도 당시의 다른 종교와 다른 또 하나의 특징에 든다.[7]

6 《원불교전서》, 서두, 〈교리도〉 참조.

7 좀더 상세한 것은 필자와 이광래의 공저 《우리사상 100년》(현암사, 2001) 가운데 필자의 〈원불교—불교의 변신〉을 참조하면 도움이 될 것이다.

제25장 민족주의의 대두와 응용

1. 민족주의와 국사탐구

1) 민족주의 곧 독립주의

박은식과 장지연이 유교를 '대동교로 개혁'한 것 자체가 유교의 폐단을 혁신한 '종교개혁운동'임과 아울러, '독립운동'의 일환이었다. 일제의 세력 확장의 수단으로 유교를 이용하려던 음모적 계략을 저지시킬 방법이었던 만큼, 대동교로의 개혁은 곧 독립을 위한 '조선인의 대동단결(大同團結)'에 더 큰 목적과 가치를 둔 조치였다.

독립지향의 유교 개혁과 자강운동 등 박은식과 장지연이 시도한 행위에는 그것들을 뒷받침한 '사상적 이념(理念)'이 있었다. 그것은 바로 '민족주의(民族主義)'였다. 저들의 독립운동은 저들의 민족주의가 빚어 낸 산물이었다. 저들이 간여하던《황성신문》과《대한매일신보》에서 이점이 명백히 확인된다. 다음은 1909년 5월 28일자《대한매일신보》에 실린 글이다. "이 제국주의에 저항할 방법은 무엇인가? 바로 민족주의(타민족의 간섭을 받지 않는 주의)를 분휘함이 이것이니라. 이 민족주의는 실로 민족 보전의 불이적 법문(不二的法門)이라."[1]

당시 일제로부터 자주독립, 해방을 쟁취하는 길이 아무리 여러 가지였다 해도, 이념으로는 '민족주의' 하나로 귀착된다. 20세기 초 한국에서도 민족주의가 제창되었다. 그런데 주의할 것이 하나 있다. 한국의 이 민족주의는 제국주의자들이 논하는 그것과 결코 같지 않다는 점이다. 이 문장 안에 이미 "타민족의 간섭을 받지 않는 주의"라고 했듯이, 제국주의자들의 민족주의는 '패권적 침략주의(侵略主義)' 성격인 데 반하여, 이는 '자기보존(自己保存)'을 위한 '자기방어(自己防禦)'의 의미로 낸 이념적 구호에 지나지 않았다. 당시 한국인의 민족주의는 곧 '독립정신'을 알맹이로 한 '독립주의(獨立主義)'라 할 사상에 다름 아니다.

당시 민족주의 이념 아래 독립운동과 독립 지향의 계몽 및 학문적 업적을 크게 남긴 또 하나의 학자가 바로 이들과 한 때 함께 활동한 신채호(申采浩: 1880-1936. 단재丹齋)이다. 이들 셋은 모두 교육과 산업 장려의 '자강운동'과 함께 '국사찬술(國史撰述)'을 통하여 독립정신을 일깨운 '역사학자'로서의 공통점을 가지고 있다.

2) 국혼 각성제로 이용한 민족주의

박은식은 일찍이 이항로의 문인으로 관서 지방의 대표적 성리학자 박문일(朴文一: 1822-1894)·박문오(朴文五: 1835-1899) 형제에게 성리학을 배웠다. 27세에 향시에 특선되고 30부터 36세까지 참봉을 하였다. 40세 이후 중국의 노(老)·장(莊)·양(楊)·신(申)의 학설과 불교·기독교의 교리를 모두 익혔다. 하지만 40 무렵에는 성리학에서 벗어나는 사상 전환을 하게 되었다.

1 당시의 한문 어투를 오늘날의 한글식 어투로 필자가 조금 손질하였음을 밝힌다.

시대상황이 성리학에 안주할 수 없음, 곧 경신(更新)을 필요성을 알게 된 그는 독립협회, 만민공동회에 참여했고,《황성신문》이 창간됨에 장지연과 함께 입사, 논설기자로 출발했다. 이것이 개화파 종류의 애국 계몽가로 그가 변신한 모습이었다. 장지연과 함께 그가 시도한 계몽 활동의 하나가 '대한자강회(大韓自强會)의 설립과 활동'이었고, 앞서 살핀 '대동교(大同教)'의 설립이 그 다음 업적이었다.

이 모두 사상에 있어서는 사회진화론의 영향이었다. 대동교의 설립만 해도 "종교의 우열에 흥국과 망국이 달렸다"는 종교관에 의한 것이다. 경세제민과 병행되도록 종교가 감당해야 할 것이 '도덕의 가르침(道德之教)', 곧 '사회에 대한 교화' 사업이라는 사유가 대동교 설립에 작용했던 것이다.

박은식에 있어 종교 못지않게 중요시하는 분야가 '역사학'이었다. 그 '역사관' 또한 독립과 긴밀히 관련 되었다. "국체(國體)는 망하여도 국혼이 불멸하면 부활이 가능하다. 지금 국혼인 역사마저 없으니 통한을 금치 못하겠다"라 했다. 한 나라의 역사가 곧 그 '나라의 혼, 국혼(國魂)'이라는 것이 그의 신념이었다.

국혼 역할을 해야 할 국사가 당시에 없으므로, 그 자신이 국사의 찬술에 진력할 수밖에 없었다. 그의 국사 찬술은 국내에서나 국외의 망명 시기에서나 줄기차게 이어진 그의 최대 과업이었다. 민족혼을 일깨우는 시각의 그 역사 찬술은 '민족주의(民族主義)의 성향'으로 이루어지지 않을 수 없었다. 그가 지닌 '민족주의 사학자' 모습은 필연이었던 셈이다. 그의 민족주의는 일종의 '국혼 각성제(國魂 覺醒劑)'와 같았기 때문이다.

박은식이 이룬 역사서로는 먼저《몽견금태조전》·《동명성왕실기》·《발해태조건국지》·《연개소문전》을 들게 된다. 금과 발해의 역사야말로 당시까지 사학계에서 생각조차 하지 못한 부분을 개척한 그의 선각자적 업적이다. 이어 그의 대표적 역사서로 알려진 것이《한국독립운동혈사(韓國獨立運動血史)》와《한국통사(韓國痛史)》이다. 이것들은 모두 한국 근대사에 대한 저술이다. 앞은 동학농민전쟁으로부터 3·1독립운동 시기까지 기간의 역사이고, 뒤는 흥선대원군의 집정기로부터 조선 패망 때까지의 역사이다. 독립투쟁의 구체적 내용을 소상히 증언한 것이다. 그의 '민족사관'이 어느 책에서보다도 이에서 두드러지게 드러난다.

이 밖에《안의사중근전(安義士重根傳)》·《이순신전(李舜臣傳)》·《이준전(李儁傳)》도 있다. 특히 안중근 의사와 이순신에 대한 저술은 당시 유행한 사관, 곧 '영웅사관(英雄史觀)'이 작용한 것이다. 역사의 흐름은 무엇보다 '영웅의 힘'이 가장 큰 요인이라는, 영웅이 '역사의 주역'이라는 사관으로 이루어진 작품들이다. 이런 박은식의 역사서의 특징에는 물론 장단점이 있지만, 여기서는 평가보다는 사실의 지적이 더 긴요하다. 필자는 이 저서들에서 그의 민족주의가 독립을 위한 국혼 각성제로 작용한 사실을 밝힐 따름이다.[2]

장지연(張志淵)의 경우는 이보다 조금 덜 강경한 인상을 띠지만, 민족주의를 바탕으로 한 업적 성취에서는 마찬가지이다.《황성신문》기자로 출발한 그는 을사늑약 소식을 듣자 "오늘이여, 목 놓아 통곡한다(是日也 放聲大哭)"는 그 사설의 저자로 알려졌음은 다 아는 것이다. 당시 온 겨레를 분노케 한 명문장의 시대평설 저자였다.

그는 앞서 밝힌 대로《조선유학연원(朝鮮儒學淵源)》도 저술하여

2 윤사순·이광래, 〈애국계몽정신, 독립정신, 그리고 민족주의〉,《우리사상 100년》(현암사, 2001) 참조.

조선 유학에 조예가 깊은 유학자의 면모를 보였다. 그 저서는 조선 유학의 흐름의 맥락을 밝힌 것이지만, 서론에서부터 조선 유학에 담긴 한국인의 긍지(矜持)를 뚜렷이 나타냈음에 주목해야 한다. 그 긍지란 다음과 같다.

조선의 유학은 기자(箕子)로 출발했다는 것, 기자는 공자보다 앞서는 동이족인 은(殷)나라 사람이라는 것, 따라서 공자로부터 시작한 중국 유학보다도 조선 유학이 더 '선진유학(先進儒學)'이라는 것이다. 조선이 '유학의 종주국(宗主國)'임을 피력한 대목이다. 이 밖에도 조선 유학을 일본에 알려 준 사실과 중국이나 일본에 없는 독특한 조선유학의 독자적 특수성을 드러내려 한 점이 특징이다.

장지연에게도 또 역사서의 찬술이 있었다.《대한최근사》·《대동기년》·《대동문쇄》·《대한신지지》가 그런 것이다. 이 밖에 이익(李瀷)과 정약용(丁若鏞)의 조선 후기 '실학(實學)'의 영향을 받은 그는 실용적인 농사서의 저술에도 힘을 쏟았다. 예로《농정전서(農政全書)》·《농학신서(農學新書)》·《소채재배신서(蔬菜栽培新書)》 등이 그것이다. 이는 '국내 산업의 진흥'을 꾀하던 그의 '자강의식'과 깊이 연관된 업적이기도 하다.[3]

3) 독립투쟁 위한 무정부주의

19세기 후반-20세기 초보다 더 적극적인 독립투쟁의 필요성에서 '무정부주의(無政府主義)'의 기치를 걸고 투쟁한 의인이 있었다. 신채호(申采浩: 1880-1936. 단재丹齋)가 그런 인물이다. 다재다능했던 그는 활약상 또한 매우 다채로웠다. 언론인·사학자·문인·사상가로, 특히 독립투사로 눈부시게 활동한 그였다. 그의 사상 또한 한 가지

3 위의 글.

로 규정되지 않는다. 여러 측면으로 드러난 '인간상'을 살펴 가며 거기에 작용한 '그의 사상'을 살펴보겠다.

신채호 또한 첫 학문을 유교(성리학)로 시작했다. 조부의 서당에서 사서(四書)·삼경(三經)을 익혔다. 18세에 신기선(申箕善)의 사저에서 잠시 신·구 서적을 읽다가, 이듬해 성균관에 들어갔다. 26세로 회시(會試)에 합격, 마침내 성균관 박사(博士)가 되었다. 유학자로 대성한 셈이다. 하지만 보수적인 성리학자로 행동하기 싫어, 그해에 성균관 박사를 사직했다. 향리 부근에 학당을 짓고 신교육 운동을 시작했다.

그 이전 서울에 처음 왔을 때(19세) 벌써 독립협회 운동에 가담해 활약하다가, 해산당할 무렵(12월 25일) 잠시 투옥된 적도 있다. 신교육을 익히던 그해 장지연의 초청으로《황성신문》논설위원 직을 맡았다. 장지연의 사설로 그 신문사가 폐간되자《대한매일신보》의 주필로 활약했다. 이 무렵 그는 항일 비밀 결사인 '신민회(新民會)'에 참가했고, 국채보상 운동에도 참여했다.

그가《을지문덕(乙支文德)》·《독사신론(讀史新論)》·《수군 제1위인 이순신전(水軍第一偉人 李舜臣傳)》등을 간행한 것도 이 무렵이다. 사회진화론의 영향으로 민족 자강을 강조하면서, 자강을 통한 민족의 '자력갱생(自力更生)'과 발전(發展)을 '영웅사관'으로 뒷받침하려 한 저술이다. 이때까지 그의 사상은 자강 지향의 '민족주의(民族主義)'로 집약된다.

1910년 을사늑약을 보면서 망명(亡命)의 길에 올랐다. 중국 청도에 이르러 동지들과 '청도회의'를 개최한 것을 비롯하여, 블라디보스토크에서 '광복회(光復會)'를 조직, 상해로 발걸음을 돌려 신규식(申圭植: 1879-1922) 등의 '동제사'에 참여했다. 다시 만주로 가 '단군교(大倧敎)에 입교' 그 교도들과 독립군 양성과 그 지원에 종사했다.

1919년 1월에는 길림에서 〈대한독립선언서(大韓獨立宣言書)〉에 민족대표 39인의 한 사람으로 서명하고, 4월에는 '상해 임시정부' 수립에 참여 '임시의정원 의원'으로 선임되었다. 미국 세력에 의존하는 이승만(李承晩: 1875-1965), 일제와 타협하려던 여운형(呂運亨: 1886-1947)·장덕수(張德秀: 1894-1947) 등을 비판하고, 점진적인 역량 증대를 주장하던 안창호(安昌浩)와도 결별했다. 박용만(朴容萬: 1881-1928) 등과 '제2회 보협단' 조직에 참여하여 군자금 모금 역할을 맡았다. 만주의 무장 독립 단체들의 통합을 위해 북경의 이회영(李會英: 1867-1932)·박용만·신숙(申肅: 1885-1967) 등과 '군사통일준비회'를 조직했다.

이어 의열단장 김원봉(金元鳳: 1898-1958)의 요청으로 〈조선혁명선언〉(의열단선언)을 작성했다(43세). 홍벽초의 요청에 따라 항일민족통일전선인 '신간회(新幹會)'의 발기인이 되었다(48세). 망명한 뒤로부터 이 기간까지의 신채호는 조국의 독립을 오로지 '무력투쟁'에 의하여 쟁취하려 진력했다. 그의 이 행동들을 뒷받침한 사상은 '민족주의'인데, 그것은 특히 '단군신앙'을 핵심으로 한 민족주의였다.

1927(48세)년 9월에 신채호는 사상전환(思想轉換)을 크게 단행했다. 독립투쟁을 철저히 하기 위해 천진에서 조직된 '무정부주의(無政府主義) 동방연맹(東方聯盟)'에 이필현과 함께 한국 대표로 가입했다. 독립의 쟁취는 오로지 민중의 혁명적 투쟁으로만 가능하다는 것이 그의 신념으로 굳어졌던 것이다. 이듬해(1928) 발표한《용과 용의 대격전》이라는 우화적 소설로 이것이 입증된다. 같은 해 4월 북경에서 개최된 '무정부주의 동방연맹대회'의 주역을 담당하고 그 〈선언문〉을 지어 발표했다. 이 대회 결의대로 행동파에 투

신, 행동하다가 마침내 대만 기륭항에서 기륭수상서원에게 체포되었다.

10년형의 언도를 받고 복역, 옥중 생활에서 준비한《조선사(朝鮮史)》와《조선상고문화사(朝鮮上古文化史)》를 정리, 조선일보에 연재했다. 그것이 '민족사의 주체적 인식'에 놀라울 정도로 공헌한 역작이다. 일제의 혹독한 고문의 후유증으로 1936년 57세로 여순 감옥에서 파란 많은 생애를 마감했다. 이렇듯 그의 만년 사상은 '무정부주의에 경도된 독립사상'이었다.[4]

4) 개신유학 사상과 단군교 사상

신채호의 사상은 크게 둘로 압축된다. 개신유학 사상과 단군교 사상이다. 무정부주의에 대한 사상의 정리는 손댈 여유가 없었던 것 같다. 유교에 대해서만은 날카로운 비판을 앞세웠다. 유교가 사상적으로 망국의 책임을 져야 한다는 판단에서였다.

특히 유교의 '유약성(柔弱性)'에 주로 비판의 화살을 던졌다. 유교의 유약성이란 사람을 노예로 만드는 '약자·패자·복종 성향의 도덕'이고, 결국 망국의 원인이라는 것이다. 유교에는 '의(義)를 행하라'라는 것보다 '불의에 굽히지 말라'는 교훈이 더 많고, '예(禮)를 행하라'라는 가르침보다 '예 아니면 행하지 말라'는 경계가 더 잦다. 적극적이지 못하고 항상 소극적인 성향의 짙음이 문제라는 지적이다.

더욱이 공덕(公德)보다 사덕(私德)을 중요시하는 도덕관이 큰 문제라고 판단했다. 도덕이라면 강의(剛毅) 아닌 인유온후(仁柔溫厚)를 가르치는데, 이것이 '문약(文弱)으로 이끄는 성향'에 다름 아니다.

4 위의 글.

'지는 것이 이기는 것이라'는 가르침 따위는 패배로의 유도일 따름이다. 삼강오륜까지도 붕괴해야 할 도덕이다. 국가와 민족을 멸망시켰기 때문이다. 국망의 분노에서 분출된 울화의 탄성이 느껴지는 비판이다.

격한 분노를 가라앉힌 다음, 그는 유교에 깃든 장점도 인정했다. 본마음을 보존하고 본성을 기르려는 수양(存心養性)의 태도, 자기 수양을 바탕으로 가정과 국가를 다스리고(齊家治國), 세계를 평화롭게(平天下) 하려는 의도만은 높이 샀다. 충군애국과 구세지향의 실천 또한 마찬가지로 꼽았다. 지난날의 이언적(李彦迪)·이황(李滉)을 '조선을 빛낸 학자'로 들고, 조광조(趙光祖)와 김정(金淨)을 '수천 년 구속(舊俗)을 소탕하고 공자 교화의 이상국을 건설하려던 진성(眞誠)과 노력은 흠복할 만하다'고 높였다. 박지원(朴趾源)을 '사상계 위인으로서 국민의 심흉을 개척한 박연암(朴燕巖) 선생'이라 했고, 정약용(丁若鏞)에게는 '경세학의 대가로 근대 학자의 산두(山斗)'라고 평했다. 당시 박은식이 유교 개선을 목적으로 간행한 《유교구신론(儒敎求新論)》에 대해서는 '유학계에 신광선이 일어나게 되리라'고 기대했다.

요약해, 유교에 대한 그의 견해는 다음 구절로 집약된다. "유교를 확장하고자 하면 유교의 진리를 확장하여, 허(虛)를 버리고 실학(實學)에 힘쓰며, 소강(小康)을 버리고 대동(大同)에 힘써 유교의 빛을 우주에 비추어야 할 것"이다.

다른 한편 단군교에 대하여 그는 '민족 고유의 종교'라 파악했다. 단군신앙을 그는 조선족의 광명신(光明神) 숭앙과 연결시켰다. 조선족은 그 신의 소재를 태백산의 수림이라 믿어, 그 수림을 '수두'라 이름하며 '신단(神壇)'의 뜻으로도 사용했다. 단군을 '수두하느님'이라 했고, 태백산의 수두에서 일정(日精=해의 정기)을 타고난

'해 임금'의 의역이라는 주장을 편 신채호이다. 그는 환인 환웅을 단군과 연결시키지 않고 다만 단군과 함께 삼신(三神)으로 모시는 추상적 신들로 이해했다.

신채호는 단군교를 단군의 처소(신단, 수두)를 고려한 의미의 '수두교'라고 일컬었다. 이와 연결해서는 또 '선교(仙敎)'라고도 했다. 그에 따르면, 삼국시대에 수두 교도의 일단을 '선배'라 일컬었는데, 선배는 이두 글자(吏讀字)로 '선인(仙人, 혹은 先人)'이라 기록했다. 그러므로 수두교도들, 곧 선인들의 종교인 단군교는 선교라 해도 된다는 것이다.

그에 따르면 수두의 무사가 '선비'로서 신라 시대의 국선(國仙)·선랑(仙郞)·화랑(花郞)·풍류도(風流徒)·풍월도(風月徒)이다. 단군교는 바로 조선 시대까지 이어 온 이 낭가(郞家)의 종교이자 사상이다. 이 사상을 알아 볼 문헌은 선의 역사를 기록한《신지(神誌)》와 이것에서 파생되었을《선사(仙史)》였을 것이라 추정했다. 하지만 그 책들은 이름만 전해 오고 실물은 유실되어 찾아볼 수 없다. 그리고 수두교에서 파생한 국선의 풍조도 지금은 거의 사라졌는데, 그 원인을 그는 타 종교에 대한 유교의 심한 배타성에 기인되었으리라 믿는다.

여기 낭가(郞家)와 관련된다는 한국 역사상 한 가지 사건에 대한 신채호의 견해를 덧붙이겠다. 그것은 고려 인종 13년 서경에서 일어난 '묘청(妙淸)의 전쟁(亂)'에 대한 해석이다. 신채호에 따르면 묘청은 낭가와 불교 양가를 대표했고, 그와 대결한 김부식(金富軾)은 유가를 대표한 인물이었다. 그런 만큼, 그 전쟁은 '국풍파'와 '한학파'와의 전쟁이었고, '독립당'과 '모화 사대당'의 전쟁이며, '진취사상'과 '보수사상'과의 대결이었다. 그런 만큼 그 전쟁에서 묘청이 김부식에게 패퇴한 사실을 그는 독립적이고 진취적인 국풍

정신이 쇠퇴하기 시작한 것에 다름 아니라고 판단했다. 이 또한 민족의 '독립정신을 기준'으로 내린 역사해석이다.[5]

2. 국력신장과 윤리개선 위주의 독립사상

1) 독립운동가이자 교육자 안창호

일제 강점기 독립운동가이자 교육자로 한평생을 보낸 인물로 안창호(安昌浩: 1878-1938. 도산島山)가 있었다. 조선이 문호를 개방한 지 2년째 되던 해에 태어난 그는 60세로 세상을 떠나기까지 독립운동에 공헌한 인물이다.

초학을 한학(漢學)으로 시작한 그는 17세에 서울 언더우드가 경영하던 '구세학당(救世學堂)'에 2년간 다니면서 예수교 장로회에 들었다. 이것이 남보다 그가 일찍 개화에 눈뜬 계기였다. 고향(평남 강서) 부근에 점진학교(漸進學校)를 성립한 그는 23세에 도미했다가 30세에 귀국, 평양에 '대성학교(大成學校)'를 설립했다.

일제에 의해 국치를 당함에 곧 중국으로 망명했다(33-54세). 거기서도 남경에 '동명학원(東明學園)'을 설립하여 교포들의 교육에 힘썼다. 강연에도 뛰어나 교포의 '계몽운동이 곧 대중교육'으로 통했다. 그의 대중교육은 사실상 '독립운동의 방법'이었다.

일찍이 서울에 처음 와서도 곧 독립협회에 가입했고(20세), 이어 필대은과 관서 지부를 평양에 설치했다. 미국에서 귀국했을 때에도(30세) 비밀결사인 '신민회(新民會)'를 창립했고, 최초의 청년단체인 '청년학우회(青年學友會)'를 결성해 활동했다. 청년회의 후신 '흥

5 위의 글.

사단(興士團)'을 창립(35세), 독립운동을 더욱 본격화했다. 3·1운동을 계기로 상해로 가서 임시정부 '내무총장'에 취임하고, '국무총리 대리'의 업무까지 수행했다(41세).

임시정부의 세력 통합에 실패하자 인책사임하고(44세), 이듬해 상해에서 '국민대표회의'를 개최했다. 이동녕(李東寧: 1869-1940)·이시영(李始榮: 1869-1953)·김구(金九: 1876-1949) 등과 '한국독립당'을 결성했다(50세). 독립운동의 근거지가 될 이상촌의 건립을 계획하던 중 1932년(54세) 윤봉길(尹奉吉: 1908-1932) 의사의 폭탄사건으로 프랑스 관헌(官憲)에게 체포돼 일경에 인도됨으로써 그의 독립운동은 중단되었다. 서울로 압송되어, 4년 실형을 받고 2년 반 만에 가출옥하여 지방순회 후 대보산에 은신했다. 1937년(59세) '동우회 사건'으로 흥사단 동지들과 함께 일경에 체포되었다가 신병으로 출감, 이듬해에 60세로 숨을 거두었다.

2) 실력양성론과 윤리개조론

독립 쟁취를 위해서는 일본과 대적할 힘이 무엇보다도 가장 필요하다는 각성에서 '자강운동'이 일었지만, 그 연장선에서 더욱 구체화한 사상이 안창호의 '실력양성론(實力養成論)'이었다. 그에 따르면, 국권 회복을 위한 역량인 '실력의 양성'은 (빈말과 공상 아닌) 구체적 방법, 곧 '계획과 조직'으로 준비를 해야 한다. 실력의 점진적 양성인 점에서 그의 주장은 신채호의 즉각적인 주전론과 구별되었다.

안창호가 의도한 실력은 두 가지로, 하나는 '보편적 실력'이고, 하나는 '특수실력'이다. 보편적 실력은 민족의 경제 발전 및 교육 발전에 의한 실력이다. 특수실력은 독립운동에 필요한 특수자격을 지닌 전문가의 역량으로, 폭탄제조술, 외교능력 같은 것이다.

이와 다른 경우의 실력도 들었다. '물력(物力)'과 '성력(誠力)'이라는 것이다. 물력은 경제력 군사력 등이고, 성력은 민족을 위해 헌신하려는 정신력을 가리킨다. '신의(信義)'를 지키는 '인격'과 '용단력' 및 '인내력'의 중요성을 그는 늘 강조했는데, 이것들은 대체로 후자에 드는 항목이라 할 수 있다. 이 덕목들은 또 아래에서 논할 '윤리의 측면'이기도 하다.

1919년 6월 25일의 강연 〈독립운동 방침〉이라든가, 1920년 1월 3일의 시국강연 〈6대 산업〉 및 〈정부에서 사퇴하면서〉(1921년 5월 12일) 등에서는 '군사행동 방침' '재정 방침' 등이 구체적으로 자세히 계획된 것을 볼 수 있다. 이 밖에 그는 "죽고 살고 노예 되고 독립됨의 판정되는 것은 지력(知力)과 금력(金力)이오"라 하듯이, 독립 성취를 가능케 하는 요건의 하나인 '지식의 역량'을 교육이 담당해야 함도 지적했다. 이는 교육을 중요시하는 자신의 변이기도 하다.

안창호는 국민에게 국가와 사회의 주인임을 강조, 각자가 그 '주인의식(主人意識)'을 갖도록 고취했다. 길손인 여객은 국가 사회에 무책임이지만, 주인은 스스로 그 책임을 지는 사람임을 역설했다. 구국(救國)은 오직 국민 모두가 갖는 '주인의식'과 직결되었음을 일깨웠다. 국민이 나라의 주인임은 '민주사상(民主思想)'에 근거한 주장이기도 했다. "대한 나라에는 과거에는 황제 일인밖에 없었지만, 금일에는 2천만 국민이 다 황제요"[6]라고 했다. 시대의 흐름이 '민주주의(民主主義) 시대'로 변했음을 깨닫고, '국민 각자가 황제'라는 나라의 주인의식을 갖도록 촉구한 그이다. 민주주의를 바탕으로 한 그의 이런 정치사상은 일종의 '국민 윤리론'에 해당하는 철학이었다.

6 안창호, 〈육대사업〉, 《안도산전서》(삼중당, 1963), 555쪽.

안창호의 '윤리의식(倫理意識)'은 특히 우리의 역사에 대한 비판에서 매우 두드러지게 나타난다. 과거 조선 시대 지배층의 행태를 논하는 대목에서 그러하다. "우리 민족의 역사를 돌아보면, 우리 민족의 소위 하급이라 일컫는 평민들은 노동을 역작하여 살아왔거니와, 소위 중류 이상 상류 인사라는 자들은 (…) 그 생활의 유일한 일은 협잡이었습니다. 그러므로 그네들은 거짓말하는 것이 자기의 생명을 유지하는 유일한 방법이었습니다."[7] 거짓과 속임과 협잡(挾雜)이야말로 '민족의 원수'라는 것이다. 까닭은 이 행태가 곧 나라를 잃게 한 원흉이기 때문이다. 당시의 사회 또한 이와 같은 사기 협잡 및 부허(浮虛)라고 지적하면서, 그는 모든 이들이 '진실'과 '정직'한 마음 갖기를 역설해 마지않았다.

부실한 정신 상태를 건전하게 하기 위한 방법으로 안창호가 세운 조직이 '흥사단(興士團)'이다. 흥사단이란 스스로 '나라의 으뜸가는 기운(國之元氣)'임을 자임하면서 깨끗하고 바른 자세로 나라를 떠받들던 선비, 그 '선비의 정신'을 되일으키자는 모임을 가리킨다, 그는 선비정신을 특히 흥사단을 통해 '청년들의 실천적 모범'으로 확립하려 했다. 그가 일찍이 '청년학우회' 때부터 역설한 덕목들—'무실(務實)·역행(力行)·자강(自强)·충실(充實)·근면(勤勉)·용감(勇敢)·정제(整齊)'—이 그 뒤에도 되풀이된 윤리적 실천 요목이었다. 흥사단에서 개인의 인격 수양과 훈련의 요체로 '무실·역행·충의·용감'의 정신을 드는 것도 이 맥락에 기인한 것이다.

나아가 그는 공(公)과 사(私)의 분별을 국민교화의 요건으로 삼았다. 개인의 '사익(私益)'에 집착함 없이 '공익(公益)' 중에서도 가장 큰 공익이자 정의로운 사업인 '국가의 독립'을 위한 '단결(團結)'이

7 위의 글, 478쪽.

또 위의 덕목들 못지않게 중요시되었다. 공익추구와 단결이야말로 그가 교시한 윤리적 덕목 중 으뜸이었다고 해야 할 것이다. 이는 정치인이자 교육자이던 안창호가 제시한 윤리 차원의 '바람직한 인간되기'를 우선시하면서 아울러 '바람직한 정치인 되기'의 방법으로 제시한 사상이기도 하다. 그의 윤리 측면의 교육사상은 한낱 당시만의 필요에 그치지 않고 시대를 초월한 보편성을 띤 철학이었다고 하지 않을 수 없다.[8]

8 이 부분의 내용도 필자와 이광래 공저, 《우리사상 100년》(현암사, 2001) 가운데 필자의 〈윤리 개조론적 독립사상〉을 축약한 것이다.

제6편

한국철학사상의 현대적 지평

제26장 전통사상의 역사적 정리

1. 한국사상의 원형 탐색

1) 단군에 대한 연구

일제강점기 한국인들은 자주독립을 갈구하던 끝에 한국에 대한 자기 성찰을 하게 되었다. 민족주의조차 한국에서는 독립 쟁취의식의 고취를 위한 자각적 사유였다. 이에 민족주의와 연관된 자기 각성이 연달아 일어났다. 예로 '단군에 대한 연구'라든가 '한국사상의 원형 탐구'및 '한국사상의 역사적 정리'가 그런 것이다.

단군 연구는 앞에서 살핀 대로 나철에서 시작하여 신채호의 '수두 신'의 해석 등으로 그 단초를 얻었다. 단군론 자체만은 누구의 이론이나 근본적 기저에서 몇 가지 공통점을 공유하고 있었다. 단군이 이 겨레의 시조라는 것, 그로 해서 이 겨레는 단일 혈족의 민족으로 되었다는 것, 그는 또 천신(天神)으로 섬기는 민족 특유의 신앙 대상이라는 것이다.

이런 사유는 민족주의 확립을 위한 필수조건이기도 했고, 그런 만큼 단군에 대한 연구는 일제의 강점 아래에서 크게 촉발되지 않을 수 없었다. 하지만 거기에는 반대로 일제가 침략정책과 연결하여 조작하던 '단군 부정설'이 또한 큰 자극제였다. 일제는 단군의 실사 부정(實史否定)을 통한 조선 민족의 독자성과 자주성을 말살하던 책략을 펼쳤기 때문이다.

일제는 일찍이 1869년(메이지 2년)에 성립한 국사교정국을 통하여 '일선동조론(日鮮同祖論)'을 내세우면서, 고대부터 일본이 조선을 지배했다는 '허위설'을 날조해 냈다. 그들은 일본인에게 우월감을, 조선인에게 열등감을 심느라 광분했다. 그리고 조선의 강점과 지배를 그들 나름 합리화하기에 바빴다.[1] 일제의 어용 사학자인 시라토리 구라키치(白鳥庫吉), 나카 미치요(那珂通世)가 특히 그런 유의 대표적 인물이다. 그들은 1894년에 벌써 〈단군고〉·〈조선고사고〉를 지어 《삼국유사》의 단군신화마저 요괴망탄(妖怪妄誕)이라는 표현으로 부정했고, 단군의 사적(史蹟)을 불교 설화에 근거한 신빙성 없는 것이라는 주장을 폈다. 그들의 이 같은 '한국사와 한국사상 말살정책'이 더욱더 당시 한국인의 '단군연구' 및 그와 연결된 '한국사상의 원형' 등을 탐색하도록 했던 것이다.

2) 최남선의 단군론

단군론을 충실히 하는 데 앞장선 학자로 빠뜨릴 수 없는 인물이 나철과 신채호에 이어 나온 최남선(崔南善: 1890-1957. 육당六堂)이다. 천재로 알려진 그는 6세부터 글방공부를 시작한 뒤, 13세에 동경부립제일중학교를 3개월 다닌 다음, 17세에 와세다 대학 지리역사과를 3개월 다닌 것이 정규 교육의 전부이다. 그의 학문적 지식은 거의 다 독학으로 이루었다.

1 그러한 예가 1910년 직후 일본인들이 《역사지리》의 임시 증간호로 발행한 《조선호(朝鮮號)》이다. 어기서 일본의 역사학자들은 일본의 《고사기》와 《일본서기》 등에 나타나는 신화 전설로 합병을 예찬하고 합리화 했다. 3·1운동 뒤에는 이런 작태가 갈수록 더욱 강화되었다.

1908년 이 나라 잡지의 효시인 《소년》을 창간, 문예활동을 벌였고, 1909년 19세에 '청년학우회' 설립위원이 되었다. 그때 그는 안창호와 함께 각 지역을 순회, '소년명사의 칭호'를 받았다. 이듬해에는 조선광문회를 설립, 귀중한 고전의 수집과 복간을 하여 당시 한국학을 활성화하는 데 크게 공헌했다.

1919년 최린(崔麟: 1878-1958)·송진우(宋鎭禹: 1887-1945)·현상윤(玄相允: 1893-?)과 밀의 끝에 최남선은 〈독립선언서(獨立宣言書)〉를 작성, 3·1운동에 참여했다. 그가 단군 문제에 관심을 두게 된 것은 1926년 2월 경성제국대학의 일본인 교수(오다 쇼고小田省吾)가 쓴 단군을 부인하는 글을 목도하고서이다.

최남선은 그 당장(그달, 11-12일자) 《동아일보》에 〈단군 부인의 망〉이라는 논박문을 게재하고, 3-7월에 같은 신문에 〈단군론〉을 발표했다. 이로부터 1930년까지 단군에 관한 그의 글은 7편(?) 더 나왔다. 하지만 1926년 일인의 회유로 '조선사편수회' 위원직을 수락한 뒤에 쓴 글의 내용은 초기보다 후퇴했다.

여기서는 1926년 이전에 발표한 그의 단군론을 주로 살피겠다. 그에 따르면, 단군에 대한 일본 학자들의 극심한 오류의 원인은 일본인들의 연구 방법이 주로 '문헌학적 고증'에 의지한 데 기인한다. 문헌 고증을 벗어나 '언어'와 '민속학적 접근'이 더 바람직하다는 것이다. 자신은 그 언어 민속학적 방법에 의하여 다음과 같은 견해를 가지게 되었다고 주장했다.

약 5천 년 전에 선조의 천강(天降)을 믿고, 천왕을 임금(主上)으로 받드는 환(桓)이라는 만족이 있었다. 그들은 태백산 아래에 도읍 신시(神市)를 이루고 살았다. 환이라는 명칭은 곧 '하늘의 의역'이다. 임금의 이름 위에 '환'을 씀은 곧 '천강' 의미를 더한 것으로, 뒤에는 해(解)로 바뀌었다. 단군은 환웅천왕의 아들로서 제일세 왕검(王儉)이다. 따라서 우리 민족은 천손(天孫)이다.

최남선의 이론은 더 이어진다. 약 3,000년 전까지 단군은 '주신인의 (하나 이상의) 총명(總名)'으로 불려 왔다. 그 총명 아래 여러 집단이 이동과 집단적 정착을 반복해 왔다. 그 영역은 송화강을 중심으로 하여 북으로는 흑룡강, 서로는 황하 근방, 남으로는 반도 일부였다. 이것이 단군조선의 크기이고, 단군조선의 실사(實史)이다. 평양을 중심으로 한반도 상반의 일부라는 일본인들의 이론은 고대 조선을 축소하려는 계략에 지나지 않는다고 배척했다.

왕검은 '신성하신 주인'의 뜻이다. 고대는 물론 제정일치(祭政一致)의 사회였다. 그에 따르면, 단군은 그 씨족의 통치자인 데다가 '박수'(巫覡), 곧 '당골'의 능력으로 제사장을 겸한 민족의 시조였다. '단'이라는 어휘의 원훈(原訓) 자체가 '배달' 또는 '박달'로서 최초의 도읍지 백산(白山)의 의미라 한다. 따라서 일인들의 '일선동조론(日鮮同祖論)'은 근본적으로 부정될 수밖에 없는 주장에 지나지 않는다는 것이 그의 결론이다.

3) 최남선의 불함문화론

최남선의 불함문화론은 그 '부제'로 내용이나 성격을 어느 정도 짐작할 수 있다. "조선을 통하여 본 동방문화의 연원과 단군을 계기로 한 인류 문화의 일부면"이 그 부제이다. 거창한 '문화이론'임을 직감하게 된다. 이것을 발표할 때만 해도 그는 문화민족주의자로 민족단합의 구심점이 될 '신문화 창조'의 열의에 싸여 있었다.

내용의 요지는 아래와 같다. '불함(不咸)'이란 '밝(Park)' 또는 '밝안(Parkan)'의 고어 표현이다. 그의 시대에는 이것이 단순히 광명(光明)만 뜻하고 있지만, 이 옛 뜻(古義)에는 신(神)·천(天) 등이 있었고, 천은 곧 '태양'을 의미했다. 하느님(Hanar-nim)이라는 단어도 '태양의 인격적 호칭'이었다. 고대에는 하늘 하느님보다도 '밝' 또는 그 활동형인 '밝안'이 '태양'을 칭하는 성어(聖語)로서 보다 더 많이 사용되었다. '백(白)'도 이 '밝'의 대자(對字)였다. 백(白)도 하늘 하느님을 대칭하는 밝의 의미영역에 든다. 여기서 밝문화인 불함문화가 나왔다는 것이 그의 주장이다.

그에 따르면, 이 문화는 단군과 밀접히 관련된다. 단군이란 Tengri 또는 그 어류(語類)의 사음(寫音)으로서, 본래 하늘[天]을 의미하던 말에서 바뀌어 그것을 대신하는 임금인 군사(君師)의 호칭이 되었다. 조선의 고전승에 군주와 무축이 역시 동일어로 호칭되었다고 하듯이, 군주의 칭호에 천(天)을 더하여 부른 것이 단군왕검이라는 것이 그의 주장이다.

밝 문화에서 또 한 가지 주목할 것이 대갈—'Taigar' 개념이다. 이는 현재 '머리' 의미지만, 고대에는 하늘-천을 가리키는 말이었다. 이것이 산 이름과 관련된다. 밝산이라는 신산(神山)과 아울러 대갈산이라는 천산 의미의 산이 곧 태백산(太白山)·백두산(白頭山)이다. 이 같은 명칭의 산이 어느 나라보다 우리나라에 유독 많다. 이런 사실을 들어 최남선은 조선을 '불함문화의 발원지'라 했다. 조선이 그 문화의 발원지일 뿐만 아니라 '그 문화의 중심지'라는 것이다.

이 문화는 그에 따르면, 중국문화 인도문화와 함께 독자적인 동양문화이다. 그 영역이 조선은 물론, 일본·유구·만주·몽고 및 중앙아시아, 서로 발칸반도까지의 범위에 걸쳤다. 그의 이 이론은 논거에 문제가 많아 그대로 수긍되기 어렵다. 하지만 조선 문화의 우월성을 강조하여 민족적 자존감을 고양하려던 의욕만은 이해할 수 있다.

2. 조선학 제창과 조선얼 탐구

1) 조선학의 흥기

1930년대는 '조선학' 연구기라 할 만하다. 유수한 학자들이 조선학 명칭을 모처럼 사용하면서 그 탐구에 열의를 어느 때보다도 쏟았기 때문이다, 예로, 문일평(文一平: 1888-1939. 호암湖岩), 안재홍(安在鴻: 1891-1965. 민세民世), 정인보(鄭寅普: 1892-1950. 위당爲堂) 등이 그런 학자이다.

엄밀히 밝히자면 1910-1920대 문일평 안재홍 등이 조선학의 필요성을 인식하고 그 개념을 사용했다면, 그 내실의 사상을 충족한 학자는 1930년대의 정인보였다. 정인보는 특히 '조선 역사'와 조선 '후기의 실학', 및 '양명학' 분야의 연구에서 큰 업적을 남겼다.

일찍이(13세부터) 양명학자인 이건방(李建芳: 1861-1939. 난곡蘭谷)에게 한학(漢學)과 양명학(陽明學)을 배운 그는 1910년(23세)에 중국으로 갔다. 그곳에서 동양학을 전공하는 한편, 신규식·박은식·김규식·신채호 등과 '동제사(同濟社)'를 조직해 독립운동과 교포의 계몽에 진력했다. 이때 조선학을 뒷받침한 그의 '민족주의'가 굳어졌다.

1918년(31세)에 귀국한 그는 연희전문 이화전문 중앙불교전문에서 조선 문학과 한학을 강의하다가, 연희전문의 전임으로 직장을 굳혔다(36세). 아울러 《동아일보》·《시대일보》의 논설위원을 겸해, 총독부 정책의 비판에도 힘을 기울였다. 저서로 《조선사연구(朝鮮史研究)》와 《양명학연론(陽明學演論)》을 남겼고, 이익의 《성호사설유선(星湖僿說類選)》, 정약용의 《경세유표(經世遺表)》·《목민심서(牧民心書)》·《흠흠신서(欽欽新書)》 등에 대한 해제 및 해설을 하여, 그의 조선학 성과를 이룩했다.

2) 조선얼 시각의 조선사 저술

정인보의 조선사 연구의 특징 역시 '민족주의 사학'이다. 연구 동기에서부터 이미 이런 경향을 띠게 되었다. 부친의 조선사에 대한 관심의 촉구가 있었고, 총독부 정책과 발맞춘 일본 어용학자들의 조선사 연구의 자극이 그런 것이었다. 거기에 신채호의 《조선사연구초》를 읽고 느낀 영향이 매우 컸다는 것이다.

일인들의 조선사 연구는 식민지 정책에 동조한 '타율(他律) 성격'의 조선사 서술이다. 그것은 구체적으로 '내재적 자기 동인(動因)을 결여'한 연대기적 서술 방법이었다. 이에 대항한 정인보는 자기 동인(動因)에 의한 내재적 발전을 보이는 '자율(自律) 성격'의 역사서술을 추구했다. 그 방법이 바로 '얼' 특히 '조선 민족의 얼'을 내재적 발전 동인으로 삼은 것이다. 마치 박은식이 조선사 서술에서 '국혼(國魂)'을 천명하고, 신채호가 비아(非我)에 대한 '아(我)'를 제시함과 이는 꼭 같은 것이었다. 1935년부터 1936년《동아일보》 폐간 때까지 연재된 〈오천년간 조선의 얼〉(초고)이 그것이다.

그가 말하는 얼은 '본심(本心)'·'심혼(心魂)'이라고 쓰이는 의미이다. 이러한 얼을 동인으로 하여 서술한 역사는 물론 '정신사적 역사'이다. 그의 역사관 자체가 '정신사관(精神史觀)'에 속한다. 따라서 그가 서술한 조선사는 실상 '조선사상사(朝鮮思想史)'와 같다고 할 수 있다. 그는 '민족의 얼'을 가리켜 일본인에 의하여 어떤 역경을 당하더라도 탈취될 수 없는 '민족 자주정신의 지주'라고 확언했다. 오천 년 동안의 역사에 있었던 굴절 현상은 그의 표현으로 '민족의 얼에 있었던 은현(隱現)이었을 뿐'이다.

3) 조선얼의 사상적 구현

민족주의 학자로 정인보 또한 자주독립에 어울릴 조선의 '문화적 독자성' 확보에 힘을 기울였다. 그것은 물론 '조선의 얼 차리기'로 행한 작업이었다. 구체적 사례로 조선 특유의 고유사상의 찾기, 곧 단군 시대의 고유사상부터 탐구대상으로 삼은 것이었다.

'단군신화'와 실사인 '단군 시대'를 그는 일단 분별했다. 그 신화는 천신의 탄생 내용이지만, 단군 시대란 단군왕검이 요임금의 즉위 50년에 도읍을 평양성에 정한 뒤의 조선 시대를 가리킨다.

단군 시대 '조선의 얼'은 소도의 제천이 상징하듯 '제천문화(祭天文化)'가 핵심이다. 그것은 부여·고구려·예맥·옥저·신라·백제에서 행한 '영고'·'동맹'·'무천' 등이 대표적 실례이다. 제천 대상인 신의 경우도 중국에서는 상제(上帝) 하나에 그쳤지만, 단군 시대에 섬긴 신은 단군 하나에 그치지 않고, 환인 환웅 단군 곧 '삼신(三神)'이었다. 구월산 삼신사(三神祠)가 그 실증적 증거다. 이는 제천 행사에서 확인되는 중국과 조선 문화의 차이, 곧 한국문화의 특징이다.

정인보는 단군문화에 깃든 '이념(理念)'을 언급했다. 환웅의 의지라고 기록된 '모든 인간에게 유익하도록 한다'는 "홍익인간(弘益人間)"이 그것이다. 인본(人本) 또는 인존(人尊)주의에 속하는 이 이념이야말로 '조선 얼의 원초적 구현'이라고 그는 해석했다. 그에 따르면, 이 정신은 고구려의 광개토대왕의 "도로써 다스림"으로 이어졌고, 고구려의 경당(扃堂)에서 행한 "밤낮으로 글을 읽고 활쏘기를 익혔다"로 실천되었다. 신라에서는 최치원이 〈난랑비서문(鸞郎碑序文)〉을 통해 전하는 '풍류(風流)'로, 그리고 화랑도의 '세속오계(世俗五戒)'로 전승되었다. 그 오계 속의 임전무퇴(臨戰無退)와 같은 기상으로 구현되었다는 것이다.

《동아일보》의 정간으로 정인보의 조선사 서술의 게재도 중단되었지만, 그의 조선사 연구는 뒷날 조선 시대 '후기의 실학'연구와 '조선의 양명학' 연구로 계속되었다. 실학의 경우 17세기 중엽부터 18세기 중엽에 이르는 시기인 이익(李瀷)의 《곽우록(藿憂錄)》과 《성호사설(星湖僿說)》에 대한 연구를 비롯하여, 정약용(丁若鏞)의 《경세유표(經世遺表)》·《목민심서(牧民心書)》·《흠흠신서(欽欽新書)》 등에 대한 연구가 그것이었다.

후기 실학에 대해 정인보가 내린 평가는 "조선 심혼의 후서기(後曙期)"라는 것이다. 곧 조선의 얼이 다시금 드러난 시기라는 주장이다. 실학을 그는 조선 후기에 '조선 민족의 얼'이 구현된 내용으로 이해했던 것이다. 1930년대 이후 국학자들이 후기 실학의 연구에 열의를 높인 데에는 그의 이런 사상적 평가가 적지 아니 작용했다고 짐작된다.

양명학에 대한 정인보의 연구는 조선양명학을 대표하는 '정제두(鄭齊斗: 1649-1736. 하곡霞谷)의 사상'에 대한 연구가 그 효시를 이루었다. 그는 조선 통치원리였던 성리학을 자기편의를 도모하는 '사영(私營)'과 중국 존숭하기에 주체성을 상실한 '존화(尊華)'사상이라는 판단에서 배척했다. 성리학을 반대하면서 나온 양명학을 그는 진실한 '실심(實心)'의 학문이라 평가했다. 그의 양명학 추종은 곧 얼과 통하는 '실심의 중요성'을 깨우치도록 하려던 데 있었다고 이해된다.

그는 《대학》 고본의 친민(親民)에 대한 성리학자들의 '신민(新民)' 해석을 물리치고, 친민 그대로가 옳다는 것이다. 그 주장의 이유가 볼 만하다. 그것은 바로 '나와 민중' 사이에 간격이 있으면 안 되고, 반대로 그 둘 사이에 간격 없이 '감통하도록 민중의 복리를 도모'해야 한다는 데 있다. 뿐만 아니라 양명의 '지행합일설(知行合

一說)'을 이용해, 그는 이론에 그치는 공리공론(空理空論)을 지양, 알차고 참된 것을 추구해야 함을 역설했다. 결국 조선인들의 쇠퇴해 가는 민족의 얼을 일깨우는 데 도움이 된다는 판단에서 그는 양명학을 추구했다고 할 수 있다.

3. 조선사상사에 대한 기초적 연구

1) 일인 학자의 조선사상 왜곡

1930년대 이후 조선사를 비롯한 조선학이 민족주의 사학자들에 의해 민족의 얼과 국혼 등의 내재적 자기 동인을 바탕으로 '자율 성격'으로 연구되어 가자, 일제의 어용학자들은 그와 반대 되는 '타율 성격'의 이론 날조에 여념이 없었다. 심지어 조선민족 '사상의 부재'(朝鮮思想不在論)를 조작하고 있었다. 특히 《이조불교(李朝佛敎)》·《조선유교대관(朝鮮儒教大觀)》 등을 저술한 다카하시 도루(高橋亨)가 그러했다.

그의 《이조불교》는 조선 시대 임제종(臨濟宗)을 비롯한 불교 종파의 흐름과 연관된 사실의 나열에 그쳤지만, 《조선유교대관》에서는 조선 유교의 특징을 의도적으로 왜곡하여, 일제의 식민정책에 맞도록 조작한 것이다. 그에 따르면, 조선 유교의 역사적 흐름을 통관하면, 그 특징은 '주자학(성리학) 일변도'의 흐름에 지나지 않았다는 것이다. 마치 대전제와 같은 이로부터 그는 주체성 없이 외래 사상인 주자학에 의탁한 '의존성(依存性)'과 의존한 주자학 하나에만 집착한 '고착성(固着性)'을 부속된 작은 특징으로 들었다. 따라서 이처럼 조선인의 '독창적 성격'은 찾아지지 않는 만큼, 조선인의 사상은 존재하지 않는다는 것이다.

이 주장을 그는 조선 유교 가운데 대표적 사상이라 할 16세기 이황과 기대승, 이이와 성혼 등이 탐구한 '사단칠정론(四端七情論)〉을 들어 (틀림없다는 듯이) 입증하려 했다. 그에 따르면 이 논변에 참여한 학자들 모두가 자신의 독창적 이론 없이 오직 자기설과 주자설과의 일치 여부만 따진 것이 내용으로 되었다는 것이다. 바로 이것이 한국인들의 사상적 '무독창성(無獨創性)'의 증거이고, 따라서 조선 유교로 판단하는 한, 조선에는 독자의 사상은 없다는, 곧 조선 민족의 '사상부재론(思想不在論)'이 그의 결론이었다.

이 이론의 함의는 자명하다. 사상이 자기 삶을 이끌어 가는 능력임을 상기하면, 조선인은 스스로 자기 삶을 개척할 능력이 없는 족속이어서, 일본인들에게 의타하지 않을 수 없다는 뜻에 다름 아니다. 식민지 사관과 궤도를 꼭 같이 한 이론이다.

하지만 조선 유교가 주자학 이전에 이미 삼국시대 이래의 '원초유교'와 '한당유교'가 있었고, 조선 후기(17-19세기)에는 탈주자학적 '후기실학'이 있었음만 상기해도, 그의 이론은 오류임이 분명하다. 더욱이 바로 '사단칠정론'에서 이황은 '이기의 호발설(理氣互有發用說)을' 창안해 냈고, 이이는 '이통기국설(理通氣局說)'을 창안해 냈다. 이것만으로도 사단칠정론에 깃든 조선 유교인들의 '독창적 이론들', 곧 조선 유교의 '독창적 특징'들의 증거로는 충분할 것이다. 더 필요하다면 필자가 《한국유학사》를 통해 장황히 지적한 것으로 더 확인할 수 있다.[2] 따라서 다카하시 도루의 이론이 한낱 '허구에 찬 것', 곧 진실을 왜곡하여 음흉한 정치적 의도에 맞춘 '음모적 조작설'임이 명백해진다.[3]

2 필자, 《한국유학사》, 하(지식산업사, 2012), 384-385쪽.

3 필자가 그의 이론을 처음 비판한 것은 〈'高橋亨의 韓國儒學觀' 檢討〉(《韓國學》[중앙대 한국학연구소] 12집[1976년, 12월])이므로 이를 참조해도 되지만 앞 저서에

2) 이능화의 조선무속사 연구

1930년대에서 1945년 광복에 이르는 동안 한국사상 연구에 종사한 학자는 매우 드물었다. 연구열로도 앞 민족주의 사학자를 따를 학자가 보이지 않았다. 겨우 이능화(李能和: 1869-1945. 상현尙玄·무능거사無能居士)를 들 수 있는데, 그도 한때는 독립정신이 높았지만 뒤에는 최남선과 마찬가지로 일제의 핍박에 굴종한 처지였다. 그나마 조선학 연구만은 외로운 상태에서 폭 넓게 섭렵하여 그 기초를 닦는 데 이바지했다.

이능화의 조선학 연구는 광범한 범위로 진행되었다. 조선의 무속을 비롯해, 조선불교·조선도교·조선유교·조선신교, 그리고 조선의 여속·기독교 및 외교사·해어화사(解語花史), 기타 풍수·도성·민속·의약 등에 걸쳤다. 이 모두 미답 상태이던 분야를 개척한 셈이다. 여기서는 무속·불교·도교 등의 역사에 관한 그의 정리를 살피겠다.[4]

조선무속(朝鮮巫俗)에 대한 그의 연구는 단군 연구로 출발했다. 본디 단군의 어의가 무당인 당골 당굴이듯이, 그것은 신라의 차차웅(次次雄)·자충(慈充) 및 고구려의 사무(師巫)와 같은 칭호로서 제정미분 사회의 제사장이자 통치자였다. 단군은 환웅천왕과 함께 '하늘에서 내려온 신(神), 또는 신격을 가진 인간이므로, 그를 숭앙하는 단군교를 이능화는 '신교(神敎)'라 일컬었다.

이능화에 따르면, 이렇게 단군교에 연원을 둔 조선의 무교(巫敎)는 마한의 천군(天君), 예의 무천(舞天), 가락의 계락(禊洛), 백제의 소도(蘇塗), 부여의 영고(迎鼓), 고구려의 동맹(東盟) 등 신교의 유풍과

더 자세히 논했다.

4 유교 부분은《조선유교 급 유교사상》을 저술했다고 알려졌으나, 지금은 유실된 상태라 살필 수가 없다.

습속을 이루었다. 무당의 기능이 제사의 집행(致祭) 외에 치병(治病)·점복(占卜)이었으므로, 고려와 조선에서까지 이러한 기능을 바탕으로 무교의 맥이 이어졌다. 성리학이 주름잡던 조선에서는 특히 무당 중에 '국무(國巫)'로 기우제를 지냈고, '무의(巫醫)'로 '동서활인서(東西活人署)'에서도 활동했다. 이는 고려의 동서자비원(東西慈悲院)의 연장적 기구였다. 심지어 정조 때(1776)는 무당 중에서 충익위무녀(忠翊衛巫女)를 선발했고, 고종 때(1872)는 박수(巫夫) 중에서 포수로 국방에 종사하는 '무병(巫兵)' 또한 선발했다.

3) 조선불교사의 정리

이능화는 어려서 천주교 신자이던 부친의 영향으로 성당에 다녔지만, 30세 무렵부터 불교로 개종했다. 1913년 '불교진흥회'의 산파역을 맡았을 만큼 독실한 불교 신자였다. 학문상으로도《조선불교통사(朝鮮佛教通史)》의 저술로 조선불교의 정리를 시도했다. 이는 불교의 역사적 정리와 아울러 불교의 포교를 목표로 했다는 것으로 보아, 불교의 흐름에 대한 객관적 체계화에 충실한 업적은 아니었다. 불교의 자료를 풍부히 수집하여 편년체로 정리한 서적이다.

상·중·하 세 편으로 구성된《조선불교사》의 내용은 다음과 같다. 상편에서는 삼국시대 이후 당시까지 불교의 전래, 승려들의 교류, 사찰의 건립, 왕들의 불교 시책 등을 편년으로 기술했다. 중편에서는 삼보(三寶)의 원류와 인도·중국·신라·고려의 불교 유파와 임제종(臨濟宗)의 연원을 특기하고, 조선 선종 임제종파를 다루었다. 하편에서는 이백품제(二百品題)·인명세목(人名細目)·사암(寺庵)·탑상(塔像) 및 건명(件名) 세목의 소제목으로 된 것을 싣고 있다. 여기에서 사찰 탑, 불교의 여러 사실과 단군선파(檀君仙派) 등 다른 종교들을 언급한 것이 이채롭다.

눈여겨볼 것은 '입동방이백구품제' 항목에서 조선 불교사의 시대별 구분을 시도한 점이다. 그 시대 구분은 다섯으로 되었다. 불교의 전래로부터 경전과 종파가 유입된 삼국시대 500년을 '제1 경교창흥시대(經教創興時代)'로, 신라 헌덕왕 때부터 고려 초까지 약 200년을 '제2 선종울흥시대(禪宗蔚興時代)'로, 고려 초부터 말까지 약 400년을 '제3 선교병용시대(禪教竝用時代)'로, 조선 초 세종 때부터 선조 때까지를 '제4 선교통일시대(禪教)統一時代)'로, 당시 일제 강점기를 '제5 선교보수시대(禪教保守時代)'로 구분했다. 그러나 그 내용을 충실히 시대별로 밝히지 못한 점이 이 책의 한계이다.

4) 조선도교사의 정리

이능화는 당시 아무도 관심을 두지 않던 '조선도교'에 대해서도 연구의 선편을 쳤다. 그의 《조선도교사(朝鮮道教史)》가 그것이다. 이는 마지막에 중국 도교에 관해 부연한 참고용까지 합하면 무려 29장에 달하는 내용이다. 그 요지와 특징을 간략히 지적하겠다.

고구려 말경에 외교 통로를 통해 도교가 들어온 뒤로, 백제에는 근초고왕 때 막고해(莫古解)가 《도덕경(道德經)》의 언구를 언급한 것—(知足不辱 知止不殆)—이라던가, 유학자면서 도가의 기풍을 지닌 아직기(阿直岐)와 왕인(王仁)이 일본에 전한 축문 등으로 보아 노자사상과 도교가 있었다고 추정했다. 신라의 경우는 《동국통감(東國通鑑)》에 도사의 무리가 신라에 있었음을 알게 하는 문구가 보인다는 것이다.

의상(義湘)과 이승(異僧)으로 알려진 도선(道詵)이 각기 풍수도참서인 《청구비결》과 《옥룡말기》를 지어, 방술인(方術人)들로부터 '선(仙)을 한 사람'이라는 평을 들었던 사실을 적시했다. 이어 신라에는 특히 선파(仙派)가 많았다고 하면서, 명승지의 유적에 있는 영랑(永郎) 등 사선(四仙)이라든가 화랑을 국선(國仙)이라 한 것을 기술했다.

김유신(金庾信)과 그 손자 김암(金巖)의 방술에 얽힌 설화도 밝혔다.

이능화는 고려에서 많이 행한 팔관회(八關會)가 실은 부처를 모시기도 했지만, 또한 '초제(醮祭)였다'는 주장을 폈다. 거기서 부처 못지않게 천제(天帝)·용왕(龍王)·산천(嶽瀆)의 신들을 받들었다는 것이다. 도교의 흥성은 인종(仁宗) 때였다고 하면서, 그 증례로 서경의 '임원궁성(林源宮城)'에 팔성당(八聖堂: 팔성은 팔선八仙이라 함)을 세웠고, 인종 때는 도교의 도관(道觀)인 '복원관(福源觀)'을 세워, 비로소 도사(道士. 또는 우사羽士라고도 함)를 두고 초제를 지내게 된 사실을 들었다. 고려 시대가 도교의 최고 전성기였다는 것이다.

조선조에 (고려 시대의) '도관(道觀)'은 태조가 세운 '소격전(昭格殿)으'로 명칭이 바뀌었다. 그것은 또 세조 때 '소격서(昭格署)'로 개칭되었다. 조선 초기에는 왕들이 이곳에서 각종 기도제를 올려 그 가치를 인정받으며 유지되었지만, 성리학이 통치원리로 채택된 환경으로 인해 도교 또한 불교와 함께 배척받았다. 연산군과 중종 시기에 소격서가 혁파되었다가 다시 복설되기도 하다가, 임진왜란 이후 선조에 의해 끝내 폐지되었다. 그에 따라 도교는 사실상 유명무실해졌다. 동학과 신흥종교에 그 사상의 일부가 습합, 잔존되었을 따름이다.

한 가지 유의해야 할 점이 있다. 조선의 도교는 신채호 등이 주장하던 조선 특유의 선파(仙派)와 맥을 같이 했다고 인식되는 점이다. 이능화도 그 이론에 사실상 동조했다. 선사상의 원류가 단군에서 시작되었다고 하면서, 단군을 우리나라 '선교의 시조'라 믿을 만큼, 조선의 도교는 결국 중국의 도교와 근본적으로 다르다는 것이 이들의 주장이다.[5]

5 이 주장을 긍정하면, 도교의 전입부터 재고해야 할 문제가 됨을 부언해 둔다.

제27장 서양철학 연구의 행보

1. 서양철학 연구 초기 상황

1) 최초의 서양철학서

개화운동의 성격은 '서구문명의 추종'임을 부정할 수 없다. 그것은 일종의 '서구화'의 특색을 띤 것이었다. 서양의 과학 기술과 행정 제도의 추종이 큰 비중을 차지했지만, 인문 측면에서는 서양철학의 학습이 가장 큰 비중을 차지했다.

개화기 이후 우리나라 최초의 서양철학 연구자는 바로 성리학자 이인재(李寅梓: 1870-1929. 성와省窩)이다. 그는 이황의 맥을 이은 곽종석(郭鍾錫)의 문인으로 주리론(主理論) 성향을 추구한 학자였다. 서구사회의 흥성 원인을 찾으려고 한 그는 먼저 보성전문에서 간행한 정치·법률·행정에 관한 신학문 교과서를 구독했다. 그는 서구의 신학문이 궁극적으로 '철학'에서 비롯되었다는 판단에서 철학 연구에 착수했다. 그렇게 이루어 낸 성과가 이 나라 최초의 서양철학서《고대희랍철학고변(古代希臘哲學攷辨)》이다.

이인재가 읽은 철학 서적은 모두 한역본(漢譯本)이었다. 예로, 일본 다이쇼 시대 윤리학자인 나카지마 리키조(中島力造)의《서양상고철학사론》에서 소크라테스·플라톤·아리스토텔레스만 떼어 한

역한 중국인 진붕(陳鵬)의 《희랍삼대철학가학설(希臘三代哲學家學說)》과 메이지시대 불교철학자인 이노우에 엔료(井上圓了)의 저서를 중국인 나백아(羅伯雅)가 한역한 《철학요령(哲學要領)》이 그것이다.

이인재의 《고대희랍철학고변》은 116쪽 분량의 본문과 부록인 '사론(史論)'·'철학사론(哲學史論)'·'철학정의(哲學正義)'·'서철학고변후(西哲學攷辨後)' 등 124쪽 분량으로 되어 있다. 자신의 견해를 비롯하여 철학사론과 스승(곽종석)의 서평까지 곁들였기에 '고변(攷辨)'이라 했다.

그의 이 책에는 이오니아학파의 탈레스부터 그의 제자 아낙시만드로스, 아낙시메네스, 이오니아학파의 전승자인 아낙사고라스, 이탈리아학파 창시자인 피타고라스, 엘레아학파 가운데 형이상학 창시자인 크세노파네스, 그 둘째의 파르메니데스, 셋째 조상인 레우키푸스, 집중학파의 헤라클레이토스·소크라테스학파·플라톤학파·아리스토텔레스학파, 그리고 스토아학파의 제논에 이르기까지 주요 철학자의 이론을 먼저 인용한 뒤 그것에 대한 자신의 견해를 서술했다.

이인제가 이 책에서 가장 심혈을 기울인 부분은 소크라테스(13쪽 분량), 플라톤(38쪽), 아리스토텔레스(50쪽) 세 학자의 철학이다. 본문 126쪽 가운데 101쪽에 걸쳐 서술했다. 이들의 경우야말로 《희랍삼대철학가학설》을 인용하면서 자신의 논변을 펼쳤다.

소크라테스의 철학에 대한 그의 이해는 '지덕일체(知德一體)'와 '지행합일(知行合一)'의 강조, 및 '윤리사상(倫理思想)'과 '대화(對話)'를 통해 진리에 도달하게 하는 교육방법이다. 이런 소크라테스 철학에 대하여 그 나름의 평가는 지(智)를 개발하면서 그 지의 목적을 선(善)에 두는 식으로 '지보다 선'을 상위로 사유한 점을 들었다. 그는 이런 성향을 유교의 인의(仁義)의 덕에 의한 도덕 실천으로 파악, 높이 평가하고 있다.

성리학자로 그가 그리스 삼대 철학자의 이론 가운데 가장 크게 비판하는 것은 '플라톤의 이데아론'이다. 이인제에 따르면, 이치란 본래 기(氣)에 의하여 가두어지는 것도 아니고 물(物)에 의해 국한되는 것도 아니므로, 하늘에 있거나 사람에 있거나 다를 리 없는데, 플라톤은 본체를 세상 위에 따로 세우는 오류를 범했다고 했다.

아리스토텔레스의 철학 가운데서도 궁극의 원인(ºÎµ¿不動의 동자動者)으로서 '신(神)의 관념'도 그는 인정하지 않았다. 하지만 플라톤의 철학에 견주어 아리스토텔레스 철학에 대해서는 매우 호의적이다. 그 '의견이 탁월'하고 '학문이 정확'하여 순정(純整)하다고 할 만하다. 그렇게 해서 학문을 집대성했으니, 실로 태서(泰西) 고대의 '제일가는 위인'이라는 것이다. 아테네의 학술은 아리스토텔레스 한 사람에서 집성되었으니, 그는 참으로 고대 문명의 대표자라고 했다. 아리스토텔레스가 죽은 뒤에 천하는 크게 어지러워져, 회의파가 다시 일어났고, 절충파가 그것을 계승해 마침내 신비주의로 돌아갔다. 당시는 마침 동방과 교류했는데 유대 예수교의 사상이 수입되어 철학은 점차 쇠락하고, 종교와 섞이면서 윤리적으로는 고찰할 만한 것이 없게 되었다는 것이다.

2) 철학전공 위한 최초의 서구 유학

1910년 을사늑약의 국치는 당시 한국인들에게 엄청난 충격과 실의를 안겼지만, 그토록 불행한 사태에 당시 젊은이들은 좌절만 하고 있지 않았다. 충격을 떨치고 국권회복을 위한 '지적(知的) 대안'을 모색했다. 그 하나의 방법이 '만학(萬學)의 학'인 철학, 특히 '서양철학의 학습'을 시도하며 해외 유학의 길로 나서기 시작했다.

그 선편을 친 이가 김중세(金重世)였다.

그는 1908년에 일본으로 갔다. 하지만 당시 일본 학자들은 독일 학자들 학설의 소개에 그치고 있음을 보고, 이듬해 독일 베를린대학으로 갔다. 이 나라 최초의 독일 유학생이 되었다. 조요한(趙要翰: 1926-2002)에 따르면, 그는 이로부터 14년 뒤인 1923년 라이프치히대학에서 박사학위를 받고 귀국해 경성제국대학에서 고전어 강의를 시작했다. 박종홍(朴鍾鴻: 1903-1976)이 1931년 그에게 그리스어와 플라톤의 철학을 배운 두 사람 중의 하나였다.[1]

1910년을 전후한 시기, 한국의 언론 또한 서양철학에 대한 학습을 고취하였다. 《황성신문》 사장이던 장지연(張志淵)의 글—〈철학가의 안력(眼力)〉(1909년 11월 24일자)—이라는 논설이 그런 것이다. 이를 통해 그는 근대화된 세계의 선진 문화와 문명을 공유하기 위해서는 무엇보다 서양철학 공부를 게을리하지 않을 것을 권고했다. 스스로 실천이라도 하듯 1909년에 쓴 그의 《만국사물기언역사(萬國事物紀元歷史)》에서 데카르트·칸트·피히테·셸링·헤겔 등 서양 근대철학을 소개했다. 이에 날이 갈수록 철학 공부를 위해 일본과 서구로 발길을 떼는 젊은이들의 수가 늘었다.

해외 유학의 과정에서 최초의 '철학과 졸업생'이 나오기 시작했다. 1912년 일본 와세다대학의 고등예과에 입학하였다가 5년 뒤(1917)에 그 대학 철학과를 졸업한 최두선(崔斗善: 1894-1974)이 '정규 대학 철학과를 졸업'한 최초의 한국인이다. 그의 졸업 논문은 〈페스탈로찌의 사회 교육〉이어서 본격적인 철학과는 약간 거리가 있었지만, 귀국한 그해에 《청춘(靑春)》 제11호에 〈철학이란 하(何)오〉

1 조요한, 〈한국에 있어서의 서양철학 연구의 어제와 오늘〉, 《사색》, 제3집(1972), 17쪽.

라는 최초의 철학논문을 발표했다. 한동안 중앙학교에서 교사로 재직하던 그는 철학 공부를 더 하기 위해 1922년 독일 마르부르크대학으로 다시 유학을 떠났다. 이듬해(1923) 겨울 학기에는 마침 프라이부르크대학의 사강사(私講師)로 있던 마르틴 하이데거가 마르부르크대학의 정교수로 취임해 최두선도 그의 강의를 수강할 수 있었다. 조요한에 따르면, 최두선은 그 뒤 베를린대학으로 옮겨 철학 공부를 계속했지만, 재직하던 중앙학교의 부름으로 인해 학업을 중단하고 귀국해야 했다.[2]

둘째로 일본에 유학한 이가 이광수(李光洙: 1892-1950. 춘원春園)이다. 그는 김성수(金性洙: 1891-1955. 인촌仁村)의 후원으로 1915년 9월에 와세다대학 고등과 2학기에 편입했다가, 1918년 7월 학기말 시험에서 우등 성적으로 철학과 2학년에 진급했다. 철학도로 촉망을 받던 그였지만, 이듬해 도쿄 유학생의 2·8 독립선언과 관련되어 학업을 중단할 수밖에 없었다. 그는 뒤에 철학도보다 문학도로 더 활발히 활동했다. 당시 철학에 대해서는 그 자신이 매우 냉소적 태도를 가지면서 더 이상의 연구를 하지 않았다. 뒷날의 행적으로 보면, 철학 연구를 벗어났어도 명상을 통한 '철인의 정신'만은 간직하려 한 듯하다.

3) 서양 유학의 철학박사

한국 최초의 철학박사는 이관용(李灌鎔: 1894-1933)이다. 그는 1912년 유럽으로 떠나 영국·프랑스·독일을 거쳐, 1921년 스위스 취리히대학에서 〈의식의 근본 사실로서의 의욕론〉이라는 논문으로 박사학위를 받았다. 그것은 1934년 《철학》 제2호에 게재되었

2 위의 글, 18쪽.

다. 1923년 2월에 귀국한 이관용은 연희전문학교 교수가 되어 철학과 논리학을 가르쳤다. 고려대학교 교수를 지낸 박희성(朴希聖: 1901-1988)도 그에게 철학 강의를 들은 사람 중 하나다. 이관용의 철학에 대한 사유는 용어 사용에서 조금 독특하여, 철학이라는 용어 대신 '원학(原學)'이라 했다.[3]

김준연(金俊淵: 1895-1971)은 이관용이 귀국하기 전인 1922년《동아일보》(10월 4일부터 20일까지)에 16회 걸쳐 '사회의 병적 현상'이라는 글을 연재했다. 여기에는 사회의 여러 가지 특성을 비롯하여, '구주인과 동아사상', '구주의 동아정복', '동아문화의 멸망'이라든가, 스펜서의 사회진화론, 신칸트학파와 베르그송의 철학 등 폭넓은 철학 에세이를 담아 눈길을 끌었다. 망국의 민족이 장래 다시 일어날 것을 염원한 대목들이어서 그러했다.

1920년대 유럽에서 철학을 공부한 사람으로 안호상(安浩相: 1902-1999)도 있다. 그는 1929년 독일 예나대학에서 논문 〈헤르만 로체의 관계문제를 위한 의미〉로 박사학위를 받았다. 귀국 후 보성전문학교 교수로 지냈다. 또 1920년대에는 이들 외에 정석해(鄭錫海: 1899-1996)·김법린(金法麟: 1899-1964)·이정섭(李晶燮: 1895-?)이 프랑스 파리대학 철학과에 유학했다.

정석해는 1920년에서 1940년까지 20년 동안 유럽 여러 대학에서 공부하고, 귀국 후에는 연희전문 교수로 봉직했다. 퇴직 후 미국으로 이민 가기까지 자택에서 베르그송 원전을 강독하는 등 후학들에게 프랑스 철학을 선도했다.

3 한 가지 밝혀 둘 것이 있다. 그것은 이 장(특히 아래 부분)의 서술은 필자가 2001년에 현암사를 통해 발간한《우리사상 100년》의 공저자인 이광래 교수가 담당하여 밝혀 낸 것에 거의 대부분 의지하여 서술한 사실이다. 필자의 전공 등에 따른 조치임을 독자들이 양해해 주기 바란다.

2. 서양철학 연구의 증가

1) 일본 유학 학자군과 미국 유학자

1920년-30년대에는 서양철학의 연구를 위해 일본에 유학하는 이들의 수효가 대폭 증가했다. 한글학자로 유명하던 최현배(崔鉉培: 1894-1970. 외솔)도 실은 1925년 교토제대 철학과 출신이다. 졸업논문은 〈페스탈로치의 교육사상〉이었고, 졸업 이듬해에는 연희전문학교의 철학교수로 되었다. 이화여자전문학교 교수도 겸직한 그는 철학·논리학·심리학을 강의했지만, 투철한 민족정신으로 인해 주시경(周時經: 1876-1914)을 이어 한글학자가 되었음은 널리 알려진 대로다.

1926년 도쿄제대 철학과를 졸업한 채필근(蔡弼近: 1885-1973)은 평양 숭실전문학교의 철학교수로 취임했고, 같은 도쿄제대 출신인 윤태동(尹泰東: 1900-?)은 경성제대 예과 교수로 되었다. 닛교대학의 철학과를 나온 이재훈(李載薰)도 귀국하여 이화여자전문학교의 윤리학 강의를 담당했고, 1929년 도쿄제대 철학과 출신 김두헌(金斗憲: 1903-1981)은 〈크로체의 실천철학〉으로 졸업, 귀국 후 이화여전에서 심리학 강의를 맡았다가 이듬해 혜화전문 교수로 옮겼다.

1931년에 교토제대 철학과를 나온 이종우(李鍾雨: 1903-1974)가 숙명여전 교수를 거쳐 보성전문·고려대 교수를 지냈다. 1933년에는 이인기가 도쿄제대 철학과를 졸업, 귀국 후엔 교육학연구에 참여 한국의 교육학 발전에 기여했다. 같은 해 와세다대학 역사과 출신인 현상윤(玄相允: 1893-?)은 귀국 후 보성전문에서 윤리학을 담당하며, 철학의 안호상, 심리학의 오천석(吳天錫: 1901-1987)과 '보전학회(普專學會)'를 조직, 학술활동에 열성을 보였다. 광복 후 고려대학교 총장으로 재직하면서도, 그는 '한국유학사'와 '한국사상사'를 강의하면서 그 두 분야의 저서를 남겼다.[4] 6·25 전란으로 납북되는 불운을 겪었다.

1934년 교토제대 철학과를 졸업하고 귀국한 전원배(田元培: 1903-1984)는 협성학교 교수로 취임했다. 헤겔 100주기를 기념하여 일본인들이 벌인 '국제헤겔연맹총서' 출판에 참여, 〈헤겔국제학회보고서〉를 일본인과 공동 번역했다. 1946년 연희대학 철학과로 자리를 옮겼다가 원광대학에서 정년퇴직했다.

1937년 와세다대학 철학과 출신 손명현(孫明鉉: 1914-1976)도 국내 철학활동에 참여한 학자 중의 하나다. 아리스토텔레스 철학에 대한 우수한 연구논문으로 주목을 받았다. 대학 초년의 그는 쇼펜하우어 철학에 심취했었다는 사실이 그 대학 철학과 동료이자 일본 현대 프랑스철학 권위자인 마쓰나미 진자부로(松浪信三郎)의 글로 알려졌다.[5] 손명현은 성균관대 철학과 교수를 거쳐 고려대 철학과 교수로 재직하면서 주옥 같은 논문을 남겼다.[6]

1930년대 미국 유학을 하고 귀국한 학자도 더 있다. 1931년 미국 캘리포니아대학에서 철학박사 학위를 받고 온 한치진(韓稚振: 1901-?)은 1932년에 이화여전 교수가 되어 논리학과 철학개론 강의를 담당했다. 그는 이미 1928년 정치시사 월간지《조선지광(朝鮮之光)》제77호에 발표한〈철학과 인생〉을 통해 유심론적 철학을 주

4 현상윤,《조선유학사》(민중서관, 1948). 그의《조선사상사》는 출판사에서 조판까지 했으나, 6·25전란으로 파손, 유실되었다. 납북 후 서재에서 다시 발견된 복본이 고려대 아세아문제연구소의《아세아연구》에 부록으로 전재되었다가, 윤사순 등이 편집 간행한《幾堂玄相允全集》(나남)의 제3권에 게재된 것을 이형성이 다시 심산출판사를 통해 2010년에 교주본으로 제대로 빛을 보았다.

5 1973년 10월《쇼펜하우어 전집》월보(月報) 11호에 실린 그의 회고담('쇼펜하우어와 만난 사나이와의 만남')이 그것이다.

6 손명현,《철학논고》(고려대출판부, 1978).

장했다.

1937년 2월에는 미시간대학에서 〈주관주의와 직관〉으로 박사가 된 박희성이 귀국, 이듬해에 보성전문 철학교수로 활동했다. 3·1운동 때 만세운동으로 구금된 경력의 소유자인 그의《외길 한평생》에 따르면, 그가 귀국하느라 요코하마 부두에 내릴 때부터 서울 종로경찰서에서 왔다는 일본인 형사(아마노)와 그곳 수상경찰서 형사의 연행으로 이틀간 구치당했고, 서울에 도착해서는 동대문경찰서에서 모토야마 형사에게 조사받았다. 그 뒤 3년간 어디갈 때마다 신고해야 하는 '요시찰인'의 신세가 되어, 교원 면허장을 얻는 데 만 일 년을 허비해야 했다. 김성수의 배려가 아니었으면 고려대학 교수가 될 수 없었다는 것이다. 그의 학위논문은 지도교수의 만류를 무릅쓰고 흄의 주관주의에 젊은 혈기로 도전한 작품으로 알려졌다.[7]

2) 국내의 철학과 설치와 논문집 출간

20세기에 들어 확인된 교육의 중요성 인지는 한 말 고종 때 나온 '교육입국조서'라 하겠다. 외국 유학도 그런 국가 사회적 조건에 대한 각성이 뒷받침한 것인 셈이다. 그러나 일제의 조선총독부는 1911년에 이미 '사립학교 규칙'을 공표하여 한국인의 자주적인 '민립교육'을 규제했다. 사립대학을 지향하며 성장하던 보성전문학교를 개교한 지 10년 된 1915년 '전문학교의 명칭마저 뺀' 일반학교 수준으로 격하시켜, '사립보성법률상업학교'라는 명칭을 쓰게 했다. 이해 4월에 시작한 연희전문학교도 전문학교가 아닌 경신학교 대학부로 문을 열 수밖에 없었다.

7 박희성,《회의와 진리》(박희성박사유고간행회, 1989), 228쪽.

총독부의 이런 교육정책에 맞서, 1921년에는 이상재(李商在: 1850-1927), 한용운, 김성수, 현상윤, 송진우, 장덕수 등이 '조선민립대학 기성준비회'를 결성했다. 하지만 당시의 대홍수 등으로 인한 여건이 이를 서두르기 어렵게 했다. 조선총독부는 그 민립대학의 설립을 무산시키기 위해 '조선교육령'을 재빨리 개정하고, 1924년 5월에 경성제국대학 예과를 설치했다. 일제의 '식민지 관리 양성'을 위한 교육기구를 그들 나름으로 마련했던 것이다.

조선총독부는 이듬해에 '경성제국대학 통칙 및 학부 규정'을 정하고, 법문학부에 철학과 등 5개 학과 설립을 발표하고, 1926년 실제로 '철학과'를 설치했다. 보성전문, 이화전문, 연희전문의 철학과목이 교양과목으로 3-4개 정도에 지나지 않았던 데 견주어, 경성제대 철학과의 기본과목은 대폭 확장되었다. 철학, 철학사, 지나(支那)철학, 미학, 심리학, 종교학, 종교사, 사회학 등이 그것이다.

1929년 경성제대 철학과의 첫 졸업생이 나왔다. 권세원(權世元), 박동일(朴東一), 조용욱(趙容郁: 1902-1991), 김계숙(金桂淑: 1905-1989), 배상하(裵相河: 1906-?) 등이 그들이다. 철학과를 비롯한 각 학과 졸업생들은 이 해 7월 《신흥(新興)》이라는 '종합학술지'를 창간, 학술활동을 본격화했다. 그 창간호에는 신칸트학파 가운데 마르부르크학파를 주도한 코헨의 주저 《순수인식의 논리학》을 소개한 김계숙의 〈코헨철학에 관한 단편〉, 권세원의 〈진리와 정확의 구별〉, 배상하의 〈짜라투수트라〉가 게재되었다. 이는 그 뒤에도 2·3·4호로 이어졌다.

1931년은 헤겔 사후 100주년이어서, 유럽 철학계가 '헤겔 르네상스운동'이 한창이었다. 그 전해(1930년)에 헤이그에서 '국제헤겔연맹'이 생겼고, 1931년에는 베를린에서 그 연맹 주최로 '헤겔회의'가 개최되었다. 일본에서는 '국제헤겔연맹총서'가 발간된 것을 비롯해, 월간지 《이상》 제22호도 헤겔기념 특집호와 《헤겔 부흥》을 발간했다. 그 밖에 기념도서 등도 나왔다.

국내에서도 31년 7월과 12월에 나온 《신흥》 제5호와 제6호가 한국의 '헤겔 100주년 기념호'처럼 나왔다. 김계숙·신남철(申南徹: 1903-?)·소철인(蘇哲仁) 등의 헤겔철학 관련 논문이 실렸다. 김계숙은 〈헤겔 전사〉를 통해 17세기부터 산업혁명 이후의 사상적 변화, 즉 이성적 혁명의 분위기 속에서 헤겔이 그 나름의 방법으로 전개한 '세계사의 발전과정'에 대해 서술했다.

신남철은 그의 논문을 통해, 헤겔부흥과 관련된 여러 논문들이 진정한 헤겔정신을 위한 헤겔부흥이 아니라고 주장했다. 그에 따르면, 그것들은 사회적으로 마르크스주의에 대항하기 위한 파시스트적 반동이론을 꺼내기 위한 것이었고, 철학 견지에서는 부르주아적 인간들이 멸망에 직면한 '역사적 위상'을 연장키 위한 각자의 독선적 견지를 개척함으로써 최후의 꽃을 피워 본 헤겔에의 귀의였다는 것이다. 그는 헤겔의 요소를 계승했다고 할 딜타이, 슈프랑거, 후설, 하이데거 등 넓은 의미의 '생철학'까지 비판했다. 마르크스주의자 신남철은 헤겔철학 부흥운동에 지극히 '부정적인 견해'를 피력했음을 본다. 《신흥》 제6호에 실린 그의 〈신헤겔주의와 그 비판〉에서 그러했다. 1932년 12월에 나온 《신흥》 재7호에도 신남철은 〈민족 이론의 세 형태〉를 실었고, 소철인은 마르크스, 엥겔스의 글 〈유물론적 견해와 관념론적 견해의 대립〉을 번역해 실었다. 이는 '마르크스주의의 한국 도입'이 한눈에 확인되는 대목이다.

3) 악조건 아래 '철학연구회'와 《철학》 출현

1930년대는 세계적인 경제공항 사태가 일어났다. 거기에다 날로 핍박을 가하던 일제는 1931년에 중국의 봉천을 점령, 만주사변을 일으켰다. 국내외로 격변과 혼란 및 생활고가 심해 갔다.

그런 환경에서나마 철학에 대한 관심은 높아 갔다. 그 한 예로 교양 잡지인 《신동아(新東亞)》가 1932년 11월호에 철학 특집을 기획했다. 때마침 '스피노자의 탄생 300주년'이 되었던 터라, 그 기념특집을 꾸몄다. 논자들은 이종우·안호상·이관용 등이었다.

1933년 그동안 외국 유학에서 돌아온 학자들과 경성제대 출신들이 모여 학회와 학술지를 만들었다. 한국 초유의 '철학연구회'의 결성과 그들에 의한 연구지 《철학》을 탄생시켰다. 한국철학사에서 기념할 만한 획기적 사건이었다. 이에 참여한 학자는 해외에서 귀국한 안호상·이종우·이재훈·김두헌과 경성제대 출신인 권세원(1회)·신남철(3회)과 그해 졸업생(5회) 박종홍(朴鍾鴻)·고형곤(高亨坤: 1906-2004)·박치우(朴致祐: 1909-1949) 등이다. 그해의 창간호(제1호) 실린 논문 제목은 다음과 같다.

박종홍, 〈'철학 하는 것'의 출발점에 대한 일 의문〉
권세원, 〈철학이란 무엇이냐, 철학의 영원성에 대하여〉
이재훈, 〈구체적 존재의 구조〉
이종우, 〈외계실재성(外界實在性)의 근거〉
안호상, 〈객관적 논리학과 주관적 논리학〉
김두헌, 〈윤리적 평가의 이념〉
신남철, 〈헤라클레이토스의 단편어(斷片語)〉

철학연구회와 그 연구회의 논문집은 1935년의 《철학》 제3호를 마지막 호로 이듬해에 불가피하게 끝났다. 일제의 탄압에 기인한 것이다. 1936년 일제는 '조선사상범 보호관찰령'을 공포하고, 곧 《철학》의 편집 및 발행인이던 이재훈을 사상범으로 구속했다. 그 논문집을 강제로 폐간하고, 철학연구회마저 해산시켰다.

일제는 1940년 8월에 《조선일보》와 《동아일보》를 폐간케 하고, '황국신민화(皇國臣民化) 운동'을 강행하기 위해 '국민총연맹'을 조직했다. 나아가 '조선사상범 예비구금령'까지 공포했다. 이 땅에서 '철학 또는 사상'이라는 말조차 하지 못하도록 한국인의 입과 손과 눈과 귀를 막느라 광분했다. 한국의 철학계는 암흑의 세월을 맞은 것이다. 그것은 침묵 속에 한동안 각 철학자의 '잠행 형태'를 취하지 않을 수 없게 한 상태였다.

4) 일제 말기의 연구물

1937년에는 이재훈에 이어 한치진도 사상범으로 지목 구속되었다. 한국인들만이 철학을 할 공간은 없어졌다. 오히려 철학이 각자의 신변에 '무언의 위협'을 느끼게 하는 세상이 되었다. 비교적 안전한 공간은 '경성제대 연구실'뿐이었다. 이런 여건은 자연히 그 연구실에서 일본인 철학교수들과 활동하는 것만이 허락된 셈이다. 당시 일본인 교수들이란 아베 요시시게·미아모토 와키치·다나베 쥬우죠오·사라이 시게노부 등이었다. 이들과 어울린 모임이 '철학담화회'였다.

이 모임에서 철학 활동을 이어간 인물들은 김계숙·권세운·박종홍·고형곤·김용배(金龍培: 1895-1961)·박의현(朴義鉉)·최재희(崔載喜: 1914-1984)·김규영(金奎榮: 1920-2016) 등 경성제대 졸업생이었다. 나중에 안호상·이종우·손명현 등이 참여해, 해산된 철학연구회를 대신할 정도로 발전 되었다. 이 철학담화회에서 발표된 논문 가운데 전해지는 것으로, 1941년 김계숙의 〈헤겔 청년시기의 종교관〉, 이종우의 〈운명〉, 박종홍의 〈Das Man의 자기 부정적 발전〉, 고형곤의 〈하이데거의《헬더린과 시의 본질》과 그의 철학〉 등이다.

이 시기의 주목할 만한 글이라면 아래 몇 가지일 것이다. 박종홍의 〈하이데거에 있어서 지평의 문제〉가 1935년 일본 철학사 잡지《이상》에 일본어로 실린 것, 1938년 김두헌의《윤리학 개론》을 일본어로 출판한 것, 안호상이 1941년 일본 교토제대에서 발간하는《철학연구》에 〈헤겔에 있어서 판단의 문제〉를 독일어로 실은 것이다. 이것들은 암흑의 시대 우리 철학연구의 국제화로 기억될 논문인 셈이다.

이 밖에 제2차 세계대전 시기에 발표된 논문이 더 있다. 1941년《춘추》3월호에 실린 고형곤의 〈베르그송의 생애와 사상〉, 그 9월호에 실린 박상현(朴相鉉)의 〈전체주의의 철학—20세기의 신화에 대하여〉 등이다.

일제 시기 단행본으로 간행된 철학 저작물도 있다. 한치진의《철학개론》(조선문화연구사, 1936),《인생과 우주》의 일본어판, 김두헌의《윤리학 개론》(동광당서점, 1938), 그리고 안호상의《철학강론》(동광당서점, 1942)이다. 이 가운데 한치진의《철학개론》은 철학에 대한 이 나라 최초의 단행본이다. 그는 사상범에 대한 본격적 단속을 시작하던 해에 이 책을 '조선어로 출판'하여, 그 이듬해 이화여자전문학교에서 강제로 퇴교 당했을 뿐만 아니라, 투옥까지 당했다.[8] 참으로 '우리말로 철학하기' 어려운 엄혹한 질곡의 시대였다.

끝으로 일제 강점기 '철학연구의 성향'을 살피자. 이광래(李光來)

8 이 책은 광복 이후 1946년부터 1950년 사이 재판에서 5판까지 나올 만큼 큰 호응을 받았던 것이다.

의 고찰에 따르면, 그 성향은 세 가지로 집약된다.[9] 첫째 인물 중심의 철학이 아닌 '문제와 방법 중심의 연구' 경향이 짙었다. 칸트나 헤겔 같은 누구의 철학 연구가 아닌 스스로 '철학하기'에 더 많은 관심을 쏟았다. 최초로 박사학위를 받은 이관용이 '의식의 문제'를 다룬 것을 비롯해, 철학연구회의 학회지《철학》1·2·3호에 실린 20편이 한 편만 빼고는 모두 문제에 대한 연구이다. 또 경성제대 철학과의 졸업 논문도 16개 가운데 인물 연구는 겨우 6편이다.

둘째, 거의 모든 논문이 그 시대의 '현실적 조건을 반영'하는 성향으로 출발하고 있다.《철학》창간호에 박종홍의 〈철학하는 것의 출발점에 대한 일 의문〉부터가 그러하다. 철학하기의 지반은 '이 시대', '이 사회', '이 땅'의 현실적 존재 자체 있지 않은가 묻고 있다. 그에 있어 현실 자체의 자각적 성찰 과정이 곧 철학이다. 박치우의 경우는 더 절박한 현실을 출발점으로 하고 있다. 그의 철학은 곧 〈위기의 철학〉(《철학》, 제2호)이다. 억울하게 당하고 있는 현실적 위기 때문에 철학한다는 것이다. 철학하기가 당시 '민족주의적 동기'와 같았다.

셋째, 박종홍은 1933년 3월《동아일보》에 기고한 '모순과 실천'에서 위기라 함은 우리가 생존해 있는 이 현대의 모순이 절정에 도달한 시기라고 규정했다. 박치우 역시 그 위기는 한 마디로 객체적인 모순이 주체적으로 파악되는 특정한 시기라고 〈위기의 철학에서〉 논했다. 현실적 모순의 인식을 위한 연구 경향이 또한 변증법적이고 유물론적이었다. 따라서 철학자의 할 일은 결코 정관(靜觀)이나 애고(愛顧)나 고민에만 빠져서는 안 된다. 비판하고 항쟁

9 윤사순 · 이광래,《우리사상 100년》(현암사, 2001), 360-364쪽.

하는 '선구자 역할'을 해야 한다는 것이다. 박치우도 마르크스주의자 신남철의 주장과 궤를 같이했다.

제28장 한국철학사상의 현대적 지평

1. 남북 분단과 이념 대립

1) 철학 연구의 활성화

1945년 8월 15일 일제가 연합국에 항복함으로써 이 나라는 고대하던 광복·해방을 맞았다. 그러나 일제로부터 해방된 조국은 남북 분단이라는 또 다른 불운에 빠졌다. 북위 38도선을 경계로 1945년 8월 12일부터 북한에 진주하던 소련군(제25군)은 그달 16일에는 북한을 다 점령했고, 하지 중장이 이끌던 미군(제24군단)도 9월 8일 월미도에 상륙한 다음 날 서울에 입성했다.

한반도의 분단 개입이 미소의 실책임은 이때 하지 중장이 도쿄의 맥아더에게 보낸 전문에서 예견한 것이다. "나는 전혀 다른 정치체제 아래 두 점령 지역으로 나뉜 현재의 한반도 상황은 한반도를 통일시키는 데 있어 극복될 수 없는 장애물이 될 것이라고 생각합니다. (…) 적대적 이데올로기 아래에 한 국가를 두 지역으로 계속 분리해 놓는 것은 파멸을 초래하는 일이 될 뿐입니다."[1]

국토의 분단은 정치체제의 서로 다름이고, 이데올로기의 분열

1 윤사순·이광래, 《우리사상 100년》(현암사, 2001), 367쪽(이광래 교수 서술을 재인용).

대립이었다. 남에서는 1948년 5월 10일 유엔의 감시 아래 남한만의 총선거를 거쳐, 5월 31일 국회가 개원된 뒤, 민주공화국을 표방하는 대한민국을 형성했고, 북에서는 8월 25일 최고 인민화의 대위원의 선출을 거쳐, 9월 9일에 '조선인민공화국'을 선포했다.

그 뒤 북한에서는 철학자 개인의 자유로운 철학 탐구를 보기 어려운 동토가 된 반면, 남한에서는 그동안 일제의 금압으로 제대로 사용하지 못하던 '우리의 말과 글'을 구사하는 철학 탐구가 자유롭게 이루어질 수 있게 되었다. 남한의 경우 광복으로 얻어진 '언론과 출판의 자유'가 '철학자의 활동'을 촉진시키는 환경이었다. 철학 활동의 시발은 대학 강의용 '개론서 또는 입문서'의 저작과 출판의 양상으로 발길을 떼었다. 아래에 그 대강을 적시한다.[2]

김두헌. 《윤리학개론》(1938년의 일어본을 한글본으로)

김준섭. 《철학요론》. 정음사, 1946.

김준섭. 《철학개론》. 세계서림, 1946.

김용배. 《철학신강》. 금용도서주식회사, 1947.

이재훈. 《논리학》. 대성출판사, 1947.

김준섭. 《논리학》. 태백서적공사, 1947.

안호상. 《논리학》. 문화당, 1948.

박종홍. 《일반논리학》. 백영사, 1948.

한치진. 《미국실용주의》. 조선문화연구사, 1948.

이종우. 《철학개론》. 을유문화사, 1948.

에르잘렘. 《철학개론》. 김종흡 역. 수선서, 1948.

웹브. 《철학급철학사입문》. 이재훈 역. 종로서원, 1948.

2 이 또한 위의 책의 이광래 교수 조사에 의한다.

김준섭.《서양철학사》. 정음사, 1949.

부르노 바우흐.《철학입문》. 방승환 역. 문화당, 1949.

러셀.《철학의 제문제》. 이재훈 역. 경위사, 1949.

이 가운데 당시 눈길을 끈 것이 이재훈의《논리학》과 김준섭의《서양철학사》였다. 이재훈은 서양의 고전 논리학을 다루고서, 동양의 인도의 '인명(因明)'과 중국의 '명학(名學)'을 다루었기 때문이었다. 김준섭은 서양 고대부터 현대 철학까지 소개하면서, 특히 현대편에 독일의 신실재론, 현상학, 생철학, 실존철학 및 소비에트의 철학까지 다룬 것이 돋보였다.

2) 이념의 대립과 강단철학의 본격화

국토의 분단을 수반한 광복은 곧 '민족의 분열'이자 '세계적인 현대 이념대결'의 판도를 이루었다. 철학적 이념의 대립은 적어도 1950년 6월 한국전쟁 이전까지는 잠정적인 성격의 '분열과 동거'였지만, 그 뒤로는 심각한 사태로 되었다.

1946년 8월 '조선학술원'의 논문집《학술》에는 해방 1주년 기념호가 간행되었다. 거기에는 손명현의 〈아리스토텔레스에 있어서의 귀납법의 문제〉 같은 논문이 실려, 그 당시 우리 서양철학계의 수준을 알 수 있게 한다. 한편, 당시 대표적인 마르크스주의자 박치우의 논문 〈민주주의의 철학적 해명〉과 신남철의 〈역사의 발전과 개인의 실천〉도 실렸다. 서로 달리하는 이념적 노선에 구애됨 없이 개인의 철학적 견해가 이렇게 공존하던 분위기였다.

박치우는 이 논문 외에 1946년 11월에 저서《사상과 현실》도 출판했다. 이를 통해 그는 '반전체주의적 인민민주주의'를 신봉함을 확실히 밝혔다. 눈길을 끄는 점은 그가 지향한 인민민주주의란 모든 전체주의를 제외(배척)하는 바탕 위에서 이루어질 '개인주의', '자유주의', '인격주의'가 보장되는 '마르크스주의'를 포함한 민주주의라는 사실이다.

신남철 논문의 내용은 한마디로 유물론적 변증법으로 이룩한 프롤레타리아 사회의 건설을 위한 이론이다. 헤겔에 있어 개인의 실천이란 자유의 이념을 구현하는 수단이었음과 달리, 그에 있어서는 유물변증법적 세계관을 바탕으로 '무계급 사회' 건설을 위한 정치적 자유를 구현하는 수단으로 '개인의 실천'이 의의를 지닌다는 주장이다.

하지만 이런 이념들의 공존은 1949년 10월 19일 국가보안법이 국회에서 통과된 것을 고비로 점차 종식되었다. 짧은 기간이었으나마 이 무렵에 출판된 좌익 서적은 적은 편이 아니었다. 그 대강을 살피겠다.[3]

> 레닌.《제국주의론》. 인정식 역. 동심사, 1946.
> 조선학술원.《학술》, 제1집(1946).
> 박치우.《사상과 현실》. 백양당, 1946.
> 신남철.《역사철학》. 서울출판사, 1948.
> 신남철.《전화기의 이론》. 백양당, 1948.
> 엥겔스.《반(反)듀링그린—철학편》. 전원배 역. 대성출판사, 1948.
> 레닌.《유물론과 경험비판론》. 상·하. 전원배 역. 대성출판사. 1948.

이 무렵부터 한국철학계가 활기를 띠기 시작하게 된 데에는 일제의 패망을 계기로 대학교육의 환경이 크게 변했기 때문이다. 앞

3 위와 같음.

서 밝힌 대로 일제는 한국인의 건학이념이었던 '교육입국'을 저해하기 위해 1944년에는 한국의 사설 전문학교 교육을 탄압하는 데 기를 썼다. 보성전문·연희전문·이화전문 등의 교명마저 바꾸도록 한 것이 그것이었다. 그러나 이듬해 그들이 미·소 연합국에 패망하자, 1946년부터 위 전문학교들은 각기 고려대학교·연희대학교·이화여자대학교 등 '대학교로 승격'하고 각각 철학과를 설치하였다. 경성제국대학의 변신인 서울대학교의 철학과와 함께 강단철학 시대가 이 땅에 열린 것이다.

이에 한국 철학자의 진용이 다시 정비되었다. 경성제대의 일본인 학자가 사라진 서울대학교에는 보성전문에 있던 안호상, 혜화전문학교의 김두헌, 이화전문학교의 박종홍 등이 그 철학과로 자리를 옮겼다. 현상윤이 총장을 맡은 고려대학교에는 그 전부터 근무한 박희성을 비롯하여 숙명여자전문의 이종우, 북경대학 출신의 이상은, 경성여의전의 최재희가 철학과 교수진을 이루었다. 연희대학교 철학과에는 그 전부터 있던 고형곤·최현배·박상현을 중심으로 유럽에서 귀국한 정석해, 《동광》의 주간이던 전원배가 참여했다. 지방 대학 가운데 부산대학교는 1948년에 철학과를 개설했다.

이로써 여건만 안정되었더라면 한국철학은 급속히 발전될 수 있는 판도였다. 그러나 1950년 6월 25일 한국전쟁의 발발로 사회 전체가 불안정 상태로 빠졌던 것이다. 혼란한 시기를 무릅쓰고 경북대학교는 휴전회담이 진행 중이던 1951년에 철학과를 설치하여, 하기락·김종호·김위석 교수 등이 취임했다. 전남대학교에서는 이듬해(1952)에, 충남대학교는 1954년에, 각각 철학과를 설치 운영하기 시작했다. 이렇게 지방의 국립대학들은 거의 다 철학과를 두게 되어 강단 철학을 본격화할 조건을 갖추었다.

3) 1950-60년대 철학계의 흥성

1950년 6·25전쟁으로 서울의 대학들은 대부분 대구와 부산으로 옮기지 않을 수 없었다. 서울대와 연희대는 부산으로, 고려대는 대구로 옮겨 교문을 열었다. 특별히 연합대학이 설치되어, 소속 대학과 상관없이 모든 피난 대학생들의 교육을 담당했다. 그 상황에서 철학 탐구는 사실상 각 개인의 몫이었다.

남북 이념의 갈등은 이미 충돌의 국면으로 들어 동거가 불가능한 듯이 보였다. 고려대학교 총장 현상윤은 1950년 10월 서울에서 강제로 납북되었고, 마르크스주의 철학자인 박치우·신남철·정진석 등은 자진 월북했다. 경제학자 백남운, 문학자 이태준·김기림·김남천 같은 이들도 이때 월북했다.

1953년 7월 27일 휴전이 성립되어, 피난했던 대학들이 서울로 왔다. 철학계 또한 이듬해 '한국철학회'를 다시 형성하여, 1955년 5월에는 학회지《철학》을 발간하며 재출발했다. 그 제1집에는 다음 논문이 실렸다.

김계숙. 〈헤겔의 청년시대〉
이상은. 〈인심도심(人心道心)의 원시해석〉
손명현. 〈자유의 근거〉
김기석. 〈칸트와 바울〉
김석목. 〈휴먼의 죄악성〉
김용배. 〈정치역사관의 제창〉
김준섭. 〈고전논리학과 현대논리학〉
전목. 〈역전(易傳)과 중용〉(김경탁 역)

이 뒤로 한국철학회는 일 년에 두 번 연구발표회를 개최하고 연구지(2집)도 발간했으나 사정상 활동을 중단하다가 1969년에야 3집을 속간했다.

1950년대 후반, 한국철학회는 한동안 활동이 부진했다. 하지만, 학자 개인의 노력에 따른 연구는 오히려 어느 때보다도 활발해졌다. 장준하의 《사상계》가 철학의 대중화에 기여한 것과 김기석 교수가 1954-57년에 철학 잡지 《이성》을 간행한 영향이 적지 않았다. 김기석·김형석 두 교수의 책임편집, 《현대사상강좌》(전 10권, 1959-61)는 매 권마다 30명이 집필하였으니, 당시 철학자가 거의 다 동원된 셈이었다.

1950년대 말경에는 철학자의 수효가 그 전과 비교가 안 될 정도로 늘었다. 해외로 유학 간 학자들이 그 혼란기에 귀국한 것도 활성화의 한 요인이었다. 독일과 미국 등지에서 1950년대 말까지 돌아온 철학자로는 조가경·김하태·김종호·김태길을 들 수 있다. 한국철학의 '르네상스기'를 이 시기로 잡는 견해 또한 무리가 아닐 것 같다.[4] 이 무렵에 출판된 철학서적들만 보아도 그런 판단이 가능할 것 같다.

1953년에는 최재희의 《윤리학원론》(일신사)가 나왔고, 박종홍의 《인식논리학》(백영사)과 《철학개설》(백영사)이 그 이듬해에, 1955년엔 김계숙의 《근세철학사》(한성도서주식회사)와 번역본 헤겔의 《논리학》(민중서관)이 햇빛을 보았다. 《고려대학교 개교 50주년 기념논문집》에 발표한 박희성의 〈생명의 문제〉와 이상은의 〈맹자의 성선설에 관한 연구〉는 당시 학계의 주목을 받은 논문으로 인구에 회자되었다. 앞의 것은 과학적 생명철학이라는 점에서, 뒤의 것은 한산하던 동양(중국)철학이라는 점에서 그러했다. 같은 해 박익수

4 이는 앞의 책의 이광래 교수 견해이다.

가 낸《과학의 철학—문제의 두 방향》(백영사)는 입문서 수준이지만, 우리나라에 과학철학을 처음 소개한 점에서 의의를 지닌 것이었다.

1956년 박종홍의《지성의 방향》(백영사), 김태길의《윤리학개설》(민중서관), 박노태 번역 타운센트의《미국철학사상사》(박문출판사), 1958년에 출판된 김준섭의《실존철학》(정음사), 1959년 김계숙의《현대철학사조》와《헤겔연구》(풍국학원출판부), 그리고 각 대학의 논문집을 통해 나온 논문들은 다 거론하기 어려울 정도다. 논문집들에 등장하는 철학자들로는 신일철·박영식 등 철학계의 '세대교체'라 할(당시로는 신진이라 할) 인물이 보였다.

1960년대의 특징으로는 또 국내에 '한국철학회' 이외의 철학회가 생겨난 것이다. 서울대학교 철학과 출신 중심으로 만든 '철학연구회'가 1963년에, 같은 해 경북대학교 철학과를 설립한 하기락이 서울 이남의 철학 연구자로 구성한 '한국칸트학회'(현 범한철학회 전신)가 그것이다. 이른바 복수학회의 시대가 왔던 것이다. 그만큼 철학자 인구가 증가하고 있었다. 이 뒤 세대교체로 등장한 학자들은 상당수가 지금까지 생존하여 연구 활동을 하는 중이다. 그들의 만년 업적을 기다려야, 온전한 한국철학의 소개와 비판이 가능할 형편이다.

2. 한국철학사상사 서술

1) 한국사상사 저술

1945년 광복 이후 철학계의 동향 중에는 '한국전통사상사'의 서술이 제일 먼저 시도되었다. 유학자이자 고려대학교 총장이던 현상윤의《조선사상사》가 그것이다. 3·1운동을 주도하여 48인의 하나로서 1년 옥고를 치른 그는 1948년 고려대 총장 직무를 수행하면서도 자진해 교양강의를 정규과목으로 담당했다. 그 교양과목이 '조선유학사'를 중심으로 한 '조선사상사'와 '삼국사기' 등이었다.

한국사상사 저술을 진행하기 위해 그는 전공인《조선유학사》(뒤의 《한국유학사》)를 먼저 민중서관을 통해 1949년에 간행했다. 이어 강의안이던 '조선사상사 원고'를 출판사에 넘기고 있던 중, 6·25전쟁이 발발해 저자는 납북되고, 원고는 조판을 마치고 인쇄만 남긴 터에 자취 없이 사라졌다. 그 뒤 현상윤의 서재에서 조선사상사의 '복본 원고'가 발견되어, 마침내 1960·61·64년《아세아연구》(고려대 아세아문제연구소)에 연재되어 햇빛을 보았다.[5]

현상윤의《조선사상사》는 상고·중고·근세 세 부분으로 구성되었다. 상고편에는 상고 시대의 신도(무속)·화랑도 및 유교·불교·도교를 소개했고, 중고편에는 고려 시대의 불교·유교·신도·도교·참위 및 제반 문화사상을 소개했다. 근세편은 조선의 불교사상만 다루고 유학사상은 생략했다(앞서 출간한 책 《조선유학사》를 참조하도록 했다). 유학 부분 외에는 전반적으로 소략한 편이지만, '해당 서적의 효시'로 무에서 유를 창출한 만큼 소략의 약점을 탓할 수도 없다. 오히려 누구보다 먼저 이만큼 엮어 낼 수 있었던 능력을 높이 사야 할 것이다.

본격적으로 평가해야 할 부분은 그의《조선유학사》이다. 여기에는 '조선유학의 본질', '조선유학의 조선 사상사에 끼친 영향',

5 윤사순은 2006년 그 연재물을《기당 현상윤 전집》에 기당의 조선유학사와 함께 합본으로 된《조선사상사》를 수록했다. 그 뒤 이는 또 이형성의 교주본《현상윤의 조선사상사》(심산, 2010)로 출판되기도 했다.

'조선유학의 동양사 위에서 차지하는 위치'를 서론에서 밝혔다. 그에 따르면 조선유학의 본질이라 할 주축은 '철학 방면인 정주학' 곧 '성리학'이다. 그런 점에서 신라 고려 유학에 대해서는 약술하고 조선 시대 성리학의 소개에 가장 많은 지면을 할애했다.

조선사상사에 끼친 '조선유학의 영향'을 '공과 죄'로 분별해 지적했다. 공은 ㉠ 군자학의 면려, 곧 이상적 인간(군자) 되길 힘써 장려하였음, ㉡ 인륜 도덕의 숭상으로 가정과 사회와 국가 생활을 원활히 하였음, ㉢ 청렴 절의를 존중하여 많은 청백리를 배출하였음이다.

반면 죄로는 ㉠ 모화사상, ㉡ 당쟁, ㉢ 가족주의의 폐해, ㉣ 계급사상, ㉤ 문약(文弱), ㉥ 산업능력의 저하, ㉦ 상명(尙名)주의, ㉧ 복고사상을 들었다. 이것은 보기에 따라 달리 평가될 수 있지만, 당시에는 수긍되는 견해였다. 특히 비판적 안목으로 조선유학을 평가한 점이 그의 학자적 태도로 돋보였다.

동양에서 차지하는 조선유학의 위치란, 첫째 유교의 이상적 정치와 이상사회를 실현하려던 실천력이 뛰어나 중국의 어느 시대보다도 우수한 성과를 이루었다는 것, 둘째 중국의 송명 시대의 성리설보다도 우수한 이론을 조선 학자들이 내어 일본 등에 크게 영향을 끼쳤다는 것이다. 조선유학에 대한 높은 평가로서 타당시 될 수 있다. 장지연의《유선유교연원》보다 이런 부분의 서술이 한 걸음 더 나아간 것이다.

본론 부분은 전체 17장으로 되었는데, 내용이 장지연의 경우보다 훨씬 풍부하고 소상하다. 15세기 조광조(趙光祖)의 정치사상(至治主義)을 중심으로 다룬 점, 16세기의 성리학자들 개인의 학설을 충실히 소개한 점, 17세기 예학(禮學)의 발흥 연원과 당쟁 성격으로 진척된 과정을 상술한 점, 18세기 호락논쟁(湖洛論爭)으로 불리는 '인성물성의 동이의 논변(人性物性同異論辯)'을 요령 있게 술회한 점, 17-18세기 실학파 사상(實學派思想)을 북학파와 정약용의 경우를 중심으로 기록한 것, 서학(西學)의 전래와 영향을 간과하지 않은 점, 19세기 위정척사운동(衛正斥邪運動) 역시 상세히 서술한 것이 다 그런 것이다. 하지만 실학(實學)을 단순히 '경세론' 정도로 보고서 경세제민(經世濟民) 의미의 학문, '경제학(經濟學)'으로 다룬 점은 연구의 한계이다.

책의 끝에서 현상윤은 조선의 패망원인도 밝히려 했다. 그것은 조선 시대 말기에 누적된 폐단에 기인했다는 것이다. 하지만 그 폐단은 유교 자체의 책임 아닌 유학을 응용한 '정치인의 책임'임을 천명했다. 이는 장지연과 같은 견해이기도 하다.

2) 한국전통사상에 대한 철학적 접근

1950년대 후반, 6·25전쟁의 휴전 이후에는 유교·불교 등 전통사상에 대한 관심도 높아지기 시작했다. 북경대학 출신으로 고려대학교에 재직하면서 4·19 교수단 선언문을 작성, 이승만 독재 타도에 앞장섰던 이상은(李相殷: 1905-1976. 경로卿輅)은 전공이던 중국철학 연구에만 머물지 않고 한국철학사상에도 눈을 돌려 연구물을 내놓기 시작했다.

1956년에 발표한 〈호산(壺山) 박문호(朴文鎬)의 인물성고(人物性考)〉가 그것이다. 이는 박문호가 논하던 '인성(人性) 물성(物性) 개념'의 형성 배경과 의미 내용 및 성격을 밝힌 논문이다.[6] 이는 한국 성리학에 함유된 '본성론 철학'을 오늘의 우리말로 학계에 이해시킨 첫 연구물이다. 다시 말해, 과거 조선 시대의 한문 속에 묻힌

6 앞 제20장에서 살핀 '인간과 타물의 본성의 동이'를 다룬 문제이다.

'본성(本性)에 대한 철학사상'을 중국철학과 함께 서양철학을 익힌 '현대 유학자(이른바 당대 유학자當代儒學者)'가 오늘날의 우리 언어와 철학으로 해설한 작품이다. 한국의 성리학 이론에 대한 현대적 이해가 이로부터 시작되었다.

그는 이어 현상윤이《조선유학사》에서 논한 '한국 유교의 공죄론'을 나름으로 재론했다. 1969년에 발표한 〈한국사상사를 논함〉[7]이 그것이다. 그 내용은 현상윤의 견해를 대체로 긍정하면서 나름으로 약간 수정했다. 요지는 아래와 같다. 유교의 본질과 응용을 혼돈해서는 안 된다. 조선의 패망 원인은 유교의 이념(본질)이 아니고 당시 응용한 조선인에 있다. 그 이념은 오히려 한국의 민주화 등에도 오히려 도움이 되었고, 더 나아가 한국의 근대화를 저해하지도 않았다는 것이다. 이는 유교에 대한 긍정적 시각의 '적극적인 재평가'이다. 그의 한국유학에 대한 이 같은 연구는 70년 이후 퇴계사상 연구로 이어졌다.

한국 불교에 대한 새로운 연구도 1960년부터 나오기 시작했다. 조명기(趙明基)의《신라 불교의 이념과 역사》(신태양사출판국, 1962)와《고려 대각국사의 천태사상》(동국문화사, 1964)이 그 좋은 예이다. 이것은 국사에 속한 것이지만 당시 철학계에도 영향을 끼친 연구물이기도 하다. 이 무렵, 한국 불교에 대한 '철학적 조명'은 박종홍이 누구보다도 선편을 쳤다. 그것은 교양 차원의 사상전문 잡지《한국사상》의 출간과 때를 같이 한 연구이다.

1958년 최동희(崔東熙)와 신일철(申一澈)은 '한국사상연구회'를 통해《한국사상》을 계간으로 발행했다. 그들은 박종홍과 이상은을 그 연구회의 회장과 부회장으로 추대하고, 그 계간지를 통하여 한

7 고려대 아세아연구소에서 발행한《아세아연구》, 12권 3호(1969).

국사상 연구를 폭넓게 자극했다. 바로 거기에 정기적 연재물로 박종홍의 '한국철학사(韓國哲學史)'와 이상은의 '중국철학사(中國哲學史)'를 게재하기 시작했다. 한국 불교에 대한 박종홍의 철학적 조명은 바로 이 게재 내용으로 이룬 것이다.

박종홍의 한국 불교 연구는 삼국시대부터 고려기까지의 범위에 그친 미완이다. 하지만 그 불교에 대한 철학적 탐구는 '한국철학사'의 '고대편' 중 미답이던 불교철학의 해결에 크게 도움을 주었다.[8] 그의 한국 불교철학 탐구는 이른바 "높은 봉우리로 그의 빛난 웅자(雄姿)를 우선 밝히도록 노력하는" 방법의 구사였다. 고구려의 승랑(僧朗), 신라의 원측(圓測)·원효(元曉), 고려의 의천(義天)·지눌(知訥)의 불교사상에 대한 고찰이었다.

그에 따르면, 승랑은 당시 삼론학(三論學)의 연구로 중국에 들어가 '중국 삼론학의 선구'로 공헌했다. 원측은 저술로《성유식론소》(10권)·《이십유식소》(2권)·《해심밀경소》(10권)를 남겼지만, 현재 전해 오는 것은《해심밀경소》가 1권에서 9권까지 남아 있다. 인명론 분야의 연구로《인명론구(因明論究)》·《인명정리문론소(因明正理門論疏)》·《이문로소(理門論疏)》도 남겼다. 반야(般若)의 공(空)사상에도 조예를 깊이 한《반야심경소》와《반야심경찬》도 지었다. 그런 원측은 '유식학자'로서 그 독창적인 유식론(唯識論)을 남겼는데, 특히 심의식설(心意識說)에서 육식(六識)을 일체(一體)로 보고 칠과 팔을 별체(別體)로 보면서 제9식을 불필요하다고 한 것이다.

원효사상에 대한 박종홍의 연구야말로 볼 만한 성과라 여겨진다. 그에 따르면, 원효사상의 전반적 특징은 '화쟁(和諍)의 논리'로

8 이는 당시 한국사상연구회에서 단행본《한국사상사—고대편》으로 간행한 적이 있었다가, 지금은《박종홍전집》4, 〈불교사상〉에 수록되었다.

일관되었다. 그 논리는 구체적으로 개합(開合)과 종요(宗要), 입파(立破)와 여탈(與奪), 동이(同異)와 유무(有無), 이변비중(離邊非中), 일미(一味)와 절언(絶言)이다. 이는 원효의 저서들,《십문화쟁론》을 비롯해《이장의(二障義)》,《금강삼매경론》,《열반경종요》,《대승기신론소·별기》(일명《해동소海東疏》),《열반본업경소》 등에 두루 펼친 방법이다.

원효의 대표작인《대승기신론소》·《금강삼매경론》으로 볼 때 철학 내용의 초점은 각(覺)의 이론이라 하면서, 박종홍은 원효의 본각(本覺)·시각(始覺)을 해명했다. 이 과정에서 원효는 업식(業識)·전식(轉識)·현식(現識)을 '삼세(三細)'라고 하여 제8식인 아뢰야식(阿梨耶識)에 있어서의 위별(位別)로 다루었고, 이 점을 답습한 학자가 법장(法藏: 1350-1428)임을 그는 지적했다. 원효의 독창성이 특히 이 부분에 있음을 그는 주장했다. 그리고 이러한 각의 방법은 수행의 측면으로는 오문(五門) 중 지관(止觀)이어서, 그 마지막 귀착점은 열반(涅槃)인 무애(無碍)의 구현임도 밝혔다.

고려 때 의천(義天)의 교관겸수(敎觀兼修)와 지눌(知訥)의 정혜쌍수(定慧雙修)에 대해서도 그는 상세히 다루었다. 그중에 특히 지눌의 돈오점수(頓悟漸修)가 그《수심결》에서 '선오후수(先悟後修)'의 주장임을 지적했다. 전체적으로 박종홍의 연구는 한국 전통사상에 애착을 가지고 그 특징을 드러내려 했고, 특징 중 특별히 돋보이는 점을 드러내려 한 태도가 역력하다. 그것은 전통철학을 통한 한국인의 자긍심을 느끼게 하려는 의도가 아닐 수 없다.[9]

9 박종홍의 전통사상 연구는 이미 1930년대에 이황의 교육자적 인물과 그 사상을 탐구하였을 만큼 서양철학 전공과 무관하게 부지런히 시작한 것이다. 그런 열성에서 그의 전통사상에 대한 애착을 읽을 수 있다.

3) 조선 시대 후기실학과 성리학 연구

1960년대는 50년대의 전흔(戰痕)을 불식하면서 학계가 활력을 찾기 시작한 시기이다. 고려대학교 철학과의 노장철학 전공자 김경탁(金敬琢: 1906-1970. 우암愚庵)의 연구업적이 그 한 사례이다. 그는 1960년에 《율곡의 연구》(한국연구도서관)를 단행본으로 간행하여, 한국 성리학 연구에 첫 불을 지폈다. 1963년에는 〈이조 실학파의 성리설〉을 발표하여, 당시 역사현상으로만 연구하던 '조선 후기 실학'에 성리학의 철학이 깃들었음을 드러냈다. 박종홍 또한 〈최한기의 경험주의〉[10]와 〈인륜과 산업과의 불가리(不可離)의 관계를 역설한 이원구(李元龜)〉로 후기 실학이 지닌 철학의 일단을 입증했다.[11]

1960년대의 '조선 후기 실학' 연구로는 이을호(李乙浩: 1910-1998. 현암玄庵)의 《다산 경학 사상 연구》(을유문화사, 1966)가 단연 압권이었다. 후기 실학 사상의 집대성에 해당되는 정약용의 경학에 대한 이 연구물은 저자의 박사논문을 단행본으로 출간한 것이었다. 이들 연구물로 해서 실학에 함유된 철학은 성리학 아닌 독특한 '탈성리학 성격'임이 밝혀지기 시작하던 학문적 성과였다.

다른 한편 1960년대에 '조선 성리학'을 가장 부지런히 폭넓게 연구한 학자는 유명종(劉明鍾: 1925-2003)이었다. 1960년 한 해의 것만 들어도 다음과 같다. 〈퇴계의 이학관〉(《瀛西高秉幹博士頌壽紀念論叢》, 1960), 〈정우담(丁愚潭)연구〉(《경북대논문집》 제3집[1960]), 〈주리파 형

10 박종홍, 〈최한기의 경험주의〉, 《아세아연구》(고려대학교 아세아문제연구소), 제8권 제2호(1965).

11 이때 박종홍은 후기 실학에 대한 의식은 뚜렷하지 않은 채 한국유학의 독특한 사유를 고찰한다는 의지로 이것들을 연구한 것 같다. (《석천 오종식 회갑기념논문집》, 1966)

성의 논거—이구를 중심으로〉(《경북대논문집》, 제5집[1960]), 〈장여헌(張旅軒) 사상의 연구〉(같은 책) 등이다. 1960년대 말경까지 발표한 그의 조선 시대 성리학 사상 연구는 수십 편의 논문에 이른다. 그것이 뒷날 그의《한국사상사》(1981)로 결실되었다.[12]

4) 한국철학사 간행

전통사상에 대한 연구열이 남한에서 높아 갈 즈음, 북한에서도 전통사상에 대한 열의를 바탕으로 '한국철학사' 서술을 서둘렀다. 정진석(鄭鎭石)·정성철(鄭聖哲)·김창원(金昌元) 공저《조선철학사(상)》가 1960년에 사회과학원 역사연구소에서 간행되었다. 이것은 상고 시대부터 조선 시대 말까지 왕조 중심의 시대구분에 유물사관을 적용한 것으로 되었다. 시대구분 자체가 백남운의《조선경제사》와 이후 1970-80년대 최봉익의《조선철학사상사연구》및《조선철학사개요》보다 불철저하다.[13] 이는 마르크스·레닌주의가 한반도에 철저히 전파되기 이전까지의 조선철학사를 정리한 것이라는 평이 나오지만, 그런 평의 타당성은 보기 나름이다.

책의 구성은 다음과 같은 8장으로 되었다. ㉠ 고대(고조선과 삼국시대) 철학, ㉡ 통일신라 시대 철학사상, ㉢ 고려 시대 철학사상, ㉣ 조선조 초기 주자학의 불교배척, ㉤ 15-16세기의 철학사상, ㉥ 실학사상, ㉦ 17세기 이후 철학의 흐름, ㉧ 봉건제도 붕괴기와 자본주의 발생기의 철학이 그것이다. 그 내용의 특징은 고조선 시기에 유물론이 발생하여, 각 시대의 관념론 철학에 대한 유물론의 투쟁

12 한국의 유학 연구를 전공으로 삼은 필자(윤사순)가 〈퇴계의 이기관(理氣觀)에 관한 연구〉로 고려대학교 대학원에서 석사를 취득한 것도 1964년이다.

13 최봉익의《조선철학사상사연구》(평양: 사회과학원출판사, 1975)이고, 그의《조선철학사개요》(평양: 사회과학원출판사, 1986)이다.

을 밝히는 식으로 일관되었다.

전체적인 시대구분은 대체로 마르크스 역사관인 노예시대 봉건시대 자본주의시대를 고려했지만, 그것을 철저히 적용했다고 할 수는 없다. 결국 이데올로기적 시각을 저자의 경우는 아직 철저히 구사하지 않은 것이라 하게 된다. 그럼에도 이 책이 남한 학계에 끼친 영향은 적지 않았다. 당시 경북대학교 교수이던 유명종은 그 나름 유물사관에 대항할 《한국철학사》(1969)를 서둘러 내었던 것이 하나의 좋은 예증이다.

하지만 그것은 그의 의도대로 되지 않아 학계로부터 인정받지 못했다. 오히려 장·절의 0구성과 내용의 몇 곳은 북한의 것을 상당히 모방 답습한 혐의를 면키 어려웠다. 더욱이 유물사관의 극복 방안을 창출하려는 흔적조차 충분히 찾아지지 않아, 실패작이라는 평을 받을 수밖에 없었다. 이에 유명종은 1981년에 자신의 《한국철학사》의 시정 보완에 해당하는 듯한 《한국사상사》를 간행하고서, 그 서문에 지난날 간행한 문제의 《한국철학사》의 '폐기를 선언'해, 뒤늦게나마 학자의 양심을 보였다. 그의 《한국사상사》는 그 뒤 둘째 권의 보완본을 냈고, 《조선 후기 성리학》(이문출판사, 1985)까지 더하여, 한국사상사 및 조선성리학사 보완에 충실을 기하려 했다.

남한의 이러한 '철학사 서술의 미숙'을 학계 차원에서 극복하려한 시도가 있었다. 1989년 '전통철학에 국한'하여 한국철학회가 편찬한 《한국철학사》(동명사)가 그것이다. 이는 1960년대를 훨씬 넘어선 시기이고, 수십 명의 학자에게 의뢰하여 작성한 것이어서, 분량은 거질의 내용으로 되었다. 한동안 전공자들의 참고에 상당히 도움을 준 것이었다. 하지만 서술방식에 일관성이 결여되었고, 심지어 전문 용어의 일치마저 이루어지지 않은 흠을 면치 못했다.

중복된 부분이 있는가 하면 지나치게 소략하거나 당연히 논의되어야 할 것이 결여된 부분도 있다. 어떻든 그 뒤 30여 년이 흘렀음에도 앞의 흠을 극복한 새로운《한국철학사》의 서술은 지금까지 나오지 않았다. 한국철학의 역사적 정리가 하나의 공백기처럼 되어 있었던 셈이다.

제29장 한국철학사상사 저술 후기

① 이상으로 한국철학사 저술의 전체 과정을 다 마쳤다. 돌아보니 첫눈에 아쉬운 점이 띄었다. 다름 아닌 앞 장(제28장) 〈한국철학의 현대적 지평〉의 내용 문제이다. 한국 철학계의 현대적 실상을 소개한 '현재의 상황' 부분에 결여된 느낌을 주는 미진한 것이 있기 때문이다. 1970-80년대, 실로 필자의 앞 세대 학자들까지의 서술에서 그치고 그 다음 세대의 것이 없음이 그것이다.

이는 현재 '생존한 학자'의 철학은 다루지 않는다는 '필자 나름의 기준 설정'에 그 원인이 있다. 생존한 학자가 대체로 90세 전후인 만큼, 이들의 연구업적은 직전 세대의 업적보다 대체로 많겠지 결코 적지 않을 것이다. 현대에서 그것을 제외한 필자의 감회 또한 유감일 따름이다.

하지만 학자가 남긴 업적의 선별 또는 평가는 그가 세상을 떠나기 전에는 확실치 않다. 자연과학과 달리, 인문학의 경우는 만년에 청장년 시기의 업적을 수정하거나, 독창성 짓든 새 업적을 내기도 한다. 이것이 제28장의 미진한 부분을 뒷날의 보정으로 미룬 이유이다.

② 생존 학자 개인의 업적을 뒤로 미루면, 한국 철학회의 업적도 따라서 뒷날에 밝혀야 할 것이다. 하지만 학회 등 집단 형태를

띤 연구단체의 현황마저 언급하지 말아야 할 까닭이 있을까? 더욱이 도입 이후 현재 연구열이 본격화한 '서양철학의 현황'은 독자들의 궁금증이 집중된 분야라고 짐작된다. 이런 점에서 학회의 현황 약술마저 생략할 필요는 없겠다.

21세기 현재, 한국에 뿌리내린 '서양철학의 분포'는 어느 종류(학파)의 철학이나 다 연구되고 있는 상황이다. 예시하자면, 생철학, 실존주의, 현상학, 마르크스주의, 실용주의, 논리실증주의 또는 분석철학, 과학철학 및 구조주의 등 다양하다. 이제는 이들 각 분야에서마다 세계 철학계의 수준으로 일가를 이룬 학자들이 다수 등장하고 있는 형세이다. 이야말로 개화기 이후 국내외에서 적지 않은 철학자들이 그의 관심에 따라 익히고 천착한 성과이다. 그 학자들 대부분이 아직 생존 중이므로 고찰에서 제외했다.

학회를 통한 집단적 활동까지 논외로 할 필요가 없다면, 필자는 특히 2009년에 '한국철학회'가 주축이 되어 서울에서 개최한 '세계철학대회'를 상기하게 된다. 비록 이 대회는 동서철학 합작 형식이었지만, 실제에 있어서는 한국 현대 '서양철학계의 연구 활동'과 그 '성장 발전 수준'을 부분적으로 얼마큼 드러낸 대회였다고 하여 크게 어긋나지 않는다.

주제를 '오늘의 철학을 다시 생각한다'(Rethinking Philosophy Today)로 한 그 대회의 규모는 전에 볼 수 없던 초유의 것이었다. 82개국에서 온 2,130명의 철학자 중 국내만도 856명이 참여한 대회였다. 대회 개최 108년의 역사상 동양에서 처음 개최한 모임이었다. 일주일 동안 54개 분과로 나누어 발표된 논문은 모두 1,318편이었다. 지역별로 살피면 아시아 27개국 학자 500편, 유럽 32개국 학자 540편, 북미 2개국 학자 187편, 중남미 6개국 학자 50편, 아프리카 11개국 학자 30편, 오세아니아 학자의 11편이었다. 다만 이런 대회에 세계의 석학으로 인정받는 학자들이 참여하지 않아 하나의 거대한 이벤트 성격을 면하지 못했음은 우리가 경험한 아쉬움이었다.[1]

이 대회의 내용 전체는 너무 방대하여 여기에 소개할 수 없다. 하지만 이를 계기로 한국철학회에서 한국 현대 철학계의 '연구 성향'을 대외에 소개할 목적으로 한 해 앞서 엮어 발간한 책이 있다. 《철학과 문화(Philosophy and Culture)》(서울대 출판부, 2008)가 그것이다. 이는 생몰 여부와 동서철학을 가리지 않고 한국 현대 철학자들의 연구물 중에서 편집진이 '객관적으로 선별한 논문'들 모음이어서, 한국 철학계의 '연구 성향과 수준'을 독자들이 간파할 수 있는 자료라 할 수 있다.[2]

③ 논의가 역사적으로 소급되는 셈이지만, 한국철학사상은 이 겨레의 정치·경제·사회·교육 등 생활 전반을 이끌어 오는 데 크게 공헌해 왔다. 한국의 역사와 문화를 뒷받침해 온 사실들이 이상의 서술로 확인된 셈이다. 전통사상 중의 불교와 유학이 특별히 그런 기능을 해 왔지만, 이는 반드시 전통사상에 한정되지도 않았다. 근세에는 기독교가 그런 점에 상당히 기여했고, 개화기 이후에는 이미 서양철학도 마찬가지 기능을 했다.

고대부터 현대까지 한국철학의 흐름을 일별하면서 필자 나름으로 파악한 '독특한 한국철학사상'을 상기하여 볼까 한다.

1 이 자료는 2009년 추계학술대회 '세계철학대회의 반성과 한국 철학의 전망'에 발표된 김선옥, 〈한국 철학 성숙이 관점에서 본 제22차 WPC 서울대회〉를 인용한—《학문연구의 동향과 쟁점》(대한민국학술원), 제22집(2013), 58쪽—것을 재인용했다.

2 그 뒤 2012년까지 한국 철학계의 연구 동향 등은 앞에 인용한 '대한민국학술원에서 간행한 책'《학문연구의 동향과 쟁점》 제2집(2013)에 적시되었다.

첫째, 단군신화를 거론할 때 간혹 문제시되는 점은 그것이 '고려 시대' 일연(一然)의 기록임을 들어, 고려 이전 시대 사상이라 하기 어렵지 않나 여기는 것(일인학자 등)을 본다. 그 해답은 아래와 같다. 어느 나라의 신화이건 모든 신화는 역사 이전부터 전해지다가 기록되었지 한국만 그런 것이 아니다. 단군신화도 고대부터 (고려 이전부터) 단편적 간헐적으로 전래되어 오던 것을 고려 시대에 기록으로 안착시켰을 따름이다. 고려 시대에 창제된 것이 아니라고 하여 무의미한 듯이 여길 수는 없다.

그 신화에 담긴 사상들에 대한 점도 고려해 보아야겠다. 그 신화에 담긴 기초적 사상들(토템사상, 일정한 타부 등)은 실상 다른 나라에서도 찾아지는 '보편적인 원시사상'들을 동원하여, '한국인의 필요한 시각'에 맞추어 '특수하게 처리'한 것이다. 그 특수한 처리 중 으뜸이 단군이지만. 그 밖에 이상적 이념으로 제시된 '홍익인간(弘益人間)' 역시 '보편적 사유를 특수화'로 규정한 한국철학 특유의 발상이다. 이로써 한국인은 세계 인류 공유의 '철학의 광장'에로 진출할 통로를 마련하게 되었다. 따라서 이 이념이 지닌 가치를 보편의 시각으로 실현할 때 한국철학은 영구히 빛을 보게 됨을 지적해 두고 싶다. 아울러 이것이 한국철학의 출발인 단군신화가 함유한 '보편과 특수의 상호 융통성'임을 지적한다.

둘째, 유불도 삼교의 수용 이후, 그것을 토속적인 무속신앙 위에서 '상호 긴밀한 융합의 관계'로 응용한 '통합적 지혜의 구사'가 상기된다. 최치원(崔致遠)은 그 방법의 태도를 '풍류(風流)'라 표현했지만, 표현을 어떻게 하든, 앞으로 '세계의 다원적 철학사상'을 대함에는 이 태도야말로 여전히 구사해야 할 것임을 예상한다. 우리의 '철학적 유전인자'로서 재인식하고 재발현해야 할 또 하나의 값진 유산이라 여겨진다. 원효가 당시로는 세계의 중심인 중국의 불교계에서까지 인정받을 이론들을 제기한 뒤, 《십문화쟁론(十門和諍論)》이라는 그의 '불교 통합론'을 창안한 것 또한 당시의 풍류적 유전자의 재활용이라 할 것이다. 이런 통합 성격의 '보편적 철학하기'라야 한국철학의 독자적 특수성으로 빛을 볼 수 있다는 판단에서 하는 언급이다.

셋째, 유학자 중의 정도전(鄭道傳)이 시도한 철학도 필자에게는 인상적이었다. 그는 불교를 배척하는 입장에 있으면서, 단 한 가지 배척할 수 없는 불교 이론이 '선악응보설(善惡應報說)'임을 깨달았다. 그것을 그대로 유지 계승할 수 없던 입장의 그로서는 그 사상을 유학인 성리학의 용어로 환치하려는 노력을 기울였다. 내용은 계승하면서도 표현 용어만을 뒤바꾼 '선악응보설'의 재탕, 야심찬 그 새로운 철학 창출의 시도가 있었다. 물론 그의 노력은 이미 살핀 대로 실패로 끝났지만, 필자가 보기에 그 문제와 그의 태도는 정도전에서 끝나고 만 것 같지 않다. 그 문제의식은 언제나 사회생활에서 인간들에게 요청되는 철학의 과제이고, 그런 점에서 철학자라면 그대로 포기하기에는 미련이 남는 문제임을 지적하고 싶다. 이는 또 하나의 '정의론(正義論)'으로 이름을 바꾸어 추구할 문제이기 때문이다.

그에 이은 성리학자 정지운(鄭之雲) 등의 '천명연구(天命硏究)'을 비롯하여, 이황(李滉)·기대승(奇大升)·이이(李珥)·성혼(成渾) 등의 끈질긴 논변 형식으로 이룬 '사단칠정론(四端七情論)', 한원진(韓元震)·이간(李柬)의 '인성물성동이론(人性物性同異論)' 등은 당시 중국 성리학계를 넘어선 한국 특유의 철학, 한국의 대표적 철학으로 평가하고 자랑할 수 있는 것이다.

넷째, 한국 유학의 경우 율곡 이이가 구상한 '무실적 실학(務實的實學) 사상' 또한 다른 나라의 유학에서 볼 수 없는 것이다. 무실 개념 자체를 유학의 8조목 전체에 적용한 사유부터가 독특하다. 유학 전체를 다시금 '실학의 체계로 구상(實學化)'한 것이 그의 무실론임을 의미한다.

이토록 철저한 실학화 작업은 또한 그의 경장설(更張說)이라는 개혁설을 뒷받침하기 위하려는 데 목적이 있었을 것이다. 그의 수많은 상소문을 통한 개혁설이 당시 임금인 선조에게서 한 가지도 제대로 실현되지 않아 공허한 메아리로 되었지만, 그 뒤 17세기 유형원(柳馨遠)의 당시 왕조의 폐습 속에 묻힌 각종 제도를 탈피하는 성격으로 발전했고, 18세기 정약용(丁若鏞)의 근대 지향의 철학이 싹튼 밑거름이었다고 보인다. 한마디로, 후기실학의 개혁설은 이이의 '무실적 경장 정신'과 결코 무관하게 나오지는 않았을 것이다. 비록 이 모든 개혁설이 실제로 빛을 보지 못했음은 한국사의 흠결이 아닐 수 없지만, 그 흠결이 결국 조선조의 패망으로 귀결했다고 한다면, 철학자의 예지를 소홀히 여긴 결과가 얼마나 참혹한가를 다시금 깨닫게 된다.

다섯째, 19-20세기 한국의 '민족주의'도 성찰해 볼 만하다. 이제는 민족주의가 지난날과 같은 혈연 위주의 사상으로 존속될 수 없어 그 영향도 점차 제한적일 수밖에 없다. 하지만 일제강점기 한국인들의 '민족주의'에 대한 각성은 어디까지나 '독립운동의 원동력'으로 작용한 사상이었고 철학이었음을 알아야 한다. 그 시기 한국인의 민족주의는 제국주의자들의 패권적 침탈을 위한 도구와는 전혀 달리, '자기 보전'과 '자기 보호'를 위한 수단이었다. 그것은 '독립의식'을 통해 이 민족에게 '자유의지'를 일깨운 철학이었다. 이런 점에서 지난날의 우리의 민족주의는 매우 값진 것이었다. 저술 내용에서 민족주의를 바탕으로 시행한 독립운동에 대한 지면을 넉넉히 할애한 것도 이런 판단에 기인한다.

여섯째, 돌아보면 한국철학은 양과 질 양면으로 빈약한 편이라 할 정도는 아닌 것 같다. 인도나 중국의 경우처럼 다양하지는 않지만, 그 나라들과 견주어도 상당히 '알찬 내용과 성격'이라 할 수 있다. 한국의 불교·유교가 무엇보다도 그렇다. 근세의 한국 기독교 또한 한국인의 개명에 상당히 기여했음은 이미 살핀 그대로이다.

보다 더 중요한 것은 지난날의 한국 철학자들이 탐구한 문제에서 우리가 오늘의 참신한 아이디어를 찾아내야 한다는 문제이다. 이와 관련된 필자 자신의 경험은 지극히 미미할 뿐이지만, 후진들에게는 그나마 도움이 될 일종의 반면교사용으로 본문 뒤의 〈부록〉에 첨언하려 한다.

오늘날은 세계가 하나로 통하는 문명 세계임을 감안하면, 동양철학·서양철학의 구분도 지역적 특성 이외에는 앞으로 필요 없게 될 것이다. 두말할 나위 없이 한국철학도 앞으로는 '하나의 세계철학'으로 통할 것이 불을 보듯 분명하다. 필자의 경험으로도 이런 성격의 참고 사례가 있다. 이는 한국에서 계승되고 있는 '전통사상의 일부'가 세계로 알려진 작은 한 예일 따름이다.[3]

필자는 이상으로 이 〈후기〉를 매듭지으려 한다. 그만 손 떼려는데, 한 가지 필자 나름 자성(自省)의 울림을 듣는다. 그것은 다름 아닌 독자의 의구심에서 나올 경각의 언구이다. "필자 당신도 철학

3 서두에서 언급했듯이 국내의 '우물 안'을 벗어나지 못하던 필자에게 생면부지의 학자로부터 '한국유학의 현황'에 대한 서술 청탁이 와 한국유교의 연구 현황을 짧게 소개한 것이 그것이다. 1993년 오슬로대학의 지 플로이타드(G. Floitad)가 유네스코의 지원으로 편집 출간한 《현대철학(Contemporary Philosophy)》(7권, 아시아철학편, 클루어 아카데미 출판사)에 한국의 유교·도교·무속사상이 소개된 것이다. 한국인 필자는 유교—윤사순, 도교—남상락, 무속사상—이보영이다.

자라면 이처럼 남의 철학만 술회하는 데 그치지 말고, 이 시대를 위한 자신의 어떤 철학 하나라도 준비한 것이 없는가? 현재 당면한 우리의 '시대적 과제' 해소에 기여할 사색을 조금이라도 했다면, 여기에 털어놓고 끝낼 수는 없겠나?"이다. 필자 또한 철학도의 '소임(所任)' 또는 '책무(責務)'를 스스로 느낀다. 필자의 무책임한 모습을 보이고 싶지는 않아 이런 문제에 대한 사색을 하고 있다. 하지만 부끄러울 정도로 미미한 정도에 지나지 않은 데다가, 저 역시 생존자인 조건을 어기고 싶지 않다. 이래서 고안한 편법이 그 미미한 작은 단상 하나를 〈부록2〉에 게재하여, 철학 공부를 한 사람의 책무에 갈음할까 한다.

부록

【부록 1】 한국유학철학 탐구의 한 궤적[1]

1. 철학, 문제 중심의 첫 연구—소이연과 소당연의 일치 문제

유교(儒敎)의 '교(敎)'는 종교이기보다 '가르침'의 의미가 강하다. 그러므로 유교는 '유학(儒學)'과 별로 다르지 않지만, 유학이 더 학문의 성격이 분명함은 말할 나위 없다. 여기서 필자는 유학 용어를 사용하겠다.

필자의 유학 공부는 대학생 시절에야 시작되었다. 한 대학의 '철학과에 입학'한 뒤, 교과목 중 하나이던 '중국철학사' 수업 시간에 나오는 '고대 선진유학'의 청강이 그것이었다. 유학 공부를 필자는 처음부터 학문 가운데서도 특히 '철학의 시각(視覺)'으로 시작했다. 유학에 대한 철학적 접근은 이처럼 필자의 초학부터 환경에 의해 주어진 것이다. 그 뒤 이 시각을 바꿀 생각은 조금도 없었고, 지금까지 계속되는 필자의 유학 연구 경향이다.

대학 시절(3학년 때) 동양·서양 철학 중 어느 하나의 전공 선택에서 필자는 '동양철학'을 택했고, 속셈은 그중에서도 '한국유학을

1 신정근 외, 《21세기 유교 연구를 위한 백가쟁명 1》, 유교문화연구총서 22(성균관대학교동아시아학술원, 2019)에 게재한 것을 전재한 것이다.

탐구'하기로 마음먹었다. 한국의 역사나 문화로 미루어, 한국유학에 독특한 철학이 없지 않으리라 추측했다. 더하여 기왕 철학을 할 바에야 서양철학과 대비될 한국철학을 반드시 하고 싶었다.

대학원에 진학하면서 그 전공을 실천으로 옮겨야 했다. 한국철학의 연구를 통해 다른 나라의 철학 못지않은 철학이 한국에도 있음을 과시하려는 의욕으로 충만했다. 이는 당시 학계가 온통 서양철학에만 기운 나머지 '한국철학'은 부재론 속에서 거들떠보지 않던 풍조에 대한 젊은 혈기의 반발이었던 것 같았다.

먼저 《퇴계전서》를 뒤지면서 석사학위논문 〈퇴계(李滉)의 리기관—그의 사칠리기해석(四七理氣解釋)을 중심으로〉를 작성했다. 그러던 중 '소이연(所以然)'과 '소당연(所當然)'의 일치 여부를 퇴계 등이 문제시 한 대목을 발견했다. 이야말로 서양철학에서 매우 중요시하는 문제 아닌가! 이를 내용으로 하면서 주제의 명칭을 〈퇴계의 가치관에 관한 연구〉로 한 박사학위 논문을 제작했다.

그것을 외국어로 국외에 발표할 기회를 찾다가, 1981년 윌리엄 드 베리 등이 주선하고 포드재단이 후원하여, 이탈리아 벨라지오에서 개최한 '한국유학 학술회의'에서 영어로 발표했다. 이때에는 주제를 〈존재(存在)와 당위(當爲)에 대한 퇴계의 일치시〉(Toegye's Identification of 'Be' and 'Ought')로 바꾸어 했다. 퇴계 이황의 학설을 빌려 '한국유학의 철학적 우수성'을 과시하려던 필자의 의도는 이때 어느 정도 적중된 듯했다. 윌리엄 드 베리와 뚜 위이 밍의 논평이 그런 것이었다. 발표자 중 필자 하나가 이듬해 하와이대학에서 행할 '주자학학술대회'에 초빙받은 사실이 그 증거였다. 상세한 것은 각주에 부기한다.[2]

2 그 발표문은 그 뒤 컬럼비아대학 출판부에서 1985년에 간행된 논문 선집—

2. 본성 연구에 대한 분석

한국유학의 흐름 중 큰 논변으로 다룬 문제의 하나가 18세기의 '인성물성동이론'—일명 '호락논쟁'이다. 필자는 이 논변에 깃든 문제가 동서를 막론한 철학의 문제로서 주목할 만하다고 생각했다. 이 논변에서 거론된 '본연지성(本然之性)'으로 불린 '본성(本性)'에 대한 탐구가 지닌 사유 때문이다.

알려진 대로 이 논변은 이간(李柬)과 한원진(韓元震)을 중심으로 하여 진행되었다. 이들은 먼저 문제를 논의하는 관점을 밝혔다. 한원진의 경우, 감각되는 형기의 기질에 입각한 '인기질(因氣質)'과 형기를 초월한 '초형기(超形氣)의' 관점을 밝힌 데 견주어, 이간은 한원진의 인기질을 '이체(異體)'로, 그리고 초형기를 '일원(一原)'으로 표현했다. 서로가 똑같은 관점을 선택했더라면 문제가 생기지 않았을지 모른다. 그런데 이들은 이중에서 서로 다른 관점을 택했다. 한원진은 인기질(이간의 이체)을, 이간은 일원(한원진의 초형기)을 각기 자신의 관점으로 삼았다.

관점을 달리한 상태에서 이들은 논의 대상인 인간과 타물(주로 금수禽獸)이 지닌 성(性)을 똑같이 '본연의 성(本然之性)'이라는 명칭으로 일컬으면서 문제시했다. 이상하게도 서로 관점을 달리 택했듯이, 다 같이 본연의 성을 논하면서도 그 '본연의 성의 의미 내용'을 서로 다르게 지적했다. 인기질의 관점에 섰던 한원진이 논하는 본성의 내용은 '인의예지(仁義禮智)'였던 데 견주어, 이간이 논하는 본성은 '태극(太極)'이었다.

....

The Rise of Neo-Confucianism in Korea—에 수록되었다. 이어 일본 早稻田大學 東洋哲學會에 필자가 초청되어 이를 또 발표한 뒤, 그 학회의 논문집《東洋의 思想과 宗教》, 8號(1991)에도 일본어로 번역 게재되었다.

한원진이 인성물성의 '서로 다름(相異)'을 주장하고, 이간이 인성물성의 '서로 같음(相同)'을 주장한 이면에는 이상과 같은 '본성(本然之性)'이라는 한 용어가 지닌 '의미 내용에 차이'가 있었다. 이들 논변이 심오해진 뒤, 이들은 또 '본연의 성이 지닌 선(善)의 뿌리'를 찾아 마음의 '미발(未發) 때의 심체(心體)'에 대한 탐구로 나아갔다. 이러한 것이 이 논변을 대립된 형태로 진행시킨 것의 실상이다.

두 학자의 주장이 대립된 데에는 이처럼 관점의 차이와 함께 '본연의 성'의 내용을 달리 사용한 데 원인이 있었다. 물론 그 외의 원인도 있다. 하나는 (이들이 신봉하는) 성리학 아니, 유학 자체에서 '인의예지'와 '태극'을 다 같이 본연의 성으로 설정한 데 있다. 구체적으로 말해 인의예지가 바로 맹자 이후 '도덕을 형성'하는 본성 곧 덕성(德性)임을 환기해 '인간과 금수와의 차별' 곧 '인간의 영장적 우수성'을 드러내려던 사유가 작용했던 데 견주어, 이간의 경우처럼 인간과 타물과의 차별성보다 오히려 원초적 동일성에 입각한 '자연과 인간의 공존 공생을 꾀'하려던 사유가 있었음이 그것이다.

여기서 필자는 무엇보다도 '본연의 성'이라는 용어 자체에 보다 더 주목했다. 필자의 견해로, 본연의 성이라는 개념은 원래 '두 가지 의미의 복합'이라 할 수 있다. 하나는 '본질의 성(本質之性)', 또 하나는 '본래의 성(本來之性)'이 그것이다. 본질은 물론 일정한 개체를 그 개체로 이루는 특성이고. 본래의 성이란 원초로부터 타고난 성질을 가리킨다.

한원진의 주장은 인간을 '도덕적 측면'으로 영장시하는 사유를 전제로 인의예지를 '본질적 특성'으로 간주하여 인성 물성의 다름을 논한 것이다. 이간의 경우는 우주 만물의 생성 초(태초)부터 '타고 난 성질'인 태극을 바탕으로 인성물성의 같음을 지적한 것이다. 사유의 이런 차이가 두 학자의 이론을 상반되게 한 가장 주요한 원인이라는 해석이 필자의 견해이다.

필자는 이런 견해를 1982년에 하와이대학에서 개최된 '주자학대회'에서 발표했다.[3] 그 발표 당시 필자의 견해에 대해 논평을 하던 (주최 측 대표인) 윙 칫 찬(Wing-tsit Chan, 陳榮捷: 1901-1994)가 "구미학자들도 미처 생각하지 못한 것"이라고 평한 기억이 난다. 아무튼 필자는 인성물성동이론 같은 철학이 현대 실존주의 철학과 상반되는 성격임도 뒤늦게 알았다. 곧 "실존이 본질에 앞선다"는 명제를 내세우는 실존철학과 달리, 이것은 "본질이 실존에 앞서는" 철학 가운데 하나라는 것이다. 본성을 해명하느라 한원진과 이간이 '미발심체(未發心體)까지 탐색'한 사실이 그 좋은 증거이다.

동양철학 특히 한국철학의 우수성은 그것을 찾는 눈에 따라 얼마든지 더 드러날 것이라는 견해가 이 무렵에 생긴 필자의 소신이었다.

3. 두 윤리설의 해명

한국유학이 세계에 자랑할 수 있는 철학의 또 다른 하나가 16세기의 이황(李滉)과 기대승(奇大升)이 논한 '사단칠정론(四端七情論)'이다. 이는 정지운(鄭之雲)이 그의 〈천명도(天命圖)〉에서 "사단은 이에서

3 한국의 '시니어 스칼라' 한 사람으로 초청받아 하와이대학에서 개최된 주자학학술회에서 발표한 이 논문은 "The Korean Controversy about Chu Hsi's View on the Nature of Man and Things"이고 게재지는 Wing-tsit Chan(ed.). *Chu Hsi and Neo-Confucianism*(University of Hawaii Press, 1986)이다.

발하고, 칠정은 기에서 발한다(四端發於理, 七情發於氣)"고 한 것이 발단이 되었다. 더 정확히 밝히자면, 이를 그 정지운의 요청으로 이황이 교정한 "사단은 이의 발이고 칠정은 기의 발이다(四端理之發, 七情氣之發)"라고 한 것을 기대승에 의해 문제시 하여 논변으로까지 전개되었다. 당시 기대승은 이황의 교정설을 보고서, 이 또한 성리학의 이기설로는 의문을 지울 수 없어 이황에게 해명을 요청함으로써 이 둘 사이에 8년간의 논변이 진행되었던 것이다.

이황의 구체적인 해명의 요지는 이렇다. 사단은 인간의 정 중에 일부 '선한 정(善情)'인 데 견주어, 칠정은 선악 어디에도 들지 않는 '인간의 정 전체'를 가리킨다. 이(理) 자체는 선하고 기(氣) 또한 무선 무악한 성격의 것이다. 따라서 선악의 특성적 의미(所指) 측면에서 서로 같은 것들을 관련시키는 대비적 해석(對擧互言)이 가능하다. 뿐만 아니라 사단과 칠정의 '발하는 유래(所從來)' 또한 사단은 선한 본성인 이(性卽理)가 스스로 발하는데, 칠정은 기가 외물에 감촉되어 (마음 가운데서 동해) 발하므로 각기 '이의 발'이니 '기의 발'이라 할 수 있다는 것이다.

이에 대한 기대승의 견해로, 사단은 칠정에 내포되는 점을 먼저 든다. 이어 사단을 선한 정이라 함 또한 발한 정이 규범(節度)에 맞았기(中節) 때문일 뿐 선함이 따로 있지 않다는 것, 그 외에 이와 기는 함께 있지 떨어질 수 없는 것(不可分離), 그리고 이는 작동 기능이 없고 기에만 작동 기능이 있다는 것 등을 들어 이황 해석의 부당함을 지적했다.

이황의 재론적 견해로, 칠정뿐 아니라 사단도 외물에 감촉되어야 발함을 일단 인정했다. 그러면서도 사단과 칠정의 '발하는 유래'가 다르다는 주장을 계속하고, 그 근거로 '이기의 호유발용설(互有發用說)'을 냈다. 다만 이와 기의 관계 등을 고려해 첫 해석을 수정설로 바꾸었다. "사단은 이가 발함에 기가 따르고, 칠정은 기가 발함에 이가 탄다(四則理發而氣隨之, 七則氣發而理乘之)"가 그것이다.

이황이 '호유발용설'까지 제시, '이의 발'을 계속 주장한 데에는 '사단을 언급한 맹자의 사유'가 깃들었다. 본래 맹자의 사단설은 곧 선한 본성인 '인의예지(仁義禮智)의 발출이 도덕(선행)으로 구현되는 단서'라는 이론이다. 인의예지를 선행을 하게 하는 요인으로 간주함으로써 '도덕 질서'를 세우는 데 목적을 둔 이론이다.[4] 다시 말해, 본성의 발동이 오륜(五倫)의 도덕을 이룬다는 것을 교시하려는 데에 사단의 발동 또는 발현을[5] 주장한 본의가 있다. 따라서 이황의 '사단의 이발' 주장에는 '덕성윤리설(德性倫理說)의 사유'가 잠재되었다고 할 수 있다.

한편 기대승의 주장은 칠정을 《예기》 〈예운〉편 식으로 논함과 아울러, 《예기》 〈중용〉편 식으로 줄인 칠정(곧 四情: 喜怒哀樂)을 가지고 그 중절이 곧 선(善: 中節謂之和)임을 논한 사유에 기초한 이론이다. 이른바 '의무윤리설(義務倫理說) 또는 규범윤리설(規範倫理說)'에 다름 아니다. 이에 필자는 이황의 사단설은 덕성윤리설에, 기대승의 칠정설은 규범윤리설(의무윤리설)에 해당함을 명시했다.[6] 이로써 한국유학에서도 서양철학에서 논하던 윤리설들을 탐색하였음이 확인된다고 할 수 있다.

이상과 같은 '사단칠정론'에 대한 필자의 '윤리적 이해' 등을 대

4 이는 《중용》 수장의 "하늘이 명한 것을 성이라 하고, 성을 따르는 것을 도라 한다(天命之謂性, 率性之謂道)"는 사유의 구체화이다.

5 의미(所指)로는 발현(發現)이고 유래(所從來)로는 발동 발출(發動 發出)이라 해야 한다.

6 졸고, 〈사단칠정론의 윤리적 성격에 대한 성찰〉, 《퇴계학보》(퇴계학연구원) 133집(2013. 6).

만의 중앙연구원에서는 번역하여, 그 연구원의 '동아문화연구총서'에 넣었다.[7] 이런 사실은 중국인들의 안목으로도 필자의 이 해석을 중요시한 증거로 볼 수 있다.

4. 이황의 철학과 실학의 철학 구명

앞에서 보았듯이 필자는 처음부터 '문제 중심의 연구'를, 그것도 어디까지나 철학의 시각에서 중요시될 문제별 연구를 해 왔다. 이 방법은 자연히 시대적 배경이라든가 철학자 개인의 인간적 면모를 그려 내는 '평전식 연구'와 거리가 먼 건조함을 면하기 어려웠다. 하지만 철학사에서 어느 누구의 철학과도 겨룰 만한 보편적 이론 탐구의 연구라는 데에 그 특장이 있음도 부인할 수 없을 것이다.

이런 방법으로 이룬 초기의 업적이 〈퇴계(李滉)의 리기론—그의 사칠리기해석을 중심으로〉(석사학위논문, 1964) 이후의 〈퇴계의 우주생성관(太極生兩儀觀)에 대한 연구〉·〈퇴계의 진리관에 관한 연구〉, 그리고 앞에 언급한 〈퇴계의 가치관에 관한 연구〉(박사학위논문, 1975) 등이다.

때마침 1971년은 이황의 서거 400주기가 되는 시점이었다. 이

7 앞의 필자 논문이 中央文化研究院, 中國文哲研究所(臺灣)에서 간행한 《四端七情論》, 東亞文化研究叢書(2019. 2)에 〈四端七情的倫理性格之省察〉(姜天日 等 飜譯)의 제목으로 게재되었다. 이 책은 원래 본인의 편집 한국어판인 《사단칠정론》(서광사, 1992)을 저들이 번역한 것이다. 이 책의 번역 도중 본인의 논문이 없음을 발견한 저들의 뒤늦은 요청으로 한국어 논문 〈사단칠정론의 윤리적 성격에 대한 성찰〉(《퇴계학보》 133집, 2013. 6)을 전달하자, 이를 번역하여 그 책의 부록으로 수록했다.

를 계기로 이황과 그의 사상을 연구하는 연구소들이 생겨, 연구 활동을 촉진하던 분위기였다. 그런 환경의 영향을 필자도 얼마큼 받은 셈이다. 그 뒤 이황의 철학에 대한 필자의 연구물을 묶어 낸 저서가《퇴계철학의 연구》(한국어판과 영어판)이다.[8]

율곡 이이 등 한국 성리학자들의 사상에 대한 연구의 폭을 넓혀 가던 필자는 조선 후기의 '실학(實學)에 대한 연구'로 눈을 돌렸다. 그 분야에서는 성리학과 구별되는 실학—이른바 '탈성리학적 실학'의 존부 문제부터 밝혀야 했다. 정주성리학을 비판해 성리학자들로부터 '사문난적'으로 지탄받다가 목숨까지 잃은 박세당(朴世堂)의 '경학 속의 철학'을 먼저 살폈다. 그것은 예상한 대로 탈성리학적 철학의 성격을 확인한 성과로 드러났다.[9] 이어 '이기론에 입각한 실학의 특징'을 파악하려 했으나, 그 노력은 기대만큼의 확실한 성과를 거두지 못했다.[10]

1980년대 학계에서는 성리학이거나 탈성리학적 실학이거나 다 '실학(實學)'임을 자칭한 사실로 인해 이들의 변별에 혼미를 거듭하던 형편이었다. 필자는 '실학이라는 한 용어'를 두 학문에서 다 사용했지만, 그 의미 내용에 차이가 있음을 밝혔다. 성리학에서 자칭하는 실학은 주로 가정과 사회 및 국가 생활을 소홀히 하는 '불교를 허학(虛學)'으로 여겨 그에 대비한 '사회 공동체를 위하는 성리학의 실용성'을 가리키는 의미인 데 견주어, 탈성리학에서 자

8 한국어판은 고려대학교 출판부 1980년 간행이고, 영어판 역시 *Critical Issues in Neo-Confucian Thought: the Philosophy of Yi Toegye*, trans. Michael C. Kalton(Koea University Press, 1990)이다.

9 졸고, 〈朴世堂의 實學思想에 관한 연구〉,《亞細亞硏究》(고려대학교 아세아문제연구소), 제46호(1972.6).

10 졸고, 〈實學思想의 哲學的 性格〉,《亞細亞硏究》(고려대학교 아세아문제연구소), 제56호(1976.7).

칭하는 실학은 성리학의 예학 위주로 인한 빈약한 위민(爲民) 성향과 비생산적 실용 및 실효성을 허학시하고 그 점들을 더 강화하려던 의미임을 적시했다.[11]

유학의 철학은 대부분 '경전연구인 경학(經學)'에 담긴 만큼, 박세당의 연구 외에 홍대용(洪大容)과 정약용(丁若鏞)의 경학 및 최한기(崔漢綺)의 반성리학적 경학 전반을 살폈다. 나아가 성리학과 탈성리학 사유의 차이를 한눈에 파악할 수 있도록 〈이황과 정약용의 기본철학〉의 차이를 대비 형태로 명시했다. 별도로 〈실학의 철학적 기반〉을 밝혔다. 그 결과 기본철학인 개념과 명제부터 구체적 철학들인 인간관 우주자연관 등에 이르기까지 성리학과 탈성리학이 지닌 철학들은 '상반되는 성격'이라는 점이 분명해졌다. 다시 말해, 성리학과 탈성리학의 철학은 근본적으로 다르다는 사실을 확실히 밝혔다. 이상의 연구물들을 한 데 묶어낸 것이《실학의 철학적 특성》[12]이다.

이처럼 기본철학의 패턴이 달랐기 때문에 비록 같은 '기철학(氣哲學)'이라 해도 성리학자인 임성주(任聖周)와 탈성리학적 실학자인 최한기의 기철학을 비교하면, 두 철학에는 큰 차이가 있음도 확인되었다. 임성주는 성리학의 사유체계를 그대로 인정하면서 그 명제의 이(理) 개념만을 기(氣) 개념으로 바꾸는 데 그쳤다. 예시하면 성리학의 '천즉리(天卽理)', '성즉리(性卽理)', '이일분수(理一分殊)'를 각각 '천즉기(天卽氣)', '성즉기(性卽氣)', '기일분수(氣一分殊)'로 환원할 따름이다. 그러나 최한기는 기 개념에 입각한 '경험론적 사유'를 바탕으로 성리학의 주요 '명제들 자체를 적극 부정'했던 것

11 졸고, 〈實學意味의 變異〉,《민족문화연구》(고려대학교 민족문화연구원), 제28호(1995).

12 졸저,《실학의 철학적 특성》(나남, 2008).

이다.

성리학과 탈성리학적 실학이 지닌 철학들의 이런 차이를 근거로, 필자는 두 학문이 아무리 '실학(實學)임을 자칭'하더라도 근본적으로 다른 학문(실학)이라는 결론에 이르렀다. 탈성리학적 실학은 결코 성리학의 연장이 아님을 확실히 천명했다. 개념과 명제가 다른 철학들을 하나의 같은 철학으로 여기는 사례는 동서고금을 막론하고 전혀 없음을 역설했다.

필자의 이런 견해에 대해 설혹 누가 성리학자들은 헤아릴 수 없이 많지만, 탈성리학적 실학자는 겨우 네댓 명 정도임을 들어, 두 학문을 집단적 학파처럼 취급함이 지나치지 않나 반문할지 모르겠다. 그에 대한 필자의 답변은 이렇다. "영국의 경험론과 독일의 관념론(이성론)의 변별에는 대표적 학자가 겨우 2-3명 정도밖에 되지 않는다. 이점을 상기하면 대표적 학자가 네댓 명 정도(실은 그 이상)이면 오히려 넉넉한 편 아니겠나?"

5. 한국유학의 특수성과 흐름의 조명

1) 한국유학의 특수성 탐구

일찍이 필자는 '한국유학' 연구의 지평 넓히기를 소망했지만, 그것이 바람만큼 쉽지는 않았다. 심지어 '한국유학의 정체(正體)'를 해명하기도 어려웠다. 한국유학의 정체를 밝힐 수 있는 '방법부터 찾는 작업'이 첫 관문이었다. 그것은 중국 등 다른 나라 유학과 공유하는 보편적 부분과 함께 한국유학만의 특수 부면을 아울러 가리킨다. 하지만 다른 나라의 유학과 공유하는 부면보다는 특수 부면이라야 독특한 한국유학임은 말할 나위 없다. 이 문제는 '한국

유학의 특수성' 해명으로 귀착되었다.

한국유학의 보편성과 특수성을 변별할 원칙적 기준은 본래의 유학 자체가 지녀 온 '근본 원리'일 것이다. 그것은 곧 공자·맹자가 교시한 '인의예지(仁義禮智)'가 아닌가? 인의예지가 유학을 유학으로 성립시키는 보편적 원리이다. 그렇다면 이것을 한국 유학자들이 그들 나름으로 수용하여 응용하고 변용한 데에 한국유학의 특수성이 자리할 것이다. 이런 시각에서 한국유학을 돌이켜 보았다.

한국에서 이 근본 원리를 바탕으로 자신들의 유학을 이룩한 주체가 한국의 유학자들임은 말할 나위 없다. 실제로 과거 한국의 유학자들은 자신을 '선비(士人)라는 신분적 자각' 아래 이 원리의 구현에 앞장선 인물들이다. 선비의 신분적 자각이란 또한 '선비의 임무를 다해야 한다'는 의무적 각성이자 그 다짐으로 이졌다.

선비는 독서인(讀書人)·사대부(士大夫) 등 여러 가지로 파악될 수 있다. 하지만 한국의 유학자들이 과거 스스로 내린 규정은 (이전부터 전해 오던) "나라의 으뜸가는 기운(國之元氣)"이라는 것이었다. 15세기부터 조광조(趙光祖, 靜庵 1482-1519) 등은 목숨을 잃는 '사화(士禍)'를 겪으면서 이 선비 규정의 실천에 진력했다. 그것이 바로 한국의 '선비정신(士林精神)이었다. 그 결과 선비정신이 중국 일본 등에 비해 한국 유학의 특징처럼 두드러지게 되었다. 그로 인해 '인의예지의 원리'가 역사상 이들에 의해 이 나라를 떠받드는 성격으로 굳어졌다.

구체적으로 살피면, ① 인(仁)의 원리 구현에 있어, '사림정치'라 불릴 만큼 선비들이 주체가 되어 유학의 이상정치인 '인정(仁政) 실현'을 (군주제 아래서나마) '애민(愛民)·위민(爲民)'의 방향으로 이끌었다. ② 의(義)의 구현으로, 외족의 침략(임진왜란 등)을 당해 선비들이 '의

병(義兵)으로 궐기'하여 겨레의 보존에 목숨까지 바쳤다. ③ 예(禮)는 단순한 관습으로 실현되는 차원을 넘어 도덕화한 세련된 의(義)와 이(理)의 성격으로 구현되었다. 다른 나라에서 볼 수 없는 예송 형식의 '당쟁의 도구'로까지 예가 이용되었다. ④ 지(智)의 측면은 곧 한국유학의 '독특한 이론들'을 이루는 방향으로 구현되었다.

이상이 필자가 탐색하여 정리한 한국유학이 지닌 특수성의 개요이다. 개요 아닌 구체적 내용은 필자의《한국의 유학사상》(국어판과 영역판)[13]에 담겨 있다.

2)《한국유학사》저술

한국유학의 흐름 또한 다른 나라 유학의 흐름과 구별되도록 서술하려 노력했다. 독특한 특수성을 드러내는 작업이라야 바람직하다는 판단으로 저술에 임했다. '인의예지'가 유학의 특성 판단의 기준인 만큼, 한국의 역사적 환경 속에서 한국 유학자들이 그 원리를 어떻게 구사했는가를 밝히는 것이 이 저술의 방법이었다. 아울러 선배 유학자들의 성과도 참고하기를 잊지 않았다.

이 저술에 필자가 새로 보충한 연구물은 다음과 같다. ⊙ 유학의 '전입(傳入) 시기'의 추정, ⊙ 유학의 '전입과 수용기의 시차적 간격'에 대한 해석, ⊙ 한국에서도 '초기 성리학 사상'이 고려 시대에 대두한 사실의 적시, ⊙ 조선 초 척불사조 속에서 (불교의) '인과응보(因果應報) 사유'를 '성리학설로 대체'하려 한 정도전의 이론, ⊙ 16세기 정지운의 '천명(天命) 연구' 소개, ⊙ 이황과 기대승의 '사단칠정이기해석론'에 대한 윤리적 해명, ⊙ 18세기 인성물성동

13 한국어판은《한국의 유학사상》(두양사, 2016)이고, 영문판은 *Confucian Thought in Korea*(Korea University Press, 2017)이다.

이론(人性物性同異論)에 쓰인 '본연지성(本然之性)'이 지닌 두 가지 의미의 구명, ⊙ 후기 '실학의 철학적 특성' 해명, ⊙ 19세기 이진상의 '심즉리설(心卽理說)'에 대한 함의 등이다.

이상과 같은 견해들을 기존의 한국유학사에 더 보충하여 한국유학의 특수성 위주로 작성한 것이 졸저《한국유학사》(한국어판과 중국어판)[14]이다.

6. 신실학 형성의 시도적 구상

유학이 흘러간 전통사상임을 감안하면, 누구나 그것은 '현대에 맞는 학문'으로 다시 태어나야 한다는 생각을 하게 될 것이다. 실제로 역사상 유학은 몇 차례의 변이를 거쳐 왔다. 시대가 크게 변할 때마다 유학자들은 그 '시대에 적합한 유학'이 되도록 노력해 왔다. 성리학이라든가 탈성리학적 실학의 발생이 모두 각 시대 환경에 적합한 유학의 형성을 목표로 이룬 시대적 변용물이다. 필자 역시 이 시대에 적응할 수 있는 유학을 수십 년 전부터 '신실학(新實學)'의 이름으로 제창해 왔다.

유학의 범주를 벗어나지 않는 조건에서 의도하는 '신실학'은 아무리 새로운 내용을 추구한들 이 역시 근본적으로 본원 유학을 크게 벗어나지 않는다. 필자는 공자가 유학의 체계를 '수기(修己)와 안인(安人, 곧 治人)'으로 설정한 구조를 좀 더 확장했다. ① 인간론(별칭 인론人論) ② 사회론(별칭 물론物論) ③ 총체론(별칭 천론天論)으로 한 것

14 한국어판은《한국유학사》(지식산업사, 2012)이고, 중국어판은《韓國儒學史》(런민출판사, 2017)이다.

이다.

① 인간론 부분은 각자 나 자신부터 '인간되기 사상'에 해당하는 수기론으로 되었다. 성(誠)과 경(敬)을 바탕으로 '자기 속임이 없는 태도(無自欺)'로 자신을 가꾸어 가는 것이 그 요체이고, 나아가 인의예지신(仁義禮智信, 오상五常)을 새롭게 (부록 2, 유학의 가치관으로 발표한 대로) 익히는 과정이다. 성인까지는 못 되더라도, '현대적 선비(士人)의 인간상'이 하나의 모델이 될 수 있을 것이다.

② 사회론 부분은 자신과 타인과의 관계의 원활을 기하는 내용이다. 윤리설—곧 덕성윤리와 규범윤리 두 이론—의 이용이 그 핵심적 요체가 된다. 나아가 "성기성물(成己成物)" 하는 지혜로 자기와 타인과의 '공존공생(共存共生)'을 원활히 하는 원리의 구사가 그 구체적 내용이다. 이는 '통일(統一) 지향의 사유'로 통할 것이고, 그런 점에서 상부상조(相扶相助)가 주요 실천규범으로 되어야 할 것이다. 또 4차 산업혁명사회를 고려한 여타 보완 부분의 추구가 요구된다. 문명의 추세가 점차로 물체의 인간화 및 인간의 물체화 경향으로 진행됨을 고려해 '투철한 인본사상(人本思想)'이 요망됨을 지적했다.

③ 총체론의 내용은 아래와 같다. 신실학 역시 실학임을 자처하려면, 기본적으로 '무실(務實)의 태도'를 가장 중요시해야 한다. 무실의 사유는 '진실을 비롯한 실효와 실증'의 추구가 그 특징인데, 이 중에도 실사구시(實事求是)로 표현되는 진실 추구를 으뜸으로 꼽아야 할 것이다.

진실 추구로 요약될 신실학의 정신은 과학 정신과 유사하다. 관찰과 실험을 통한 '사실의 확인'이 무엇보다도 선행해야 한다. 일정한 이론의 출발에 가정이 있더라도 그 가정이 실사에 어긋나면 언제든지 버리고 재출발해야 한다. 이런 점에서 형성과정에 있는 사상이 신실학이다.

인간과 자연을 포함한 우주의 특성을 유학은 《주역》에서 확인할 수 있듯이 생명(生)으로 여겨 왔다. 필자 역시 '생명관'을 따른다. 생명의 흐름은 전체적으로 '진화(進化)한다는 가설'을 긍정하지 않을 수 없다. 역사 또한 환경과의 적응과 인위적 노력에 의한 계발로 진화한다고 믿는다.

현실 자체에 대한 필자의 존재론적 사유는 노장철학의 허(虛)나 무(無)라던가, 불교처럼 환(幻)으로 통하는 공(空)이라 여기지 않는다. 고뇌(苦惱)가 많지만 환희(歡喜) 또한 경험하는 것이 현실이고, 삶의 현장인 현실은 근본적으로 일정한 시공(時空)에서 생긴 '상(象)'으로 점철된다고 생각하기 때문이다. 성리학이 이룬 이기론은 이런 시각에서 이용되는 하나의 부분일 따름이다.

이상과 같은 것이 필자의 근본철학, 곧 신실학을 떠받치는 형이상학이라 하겠다. 아직은 하나의 시도적 구상 단계에 있는 것을 문장화한 내용이 필자의 〈신실학의 의미와 구성 방향〉[15]이다.

7. 탐구 궤적을 돌아보고서

유학 공부의 자취를 스스로 돌아보려니 부끄럽고 쑥스럽다. 이루어 놓은 업적이 초라해 부끄럽고, 그나마 밝히자니 제 자랑 같아 쑥스러울 수밖에 없다. 이 글은 학술회의의 주최 측 요청에 따라 기억을 더듬어 본 것에 지나지 않는다.

정년퇴직을 한 뒤 서적들을 간수하기 어려워 대학에 기증한 지

15 한국실학회 편, 《신실학의 현재적 지평》(학자원, 2019)에 수록.

도 이미 여러 해 되었다. 이 글의 대부분을 기억에 의지해 적었다. 기억에 남은 것은 아마도 제법 중요하다고 여긴 것이겠다. 기억에서 잊은 것에도 혹시 독자들에게 도움 될 것이 있지 않을까 싶지만 당장은 어쩔 수 없다. 소략하게 적은 것이 독자들에게 미안할 따름이다.

지금 필자 스스로 특별히 부족하게 여기는 것은 평소에 '이론 이외의 실천'을 소홀히 한 부분이다. 선학들처럼 아는 것 이상으로 실천에 힘쓰려 했던가? 인간됨을 항상 논의해 온 만큼 몸소 그 실천하기(躬行)에 힘을 쏟았던가? 유학의 장점인 '윤리 도덕론의 대중화', 교육을 통한 '그 일상적 생활화'에는 얼마나 기여했나? 그런 자취가 없다면, 필자 역시 공리공론을 일삼아 온 꼴이 아닌가? 자책감과 자괴감에 사로잡힘을 고백하지 않을 수 없다.

후배 학자들께서는 필자의 이런 궤적의 전철을 모쪼록 밟지 않기 바란다. 실제로 유학에서 '유용한 이론'을 발굴하면, 몸소 실천에 옮기고, 나아가 현실 사회에서 응용토록 하길 권해 마지않는다. 이론의 창출과 아울러 교육자답게, 행동하는 지성인답게, '교육과 교화'를 통해 대중들에게 영향을 주어 현실적 효과를 거두는 데 진력해 주길 부탁하고 싶다.

뒤늦은 뉘우침만으로 이 글을 접기가 매우 민망하다. 개인적 상황은 비록 이렇듯 면구하나, 건강이 필자의 연명을 더 허락한다면, 이론 탐구만이라도 필자의 '책무적 작업'들을 처리하는 데 소홀하지 않을 생각이다. 설혹 유학의 경계를 넘더라도, 필자 나름의 일정한 관심사를 하나라도 더 이루려 한다.

(2019년 11월 21일)

【부록 2】 유학의 윤리적 가치관에 대한 현대적 성찰

맹자 사단설의 약점 보강 문제

1. 서언(緖言)

오늘날 인류가 당면한 가치관의 혼란은 세계적인 다원문화의 충돌이 원인일 수도 있지만, 그 밖에 동아와 같은 경우는 지나간 전통철학의 잔재로 인한 것도 적지 않다. 필자는 여기서 후자에 속하는 문제로 전통철학 중 유학의 '윤리적 가치관'을 검토하고자 한다.

유학의 윤리적 가치관이라 하면 으레 '오륜(五倫)'을 떠올리게 마련이다. 하지만 그 오륜의 시행이 전근대사회에 맞는 '상하수직 질서' 형식이어서, 그것을 여기에서 재론할 수는 없다. 유학의 윤리 역시 이제는 민주사회에 적합한 '수평적 질서'로 전환해야 한다는 식의 논의 정도는 이미 뜨거운 비판을 거친지 오래다. 더욱이 오륜은 그것의 근본 원리인 '오상(五常)', 곧 '인의예지신(仁義禮智信)'을 지난 시대에 적합 유용하게끔 수식한 부차적 원리에 지나지 않았다. 본원유학에서 창안한 보다 더 근본적인 유학의 윤리적 가치는 이른바 사덕(四德)이라는 '네 본성'인 '인의예지(仁義禮智)'에 한정된다. 바로 이 사덕이 현상의 구체적인 도덕을 형성하는 윤리적 원리이자 윤리적 가치에 해당하는 것이다.

따라서 유학의 윤리적 가치관이란 이 사덕에 의하여 도덕이 형성된다는 이론이 아닐 수 없다. 그것이 바로 맹자가 주장한 사덕이 각기 자연적으로 발로되어진다는 이론, 곧 '사단설(四端說)'이기도 하다. 이런 과정을 거쳐 나온 명제가《대학》수장의 "하늘이 명한 것을 성이라 하고, 성을 따름을 도라 한다(天命之謂性, 率性之謂道)"이다. 도덕을 본성의 자연 발로라고 간주하는 점에서 우리는 이를 '덕성윤리설(德性倫理說)'이라 부른다.

이런 점들을 고려하여 필자는 맹자의 사단설에 초점을 두고 집중적인 성찰을 하고자 한다. 이 성찰에서 보정 보완하는 필자의 노력이 오늘의 윤리적 가치관 교정에 일조가 되길 바라는 성찰의 목적이다.

2. 맹자의 사단설

유학의 덕성윤리사상의 핵심은 다시 말해, 인의예지(仁義禮智)-사덕(四德)과 그에 대한 '맹자(孟子)의 사단설(四端說)'이다. 이것이 유학사를 누벼 온 덕성윤리사상을 정설(定說)로 인지하여 온 이론이다. 필자 또한 앞으로 이를 집중적으로 고찰하면서 비판적 평가와 그에 대한 대응을 시도할 것이다.

맹자에 따르면, 일정한 사태를 맞아 '선한 행위(善行)'를 하게 하는 동인(動因)은 '차마 못 하는 인간의 마음(不忍人之心)'이다. 이것이 사람들의 이른바 '선한 마음(善心)'으로서, '사람이면 누구나 다 갖추고 있는 마음'이라 주장했다. 그러면서 그는 이를 '측은해하는 마음(惻隱之心, 또는 怵惕惻隱之心)'과 동의어(同義語)처럼 사용했다.[1]

맹자는 특히 '측은해하는 마음(惻隱之心)'을 본성 중 '인(仁)'이 발현되는 실마리(端緖), 곧 '인(仁)의 단서(仁之端也)'라고 했다. 나아가 '의'가 발현되는 단서(義之端)는 '부끄러워하거나 싫어하는 마음(羞惡之心)'이고, '예'가 발현되는 단서(禮之端)는 '사양 또는 공경하는 마음(辭讓.恭敬之心)'이며, '지(知)'의 단서(知之端)는 '시비를 가리려는 마음(是非之心)'이라 하였다.[2] 이것이 맹자의 사단(四端)과 사단설(四端說)이다.

풀어 말하면 인, 의, 예, 지는 각각 측은, 수오, 사양, 시비의 마음[心]으로 발현된다는 것이다. 주희 등의 성리학자들은 이때의 측은 수오 사양 시비의 '마음[心]'을 '정(情)' 곧 일종의 정감(情感)으로 이해했다. 그리고 인의 본성이 나머지 의와 예와 지의 본성들을 대표하고, 정들 중에서도 측은의 정이 가장 대표적 정처럼 중요하게 여겼다.[3]

3. 사단설의 약점과 보완적 구상

1) 인의 단서(측은)설에 대한 보완

인의 단서설에 대한 비판적 이해 인성(仁性)을 드러내는 '측은해하는 마음(惻隱之心)'에 대하여 맹자는 구체적 사례(事例)를 들어 매우 상세히 해명했다. '어린아이가 우물로 가는 사례(孺子入井之例)'가 그것이다. 곧 "만약 철부지 어린애가 우물로 가는 광경을 본다면, 누

1 《孟子》, 〈公孫丑〉 上.

2 위의 책.

3 《孟子集註大全》, 〈公孫丑章句〉 上.

구나 측은해하는 마음이 저절로 우러나 그 애를 붙잡게 된다."[4] 이 측은해하는 마음이 바로 '인성이 드러나는 단서(仁之端)'라는 것이다. 또한 측은해하는 마음이 저절로 우러남은 우리 마음에 '선한 성(善性)'이 있음을 확인케 하는 증거라는 것이 맹자의 주장이다. 만약 인의 단서인 측은해하는 마음이 없는 이가 있다면, 그것은 사람이 아니라고 단언한 맹자이다.

측은해하는 마음이란 불쌍히 여겨 생기는 '동정심(同情心)'에 다름 아니다. 맹자는 인의 본성을 일종의 동정심의 근원으로 생각하여, 공자가 인(仁)에 대해 '사람을 사랑하는 것(愛人)'이라고 한 해석을[5] 더욱 구체적으로 해명했던 것이다.

맹자의 '측은(惻隱)' 이론은 공자의 인관(仁觀)인 '인간애(愛人)의 규정'과 연관되는 점에서 일단 수긍할 만하다. 그의 견해가 역사상 학계에서 인정받은 것도 이런 연관성에 근거했다.

그러나 동정이 '사랑'치고는 미온(微溫)의 소극성(消極性)을 띤 것임도 부정할 수 없다. 아마도 맹자 견해의 이런 소극성은 공자의 제자인 유자(有子)가 효제(孝悌)로써 인 실현의 근본을 삼아,[6] 인을 '가족윤리의 원리'로 삼도록 한 사유와 무관치 않을 것이다. 맹자 또한 "다른 사람을 사랑하면서 부모에 효친하지 않으면 그 인을 반대로 함이다"[7]라고 한 것이 그 증거이다.

하지만 세계 인류를 하나의 집단으로 파악해야 하는 현대에는 맹자의 인에 대한 이런 견해는 그대로 계승하기 어렵다. 물론 그로서는 인의 현실적 구현이 '부모에 대한 효(親親)'로 출발했더라

4 《孟子》, 〈公孫丑〉, 上.
5 《論語》, 〈顔淵〉.
6 위의 책, 〈學而〉, "孝悌也者 其爲仁之本與".
7 《孟子》, 〈離婁〉, 上, "愛人不親, 反其仁".

도, (공자처럼) 점진적으로 친척과 타인 등 세계(四海)에까지 나아가는 방식이라 변명하겠지만, 그렇더라도 동정 정도의 측은이 소극적인 인간애(愛人)임을 부정할 수는 없다. 따라서 보다 더 적극성을 띠도록 보강하고 싶은 것이 필자의 바람이다.

인의 단서, 일체감과 박애 우물로 가는 아이의 예를 다시 상기할 때. 그 광경을 발견하면 측은한 마음만 들까? 필자의 생각으로는 그 순간 일어나는 심정이란 "그 아이가 결코 남이 아닌 나다"라는 '일체감(一體感)'일 것이다. '남이 아니고 나다'라는 일체감이야말로 '더없이 큰 인간애'에 속한다. 급박한 위기(危機)를 보고 우러나는 이 일체감이 때로는, 물에 빠진 사람을 구해 내고, 불타오르는 건물의 불길로 뛰어들어 '창틀에 매달린 인간'을 구해 주는 것이다.

이 정도의 인간애라야 인의 실현은 인에 대한 공자의 언명에도 부합한다. 공자는 "뜻 있는 선비(志士)나 어진 이(仁人)는 자신의 삶을 위해 남을 해치지 않고, 오히려 자신을 희생하여 인(仁)을 이룬다"[8]고 했기 때문이다. 일체감에 의한 자기희생적 인간애는 바로 공자가 기대한 '인 실현의 극대화(極大化)인 동시에, 인 실현의 소극성을 완전히 극복한 것임은 말할 나위 없다.

일체감을 바탕으로 한 큰 사랑은 구체적으로 어떤 사랑이라 할 수 있나? 필자는 당나라 말기 한유(韓愈, 768-824)가 말한 박애(博愛)가 그에 해당한다고 생각한다. 맹자가 인의 발출 실마리(仁之端)를 측은으로 해명한 '동정' 정도의 소극성을 적극성으로 전환하려면, 일체감을 바탕으로 한 '박애의 지향'이라야 한다는 것이 필자의

8 《論語》, 〈衛靈公〉, "志士仁人, 無求生而害人, 有殺身而成仁".

견해이다. 아울러 박애로 실현되는 인의 덕성이라야 효문화(孝文化)로 상징되는 유학의 가족중심 윤리가 지닌 협소한 한계도 극복하고, '현대에 적합한 윤리적 가치'로 자리하게 될 것이다.

2) 의의 단서(수오)설에 대한 보완

의에 대한 의문과 추정 의(義)에 대하여 공자는 '군자가 따라 가는 것(與比)'[9]이라 했고, 맹자는 '인간의 바른 길(人之正路)'이라고 했다.[10] 기본적으로 '옳음, 바름(正)' 의미를 지닌 것이 의이다. 그런데 이 글자 뜻(字意)이 '의(宜)로 통함'을 보면, '마땅함=당연(當然)'이 '바름(正)'에 더하여진 '정당(正當)'이라야 의의 온전한 의미이다. 결국 정당(正當)으로 상정된 규범원리가 의 개념이라고 하겠다.

맹자에 따르면, 이런 의(義)는 덕성으로 (마음속에) 있다가 일정한 사태를 맞아 '부끄럽고 싫어하는 마음(羞惡之心)'으로 우러나 실현된다. 그 부끄럽고 싫어하는 정감이 바로 '의가 실현되는 단서(義之端)'라는 것이다. 그런데 이 '의의 단서'에 대한 맹자의 구체적인 해명은 보이지 않는다. 다만 한 가지 부끄럽고 싫어하게 되는 '구체적 현상(現象)'을 하나의 예로 든 것이 보일 뿐이다. 다음 인용문이 그것이다.

> 한 그릇 밥(食)이나 국(羹)을 얻으면 살고, 못 얻으면 죽을 지경일지라도, 그 밥이나 국을 (꾸짖듯) 거칠게(呼爾) 준다면, 길손(行道之人)은 받지 않을 것이고, (그것을) 발로 차서 준다면 거지(乞人)도 싫어할

9 《論語》,〈里仁〉.

10 《孟子》,〈離婁〉, 上.

것이다.[11]

이것은 모욕을 당하면 부끄럽고 미운 마음이 일어, 길손 같은 일반인은 받지 않는 반응을 보인다는 사례이지, 어떻게 하는 것이 의라는 해명은 명문화되어 있지 않은 것이다. 따라서 의문은 계속 남을 수밖에 없다. 이에 필자 나름의 '추정적 이해(推定的 理解)'를 더하는 수밖에 없다.

먼저 생각할 수 있는 것은 "굶은 사람들에게는 모욕을 주지 말고 밥이나 국을 당연히 주는 것"이라 할 수 있다. 왜냐하면 앞서 어린애를 측은히 여겨 붙잡아 주게 됨이 자연스러운 것임에도, 그렇게 해 주지 않는다면, 자신이 (남에 대해) '부끄럽고 스스로도 미워지게 될 것'이니까, 결국 어린애를 '구해 주어야 마땅하다'는 의(義)의 규범이 당위로 있게 되기 때문이다. 따라서 이때에 우러나는 부끄러움과 미워(싫어)함이 '의의 단서(義之端)'라 할 수 있다.

이런 이해라야 맹자가 말하려는 선성(善性)을 전제로 한 '덕성윤리설(德性倫理說)'에 맞는다. 그런데 이런 경우 '의와 인의 관계'는 마치 동전의 앞뒷면 같은 관계라 할 수 있다. 그만큼 의(義)는 맹자에 있어 인(仁)의 연장선에 위치하는, 곧 독특한 특색이 뚜렷하지 않은 개념인 셈이다.

하지만 필자의 이런 해석이 과연 맹자가 말하고자 한 의일지 장담하기 어렵다. 이유는 의의 해명을 아무래도 그가 예로 든 길손과 거지의 심정으로 이해해야 할 것 같기 때문이다. 비록 그가 명문화 하지 않았지만, 그 사례를 든 맹자의 의도는 모욕을 당하면

11 위의 책, 〈告子〉, 上, "一簞食 一豆羹, 得之則生, 不得之則死, 呼爾而與之, 行道之人弗受, 蹴爾而與之, 乞人不屑也".

부끄럽고 기분이 상하여 '굶어 죽을 지경이라도 밥을 받아먹지 않는 길손의 태도가 곧 의(義)임'을 가르치려는 데 있었을 것 같다. 아무튼 명문화하지 않은 이상, 우리 나름의 고찰을 더 해야겠다.

의의 의미에 깃든 성격 일찍이 공자는 "군자란 의(義)에 밝고 소인은 이(利)에 밝다"[12]라 하고, "이로움을 볼 때는 의를 생각하라"[13]면서, 의를 이(利)의 대척점에 놓았다. 그리고 "의를 알면서 하지 않음은 용기가 없음이다"[14]라 했다. 이로 미루어 보면 의는 '정당(正當)'의 뜻 외에, 본래 목숨까지 걸고 행해야 하는 '임무(任務)' 또는 '의무(義務)'의 성격도 함께 깃들었음을 알 수 있다. 이 임무 또는 의무의 성격은 바로 의의 의미에 깃든 '당연성이 자아내는 특성'일 것이다. 이런 점까지 고려해야 맹자에 있어 인행(仁行)과 의행(義行)에 구별이 있게 될 것 같다.

이미 언급한 대로 맹자는 사단(四端)을 말하면서, 실제에 있어서는 '그것을 확충(擴充)해야 함을 알아야 한다'[15]고 했다. 그 확충은 효(親親)로부터 백성에 대한 사랑(仁民) 및 애물(愛物)에까지 나아가듯이,[16] '정당한 행위의 실천을 임무나 의무'로 받아들여 확장하는 방식으로 철저히 실천함이다. 하지만 이렇게 이해해도, 맹자의 의에 대한 사유에는 다음과 같은 약점이 남는다.

본래 사람들의 '정감(情感)'에는 차이(差異)가 있고, 심지어 한 사람에 있어서도 때에 따라 차이가 있다. 따라서 정감대로 하는 행

12 《論語》, 〈里仁〉, "君子喻於義 小人喻於利".

13 위의 책, 〈憲問〉 및 〈子張〉, "見利思義".

14 위의 책, 〈爲政〉, "見義不爲, 無勇也".

15 《孟子》, 〈公孫丑〉, 上, "凡有四端於我者, 知皆擴而忠之矣".

16 위의 책, 〈盡心〉, 上,

위에는 행위를 뒷받침할 '보편적 정당성(普遍的 正當性)'이 확보되지 않는 이것이 약점이다. 보편적 정당성의 결여는 또한 임무와 의무 성격으로 드러나는 의의 당연성에 깃든 '객관적 타당성(客觀的 妥當性)' 부재의 문제이기도 하다. 따라서 맹자의 의 이론에 대한 보강을 고려하지 않을 수 없다.

맹자의 의 이론에 대한 보강 필자는 앞서 덕성윤리의 성격에 맞게 하면, 인과 의가 드러나는 '두 단서의 관계'는 마치 '동전의 앞뒤와 같은 것'으로 된다고 했다. 이는 그 발현되는 현상만 보아서는 둘 사이의 경계가 확실치 않아 서로 분별되기 어려움을 가리킨다. 측은(또는 일체감)과 부끄러움 싫음이라는 감정만으로 발로되는 한, 그렇게 드러난 인행(仁行)과 의행(義行)은 서로 이질적으로 분별이 되지 않는다.

굳이 분별을 하자면, 인행은 사랑을 통한 이타(利他)의 성격이므로, 의행보다 남에게 끼치는 피해가 없거나 덜할 수 있다. 하지만 '정당성(正當性)'을 발휘해야 하는 의(義)가 인과 혼동된다면, 윤리설 자체가 성립할 수 없는 결과에 이른다. 이는 지난날 동아시아의 유학사(儒學史)에서 '인정(人情)에 못 이겨 정당한 의행을 하지 못한 자취'들이 많았던 사실(事實)로 확인된다. 인과 의의 '경계(境界)가 확실하지 않은' 이점이야말로 맹자 이론의 약점이다.

여기서 필자는 의(義)의 성격을 다시 점검코자 한다. 의가 정녕 '정당(正當)'의 의미를 '임무(任務)'의 성격으로 실천하려면, 무엇보다도 이(利) 개념과 무관하게, 곧 이욕(利慾)으로부터 자유로워야 한다. 그래야 의는 인과 다른 성격임이 확실해진다.

이 점과 관련하여 필자는 잠시 《중용(中庸)》에로 눈길을 돌리겠다. 거기서는 희로애락(喜怒哀樂)의 정감 문제를 다루되, 맹자와 같은 자연발출이 아닌 방법으로 다룬다. 다만 용어들을 독특하게 사용하고 있어 그 점부터 주의해야 한다. 의와 같은 선(善) 개념을 《중용》에서는 '바람직한 길, 달도(達道)'라 하면서 '화(和)'로 표현하고 있다. 그리고 선의 정당성 또는 당연성을 구체적인 (계기計器의) 척도(尺度)인 '절도(節度)'라는 용어로 나타낸다.[17] 그런 만큼 정당한 선의 실행이란 '절도에의 적중(適中)', 곧 '중절(中節)'에 해당한다는 것이다. 이때 중절을 위하여 희로애락 같은 '감정에 대한 조절(調節)'을 '중(中)' 개념으로 논한다. 그 중(中)의 조절이란 '지나침과 모자람이 없고(無過不及)', '상하좌우 어디에로도 기울지 않음(不偏不倚)'을 일컫는다.[18]

지나침과 모자람이 없고, 어디에로도 기울지 않음은 바꿔 말해, '공정(公正)' '공평(公平)'에 다름 아니다. 공정 공평으로 뒷받침되는 데서 의는 이(利)와는 무관한 정당(正當) 의미의 윤리적 원리로 될 수 있다. 뿐만 아니라 여기서 의는 마침내 임무의식까지 띤 법리(法理)적 기능까지 구사할 수 있고, 이런 점에서 의는 일종의 '정의(正義)' 개념으로도 통할 수 있게 된다. 집약하면, 부끄러움과 싫음의 정감을 일종의 동인(動因)으로 하여 발출한다는 의의 정감은 어디까지나 '공정과 공평'의 성격을 갖추어야, 의가 '이기(利己)'를 초탈-무관하고, 인(仁)과 구별되는 '정당성(正當性)'을 확보한 개념으로 타당시 될 수 있다. 맹자의 의 개념은 오늘날 이렇게 보충되어야 한다는 것이 필자의 견해이다.

17 《中庸》, 제1장.

18 《中庸章句大全》 참조.

3) 예의 단서(공경 사양)설에 대한 수정

인(仁)과 의(義) 개념이 유학 윤리의 핵심 위치에 있다면 예(禮)는 그 주변에 자리한다.[19] 유가(儒家) 집단이 '상례자(相禮者)'라는 예교육자(禮敎育者)로 출발했으므로, 예가 지난날 유학에서 차지하는 위치는 절대적이었다. 유학자들이 예를 대단히 중요시한 원인이 이런 역사적 사실에 있다.

일찍이 예는 하느님(天神, 天帝)에게 제사할 때 제기(祭器)에 깃든 신의 뜻을 고려하여 행하던 절차(節次)에서 비롯되었다고 하듯이, 절차에 해당하는 '형식(形式)'을 매우 중요시한다. 그 형식이 너무 심해지면, 예 자체의 의미는 무의미하게 될 것이다. 이는 17세기 한국에서 예를 가지고 당쟁에 해당한 '예송(禮訟)'을 하던 사례로[20] 확인되는 점이다. 아무튼 형식이 예의 전부가 아니고, 이를 행하는 사람(行禮者)의 공경하는 마음씨가 더 중요함은 이미 공자가 지적한 것이기도 하다.[21]

더욱이 예는 특히 시대적 습속(時俗)에 따라 생성되고 변천하는 것이지, 한 가지로 고정된 것이 아니다. 그 변천 현상은 형식에서 예가 유연성을 지녔음을 가리키는 점이다. 일정한 시대와 사회의 공동생활 양식에 영향을 주기도 하고 받기도 하는 것이 예이다. 예는 이렇듯 가변성을 지닌 '상대적 개념'임도 그 특징에 든다.

물론 유학의 예 범위는 매우 광범하다. '삼례(三禮)'—《예기(禮記)》, 《의례(儀禮)》, 《주례(周禮)》—로 구성되었듯이, 도덕과 법과 제도와 심지어 종교의 요소까지 포함하였다. 하지만 여기서는 주로 《예기》와 《의례》에 담긴 '도덕적 요소'만을 대상으로 한다. 이를

19 예는 일종의 '에티켓' 위치에 상응하는 셈이라 할 것이다.

20 윤사순, 《한국유학사》(지식산업사, 2012), 386-393쪽.

21 《論語》, 〈陽貨〉, "子曰, 禮云禮云, 玉帛云乎哉?" 등.

맹자는 의(義)에 비유하여, "무릇 의는 길이고 예는 문(門)이다"라 했다.[22] 의와 가까운 거리에 있는 윤리적 원리-덕목(德目)이 예이다. 따라서 여기서 논하는 예 개념은 역시 일종의 '당연(當然)' 의미를 내용으로 한 것이다. 이 당연 의미를 지닌 예가 맹자에 따르면, '공경(恭敬) 또는 사양하는 마음(辭讓之心)'으로 실현된다. 따라서 공경과 사양의 마음이 '예의 단서(禮之端)라는 것이다.

필자가 보기에, 이는 어느 정도 수긍이 간다. 어느 정도 수긍된다고 함은 충분치 못함을 가리킨다. 왜냐하면 사양이나 공경은 일정한 조건이 있어야 되지, 아무 조건 없이 되지 않기 때문이다. 가령 인격(人格)의 성숙도(成熟度)가 나보다 월등 우월한 사람이라면 그에 대하여 공경이나 사양의 마음이 자연히 우러날 것이다. 하지만 그렇지 않은 사람을 대할 때는 이런 마음이 우러나지 않을 것 같다. 따라서 공경 사양은 보편적으로 누구에게나 적용할 수 없다.[23]

아무튼 일정한 조건에서 한다는 이 자체가 자연으로 우러나는 심정이라야 한다는 맹자의 이론에 어긋나고, 보편성을 상실한 것이다. 일정한 조건 아래 공경과 사양이 요구된다면 그것은 강자를 위한 것이므로, 약자로는 하기 싫은 것을 억지로 하게 되는 한낱 겉치레일 뿐, 예의 덕성적 도덕성에 맞지 않는 것이다.

필자의 사유로 공경 사양보다는 '염치(廉恥)'가 예의 근본 심정이 아닐까 한다. 연령이나 역량의 강약 같은 조건 없이 행할 수 있

22 《孟子》, 〈萬章〉, 下, "夫義, 路也, 禮, 門也". 그리고 주희는 나름 "天理之節文, 人事之儀則"이라 했다.

23 지난날에는 대체로 오륜(五倫)의 시행을 위해 왕, 어버이, 형, 연장자 등에 공경과 사양을 적용하여 시행했다. 이 점은 지난날의 것이므로 여기서는 논외로 한다.

는 보편적인 예의 성격이라면, 공경 사양 보다는 '염치'가 적합하다고 판단된다. 이에 자연스럽게 우러나는 '염치의 마음(廉恥之心)'이 '예의 단서(禮之端)'라고 맹자의 이론은 수정되어야 할 것이다. 오늘날 예가 희박하게 되어 가는 데는 염치에 대한 무관심과 무지의 증대가 주요 원인의 하나라 생각한다.

4) 지의 단서(시비의 마음)설에 대한 보충

본래 지식의 지(知)와 지혜의 지(智)는 통용되지만, 의미를 엄격히 사용할 경우에는 분간해야 한다. 지혜는 지식을 포함하면서, 그 이상의 행위의 원리를 지향하기 때문이다. 아래의 서술 중에 그 점이 드러날 것이다.

맹자는 지(智)의 단서를 '시와 비를 가리는 마음(是非之心)'이라 했다. 마음에서 우러나는 정감이라면, 단순히 '시와 비를 가리는 마음' 아닌 '시와 비를 가리려고 하는 마음'이라고 해야 한다. 이때 '시(是)'와 '비(非)'를 어떻게 해석해야 하느냐가 문제이다.

지난날 학자들은 이를 각각 '올바름(正)'과 '그름(不正)'이라 했다. 시와 비를 정당한 선행(善行)의 단서인가 아닌가의 분별로 해석한 것이다. 이를테면 행위의 합당 여부인 지혜의 구사로 이해한 '윤리론 시각'의 적용이었다.

시비(是非)의 뜻이 이에 그치는가? 지식의 성격은 여기에 없는가? 시와 비에는 각각 '맞음(適中)=참(眞)'과 '틀림(誤謬)=거짓(僞)' 의미가 더 있다. 이것이 진위에 대한 (긍정 부정의) 줄임말 '…이다(그렇다)'와 '… 아니다(그렇지 않다)'의 뜻이기도 하다. 이 의미는 곧 지식(知識)의 단서를 가름하는 쓰임이어서, 윤리론 아닌 인식론 분야에 속할 의미이기도 하다.

지난날 유학자들은 이 지식 분야의 의미를 간과함으로써 진실

여부의 사실관계를 소홀히 하였다. 물론 그 원인은 맹자의 본뜻이 윤리 부분에 치중된 듯이 보였기 때문이었다. 본래 맹자는 '지의 알맹이(智之實)'를 가리켜, '인의 알맹이(仁之實)'인 부모 섬김(事親)과 '의의 알맹이(義之實)'인 형에의 순종(從兄), 두 가지 실행을 아는 것이라고 했기 때문이다.[24] 이와 같은 윤리론 분야의 중요시는 자연히 인식론 분야의 소홀 경향을 가져왔다.

인식론의 빈곤은 실사(實事)에 대한 의식(意識)의 빈곤에 다름 아니다. 확실한 사실에 입각한 윤리 도덕과 그렇지 않은 것과의 차이는 하늘과 땅 차이에 비유될 수 있다. 사실을 도외시한 윤리는 공허(空虛)에 그칠 가능성이 크다. 사실의 중요시는 실증정신(實證精神)의 투철함이듯이, 윤리에 대한 인식론의 관계 또한 규범이 함유한 '당위(當爲)의 실증성 구비 여하'로 통하는 것이다.

유학 자체가 인식론 추구의 성향이 빈약한 편이지만, 한국유학의 경우는 중국이나 일본의 유학보다도 더 빈약하다. 중국에서는 한대(漢代)의 훈고학(訓詁學)과 청대(淸代)의 고증학(考證學)이 발달했고, 일본에서는 근대의 고학파(古學派)의 고증학이 발흥했었지만, 유감스럽게도 한국에서는 그런 역사적 경험이 없었다. 굳이 성찰한다면 김정희(金正喜)가 중국학자들의 영향으로 중요시 하다가 그친 정도이다. 한국의 이런 약점은 오늘날 은연중 학문의 실증성 발휘에 영향을 주고 있을 것이다.[25] 따라서 맹자가 말한 '지의 단서(智之端)'라는 '시비의 마음(是非之心)'에 대한 해석에 있어 '시와 비'가 지닌 윤리와 인식의 두 의미를 함께 고려하는 자세가 요구

24 《孟子》, 〈離婁〉, 上, "仁之實, 事親是也. 義之實, 從兄是也. 智之實, 知斯二者弗去是也."

25 학문 중에도 사학에 실증사학의 성향을 띠는 데 크게 영향을 끼치리라는 것이 필자의 추측이다.

된다고 하겠다.

4. 결론 — 보완적 구상의 의의

이상으로 맹자의 사단설(四端說)에 대한 필자의 보완적 성찰을 맺고자 한다. 되풀이하지만, 장황한 내용이었던 만큼 이제까지의 성찰을 보다 더 명료히 간추려 정리하겠다.

첫째, '인의 단서(仁之端)'에 대한 맹자의 동정(同情) 종류 구사의 측은설(惻隱說)은 일체감(一體感)을 바탕으로 한 박애(博愛)의 시각(視覺)으로 적극 확충해야 한다.

둘째, '의의 단서(義之端)'에 대한 수오설(羞惡說)에도 보완할 것이 있다. 곧 '의' 개념이 지닌 정당(正當) 의미에 깃든 임무(任務) 성격을 살리면서, 그리고 이기(利己)로 빠지지 않는 타당성을 확보하기 위해서, '공정(公正) 공평(公平)'의 성격을 더 보충해야 한다. 그래야 의는 '정의(正義)'로도 통할 것이다.

셋째, '예의 단서(禮之端)'에 있어 맹자가 말한 공경(恭敬)과 사양(辭讓)은 상하 수직적 질서를 지키는 덕목이어서 현대에 맞지 않는다. 현대에는 수평적 질서 수립에 적합한 규범 원리가 필요한데, 이런 성격에 맞는 것은 '염치(廉恥)'이다. 그러므로 '염치'를 '예의 단서(禮之端)'라고 수정해야 한다.

넷째, '지의 단서(智之端)'인 '시비의 마음(是非之心)'에 대한 해석은 이제까지 '시와 비를 가림'이라 한 것을 바로잡아 '시와 비를 가리려고 하는 마음'이라 해야 한다. 문제는 '시(是)'와 '비(非)'의 의미 파악에도 있다. 지난날 학자들은 이를 각각 '올바름(正)'과 '그릇됨(不正)'이라 하여 윤리적 시각으로만 파악했다. 그러나 이것들 의미에는 '맞음(適中) 곧 참(眞)'과 '틀림(誤謬) 곧 위(僞)'가 있으므로, 윤리의 경우일지라도 이런 사실적 인식의 의미도 아울러 고려해야 한다.

이상이 맹자의 사단설에 대한 필자의 '보충적 요소'이다. 따라서 사덕(四德)의 자연 발출설에 의하여 덕성윤리(德性倫理)를 강조하려는 맹자의 의도는 이 '보완적 사단설(補完的 四端說)'에 힘입어야 현대에도 그 실제적 이용에서 보다 더 유효하게 될 것이다. 다시 말해, 이 같은 보완에서라야 '인의예지(仁義禮智)'는 현대에도 '윤리적 가치'로서 유효하게 영향을 끼칠 수 있다는 것이 필자의 견해이다.

그러나 '지의 단서(智之端)'에서 사실적 진위(眞僞)를 고려함이라든가, '의의 단서(義之端)'에서 조절로써 정감의 '공정(公正)'-'공평(公平)' 상태를 이룸은 본성의 자연적 발로 아닌 인위(人爲)로 이룬 이성적 유도(理性的 誘導)이다. 풀어 말해 이것은 일종의 '규범윤리(規範倫理 또는 義務倫理)적 보완'에 해당한다. 필자의 '덕성윤리(德性倫理)에 대한 보완 사유는 의외의 이 새로운 문제를 어떻게 처리해야 할지가 남은 과제이다.

이 논문은 유학의 윤리적 가치관을 어떻게 하면 현대와 미래에도 유효하게 할 수 있을까라는 문제의식에서 출발했다. 이것이 필자의 성찰을 하게 한 동기였다. 문제 해결에 유효한 보완적 요소를 찾았으면, 그것을 포섭할 지혜가 필요할 따름이다. 이런 의미에서 우리는 '맹자의 사단설에 한계가 있음'을 진솔하게 인정하고, 그 한계를 극복할 사상이 《중용(中庸)》의 중절설(中節說) 같은 규범윤리적 사유임을 확인하면서, 그것을 편견 없이 받아들이는 태도가 당연하다는 것이 필자의 견해이다. 이에 필자는 지난날 한국의 정지운(鄭之雲, 1509-1561)과 이황(李滉, 1501-1570) 및 기대승(奇大升,

1527-1572)이 사단(四端)과 함께 칠정(七情)을 아울러 논한 사례(事例)야말로 새삼 주목할 만한 것임을 지적코자 한다.[26]

26 이는 2021년 11월 13일 안동대 퇴계학연구소와 산동사회과학원 공동주관의 '제8회 한중유학교류대회'에서 〈유학의 덕성윤리사상에 대한 현대적 성찰〉이라는 제하의 본격적인 논문으로 작성하여 발표한 것에 약간의 수정을 가한 것임을 밝힌다.

참고 문헌

1. 역사 및 금석문

《校勘 三國史記》. 韓國古典叢書 2. 민족문화추진회, 1973.

《三國遺事》. 崔南善 편. 瑞文文化社, 1994.

《高麗史》. 延世大學校 東方學硏究所 纂. 경인문화사, 1961.

《朝鮮王朝實錄》. 國史編纂委員會 發行. 東國文化社, 1957.

《(국역)東國通鑑》. 세종대왕기념사업회 편역. 세종대왕기념사업회, 1996.

《朝鮮金石總覽》. 上·下. 조선총독부 편. 아세아문화사, 1976.

《朝鮮史》. 1936. (서울대학교 중앙도서관 소장)

朴殷植.《韓國痛史》. 달성인쇄주식회사, 1946.

魚允迪 編.《增補東史年表》. 동국문화사, 1959.

劉燕庭.《海東金石苑》. 上·下. 아세아문화사, 1976.

鄭寅普.《朝鮮史硏究》. 서울신문사, 1946.

曺秉烈.《朝鮮歷史》. (국립중앙도서관 소장)

한국역사연구회 편.《譯註 羅末麗初金石文》. 上·下. 혜안, 1996.

2. 유학 자료

姜必孝.《海隱文集》. 韓國歷代文集叢書 1909-1918. 경인문화사, 1996.

郭鍾錫.《俛宇集》. 아세아문화사, 1983.

權近.《陽村集》. 韓國文集叢刊 7. 민족문화추진회, 1988.

______.《入學圖說》. 경문사, 1982.

權相一.《淸臺全書》. 여강출판사, 1989.

權尙夏.《寒水齋集》. 韓國文集叢刊 150-151. 민족문화추진회, 1991.

權諰.《炭翁集》. 韓國文集叢刊 104. 민족문화추진회, 1993.
金坵.《止浦集》. 高麗名賢集 2. 성균관대 대동문화연구소, 1986.
金澤榮.《金澤榮全集》. 亞細亞文化社, 1978.
奇大升.《高峯全書》. 成均館大學校 大東文化研究院, 1979.
奇挺翼.《松巖文集》. 韓國歷代文集叢書 338. 경인문화사, 1990.
奇宇萬.《松沙文集》. 韓國歷代文集叢書 387-395. 경인문화사, 1987.
奇正鎭.《蘆沙文集》. 아성문화사, 1976.
______.《蘆沙全集》. 보경문화사, 1983.
______.《蘆沙集》. 韓國文集叢刊 310. 민족문화추진회, 2003.
吉再.《冶隱集》. 高麗名賢集 4. 성균관대 대동문화연구소, 1987.
金榦.《厚齋年譜》. 서울대학교 규장각 소장본(古-82-16-280-K).
______.《厚齋集》. 韓國文集叢刊 155-156. 민족문화추진회, 1995.
金宏弼.《國譯 景賢錄》. 寒暄堂先生紀念事業會. 삼화출판사, 1970.
金九容.《惕若齋集》. 高麗名賢集 4. 성균관대 대동문화연구소, 1987.
金履安.《三山齋集》. 韓國文集叢刊 238. 민족문화추진회, 1999.
金麟厚.《河西全集》. 韓國文集叢刊 33. 민족문화추진회, 1989.
金邁淳.《臺山集》. 韓國文集叢刊 294. 민족문화추진회, 2002.
金尙憲.《淸陰全集》. 仙源遺稿·淸陰全集. 曺龍承 발행, 1977.
______.《淸陰集》. 韓國文集叢刊 77. 민족문화추진회, 1991.
金聖鐸.《霽山全集》. 경문사, 1982.
金壽恒.《文谷集》. 韓國文集叢刊 133. 민족문화추진회, 1990.
金宇顒.《東岡集》. 韓國文集叢刊 50. 민족문화추진회, 1990.
金元行.《渼湖集》. 韓國文集叢刊 220. 민족문화추진회, 1998.
金允植.《續陰晴史》. 국사편위원회, 1960.
金長生.《沙溪遺稿》. 韓國文集叢刊 57. 민족문화추진회, 1990.
______.《沙溪全書》. 白山學會 資料院, 1985.

金淨.《冲庵集》. 韓國文集叢刊 23. 민족문화추진회, 1988.

金正喜.《阮堂集》. 韓國歷代文集叢書 283-284. 경인문화사, 1987.

______.《阮堂集》. 신성문화사, 1972.

金宗直.《佔畢齋集》. 韓國文集叢刊 12. 민족문화추진회, 1988.

金集.《愼獨齋遺集》. 韓國文集叢刊 82. 민족문화추진회, 1992.

______.《愼獨齋全書》. 白山學會 資料院, 1985.

金昌協.《農巖全書》. 경문사, 1976.

______.《農巖集》. 韓國文集叢刊 161-162. 민족문화추진회, 1996.

金昌翕.《三淵集》. 韓國文集叢刊 165-167. 민족문화추진회, 1996.

金平默.《重菴文集》. 동문사, 1990.

南公轍.《金陵集》. 韓國文集叢刊 272. 민족문화추진회, 2001.

南鶴鳴.《晦隱文集》. 韓國歷代文集叢書 2389. 경인문화사, 1997.

南孝溫.《秋江集》. 韓國文集叢刊 16. 민족문화추진회, 1988.

盧守愼.《穌齋集》. 韓國文集叢刊 35. 민족문화추진회, 1989.

柳成龍.《西厓集》. 韓國文集叢刊 52. 민족문화추진회, 1990.

柳崇祖.《大學三綱八目箴》. 韓國學文獻研究所 編.《大學三綱八目箴·性理淵源撮要·眞一齋先生遺集》合本. 아세아문화사, 1974.

______.《性理淵源撮要》. 韓國學文獻研究所 編.《大學三綱八目箴·性理淵源撮要·眞一齋先生遺集》合本. 아세아문화사, 1974.

柳重教.《省齋集》. 同文社, 1974.

柳馨遠.《磻溪隨錄》. 明文堂, 1982.

______.《磻溪雜藁》. 여강출판사, 1990.

柳徽文.《好古窩文集》. 韓國歷代文集叢書 1860-1862. 경인문화사, 1983.

柳希春.《眉巖集》. 韓國文集叢刊 34. 민족문화추진회, 1989.

李柬.《巍巖遺稿》. 韓國文集叢刊 190. 민족문화추진회, 1997.

李景奭.《白軒集》. 韓國文集叢刊 95-96. 민족문화추진회, 1992.

李穀.《稼亭集》. 高麗名賢集 3. 성균관대 대동문화연구소, 1986.
李光庭.《訥隱文集》. 韓國歷代文集叢書 906-908. 경인문화사, 1987.
______.《訥隱集》. 韓國文集叢刊 187. 민족문화추진회, 1997.
李光靖.《小山文集》. 韓國歷代文集叢書. 1020-1021. 경인문화사, 1987.
李奎報.《東國李相國集》. 韓國文集叢刊 1. 민족문화추진회, 1991.
李明漢.《白洲集》. 韓國文集叢刊 97. 민족문화추진회, 1992.
李象靖.《大山全書》. 驪江出版社, 1990.
______.《大山集》. 韓國文集叢刊 226-227. 민족문화추진회, 1996.
李穡.《牧隱文藁》. 韓國文集叢刊 3-5. 민족문화추진회, 1990.
______.《牧隱集》. 高麗名賢集 3. 성균관대 대동문화연구소, 1986.
李承休.《動安居士集 附 帝王韻紀》. 高麗名賢集 1. 성균관대 대동문화연구소, 1986.
李植.《澤堂集 附 畏齋集》. 조용승 발행. 1977.
______.《澤堂集》. 韓國文集叢刊 88. 민족문화추진회, 1992.
李彦迪.《晦齋全書》. 成均館大學校 大東文化研究院, 1973.
______.《晦齋集》. 韓國文集叢刊 24. 민족문화추진회, 1988.
李源祚.《凝窩全書》. 여강출판사, 1986.
李珥.《栗谷全書》. 성균관대학교 대동문화연구원, 1958.
李瀷.《星湖全書》. 여강출판사, 1984.
______.《星湖全集》. 韓國文集叢刊 198-200. 민족문화추진회, 1997.
李仁老.《破閑集》. 高麗名賢集 2. 성균관대 대동문화연구소, 1986.
李縡.《陶庵講說》. 성균관대학교 존경각 소장본.
______.《陶庵全集》. 保景文化社, 1989.
______.《陶庵集》. 韓國文集叢刊 194-195. 민족문화추진회, 1997.
李廷龜.《月沙集》. 韓國文集叢刊 69-70. 민족문화추진회, 1991.
李齊賢.《益齋亂藁》. 韓國文集叢刊 2. 민족문화추진회, 1990.

李種祥.《定軒文集》. 韓國歷代文集叢書 1040-1042. 경인문화사, 1987.
李種學.《麟齋集》. 高麗名賢集 3. 성균관대 대동문화연구소, 1986.
李浚慶.《東皐遺稿》. 韓國文集叢刊 28. 민족문화추진회, 1988.
李震相.《寒洲全書》. 아세아문화사, 1980.
______.《寒洲集》. 서울대학교 규장각 소장본.
李恒.《一齋集》. 韓國文集叢刊 28. 민족문화추진회, 1989.
李恒老.《華西文集》. 學古房, 1986.
李獻慶.《艮翁集》. 韓國文集叢刊 234. 민족문화추진회, 1999.
李玄逸.《葛庵全集》. 驪江出版社, 1986.
______.《葛庵集》. 韓國文集叢刊 127-128. 민족문화추진회, 1994.
李滉.《天命圖說》. 退溪全書 3, 續集, 卷8. 성균관대학교 대동문화연구원, 1971.
______.《退溪全書》. 성균관대학교 대동문화연구원, 1971.
李喜朝.《芝村集》. 韓國文集叢刊 170. 민족문화추진회, 1996.
林泳.《滄溪集》. 韓國文集叢刊 159. 민족문화추진회, 1995.
朴世堂.《西溪全書》. 太學社, 1979.
______.《西溪集》. 韓國文集叢刊 134. 민족문화추진회, 1994.
朴世采.《南溪正集》. 韓國歷代文集叢書 1127-1145. 경인문화사, 1987.
______.《南溪集》. 韓國文集叢刊 138-142. 민족문화추진회, 1994.
朴淳.《思庵集》. 韓國文集叢刊 38. 민족문화추진회, 1989.
朴胤源.《近齋集》. 韓國文集叢刊 250. 민족문화추진회, 2000.
朴齊家.《貞蕤閣全集》. 여강출판사, 1986.
______.《貞蕤閣集》. 韓國文集叢刊 261. 민족문화추진회, 2001.
朴趾源.《燕巖集》. 韓國文集叢刊 252. 민족문화추진회, 2000.
朴泰輔.《定齋集》. 韓國文集叢刊 297-298. 민족문화추진회, 2002.
朴弼周.《黎湖集》. 韓國文集叢刊 196-197. 민족문화추진회, 1997.
卞季良.《春亭集》. 韓國文集叢刊 8. 민족문화추진회, 1990.

徐敬德.《花潭集》. 韓國文集叢刊 24. 민족문화추진회, 1988.

徐應淳.《絅堂遺稿》. 韓國歷代文集叢書 545. 경인문화사, 1987.

成渾.《牛溪文集》. 聽松牛溪集. 아세아문화사, 1979.

______.《牛溪集》. 韓國文集叢刊 43. 민족문화추진회, 1989.

宋秉璿.《淵齋文集》. 韓國歷代文集叢書 288-293. 경인문화사, 1990.

宋秉璿.《淵齋文集》. 성균관대학교 존경각 소장본.

宋時烈.《宋子大全》. 韓國文集叢刊 108-116. 민족문화추진회, 1993.

______.《宋子大全》. 斯文學會, 1971.

______.《宋子書》. 明寶精版社, 1977.

宋翼弼.《龜峯集》. 韓國文集叢刊 42. 민족문화추진회, 1991.

宋浚吉.《經筵日記》. 서울대학교 규장각 소장본.

______.《同春堂集》. 韓國文集叢刊 106-107. 민족문화추진회, 1993.

宋穉圭.《剛齋集》. 韓國文集叢刊 271. 민족문화추진회, 2001.

申景濬.《旅庵遺稿》. 韓國文集叢刊 231. 민족문화추진회, 1999.

______.《旅軒全書》. 仁同張氏南山派宗親會, 1983.

申翊聖.《樂全堂集》. 韓國文集叢刊 93. 민족문화추진회, 1992.

申櫶.《葳堂集》. 보경문화사, 1993.

申欽.《象村稿》. 韓國文集叢刊 71-72. 민족문화추진회, 1991.

安鼎福.《順庵全書》. 성균관대학교 대동문화연구원, 1970.

______.《順庵集》. 韓國文集叢刊 229-230. 민족문화추진회, 1999.

安軸.《謹齋集》. 高麗名賢集 2. 성균관대 대동문화연구소, 1986.

安珦.《晦軒實記》. 韓國歷代文集叢書 35. 경인문화사, 1993.

魚有鵬.《杞園集》. 韓國文集叢刊 183-184. 민족문화추진회, 1997.

吳健.《德溪集》. 韓國文集叢刊 38. 민족문화추진회, 1989.

吳熙常.《老洲集》. 韓國文集叢刊 280. 민족문화추진회, 2001.

魏伯珪.《存齋集》. 韓國文集叢刊 243. 민족문화추진회, 2000.

魏伯珪.《存齋集》. 경인문화사, 1974.

______.《存齋集》. 여강출판사, 1988.

俞棨.《市南集》. 韓國文集叢刊 117. 민족문화추진회, 1993.

兪莘煥.《兪莘煥全集》. 아세아문화사, 1983.

尹根壽.《月汀集》. 韓國文集叢刊 47. 민족문화추진회, 1992.

尹鳳九.《屛溪集》. 韓國文集叢刊 203-205. 민족문화추진회, 1998.

尹宣擧.《魯西遺稿》. 韓國文集叢刊 120. 민족문화추진회, 1993.

尹拯.《明齋遺稿》. 韓國文集叢刊 135-136. 민족문화추진회, 1994.

尹鑴.《白湖全書》. 白湖先生文集刊行會. 慶北大學校 出版部, 1974.

______.《白湖集》. 韓國文集叢刊 123. 민족문화추진회, 1994.

李達衷.《霽亭集》. 高麗名賢集 4. 성균관대 대동문화연구소, 1987.

李崇仁.《陶隱集》. 高麗名賢集 4. 성균관대 대동문화연구소, 1987.

李存吾.《石灘集》. 高麗名賢集 4. 성균관대 대동문화연구소, 1987.

李集.《遁村遺稿》. 高麗名賢集 4. 성균관대 대동문화연구소, 1987.

李行.《騎牛集》. 高麗名賢集 4. 성균관대 대동문화연구소, 1987.

任聖周.《鹿門集》. 韓國文集叢刊 228. 민족문화추진회, 1999.

______.《鹿門集》. 景文社, 1976.

林椿.《西河集》. 高麗名賢集 2. 성균관대 대동문화연구소, 1986.

任憲晦.《鼓山文集》. 韓國歷代文集叢書 197-200. 경인문화사, 1987.

______.《任憲晦全集》. 아세아문화사, 1985.

張維.《谿谷集》. 韓國文集叢刊 92. 민족문화추진회, 1992.

張志淵.《朝鮮儒敎淵源》. 滙東書館, 1922.

張興孝.《敬堂集》. 韓國文集叢刊 69. 민족문화추진회, 1991.

田祿生.《埜隱逸稿》. 高麗名賢集 4. 성균관대 대동문화연구소, 1987.

田愚.《艮齋文集》. 景仁文化社, 1999.

______.《艮齋集》. 韓國文集叢刊 332-336. 민족문화추진회, 2004.

田愚.《田愚全集》. 아세아문화사, 1986.

鄭經世.《愚伏集》. 韓國文集叢刊 68. 민족문화추진회, 1991.

鄭逑.《寒岡全書》. 경인문화사, 1978.

鄭道傳.《三峯集》. 韓國文集叢刊 5. 민족문화추진회, 1990.

鄭夢周.《圃隱集》. 高麗名賢集 4. 성균관대 대동문화연구소, 1987.

______.《圃隱集》. 韓國文集叢刊 5. 민족문화추진회, 1990.

丁若鏞.《與猶堂全書》. 韓國文集叢刊 281-286. 민족문화추진회, 1988.

정약용.《與猶堂全書》. 여강출판사, 1976.

鄭曄.《守夢集》. 韓國文集叢刊 66. 민족문화추진회, 1991.

鄭蘊.《桐溪集》. 韓國文集叢刊 75. 민족문화추진회, 1991.

鄭齊斗.《霞谷集》. 韓國文集叢刊 160. 민족문화추진회, 1995.

正祖.《弘齋全書》. 文化財管理局 藏書閣, 1978.

鄭宗魯.《立齋集》. 韓國文集叢刊 253-254. 민족문화추진회, 2000.

鄭之雲.《天命圖說》. 국립중앙도서관 소장본.

趙絅.《龍洲遺稿》. 韓國文集叢刊 90. 민족문화추진회, 1992.

趙光祖.《靜庵集》. 韓國文集叢刊 22. 민족문화추진회, 1988.

趙穆.《月川集》. 韓國文集叢刊 38. 민족문화추진회, 1989.

趙聖期.《拙修齋集》. 韓國文集叢刊 147. 민족문화추진회, 1995.

曺植.《南冥集》. 韓國文集叢刊 31. 민족문화추진회, 1989.

______.《南冥集》. 아세아문화사, 1982.

趙翼.《浦渚集》. 韓國文集叢刊 85. 민족문화추진회, 1992.

趙任道.《澗松集》. 韓國文集叢刊 89. 民族文化推進會, 1999.

趙憲.《重峯集》. 韓國文集叢刊 54. 민족문화추진회, 1990.

陳澕.《梅湖遺稿》. 高麗名賢集 2. 성균관대 대동문화연구소, 1973.

崔鳴吉.《遲川集》. 韓國文集叢刊 89. 민족문화추진회, 1992.

崔錫鼎.《明谷集》. 韓國文集叢刊 153-154. 민족문화추진회, 1995.

崔益鉉.《勉菴全書》. 驪江出版社, 1989.

______.《勉菴集》. 勉菴先生紀念事業會, 1970.

崔滋.《補閑集》. 高麗名賢集 2. 성균관대 대동문화연구소, 1986.

崔昌大.《昆侖集》. 韓國文集叢刊 183. 민족문화추진회, 1997.

崔致遠.《孤雲集》. 韓國文集叢刊 1. 민족문화추진회, 1990.

______.《崔文昌侯全集》. 성균관대학교 대동문화연구원, 1991.

崔瀣.《拙藁千百》. 高麗名賢集 2. 성균관대 대동문화연구소, 1986.

沈定鎭.《霽軒文集》. 韓國歷代文集叢書 2453. 경인문화사, 1997.

河謙鎭.《東儒學案》. 일붕정사, 1970.

韓脩.《柳巷集》. 高麗名賢集 4. 성균관대 대동문화연구소, 1987.

韓元震.《南塘集》. 韓國文集叢刊 201-202. 민족문화추진회, 1998.

______.《南塘集》. 雅盛文化社, 1976.

韓章錫.《眉山集》. 韓國歷代文集叢書 2740-2742. 경인문화사, 1999.

許穆.《記言》. 韓國文集叢刊 98-99. 민족문화추진회, 1992.

玄尙璧.《冠峯遺稿》. 韓國文集叢刊 191. 민족문화추진회, 1997.

洪大容.《湛軒書》. 韓國文集叢刊 248. 민족문화추진회, 2000.

洪良浩.《耳溪集》. 韓國文集叢刊 241-242. 민족문화추진회, 2000.

洪直弼.《梅山集》. 韓國文集叢刊 295-296. 민족문화추진회, 2002.

3. 불교 자료

《韓國佛教全書》 第1冊(東國大學校佛典刊行委員會 編, 新羅時代篇 1), 동국대학교 출판부, 1979.

■ 圓測.《般若波羅蜜多心經贊》. 圓測.《仁王經疏》. 圓測.《解深密經疏》. 元曉.《華嚴經疏》. 元曉.《金剛三昧經論》. 元曉.《大乘起信論別記》. 元曉.《判比量論》. 元曉.《十門和諍論》

《韓國佛教全書》 第2冊(東國大學校佛典刊行委員會 編, 新羅時代篇 2), 동국대학교

출판부, 1979.

▣ 義湘.《華嚴一乘法界圖》. 憬興, 無量壽經連義述文贊. 義寂.《無量壽經述義記》. 表員.《華嚴經文義要決問答》. 遁倫.《瑜伽論記》(24권)

《韓國佛教全書》 第3冊(東國大學校佛典刊行委員會 編, 新羅時代篇 3), 동국대학교 출판부, 1979.

▣ 遁倫.《瑜伽論記》(48권). 太賢.《成唯識論學記》. 太賢.《大乘起信論內義略探記》. 見登之.《大乘起信論同異略集》. 見登之.《華嚴一乘成佛妙義》. 順之.《祖堂集所載順之和尙說》

《韓國佛教全書》 第4冊(東國大學校佛典刊行委員會 編, 高麗時代篇 1), 동국대학교 출판부, 1979.

▣ 均如.《一乘法界圖圓通記》. 均如.《釋華嚴旨歸章圓通鈔》. 均如.《釋華嚴三寶章圓通記》. 均如.《釋華嚴教分記圓通鈔》. 諦觀.《天台四教儀》. 義天.《大覺國師文集》. 義天.《大覺國師外集》. 智訥.《勸修定慧結社文》. 智訥.《牧牛子修心訣》. 智訥.《眞心直說》. 智訥.《誡初心學入文》. 智訥.《華嚴論節要》.

《韓國佛教全書》 第5冊(東國大學校佛典刊行委員會 編, 高麗時代篇 2), 동국대학교 출판부, 1979.

▣ 慧諶.《禪門拈頌》.

《韓國佛教全書》 第6冊(東國大學校佛典刊行委員會 編, 高麗時代篇 4), 동국대학교 출판부, 1979.

▣ 慧諶.《曹溪眞覺國師語錄》. 慧諶.《無衣子詩集》. 慧諶.《宗門圓相集》. 覺訓.《海東高僧傳》. 天頙.《禪門寶藏錄》. 體元.《華嚴經觀自在菩薩所說法門別行疏》. 景閑.《白雲和尙抄錄佛祖直指心體要節》. 普愚.《太古和尙語錄》. 慧勤.《懶翁和尙語錄》. 慧勤.《懶翁和尙歌頌》. 野雲.《禪門綱要集》.

《韓國佛教全書》 第7冊(東國大學校佛典刊行委員會 編, 朝鮮時代篇 1), 동국대학교 출판부, 1979.

▣ 己和.《顯正論》. 涵虛堂得通和尙語錄. 儒釋質疑論. 智嚴.《拈頌說話節錄》.

普雨.《虛應堂集》. 普雨.《懶庵雜著》. 休靜.《禪家龜鑑》. 休靜.《淸虛堂集》.

《韓國佛教全書》第8冊(東國大學校佛典刊行委員會 編, 朝鮮時代篇 2), 동국대학교 출판부, 1987.

▣ 善修.《浮休堂大師集》. 一禪.《靜觀集》. 海日.《暎虛集》. 惟政.《四溟堂大師集》. 敬軒.《霽月堂大師集》. 印悟.《靑梅集》. 法堅.《奇巖集》. 太能.《逍遙堂集》. 海眼.《中觀大師遺稿》. 彦機.《鞭羊堂集》. 守初.《翠微大師詩集》. 處能.《大覺登階集》. 性聰.《栢庵集》. 性聰.《四經持驗紀》. 性聰.《緇門警訓註》. 性聰.《大乘起信論疏筆削記會編》.

《韓國佛教全書》第9冊(東國大學校佛典刊行委員會 編, 朝鮮時代篇 3), 동국대학교 출판부, 1988.

▣ 大智.《雲峰禪師心性論》. 策憲.《月峰集》. 道安.《月渚堂大師集》. 明眼.《般若波羅蜜多心經略疏連珠記會編》. 秋鵬.《禪源諸詮集都序科評》. 秋鵬.《雪巖雜著》. 秋鵬.《雪巖禪師亂藁》. 秀演.《無用堂遺稿》. 子秀.《佛祖眞心禪格抄》. 子秀.《禪門五宗綱要》. 志安.《喚惺詩集》. 若坦.《影海大師詩集抄》. 定慧.《禪源集都序科記》. 海源.《天鏡集》. 兌律.《月波集》. 有璣.《好隱集》. 自優.《雪潭集》. 時聖.《野雲大禪師文集》. 毅旻.《鰲巖集》. 體照.《龍巖堂遺稿》. 大圓.《大圓集》.

《韓國佛教全書》第10冊(東國大學校佛典刊行委員會 編, 朝鮮時代篇 4), 동국대학교 출판부, 1989.

▣ 最訥.《諸經會要》. 有聞.《大方廣佛華嚴經義湘法師法性偈科註》. 有一.《蓮潭大師林下錄》. 亘璇.《禪文手鏡》. 有炯.《禪源溯流》. 意恂.《禪門四辨漫語》. 意恂.《艸衣詩藁》. 意恂.《震默祖師遺蹟攷》. 金大鉉.《禪學入門》. 致能.《涵弘堂集》. 覺岸.《東師列傳》. 覺岸.《梵海禪師文集》. 覺岸.《梵海禪師詩集》. 洪基.《優潭林下錄》. 洪基.《禪門證正錄》.

《韓國佛教全書》第11冊(東國大學校佛典刊行委員會 編, 補遺篇 1), 동국대학교 출판부, 1992.

■ 圓測.《解深密經疏第十》. 義湘.《義湘和尙投師體》. 沖止.《海東曹溪宓庵和尙雜著》. 師誠.《克庵集》. 惺牛.《鏡虛集》. 正觀.《觀世音菩薩妙應示現濟衆甘露》. 德眞.《浮土紺珠》. 震河.《禪文再正錄》.

《韓國佛敎全書》第12冊(東國大學校佛典刊行委員會 編, 補遺篇 2), 동국대학교 출판부, 1996.

■ 祖丘.《慈悲道場懺法集解》. 智禪.《五種梵音集》. 展翎.《海鵬集》. 意恂.《一枝庵文集》. 寶鼎.《佛祖錄贊頌》. 寶鼎.《曹溪高僧傳》. 寶鼎.《念佛要門科解》. 寶鼎.《著譯叢譜》. 徐致益.《曾谷集》. 善知.《東溟遺稿》.《起信本末五重》.《禪敎摠判門》.《參禪念佛文》.《東國僧尼錄》.

《韓國佛敎全書》第13冊(東國大學校佛典刊行委員會 編, 補遺篇 3), 동국대학교 출판부, 2001.

■ 道倫.《瑜伽論記》(卷1-卷10).

《韓國佛敎全書》第14冊(東國大學校佛典刊行委員會 編, 補遺篇 4), 동국대학교 출판부, 2004.

■ 道倫.《瑜伽論記》(卷11-卷20).

道宣.《廣弘明集》. 발행미상, 1912.

《圓佛敎全書》. 원불교정화사, 1991.

4. 도교 자료

李珥.《醇言》. 서울대학교 규장각 소장.

權克中.《參同攷》. 서울대학교 규장각 소장.

朴世堂.《新註道德經》. 서울대학교 규장각 소장.

元曉.《南華經註解刪補》. 국립중앙도서관 소장.

徐命膺.《保晩齋叢書》(서울대학교 규장각한국연구원 편), 서울대학교, 2006.

______.《道德指歸》. 保晩齋叢書. 서울대학교 규장각한국연구원 편. 서울대학교, 2006.

徐命膺.《參同攷》. 간송미술관 소장.

李忠翊.《椒園談老》. 고려대학교 중앙도서관 소장.

申綽.《老子旨略》. 韓國文集叢刊 279.《石泉遺稿》. 민족문화추진회, 2001.

洪奭周.《訂老》. 韓國文集叢刊 293-294.《淵泉集》. 민족문화추진회, 2002.

______.《洪氏讀書錄》. 국립중앙도서관 소장.

韓元震.《莊子辨解》. 서울대학교 규장각 소장.

《醇言》(이이 저, 이주행 역), 인간사랑, 1993.

《新註道德經》(고려대학교 민족문화연구소 역주), 고려대학교 민족문화연구소, 1971.

《홍석주의 노자: 정노, 기호 주자학자의 노자 읽기》(홍석주 지음, 김학목 역주). 예문서원, 2001.

《도덕지귀: 성리학자 서명응의 열린 노자 읽기》(서명응 지음, 조민환, 장원목, 김경수 공역). 예문서원, 2008.

《참동고: 역리와 내단학에 의한 서명응의 참동계 주해》(서명응 지음, 이봉호 역주). 예문서원, 2009.

《초원담노: 양명학자 이충익의 노자 읽기》(이충익 지음, 김윤경 옮김). 예문서원, 2013.

《초원 이충이기의《담노》역주: 조선을 다시 보게 만드는 한 철인의 혁명적《노자》풀이》(이충익 지음, 김학목 역주). 통나무, 2014.

5. 중국 자료

《詩經》(《詩傳》). 보경문화사, 1983.

《書經》(《書傳》). 보경문화사, 1983.

《周易》. 보경문화사, 1983.

《禮記》. 景文社, 1981.

《儀禮》(《十三經注疏》). 중화서국, 1980.

《大學》(《經書》). 성균관대학교 대동문화연구원, 1968.
《論語》(《經書》). 성균관대학교 대동문화연구원, 1968.
《孟子》(《經書》). 성균관대학교 대동문화연구원, 1968.
《中庸》(《經書》). 성균관대학교 대동문화연구원, 1968.
《孝經》. 보경문화사, 1987.
《老子道德經》(《諸子集成》 3). 中華書局出版, 1954.
《莊子》(《諸子集成》 2). 중화서국, 1954.
《荀子》(《諸子集成》 2). 중화서국, 1954.
周敦頤. 《太極圖說》(《性理大全》 卷1). 보경문화사, 1984.
______. 《通書》(《性理大全》 卷2). 보경문화사, 1984.
張載. 《張子全書》(《文淵閣四庫全書》 697, 子部 3, 〈儒家類〉). 臺灣商務印書館, 中華民國 75.
______. 《正蒙》(《性理大全》 卷5). 보경문화사, 1984.
程顥·程頤. 《二程粹言》(《文淵閣四庫全書》 698, 子部 4, 儒家類). 臺灣商務印書館, 中華民國 75.
程顥·程頤. 《二程全書》. 보경문화사, 1986.
朱熹. 《大學或問》(《四書或問》). 보경문화사, 1986.
______. 《文公易說》(《文淵閣四庫全書》 18, 經 12, 易類). 臺灣商務印書館, 中華民國 75.
______. 《四書或問》. 보경문화사, 1986.
______. 《易學啓蒙》(《性理大全》 卷5). 보경문화사, 1984.
______. 《朱子大全》. 中和堂, 1994.
______. 《朱子語類》. 경문사, 1977.
______. 《中庸或問》(《四書或問》). 보경문화사, 1986.
______. 《太極圖說解》(《性理大全》 卷1). 보경문화사, 1984.
______. 《通書解》(《性理大全》 卷2). 보경문화사, 1984.

朱熹·呂祖謙.《近思錄》. 保景文化社, 1986.
陳德秀.《西山讀書記》(《文淵閣四庫全書》705-706, 子部 3-4, 〈儒家類〉). 臺灣商務印書館, 中華民國 75.
陳淳.《北溪字義》(《文淵閣四庫全書》709, 子部15, 〈儒家類〉). 臺灣商務印書館, 中華民國 75.
黃榦.《勉齋集》(《文淵閣四庫全書》1168, 集部 107, 別集類). 臺灣商務印書館, 中華民國 75.
劉淸之 外.《小學集註》. 경문사, 1979.
許衡.《魯齋遺書》(《文淵閣四庫全書》1198, 集部 137, 〈別集類〉). 臺灣商務印書館, 中華民國 75.
王守仁.《王文成全書》(《文淵閣四庫全書》1265-1266, 集部 204-205, 別集類). 臺灣商務印書館, 中華民國 75.
羅欽順.《困知記》(閻韜 點校). 中華文書, 1990.
______.《困知記》. 廣文書局印行, 中華民國 61.
《近思錄》. 보경문화사, 1986.
《心經》. 보경문화사, 1986.
《性理大全》. 보경문화사, 1984.
徐兢.《高麗圖經》. 백산, 2000.
《宋高僧傳》(《文淵閣四庫全書》1052, 子部 358, 〈儒家類〉). 臺灣商務印書館, 中華民國 75.
《山海經》(《文淵閣四庫全書》1042, 小說二). 臺灣商務印書館, 中華民國 75.
《史記》(《二十五史》1). 상해고적출판사, 1986.
《前漢書》(《二十五史》1). 상해고적출판사, 1986.
《後漢書》(《二十五史》2). 상해고적출판사, 1986.
《舊唐書》(《二十五史》5). 상해고적출판사, 1986.
《二十五史》. 上海古籍出版社, 1986.

《十八史略》(《漢文大系》). 富山房, 昭和 13.
《文獻通考》(《文淵閣四庫全書》 610-616, 史部 36, 〈政書類〉). 臺灣商務印書館, 中華民國 75.
《說文解字》. 天工書局印行, 중화민국, 76.
《大明律講角羊》. 서울대학교 규장각, 2001.
《大明律附例》. 서울대학교 규장각, 2001.
《大明律直角羊》. 서울대학교 규장각, 2001.

6. 일반단행본 및 번역본

覺訓 저, 金達鎭 역.《海東高僧傳》(한국의 사상대전집 2), 동화출판공사, 1972.
강세구.《순암 안정복의 학문과 사상 연구》. 혜안, 1996.
경북대 퇴계연구소 편.《한주 이진상 연구: 조선유학의 마지막 봉우리》. 역락, 2006.
景閑 저, 金達鎭 역.《白雲和尙語錄》(한국의 사상대전집 4). 동화출판공사, 1972.
고려대 아세아문화연구소 한국연구실 편.《실학사상의 탐구》. 현암사, 1974년
고려대 민족문화연구원 한국사상연구소 편.《자료와 해설, 한국의 철학사상》. 예문서원, 2001.
고영섭.《한국불교사탐구》. 박문사, 2015년
고익진.《韓國古代佛教思想史》. 동국대학교출판부, 1989.
고혜령.《고려후기 사대부와 성리학 수용》. 일조각, 2001
곽신환.《우암 송시열》. 서광사, 2012년
______.《조선유학과 소강절 철학》. 예문서원, 2014.
권오영.《조선 후기 유림의 사상과 활동》. 돌베개, 2003
금장태.《유교와 한국사상》. 성균관대 출판부, 1980.
______.《퇴계학파와 리철학의 전개》. 서울대학교출판부, 2000년
______.《한국근대의 유교사상》. 서울대 출판부, 1989.

금장태.《韓國儒教思想史》. 韓國宗教思想史 2, 연세대출판부, 1986.

______.《한국유교의 재조명》. 전망사, 1982.

______.《韓國儒學史의 理解》. 민족문화사, 1994.

______.《한국유학의 탐구》. 서울대학교출판부, 1999

기호원 편.《省齋奇參衍先生傳》. 한국문화사, 1990.

己和 저, 金達鎭 역.《涵虛和尙語錄》(한국의 사상대전집 5). 동화출판공사, 1972.

己和 저, 李離和 역.《顯正論》(한국의 사상대전집 5). 동화출판공사, 1972.

김갑주.《朝鮮時代寺院經濟研究》. 同和出版公社, 1983.

김경호.《동양적 사유는 어떻게 탄생했는가: 리(理)와 기(氣)의 조화와 충돌 그리고 탈출》. 글항아리, 2012.

김교빈 엮음.《한국의 사상가 10인—하곡 정제두》. 예문서원, 2005.

김기현.《선비: 사유와 삶의 지평》. 민음사, 2009.

김길환.《조선조 유교사상연구》. 일지사, 1980.

김낙진.《의리의 윤리와 한국의 유교문화》. 집문당, 2004.

김대현 저, 南晚星 역.《述夢瑣言: 꿈과 인생》. 을유문화사, 1974.

김동화.《佛教思想史論》. 민족사, 1992.

______.《韓國歷代高僧傳》. 삼성문화재단, 1973.

김득황.《한국사상사》. 남산당, 1958.

김문용.《홍대용의 실학과 18세기 북학사상》. 예문서원, 2005

______.《홍대용의 실학과 18세기 북학사상》. 예문서원, 2005.

김시준 譯.《闢衛編》. 명문당, 1987.

김영태.《韓國佛教史概說》. 경서원, 1986.

김영태.《韓國佛教史》. 경서원, 1997.

김용선.《고려음서제도연구》. 한국연구원, 1987.

김용헌 엮음.《한국의 사상가 10인—혜강 최한기》. 예문서원, 2005.

김용헌.《주자학에서 실학으로》. 고려대민족문화연구원, 2019년

김용헌.《최한기의 기학과 철학》. 예문서원, 2020년
김의환.《義兵運動史》. 박영사, 1974.
김충렬.《高麗儒學史》. 고려대학교출판부, 1984.
______.《남명 조식의 학문과 선비정신》. 예문서원, 2006.
김현.《임성주의 생의철학》. 한길사, 1995.
김홍경.《조선초기 관학파의 유학사상》. 한길사, 1996
懶翁 저, 金達鎭 역.《懶翁集》(한국의 사상대전집 4), 동화출판공사, 1972.
다산학연구원 편.《李乙浩全書》. 예문서원, 2000.
다카하시 도루 지음, 이형성 편역.《다카하시 도루의 조선유학사》. 예문서원, 2001.
독립운동사편찬위원회.《독립운동사》(1-10), 독립유공자 사업기금 운용위원회, 1971.
동국대불교문화연구원 편.《韓國禪思想》. 한국언론자료간해회, 1997.
______.《韓國淨土思想》. 한국언론자료간해회, 1997.
류승국.《한국의 유교》. 세종대왕기념사업회, 1976.
신정균 외.《21세기 유교 연구를 위한 백가쟁명》1권, 성균관대 유교문화연구소, 2019.
李能和.《朝鮮道教史》. 동국대학교, 1959.
이병도.《韓國儒學史》. 아세아문화사, 1987.
문석윤.《호락논쟁 형성과 전개》. 동과서, 2006.
민족과 사상 연구회.《사단칠정론》. 서광사, 1992
민족문화연구원 한국사상연구소.《자료와 해설, 한국의 철학사상》. 예문서원, 2001. 영역본, *Korean Philosophy: Sources and Interpretations*. Edited by Youn Sa-soon, Korea University Press, 2015.
민족문화추진회 편.《東文選》. 솔, 1998.
민족문화추진회.《한국문집총간해제》. 민족문화추진회, 1991-2013.

민현구.《고려정치사론》. 고려대 출판부, 2004.

박병채.《論註 月印千江之曲》. 세영사, 1991.

박종국.《훈민정음종합연구》. 세종학연구원, 2007.

박종홍.《韓國思想史論究—儒學篇》. 서문당, 1974.

박찬승.《한국근대정치사상사연구》. 역사비평사, 1992.

박충석.《한국정치사상사》. 삼영사, 1982.

박충석·유근호.《조선조의 정치사상》. 평화출판사, 1980.

박태원.《원효의 화쟁철학》. 세창출판사, 2017.

박학래.《기정진의 철학사상 연구》. 고려대 민족문화연구원, 2003.

______.《기정진—한말 성리학의 거유》. 성균관대 출판부, 2008.

박홍식 엮음.《한국의 사상가 10인—다산 정약용》. 예문서원, 2005

배종호.《한국 유학의 철학적 전개 상·하》. 연세대 출판부, 1985년

______.《한국유학사》. 연세대 출판부, 1974.

______.《한국유학사》. 연세대 출판부, 1990.

______.《한국유학자료집성(전3권), 연세대 출판부, 1980.

변동명.《고려후기성리학수용연구》. 일조각, 1995

普愚 저, 김달진 역.《太古集》(한국의 사상대전집 4). 동화출판공사, 1972.

______.《虛應堂集》(한국의 사상대전집 15). 동화출판공사, 1977.

부산예술문화대학 동학연구소 엮음.《해월 최시형과 동학 사상》. 예문서원, 1999.

浮休 저, 성낙훈 역.《浮休堂大師集》(한국의 사상대전집 15). 동화출판공사, 1977.

성균관대학교 대동문화연구원 편.《韓國思想大系性理學思想篇》. 1985.

성낙훈.〈韓國儒教史〉.《한국문화사대계》(6). 고려대 민족문화연구소, 1970.

______.〈韓國儒教思想史〉.《한국문화사대계》(6). 고려대 민족문화연구소, 1970.

손명현.《철학논고》. 고려대출판부, 1978.

손보기.《세종대왕과 집현전》. 세종대왕기념사업회, 1984.

송영배.《한국유학과 리기철학》. 예문서원, 2000

송항룡.《韓國道教哲學史》. 성균관대학교 대동문화연구원, 1987.

신용하.《도산 안창호 평전》. 지식산업사, 2021.

신천식.《여말선초 성리학의 수용과 학맥》. 경인문화사, 2004,

아세아학술연구회 편.《한국민족사상사대계》(전4권), 형설출판사, 1971-1974.

안창호.《안도산전서》. 삼중당, 1963.

오석원 외.《조선조 유학사상의 탐구》. 여강출판사, 1988.

오석원.《한국 도학파의 의리사상》. 성균관대 유교문화연구소, 2005.

오이환 엮음.《한국의 사상가 10인—남명 조식》. 예문서원, 2002.

외암사상연구소 편.《의암 이간의 학문세계》. 지영사, 2009.

우정상.《朝鮮前期佛教思想研究》. 동국대학교출판부, 1975.

元測 저, 成樂熏 역.《般若波羅蜜多心經贊》(한국의 사상대전집 1). 동화출판공사, 1972.

元曉 저, 成樂熏 역.《金剛三昧經論》(한국의 사상대전집 1). 동화출판공사, 1972.

______.《大乘起信論疏》(한국의 사상대전집 1). 동화출판공사, 1972.

元曉 저·이기영 역.《金剛三昧經論》(한국명저대전집 18). 대양서적, 1973.

유권종.《한국유교 도상의 역사》. 집문당, 2020.

유명종.《朝鮮後期 性理學》. 이문출판사, 1985.

______.《韓國思想史》(韓國思想史 Ⅱ). 이문출판사, 1981.

______.《한국유학연구》. 이문출판사, 1988.

______.《한국철학사》(초판). 한명문화사, 1969.

유병덕.《韓國思想과 圓佛教》. 教文社, 1989.

유승국 외.《한국윤리사상사》. 한국정신문화연구원, 1987.

유승국.《동양철학연구》. 근역서재, 1983.

______.《한국의 유교》. 세종대왕기념사업회, 1976.

惟政 저·成樂熏 역.《四溟堂大師集》(한국의 사상대전집 15), 동화출판공사, 1977.

유정동.《동양철학의 기초적 연구》. 성균관대 출판부, 1986.

______.《한국유학의 재조명》. 현담유정동선생기념사업회, 1985.

유초하.《한국사상사의 인식》. 한길사, 1994.

유홍렬.《한국천주교회사》. 카톨릭출판사, 1962.

윤남한.〈韓國儒學史〉.《韓國文化史新論》. 중앙대출판부, 1975.

______.《조선시대의 양명학 연구》. 집문당, 1986 재판

______.《朝鮮時代의 陽明學 研究》. 集文堂, 1982.

윤사순 외.《신실학의 탐구》. 열린책들, 1993.

윤사순.《실학의 철학적 특성》. 나남, 2008.

______.《유학의 현대적 가용성 탐구》. 나남, 2006.

______.《유학자의 성찰》. 나남, 2007.

______.《윤사순 교수의 신실학사상론》. 예문서원, 1996.

______.《윤사순 교수의 한국유학사상론》(개정판), 예문서원, 1997(1986).

윤사순 편.《정약용》. 고려대 출판부, 1990.

윤사순.《조선, 도덕의 성찰: 조선시대 유학의 도덕철학》. 돌베개, 2010.

______.《조선시대 성리학의 연구》. 고려대 민족문화연구원, 1997.

______.《퇴계철학의 연구》. 고려대 출판부, 1980. 영역본, *Critical Issues in Neo-Confucian Thought: the Philosophy of Yi Toegye*, Korea University Press, 1990.

______.《한국유학논구》. 현암사, 1980.

______.《한국유학사》(상하). 지식산업사, 2012. 중역본, 尹絲淳. 邢丽菊·唐艳 譯.《韩国儒学史》. 人民出版社, 2017.

______.《한국의 유학사상》. 두양사, 2016.

______.《한국유학사상론》. 열음사, 1986. (개정판)예문서원, 1997.

______.《한국의 사상가 10인—퇴계 이황》. 예문서원, 2002.

______.《한국의 성리학과 실학》. 열음사, 1987.

윤사순·고익진 편.《한국의 사상》. 열음사, 1984.

윤사순·이광래.《우리사상 100년》. 현암사, 2001.

윤사순 역주,《퇴계선집》, 현암사, 1982.

은정희 역주.《원효의 금강삼매경론》. 일지사, 2000.

은정희 역주.《원효의 대승기신론소·별기》. 일지사, 1991.

은정희, 김용환, 김원명 역주.《원료의 열반경종요》. 민족사, 2017.

은정희 역주.《이장의》. 소명출판, 2004.

義湘 저, 成樂熏 역.《華嚴一乘法界圖》(한국의 사상대전집 1). 동화출판공사, 1972.

義天 저, 金達鎭 역.《大覺國師文集》(한국의 사상대전집 1). 동화출판공사, 1972.

이기동.《이색 : 한국 성리학의 원천》. 성균관대 출판부, 2005.

이기백.《한국사신론》. 일조각, 1977.

이기영.《한국의 불교사상》(세계사상전집 11). 삼성출판사, 1977.

이능화 저, 이종은 역주.《朝鮮道教史》. 보성문화사, 1977.

이능화.《朝鮮巫俗考》. 李在崑 옮김, 동문선, 1991.

______.《朝鮮佛教通史》(上·下). 아세아문화사, 1976.

______.《韓國基督教及外交史》. 彰文社, 1928.

이동준.《한국사상사대계—유교적 측면》. 한국정신문화연구원, 1990.

이민수 역.《四溟堂大師集》(한국명저대전집 25). 대양서적, 1973.

이병도.《資料韓國儒學史草稿》(謄刷本), 서울대학교 국사연구실, 1959.

______.《韓國儒學史略》. 아세아문화사, 1986.

______.《한국유학사략》. 아세아문화사, 1986.

이병욱.《고려시대의 불교사상》. 혜안, 2002.

______.《한국불교사상의 전개》. 집문당, 2010.

______.《불교 사회사상의 이해》. 운주사, 2016.

이상은.《이상은선생전집》. 예문서원, 1998.

이상익.《서구의 충격과 근대 한국사상》. 한울아카데미, 1997.

______.《畿湖性理學研究》. 한울 아카데미, 1998.

이상익.《기호성리학논고》. 심산, 2005.

______.《호남성리학연구》. 심산, 2011.

______.《韓國性理學史論》(전2권). 심산, 2020.

이승환.《횡설과 수설: 400년을 이어온 성리 논쟁에 대한 언어분석적 해명》. Humanist, 2012.

이애희.《조선전기 성리학 연구》. 경인문화사, 2002.

______.《조선후기 인성·물성 논쟁의 연구》. 고려대 민족문화연구원, 2004.

이우성교수정년논총 간행위원회.《민족사의 전개와 그 문화》. 창작과 비평사, 1990.

이원명.《고려시대 성리학 수용 연구》. 국학자료원, 1997.

이을호.《한국개신유학사시론》. 박영사, 1980.

이재룡.《조선, 예의 사상에서 법의 통치까지》. 예문서원, 1995.

이재창.《韓國佛敎寺院經濟硏究》. 불교시대사, 1983.

이종우.《19·20세기 한국성리학의 심성논쟁》. 심산, 2005.

이종찬.《韓國佛敎詩文學史論》. 불광출판부, 1993.

이태진.《朝鮮儒敎社會史論》. 지식산업사, 1989.

이한정 옮김.《廣弘明集》(전2권). 동국대학교 부설 동국역경원, 1999~2001.

이현구.《최한기의 기철학과 서양 과학》. 성균관대학교 대동문화연구원, 2000.

이형성.《한주 이진상의 철학사상》. 심산, 2006.

______.《현상윤의 조선사상사》. 심산, 2010.

______.《현상윤의 조선유학사》. 심산, 2010.

임제의현 저, 정성본 역주.《臨濟語錄》(선어록총서 3). 한국선문화연구원, 2003.

장숙필.《율곡 이이의 성학 연구》. 고려대학교 민족문화연구소, 1992.

장지연 지음·조수익 옮김.《조선유교연원》. 솔, 1998.

장지연.《張志淵全書》(전10권). 단국대학교 동양학연구소 편, 단국대 출판부, 1979-1989.

정대환.《조선조 성리학 연구》. 강원대학교출판부, 1992.

정성철.《조선철학사-이조편》. 과학백과사전출판사, 1987. 평양(좋은책, 1988).

정수일 역주.《혜초의 왕오천축국전》. 학고재, 2004.

정진석 외 2인.《조선철학사(상)》. 과학원출판사, 1962.

조명기 외.《한국사상의 심층연구》. 도서출판 우석, 1982.

조명기.《고려 대각국사의 천태사상》. 동국문화사, 1964.

______.《신라 불교의 이념과 역사》. 신태양사출판국, 1962.

조성택.《불교와 불교학》. 돌베개, 2012.

조정·김지원 공저.《儒學史》. 月刊獨逸語社, 1958.

주칠성.《실학파의 철학사상》. 예문서원, 1996.

주홍성 외·김문용 외.《한국철학사상사》. 예문서원, 1993.

知訥 저, 金達鎭 역.《普照國師法語》(한국의 사상대전집 2), 동화출판공사, 1972.

지두환.《조선전기 의례연구: 성리학 정통론을 중심으로》. 서울대학교출판부, 1994

震默 저, 權永大 역.《震默祖師遺蹟攷》(한국의 사상대전집 15). 동화출판공사, 1977.

차주환.《韓國道教思想研究》. 서울대학교출판부, 1978.

諦觀 저, 金東華 역.《天台四教儀》(한국의 사상대전집 1). 동화출판공사, 1972.

최근덕.《한국유학사상연구》. 철학과 현실사, 1992.

최남선.《六堂崔南善全集》. 역락, 2003.

최민홍.《한국윤리사상사》. 성문사, 1971.

______.《한국철학사》. 성문사, 1980년

최병헌 외.《한국불교사연구입문》(상하). 지식산업사, 2013년

최영성.《譯註 崔致遠全集(2)孤雲文集》. 아세아문화사, 1999.

崔英成.《韓國儒學思想史》(전5권), 아세아문화사, 1994-1997.

최영진.《최한기의 철학사상》. 철학과 현실사, 2000.

최완기.《한국성리학의 맥》. 느티나무, 1989.

충남대학교 유학연구소.《기호학파의 철학사상》. 예문서원, 1995.

冲止 저, 秦星圭 역.《원감국사집》. 아세아문화사, 1988.

하기락.《조선철학사》. 형설출판사, 1992.

한국공자학회 편.《기당 현상윤 연구》. 한울, 2008.

한국공자학회 편.《이상은 선생과 한국 신유학》. 한울, 2006.

한국국학진흥원 국학연구실.《한국유학사상대계》(전9권). 한국국학진흥원, 2005.

한국국학진흥원.《한국유학사상대계 집필의 과제와 전망》. 한국국학진흥원, 2003.

한국불교원전연구회 지음.《인물로 보는 한국의 불교사상》. 예문서원, 2004.

한국사상사연구회.《도설로 보는 한국 유학》. 예문서원, 2000.

______.《실학의 철학》. 예문서원, 1996.

______.《인성물성론》. 한길사, 1994.

______.《조선유학의 개념들》. 예문서원, 2002.

______.《조선유학의 자연철학》. 예문서원, 1998.

______.《조선유학의 학파들》. 예문서원, 1996.

한국인물유학사편찬위원회(편).《韓國人物儒學史》(전4권). 한길사, 1996.

한국철학사상연구회.《강좌 한국철학》. 예문서원, 1995.

______.《논쟁으로 본 한국철학》. 예문서원, 1995.

한국철학사연구회.《한국유학사상논문선집》. 불함문화사, 1993.

______.《한국철학사상사》. 한울아카데미, 1997.

한국철학회.《한국철학사》(전3권). 동명사, 1978.

______.《한국철학연구》(전3권). 동명사, 1978.

한우근.《성호이익연구》. 서울대 출판부, 1980.

한형조.《주희에서 정약용으로: 조선 유학의 철학적 패러다임 연구》. 세계사,

1996.

허홍식.《高麗佛教研究》. 일조각, 1989.

현상윤.《기당 현상윤 전집》(총5책). 나남, 2008.

______.《조선사상사》. 민족문화사, 1986.

______.《조선유학사》. 민중서관, 1949.

慧諶 저, 金達鎮 역.《眞覺國師語錄》(한국의 사상대전집 2). 동화출판공사, 1972.

慧超 저, 김규성 역《往五天竺國傳》(한국의 사상대전집 1). 동화출판공사, 1972.

홍원식 외.《실학사상과 근대성》(계명대학교 철학연구소). 예문서원, 1998.

______.《심경부주와 조선유학》. 예문서원, 2008.

______.《조선시대 심경부주 주석서 해제》. 예문서원, 2007.

황용수.《국어학사논고》. 집문당, 1986.

황의동 엮음.《한국의 사상가 10인—율곡 이이》. 예문서원, 2002.

황의동.《율곡학의 선구와 후예》. 예문서원, 1999

休靜 저, 法頂·朴敬勛 공역.《禪家龜鑑·西山大師集》(한국명저대전집 13). 대양서적, 1972.

休靜 저, 成樂熏 역.《三家龜鑑》(한국의 사상대전집 15). 동화출판공사, 1977.

______.《淸虛堂集》(한국의 사상대전집 15). 동화출판공사, 1977.

William Theodore de Bary and JaHyun Kim Haboush(ed.). *The Rise of Neo-confucianism in Korea*. New York: Columbia University Press, 1985.

Marina Deuchler, *The Confucian Transformation of Korea*, Harvard University Press, 1992.

7. 일본 자료

高橋亨.《李朝佛教》. 寶文館, 1929.

忽滑谷快天.《朝鮮禪教史》. 春秋社, 1930.

高峰了州.《華嚴思想史》. 興教書院, 1942.
《文會筆錄》(《山崎闇齋全集》 1-2). ぺりかん社, 昭和 53.
小倉紀蔵.《朝鮮思想全史》. 筑摩書房, 2017.
《闇齋先生年譜》(《日本儒林叢書》). 東洋圖書刊行會, 昭和 3.
《吾學源流》(《日本儒林叢書》).
友枝 竜太郎.《朱子の思想形成》. 春秋社, 1969.
《日本刻版 李退溪全集》. 螢雪出版社, 1983.
《日本儒林叢書》. 東洋圖書刊行會, 昭和 3.
長澤孝三 編.《漢文學者總覽》. 汲古書院, 昭和 54.
《佛祖統紀》(《大正新修大藏經》 49). 大正一切經刊行會, 1924.
大濱晧.《朱子の哲學》. 東京大學出版會, 1983.
阿部吉雄.《日本朱子學と朝鮮》. 東京大學出版會, 1965.
高橋亨.〈朝鮮儒學大觀〉.《朝鮮史講座 特別講義》. 朝鮮史學會, 1925.
______.〈李朝儒學史に於ける主理派主氣派の發達〉.《朝鮮支那文化の研究》. 東京城帝國大學 法文學會, 1929.
宋田甲.〈李朝儒學の大觀〉.《續日鮮史話》. 朝鮮總督府, 1931.

8. 기타 자료

《經國大典》. 서울대학교 규장각, 2001.
《國朝儒先錄》. 서울대학교 규장각 소장본.
《國朝人物考》. 서울대학교 출판부, 1978.
《東閣雜記》(《稗林》 6). 탐구당, 1969.
《東人詩話》(《韓國詩話叢編》). 東西文化社, 1989.
《涪溪記聞》(《大東野乘》 卷72). 朝鮮古書刊會, 1911.
《喪禮備要》(1648년). 서울대학교 규장각 소장본.
《松窩雜說》(《稗林》 5). 탐구당, 1969.

《於于野譚》. 전통문화연구회, 2001.

《燃藜室記述》. 경문사, 1976.

《燃藜室記述》. 경문사, 1976.

《芝峯類說》. 경인문화사, 1970.

《筆苑雜記》(《稗林》 1). 탐구당, 1969.

《韓國歷代人物傳集成》(李相殷 편). 민창문화사, 1990.

《海東名臣錄》 서울대학교 규장각 소장본.

《東經大全》. 정민사, 1986.

9. 사전류

《中國人名大辭典》. 中州古籍出版社, 1993.

《中國學芸大辭典》. 大修館書店, 昭和 53.

《한국민족문화대백과사전》. 한국정신문화연구원, 1991.

《한국인명대사전》. 신국문화사, 1986.

《韓國佛教大辭典》(전7권). 寶蓮閣, 1982.

《佛教學大辭典》. 홍법원, 1988.

中村元 外 편.《岩波 佛教辞典》. 岩波書店, 1989.

《韓國號大辭典》(朴熙永·金南碩 公編). 啓明大學校出版部, 1997.

10. 박사학위논문*

강경원. 〈星湖 李瀷의 經學 思想 研究〉. 성균관대 대학원, 2000.

강신엽. 〈朝鮮後期 少論의 政治思想 研究〉. 동국대 대학원, 1995.

* 이 참고문헌 작성에는 이형성 교수의 도움이 컸다. 특히 박사학위논문 등은 이 교수께서 한국철학을 연구할 분들에게 도움을 주려는 의도로 준비한 것이다. 실제로 필자가 참고하지 않은 것까지 독자들의 편의를 위해 이 교수께서 어렵사리 찾은 것 상당수를 삭제하지 않고 보니, 필자로서는 송구한 심정이다.

강필선. 〈華西 李恒老의 哲學思想 硏究—道學과 義理思想을 中心으로〉. 성균관대 대학원, 2002.
강희복. 〈退溪의 '心與理一'에 관한 硏究〉. 연세대 대학원, 2003.
고영진. 〈朝鮮中期 禮說과 禮書〉. 서울대 대학원, 1992.
고혜령. 〈14世紀 高麗士大夫의 性理學 受容과 稼亭 李穀〉. 이화여대 대학원, 1992.
구춘수. 〈權近 哲學思想의 硏究〉. 고려대 대학원, 1992.
권문봉. 〈星湖 利益의 經學과 四書疾書〉. 성균관대 대학원, 1993.
권오영. 〈惠岡 崔漢綺의 學問과 思想硏究〉. 한국정신문화연구원, 한국학대학원, 1994.
권인호. 〈朝鮮中期 士林派의 社會政治思想 硏究〉. 성균관대 대학원, 1990.
금장태. 〈東西交涉과 近代韓國思想의 推移에 관한 硏究〉. 성균관대 대학원, 1978.
김경식. 〈朝鮮朝 鄕約의 社會敎化的 認識에 關한 硏究〉. 원광대 대학원, 1987.
김경태. 〈茶山人性論의 教育的 意味〉. 한양대 대학원, 1996.
김경호. 〈栗谷 李珥의 心性論에 관한 硏究〉. 고려대 대학원, 2001.
김교빈. 〈霞谷 哲學思想에 관한 硏究〉. 성균관대 대학원, 1992.
김근호. 〈華西 李恒老의 理學的 心論 硏究〉. 고려대 대학원, 2008.
김기현. 〈退溪哲學의 人間學的 理解〉. 고려대 대학원, 1988.
김낙진. 〈丁時翰과 李栻의 理體用論 硏究〉. 고려대 대학원, 1995.
김도기. 〈朝鮮朝 儒學에 있어서 認識理論에 대한 硏究〉. 성균관대 대학원, 1986.
김두헌. 〈朝鮮家族制度의 硏究〉. 서울대 대학원, 1952.
김득황. 〈韓國 古代 倫理思想의 硏究〉. 건국대 대학원, 1975.
김명진. 〈우리나라 鄕約에 관한 硏究〉. 건국대 대학원, 1978.
김문식. 〈十九世紀 前半 京畿學人의 經學思想과 經世論〉. 서울대 대학원, 1995.
김문용. 〈洪大容의 實學思想에 관한 硏究—春秋大義를 중심으로〉. 고려대 대학원, 1995.
김병구. 〈晦軒 安珦思想에 관한 硏究—敎學思想을 중심으로〉. 건국대 대학원, 1981.
김석제. 〈權近《禮記淺見錄》硏究—禮學思想을 중심으로〉. 성균관대 대학원, 1999.
김성범. 〈退溪와 栗谷의 心性說 比較硏究〉. 동아대 대학원, 1994.
김세태. 〈十九世紀 湖西山林勢力 硏究〉. 단국대 대학원, 1995.
김시표. 〈退溪 理氣論에 관한 硏究〉. 동아대 대학원, 1994.
김영우. 〈丁若鏞의 易學 思想 硏究〉. 서울대 대학원, 2000.
김영현. 〈炭翁 權諰의 硏究—禮學과 經世論을 중심으로〉. 충남대 대학원, 1993.
김영호. 〈丁茶山의 論語解釋에 관한 연구〉. 성균관대 대학원, 1993.
김왕연. 〈茶山 易學의 硏究〉. 고려대 대학원, 1989.
김용걸. 〈星湖의 哲學思想에 관한 硏究〉. 성균관대 대학원, 1987.
김용곤. 〈朝鮮前期 道學政治思想 硏究〉. 서울대 대학원, 1994.
김용덕. 〈貞蕤 朴齊家 硏究〉. 중앙대 대학원, 1970.
김용재. 〈霞谷 鄭齊斗의 四書 經說 硏究〉. 성균관대 대학원, 2001.
김용헌. 〈崔漢綺의 西洋科學 受容과 哲學形成〉. 고려대 대학원, 1995.
김원동. 〈鄭道傳의 統治理念에 관한 硏究〉. 경희대 대학원, 1979.
김익수. 〈朱子와 退溪의 易學思想 硏究〉. 건국대 대학원, 1987.
김일환. 〈高麗初期 儒敎政治思想에 관한 硏究〉. 성균관대 대학원, 1993.
김정진. 〈韓國儒學의 孝悌忠信思想 硏究〉. 부산대 대학원, 1991.
김정희. 〈생명여성주의의 존재론적 탐구: 반야 불교와 노자의 '마음' 개념에 기초한 신인간형의 모색〉. 이화여대 대학원, 1998.
김종석. 〈退溪心學硏究〉. 영남대 대학원, 1996.
김태영. 〈退栗 誠經思想 硏究〉. 충남대 대학원, 1988.
김필수. 〈旅軒易學의 道德論的 根據에 관한 硏究〉. 동국대 대학원, 1989.

김한식. 〈朝鮮朝 實學派의 政治思想에 관한 研究〉. 고려대 대학원, 1979.
김현. 〈鹿門 任聖周의 哲學思想〉. 고려대 대학원, 1992.
김형찬. 〈理氣論의 一元論化 研究—鹿門 任聖周와 蘆沙 奇正鎭을 중심으로〉. 고려대 대학원, 1996.
김호곤. 〈河西 金麟厚의 教育思想에 관한 研究〉. 원광대 대학원, 1989.
김홍경. 〈朝鮮初期 儒學思想에 관한 研究〉. 성균관대 대학원, 1993.
김홍규. 〈朝鮮後期 詩經論 詩意論〉. 고려대 대학원, 1993.
남부희. 〈儒林의 獨立運動 研究〉. 경북대 대학원, 1982.
노평규. 〈李奎報 哲學思想 研究〉. 성균관대 대학원, 1991.
덕필립. 〈聖學의 人間成就에 관한 研究—栗谷哲學을 중심으로〉. 성균관대 대학원, 1993.
마종락. 〈高麗後期 登科儒臣의 儒學思想 研究—李奎報·李齊賢·李穡을 중심으로〉. 계명대 대학원, 2000.
문석윤. 〈朝鮮後期 湖洛論辨의 成立史 研究〉. 서울대 대학원, 1995.
박경심. 〈牧隱 李穡의 哲學思想 研究〉. 성균관대 대학원, 2005.
박광용. 〈朝鮮後期 蕩平 研究〉. 서울대 대학원, 1994년
박선정. 〈佔畢齋 金宗直 研究〉. 고려대 대학원, 1984.
박연수. 〈霞谷 鄭齊斗 哲學思想에 있어서 人間理解에 관한 研究〉. 성균관대 대학원, 1989.
박의수. 〈栗谷 教育思想의 認識論的 研究〉. 고려대 대학원, 1991.
박정심. 〈白巖 朴殷植의 哲學思想에 관한 研究—社會進化論의 受容과 陽明學的 對應을 중심으로〉. 성균관대 대학원, 2000.
박학래. 〈蘆沙 奇正鎭 哲學思想 研究〉. 고려대 대학원, 2000.
박홍식. 〈朝鮮後期 儒學의 實學的 變容과 그 特性에 관한 研究—星湖·湛軒·茶山·惠岡의 哲學思想을 중심으로〉. 성균관대 대학원, 1993.
배병삼. 〈茶山 丁若鏞의 政治思想에 관한 研究〉. 경희대 대학원, 1993.

배상현. 〈朝鮮朝 畿湖學派의 禮學思想에 관한 硏究〉. 고려대 대학원, 1991.
부제공. 〈霞谷哲學硏究〉. 성균관대 대학원, 1996.
서경숙. 〈初期 江華學派의 陽明學에 關한 硏究〉. 성균관대 대학원, 2000.
서경요. 〈韓國儒學思想의 特性에 관한 연구—實踐哲學的 特性을 중심으로〉. 성균관대 대학원, 1987.
서용화. 〈退溪의 人間觀 硏究〉. 건국대 대학원, 1990.
성교진. 〈成牛溪 性理思想 硏究〉. 건국대 대학원, 1984.
손문형. 〈高麗末 新興士大夫들의 政治思想 硏究〉. 서울대 대학원, 1989.
손병욱. 〈惠岡 崔漢綺 氣學의 硏究〉. 고려대 대학원, 1993.
손직수. 〈朝鮮時代 女性敎訓書에 관한 硏究〉. 성균관대 대학원, 1980.
손흥철. 〈鹿門 任聖周의 理一分殊論 硏究〉. 연세대 대학원, 1999.
송갑준. 〈星湖 李瀷 哲學硏究〉. 고려대 대학원, 1991.
송석구. 〈栗谷의 哲學思想 硏究—誠意正心을 중심으로〉. 동국대 대학원, 1980.
송양섭. 〈朝鮮時代 書院敎育에 대한 硏究〉. 성균관대 대학원, 1992.
안병걸. 〈17世紀 朝鮮朝 儒學의 經傳解釋에 관한 硏究〉. 성균관대 대학원, 1991.
안병주. 〈儒敎의 民本思想에 關한 硏究—君主民本으로부터 民主에로의 轉換可能性 狀態의 探索〉. 성균관대 대학원, 1986.
안영상. 〈星湖 李瀷의 性理說 硏究〉. 고려대 대학원, 1998.
안유경. 〈葛庵 李玄逸의 性理學 硏究〉. 성균관대 대학원, 2005.
안재순. 〈韓國近世史에 있어서 正祖의 統治哲學에 關한 硏究〉. 성균관대 대학원, 1990.
안진오. 〈奇蘆沙의 理哲學에 관한 硏究—理一分殊의 哲學體系를 중심으로〉. 동국대 대학원, 1988.
오병무. 〈韓國性理哲學의 特性에 관한 硏究〉. 전북대 대학원, 1991.
오석원. 〈19世紀 韓國道學派의 義理思想에 관한 硏究〉. 성균관대 대학원, 1991.
우인수. 〈17世紀 山林의 勢力基盤과 政治的 機能〉. 경북대 대학원, 1992.

유권종. 〈茶山 禮學硏究〉. 고려대 대학원, 1991.

유봉학. 〈18·19세기 燕巖一派 北學思想의 硏究〉. 서울대 대학원, 1991.

유승국. 〈儒學思想 形成의 淵源的 硏究—人方文化와 관련하여 甲骨文을 중심으로〉. 성균관대 대학원, 1974.

유연석. 〈栗谷 李珥의 人性論 硏究〉. 연세대 대학원, 2005.

유영희. 〈白湖 尹鑴 思想硏究〉. 고려대 대학원, 1993.

유정동. 〈退溪의 哲學思想硏究—窮理와 居敬을 중심으로〉. 성균관대 대학원, 1975.

유준기. 〈韓國近代 儒敎改革運動 硏究〉. 건국대 대학원, 1992.

유초하. 〈丁若鏞의 宇宙觀〉. 고려대 대학원, 1990.

유형만. 〈崔漢綺의 社會改革思想과 福祉思想〉. 대구대 대학원, 1986.

윤남한. 〈朝鮮時代 陽明學 硏究〉. 중앙대 대학원, 1990.

윤사순. 〈退溪의 價値觀에 대한 硏究〉. 고려대 대학원, 1975.

이경한. 〈栗谷 修己論의 哲學的 究明〉. 성균관대 대학원, 2005.

이광호. 〈李退溪 學問論의 體用的 構造에 관한 硏究〉. 서울대 대학원, 1993.

이기용. 〈栗谷 李珥의 人心道心論 硏究〉. 연세대 대학원, 1995.

이남복. 〈高麗後期 新興士族과 性理學 受容에 관한 硏究〉. 성균관대 대학원, 1996.

이달우. 〈栗谷의 敎育理論에 관한 硏究〉. 건국대 대학원, 1991.

이대근. 〈朝鮮後期 近畿南人의 西學受容에 관한 硏究〉. 성균관대 대학원, 2002.

이동준. 〈十六世紀 韓國性理學派의 歷史意識에 관한 硏究〉. 성균관대 대학원, 1975.

이동희. 〈朱子學의 哲學的 特性과 그 展開樣相에 관한 硏究〉. 성균관대 대학원, 1990.

이민태. 〈栗谷의 敎育哲學思想〉. 충남대 대학원, 1987.

이범직. 〈朝鮮初期의 五禮硏究〉. 서울대 대학원, 1988.

이병걸. 〈朝鮮前期 畿湖士林派의 成立과 發展〉. 영남대 대학원, 1981.

이봉규. 〈宋時烈의 性理學說 研究〉. 서울대 대학원, 1996.

이봉춘. 〈朝鮮初期 排佛史 研究〉. 동국대 대학원, 1990.

이상곤. 〈南塘 韓元震의 氣質性理學 研究〉. 원광대 대학원, 1991.

이상노. 〈朝鮮 性理學者들의 心理學說 研究〉. 계명대 대학원, 1973.

이상옥. 〈經學東考〉. 우석대 대학원, 1968.

이상익. 〈韓末 節義學派와 開化派의 思想的 特性에 관한 研究〉. 성균관대 대학원, 1994.

이상호. 〈朝鮮性理學派의 性理說 分化에 관한 研究〉. 성균관대 대학원, 1993.

이석린. 〈重峯趙憲研究〉. 경희대 대학원, 1984.

이성전. 〈栗谷 人性論의 研究〉. 원광대 대학원, 1993.

이성춘. 〈茶山 丁若鏞의 天思想 研究〉. 원광대 대학원, 1991.

이애희. 〈朝鮮後期 人性과 物性에 대한 論爭의 研究〉. 고려대 대학원, 1990.

이영춘. 〈巍巖 李柬의 心性論 研究〉. 건국대 대학원, 1989.

이영호. 〈17세기 朝鮮 學者들의 《大學》 解釋에 관한 研究〉. 성균관대 대학원, 1999.

이원명. 〈高麗 性理學 受容의 思想的 背景〉. 고려대 대학원, 1992.

이을호. 〈茶山經學思想研究〉. 서울대 대학원, 1966.

이장희. 〈朝鮮時代 선비 研究〉. 성균관대 대학원, 1986.

이재석. 〈斥邪衛正論에 관한 研究〉. 한국정신문화연구원, 한국학대학원, 1991.

이재운. 〈孤雲 崔致遠의 思想과 歷史認識〉. 이화여대 대학원, 1996.

이종란. 〈崔漢綺 倫理思想 研究—經驗重視的 方法論을 중심으로〉. 성균관대 대학원, 1996.

이종상. 〈義菴 柳麟錫의 哲學思想 研究〉. 성균관대 대학원, 2001.

이진표. 〈華西 李恒老의 主理哲學研究〉. 원광대 대학원, 1983.

이천승. 〈農巖 金昌協의 心性論에 대한 研究〉. 성균관대 대학원, 2003.

이충구. 〈經學諺解研究〉. 성균관대 대학원, 1990.

이택희. 〈朝鮮朝 性理學의 政治的 具現過程〉. 성균관대 대학원, 1986.

이행훈. 〈崔漢綺의 運化論的 世界觀과 近代性에 관한 研究〉. 성균관대 대학원, 2004.

이향준. 〈南塘 韓元震의 性論 研究〉. 전남대 대학원, 2002.

이현구. 〈崔漢綺 氣學의 成立과 體系에 관한 研究〉. 성균관대 대학원, 1992.

이형성. 〈寒洲 李震相의 性理學 研究〉. 성균관대 대학원, 2001.

이희재. 〈朴世堂의 思想研究—脫性理學的 입장에서〉. 원광대 대학원, 1994.

이희평. 〈旅軒 張顯光의 哲學思想 研究—性理說을 중심으로〉. 성균관대 대학원, 2001.

임원빈. 〈南塘 韓元震 哲學의 理에 관한 研究〉. 연세대 대학원, 1994.

장동우. 〈茶山 禮學의 研究—《儀禮》·〈喪服〉과 《喪禮四箋》〈喪期別〉의 비교를 中心으로〉. 연세대 대학원, 1998.

장병한. 〈沈大允 經學에 대한 研究〉. 성균관대 대학원, 1994.

장성재. 〈三峯의 性理學 研究〉. 동국대 대학원, 1991.

장세호. 〈沙溪 金長生의 禮說研究〉. 고려대 대학원, 1992.

장숙필. 〈栗谷 李珥의 聖學研究〉. 고려대 대학원, 1991.

장승구. 〈退溪의 向內的 哲學과 茶山의 向外的 哲學의 比較〉. 한국정신문화연구원, 한국학대학원, 1994.

장재천. 〈朝鮮前期 成均館 教育과 儒生文化 研究〉. 성균관대 대학원, 1993.

전용우. 〈湖西士林의 形成에 대한 研究〉. 충남대 대학원, 1994.

전인식. 〈李柬과 韓元震의 未發·五常 論辨 研究〉. 한국정신문화연구원 한국학대학원, 1998.

전준우. 〈丁若鏞의 社會改革 및 福祉觀에 관한 研究〉. 대구대 대학원, 1982.

전택원. 〈霞谷 鄭齊斗의 '心體'에 관한 研究〉. 고려대 대학원, 1995.

전호근. 〈16세기 韓國性理學의 特徵에 관한 研究〉. 성균관대 대학원, 1996.

정대환. 〈十六世紀 前半期 韓國性理學의 天人觀〉. 고려대 대학원, 1990.
정도원. 〈16세기 한·중 유학사의 지평에서 본 퇴계 이황의 리철학에 관한 연구—리의 무위성과 능동성을 중심으로〉. 성균관대 대학원, 2005.
정병련. 〈茶山 中庸注의 經學的 研究〉. 성균관대 대학원, 1988.
정성식. 〈麗末鮮初 歷史的 轉換과 性理學的 對應에 관한 研究—鄭圃隱과 鄭三峯을 중심으로〉. 성균관대 대학원, 1996.
정성희. 〈麗末·鮮初의 道學思想 研究〉. 성균관대 대학원, 1999.
정순목. 〈退溪教學思想研究〉. 중앙대 대학원, 1977.
정원재. 〈知覺說에 입각한 李珥 철학의 해석〉. 서울대 대학원, 2001.
정주동. 〈梅月堂 金時習 研究〉. 경북대 대학원, 1965.
정해왕. 〈周易의 解釋方法에 관한 연구—丁若鏞의 易學을 중심으로〉. 부산대 대학원, 1990.
정화영. 〈崔漢綺의 實學的 教育思想研究〉. 한양대 대학원, 1986.
조남국. 〈栗谷哲學思想의 社會學的 探求〉. 성균관대 대학원, 1987.
조남욱. 〈世宗의 政治哲學에 관한 研究〉. 성균관대 대학원, 1989.
조남호. 〈羅欽順의 哲學과 朝鮮學者들의 論辨〉. 서울대 대학원, 1999.
조성산. 〈朝鮮後期 洛論系 學風의 形成과 經世論 研究〉. 고려대 대학원, 2003.
조성을. 〈丁若鏞의 政治·經濟 改革思想 研究〉. 연세대 대학원, 1991.
주웅영. 〈麗末鮮初 社會構造와 儒教의 社會的 機能〉. 경북대 대학원, 1993.
지두환. 〈朝鮮前期 國家儀禮 研究—朱子學 受容過程과 관련하여〉. 서울대 대학원, 1990.
채무송. 〈退栗性理學의 比較研究〉. 성균관대 대학원, 1971.
천인석. 〈三國時代 儒教思想의 特性에 관한 研究〉. 성균관대 대학원, 1992.
최근묵. 〈尤庵 宋時烈의 文廟 및 院祠宗祀에 관한 研究〉. 전북대 대학원, 1987.
최기복. 〈儒教와 西學의 思想的 葛藤과 相和的 理解에 관한 研究—近世의 祭禮問題와 宗教思想에 관련하여〉. 성균관대 대학원, 1989.

최동희. 〈愼後聃·安鼎福의 西學批判에 관한 硏究〉. 고려대 대학원, 1975.

최석기. 〈星湖 李瀷의 詩經學〉. 성균관대 대학원, 1993.

최승호. 〈退溪哲學의 硏究—太極論을 중심으로〉. 동아대 대학원, 1975.

최영성. 〈崔致遠의 哲學思想 硏究〉. 성균관대 대학원, 1999.

최희남. 〈丁茶山의 經濟倫理思想 硏究〉. 성균관대 대학원, 2004.

피정만. 〈朝鮮時代 成均館의 敎育制度에 관한 硏究〉. 성균관대 대학원, 1990.

한기범. 〈沙溪 金長生과 愼獨齋 金集의 禮學思想 硏究〉. 충남대 대학원, 1990.

한동일. 〈朝鮮時代 鄕校敎育制度의 硏究〉. 성균관대 대학원, 1981.

한상규. 〈曺植의 敎育思想 硏究〉. 중앙대 대학원, 1990.

한형조. 〈朱熹에서 丁若鏞에로의 哲學的 思惟의 轉換〉. 한국정신문화연구원 한국학대학원, 1992.

허권수. 〈十七世紀 文廟宗祀와 禮訟에 관한 硏究〉. 성균관대 대학원, 1992.

허남진. 〈朝鮮後期 氣哲學 硏究〉. 서울대 대학원, 1994.

홍이섭. 〈丁若鏞의 政治經濟思想 硏究〉. 연세대 대학원, 1966.

홍정근. 〈湖洛論爭에 關한 任聖周의 批判的 止揚 硏究〉. 성균관대 대학원, 2001.

황광욱. 〈華潭 徐敬德의 哲學思想과 그 門人學風에 對한 硏究〉. 성균관대 대학원, 2002.

황병기. 〈茶山 丁若鏞의 易象學〉. 연세대 대학원, 2004.

황원구. 〈近世 韓中의 學術交流와 禮論에 관한 諸問題〉. 연세대 대학원, 1982.

황의동. 〈栗谷哲學思想에 관한 硏究—理氣之妙를 중심으로〉. 충남대 대학원, 1986.

황준연. 〈栗谷의 哲學思想에 관한 硏究—聖學輯要를 중심으로〉. 성균관대 대학원, 1988.

11. 관계논문

곽신환. 〈번암 채제공의 이단관〉. 《동양철학》 제13집, 한국동양철학회, 2000.

곽신환. 〈한원진의 주자언론동이고 분석〉. 《동양철학》 제17집, 한국동양철학회, 2002.

구만옥. 〈조선전기 주자학적 自然觀의 형성과 전개—'理法天觀'의 自然學的 의미를 중심으로〉. 《한국사상사학》 제23집, 한국사상사학회, 2004.

권오영. 〈최한기의 삶과 학문편력〉. 《최한기의 철학과 사상》. 철학과현실사, 2000.

권정안. 〈麗末鮮初 朱子學 導入期의 經典理解(1)—牧隱 李穡의 경전이해를 중심으로〉. 《동양철학연구》 제22집, 동양철학연구회, 2000.

금장태. 〈조헌의 조선현실인식과 항왜의리론〉. 《비판과 포용—한국실학의 정신》. 제이앤씨, 2008.

______. 〈《순언》과 율곡의 노자 이해〉. 《동아문화》 제43호, 서울대 인문대학 동아문화연구소, 2005.

길희성. 〈지눌 선 사상의 구조〉. 《한국사상가 10인—지눌》. 예문서원, 2009.

김경호. 〈양명학의 전파와 조선지식인 사회의 대응 - 전래와 수용과정에서 나타난 학술사상적 쟁점을 중심으로〉. 《동양철학》 제24집, 2005년

김교빈. 〈조선 후기 朱子學과 陽明學의 논쟁—정제두와 박세재·윤증·민이승·박심·최석정의 논쟁을 중심으로〉. 《시대와 철학》 10권 2호, 한국철학사상연구회, 1999년

김기주. 〈심학, 퇴계심학 그리고 《심경부주》〉. 《동양철학연구》 제41집, 동양철학연구회, 2005.

김도형. 〈장지연의 변법론과 그 변화〉. 《한국사연구》 제109집, 2000.

______. 〈한말 일제시기 구미지역 유생층의 동향〉. 《한국학논집》 제24집, 계명대 한국학연구원, 1997.

김미영. 〈기화의 유불일치론에 나타난 불교사상〉. 《인물로 보는 한국의 불교사상》(한국불교원전연구회 지음), 예문서원, 2004.

김성환. 〈4세기 동아시아 질서의 재편과 한국사상의 전환—선교(仙教)적 국가이

념의 정비, 그리고 불교와 유교의 수용에 대한 재고찰〉.《동양철학》 제22집, 2004.

김순석. 〈조선후기 불교사연구의 현황과 과제〉.《조선후기사 연구의 현황과 과제〉, 창작과비평사, 2000.

김영호. 〈정약용의 경학관〉.《다산 정약용》. 예문서원, 2005.

김용헌. 〈조선 후기 실학적 자연관의 몇 가지 경향〉.《한국사상사학》 제23집, 2004.

______. 〈조선조 유학의 기론 연구—성리학적 기론에서 실학적 기론으로의 전환〉.《동양철학연구》 제22집, 동양철학연구회, 2000.

김인규. 〈朴珪壽의 思想形成에 있어서 北學派의 영향과 그 전개 - 실학사상에서 개화사상으로의 발전을 중심으로〉.《동양철학연구》 제28집, 2002년

______. 〈홍대용 사회개혁론의 특징과 그 의의〉.《한국사상과 문화》 제32집, 한국사상문화학회, 2006.

김인호. 〈이승휴의 역사인식과 사상사적 위상〉.《진단학보》 제99호, 진단학회, 2005.

김철준. 〈崔承老의 時務二十八條〉.《(趙明基博士華甲紀念)佛教史學論叢》. 효성조명기박사화갑기념 불교사학논총간행위원회 편, 1965.

김태년. 〈16세기 조선 성리학자들의 양명학 비판 연구〉.《한국사상사학》 제19집, 한국사상사학회, 2002.

______. 〈남당 한원진의 양명학 비판〉.《한국사상사학》 제22집, 한국사상사학회, 2004.

김학목. 〈서계 박세당의 도덕경 주석 목적〉.《공자학》 제23호, 한국공자학회, 2012.

______. 〈新註道德經에 나타난 西溪의 體用論〉.《철학》 제64집, 한국철학회, 2000.

김항수. 〈16세기 후반 사림의 경세론—성리학적 학문체계의 성립과 관련하여〉.

《한국사상과 문화》 제6집, 한국사상문화학회, 1999.

김항수. 〈한말 유림의 현실인식〉. 《한국사상과 문화》 제15집, 한국사상문화학회, 2002.

김현. 〈조선후기 未發心論의 心學的 전개〉. 《민족문화》 제37호, 고려대 민족문화연구원, 2002.

김현수. 〈17세기 기해년 전례논쟁의 예학적 성격〉. 《한국사상사학》 제25집, 한국사상사학회, 2005.

김형찬. 〈성의 구조와 리·기의 불리·부잡성에 관한 연구〉. 《동양철학》 제7집, 한국동양철학회, 1996.

______. 〈자연의 도덕성과 근대성의 의미 — 홍대용의 자연과 인간 이해를 중심으로 〉. 《동양철학》 제13집, 2000.

남명진. 〈남당의 학문적 특성과 그 한국철학사상사적 위상〉. 《동양철학》 제12집, 한국동양철학회, 2000

노관범. 〈韓國陽明學史 硏究의 反省的 考察〉. 《한국사상과 문화》 제11집, 한국사상문화학회, 2001.

도현철. 〈정도전의 사공학 수용과 정치사상〉. 《한국사상사학》 제21집, 한국사상사학회, 2003.

문석윤. 〈외암과 남당의 '미발' 논변〉. 《태동고전연구》 제11집, 한림대 태동고전연구소, 1995.

박성래. 〈李瀷의 西洋科學 受容〉. 《김홍배고희기념논문집》. 한국외국어대 출판부, 1984.

박은식. 〈가강능부의 문답〉. 《대한자강회월보》 4호.

박정심. 〈박은식의 사상적 전환에 대한 고찰—주자학에서 양명학으로〉. 《한국사상사학》. 1999.

______. 〈신채호의 유교인식에 관한 연구-근대적 주체 문제와 관련하여〉. 《한국사상사학》 제22집, 한국사상사학회, 2004.

서종태. 〈星湖學派의 陽明學과 天主教〉. 《동양철학연구》 제27집, 동양철학연구회, 2001.

송갑준. 〈星湖 李瀷의 經學思想(1)—그 學·庸觀〉. 《철학논집》 제4집, 경남대, 1988.

______. 〈星湖 李瀷의 經學思想(2)그 語·孟觀〉. 《철학논집》 제5집, 경남대, 1989.

송석구. 〈불교와 이율곡의 철학〉. 《한국의 유불사상》. 사사연, 1985.

송찬식. 〈朝鮮朝末 主理派의 認識理論—寒洲 李晉相의 思想을 중심으로〉. 《동방학지》 제18집, 연세대, 1978.

신항수. 〈경전해석을 통해 본 이익의 왕패인식〉. 《한국사상사학》 제19집, 한국사상사학회, 2002.

신향림. 〈16C 전반 陽明學의 전래와 수용에 관한 고찰—金世弼·洪仁祐·盧守愼의 양명학 수용을 중심으로〉. 《퇴계학보》 통권118호, 퇴계학연구원, 2005.

신향림. 〈穌齋 盧守愼의 공부론에 나타난 陽明學〉. 《한국사상사학》 제24집, 한국사상사학회, 2005.

신형식. 〈宿衛學生考—羅末麗初의 知識人의 動向에 對한 一齣〉. 《역사교육》 11·12합집, 역사교육연구회, 1969.

안영상. 〈南塘 韓元震과 大山 李象靖의 理氣·心性論 비교 연구〉. 《동양철학연구》 제24집, 동양철학연구회, 2001.

______. 〈퇴계학파 내 호발설의 이해에 대한 일고찰—성호·청대·대산의 논쟁 비교를 통하여〉. 《퇴계학보》 통권 115호, 퇴계학연구원, 2004.

오성종. 〈朝鮮中期 陽明學의 辨斥과 受容〉. 《역사교육》 제46집, 역사교육연구회, 1989

오종일. 〈陽明 傳習錄 傳來考〉. 《철학연구》 제5집, 고려대 철학회, 1978.

______. 〈陽明學의 受容과 傳來에 관한 再檢討〉. 《양명학》 제3호, 한국양명학회, 1999.

______. 〈현암 이을호의 삶과 학문〉. 《玄庵 李乙浩 研究》. 한국공자학회 편, 심산,

2010.

오지섭. 〈16세기 조선성리학파의 불교인식〉. 《종교연구》 제36호, 한국종교학회, 2004.

오형근. 〈신라 원측법사의 유식사상 연구〉. 《불교학보》 제25집, 동국대학교 불교문화연구원, 1988.

유권종. 〈退溪와 茶山의 禮學 比較〉. 《동양철학연구》 제40집, 동양철학연구회, 2004.

유명종. 〈明齋 尹拯의 務實學〉. 《철학연구》 제26집, 한국철학연구회, 1978.

유승국. 〈東方思想 形成의 淵源的 探求〉. 《한국사상의 연원과 역사적 전망》. 성균관대 유교문화연구소, 2008.

______. 〈韓國의 儒學思想 槪說〉. 《한국의 유학사상》. 삼성출판사, 1976.

유영열. 〈대한자강회의 애국계몽운동〉. 《한국 근대 민족주의 운동사 연구》. 역사학회 편, 일조각, 1987.

유초하. 〈조선 후기 성리학의 사회관(1)—한원진(1682-1751)의 경우〉. 《민족문화연구》 제17집, 고려대 민족문화연구소, 1983.

윤남한. 〈李朝陽明學의 傳來와 受容의 문제〉. 《중앙사론》 제1집, 중앙대학교사학연구회, 1972.

윤사순. 〈20세기 초 의병정신에 담긴 민족의식〉. 《동아시아 국제관계사》. 김준엽선생기념서편찬위원회 편, 고려대 아세아문제연구소 출판부, 2010.

______. 〈高橋亨의 '韓國儒學觀' 檢討〉. 《한국학》 제12집, 중앙대 한국학연구소, 1976.

______. 〈기정진의 리일원적 우주관〉. 《학술원논문집》 제57집 2호, 2012.

______. 〈다산 정약용의 탈성리학적 실학의 대성〉. 《공자학》 제22호, 한국공자학회, 2012.

______. 〈단재 신채호의 유교관〉. 《한국유학사상론》. 예문서원, 1997.

______. 〈牧隱(李穡)의 사상사적 위상〉. 《牧隱 李穡의 生涯와 思想》. 일조각,

1996.

윤사순. 〈朴世堂의 實學思想에 관한 硏究〉. 《亞細亞硏究》 15권 2호, 아세아문제연구소, 1972.

______. 〈성리학과 실학, 그 근본 사고의 동이성에 대한 고찰〉. 《다산 정약용》. 예문서원, 2005.

______. 〈性理學의 合理的 思惟 경향〉. 《동양철학》 제14집, 한국동양철학회, 2001.

______. 〈實學의 哲學的 基盤〉. 《韓國思想史學》 1집, 韓國思想史學會. 1987.

______. 〈新實學與新理念探索〉. 《中國文化硏究》 5집, 中國文化硏究會, 1994.

______. 〈新實學的 展望〉. 《孔子硏究》 32호, 中國孔子基金會, 1993.

______. 〈實學的 經驗觀의 特色〉. 《實學論叢》. 전남대 호남문화연구소, 1975.

______. 〈儒敎倫理的 現代可用性〉. 《國際儒學硏究》 第9輯. 國際文化出版公司, 2000.

______. 〈儒學"成己成物"思想的現代價値〉. 《國際儒學硏究》 第16輯. 九州出版社, 2008.

______. 〈三峰鄭道傳斥佛論的哲學涵義〉. 《韓國硏究論叢》(復旦大學韓國硏究中心編). 第22輯. 世界知識出版社, 2010.

______. 〈유학에 담긴 배려철학의 윤리적 성향〉. 《오늘의 동양사상》 제14호, 예문동양사상연구원, 2006.

______. 〈유학의 천인합일사상에 대한 현대적 해석》. 《유교문화연구》(한글판) 18집, 성균관대 유교문화연구소, 2011.

______. 〈人間과 他物에 대한 洪大容의 脫性理學的 哲學〉. 《한국사상과 문화》 제39집, 한국사상문화학회, 2007.

______. 〈人性·物性에 대한 同異論辨의 思想史的 價値〉. 《퇴계학보》 제102집, 퇴계학연구원, 1999.

______. 〈人性物性의 同異論辨에 대한 연구〉. 《철학》 제18집, 1982.

윤사순. 〈정제두 양명학의 연구〉. 《한국학연구》 4집, 고려대 한국학연구소, 1992.
______. 〈朱子學 以前의 性理學導入問題〉. 《崔沖研究論叢》. 경희대 전통문화연구소, 1984.
______. 〈중용에 대한 새로운 해석〉. 《공자학》 제17호, 한국공자학회, 1997.
______. 〈천주교가 조선 후기 사상사에 끼친 영향—종교와 과학을 중심으로〉. 《동양철학연구》 제29집, 동양철학연구회, 2002.
______. 〈退溪의 太極生兩儀觀〉. 《亞細亞研究》 35호, 고려대 아세아문제연구소, 1969.
______. 〈한국사상사에서의 사관문제〉. 《창자과 비평》 제12집, 창작과 비평사, 1977. 여름호.
______. 〈한국유학의 제문제〉. 《한국학보》 제6집, 일지사, 1977.
______. 〈한주 이진상의 성리학적 '심즉리설'〉. 《공자학》 제20호, 2011.
______. 〈신실학의 의미와 구성방향〉. 《신실학의 현재적 지평》. 학자원, 2019.
은정희. 〈원효의 번뇌론〉. 《인물로 보는 한국의 불교사상》(한국불교원전연구회 지음), 예문서원, 2004.
은정희. 〈원효의 《대승기신론소》를 통해 본 일심의 원리〉. 《원효학연구》 제3집, 원효학회 원효학연구원, 1998.
이경구. 〈영조-순조 연간 湖洛論爭의 展開〉. 《한국학보》 제93집, 일지사, 1999.
이기남. 〈忠宣王의 改革과 詞林院의 設置〉. 《역사학보》 제52집, 역사학회, 1972.
이기동. 〈羅末麗初 近侍機構와 文翰機構의 擴張〉. 《역사학보》 제52집, 역사학회, 1972.
______. 〈목은의 사상과 한국유학의 세 흐름〉. 《한국사상과 문화》 제25집, 한국사상문화학회, 2004.
이기용. 〈한국성리학과 실학의 자연이해—율곡철학에 대한 비판과 전개를 중심으로〉. 《한국사상과 문화》 제2집, 한국사상문화학회, 1998.
이남영. 〈호락논쟁의 철학사적 의의〉. 《제2회 동양문화 국제학술회의 발표논문

집》. 성균관대 대동문화연구원, 1980
이능화. 〈朝鮮儒界之陽明學派〉. 《青丘學叢》 제25호, 1937.
이동희. 〈우계 성혼의 성리설과 조선 후기 "절충파"〉. 《동양철학연구》 제36집, 동양철학연구회, 2004.
이병도. 〈나의 연구생활의 회고〉. 《斗溪隨筆》. 일조각, 1956.
______. 〈박서계와 반주자학적 사상〉. 《대동문화연구》 제3집, 대동문화연구원, 성균관대학교 대동문화연구원, 1966.
이병욱. 〈보조국사 지눌의 사상〉. 《한국 불교사상의 전개》. 집문당, 2010.
이봉규. 〈성리학에서 미발의 철학적 문제와 17세기 기호학파의 견해〉. 《한국사상사학》 제13집, 한국사상사학회, 1999.
______. 〈실학의 예론—성호학파의 예론을 중심으로〉. 《한국사상사학》 제24집, 한국사상사학회, 2005.
이상옥. 〈經學東漸考〉. 《문리·법정대논문집》 제2·3합집, 우석대, 1969.
이상은. 〈박정희씨(朴正熙氏)에게 부치는 글〉. 《사상계》 102호, 1961년 12월.
이상익. 〈성호 이익의 사단칠정론-사칠신편을 중심으로〉. 《한국사상과 문화》 제4집, 한국사상문화학회, 1999.
이상호. 〈간재의 척사위정사상—《추담별집(秋潭別集)》을 중심으로〉. 《동양철학연구》 제41집, 동양철학연구회, 2005.
이숭녕. 〈대학언해의 율곡본과 관본과의 비교연구〉. 《儒教學論叢》(東喬閔泰植博士古稀紀念論叢發刊委員會 編), 東喬閔泰植博士古稀紀念論叢發刊委員會 1972.
이승률. 〈日帝時期 "韓國儒學思想史" 著述史에 관한 一考察〉. 《동양철학연구》 제37집, 동양철학연구회, 2004.
이우성. 〈혜강의 가계와 연표〉. 《惠庵柳洪烈博士華甲紀念論叢》. 惠庵柳洪烈博士華甲紀念事業委員會 編, 탐구당, 1971.
이원순. 〈星湖 李瀷의 西學世界〉. 《教會史研究》 제1호, 한국교회사연구소, 1977.

이을호. 〈茶山實學의 修辭學的 構造〉. 《아세아연구》 통권 18호, 고려대 아세아문제연구소, 1965.
______. 〈東武四象說의 經學的 基礎〉. 《한국학보》 제6집, 1977.
______. 〈丁茶山의 教育思想〉. 《철학연구》 제4집, 철학연구회, 1969.
이인재. 〈高麗末 元天錫의 生涯와 社會思想〉. 《한국사상사학》 제12집, 한국사상사학회, 1999.
이종성. 〈율곡의 노자관에 반영된 경학사상의 유도회통적 특성과 의의〉. 《율곡학연구》 제40집, 율곡연구원, 2019.
______. 〈율곡의 《순언》에 반영된 《성학집요》의 특성과 의의〉. 《율곡학연구》 제39집, 2019.
이종우. 〈한주학파와 간재학파의 심통성정설 논쟁과 그 의의〉. 《동양철학연구》 제42집, 동양철학연구회, 2005.
이형성. 〈李震相의 性理學 方法論에 관한 考察〉. 《한국사상과 문화》 제6집, 한국사상문화학회, 1999.
임옥균. 〈南塘 韓元震의 異學 批判〉. 《동양철학연구》 제21집, 동양철학연구회, 1999
임용한. 〈朝鮮初期 法典 편찬과 편찬원리〉. 《한국사상과 문화》 제6집, 한국사상문화학회, 1999.
임헌규. 〈사암-율곡 태극논변과 율곡의 태극론〉. 《한국사상과 문화》 제29집, 한국사상문화학회, 2005.
장일규. 〈최승로의 유교적 정치이념과 최치원 추숭〉. 《한국사상과 문화》 제21집, 한국사상문화학회, 2003.
______. 〈崔致遠의 儒佛認識과 그 의미〉. 《한국사상사학》 제19집, 한국사상사학회, 2002.
전인식. 〈隈庵과 南塘 論辨의 전개과정과 쟁점〉. 《유교사상연구》 제19집, 한국유교학회, 2003.

전현미. 〈박세당의 南華經註解刪補 저술 의의 究明〉. 《한국철학논집》 제42집, 한국철학사연구회, 2014.

정구복. 〈磻溪 柳馨遠의 社會改革思想〉. 《역사학보》 45집, 역사학회, 1970.

정성희. 〈17-8세기 西洋天文學 受容論과 宇宙觀의 변화〉. 《한국사상과 문화》 제18집, 한국사상문화학회, 2002.

정재훈. 〈16세기 전반 새로운 性理學의 모색과 心學化〉. 《한국사상사학》 제18집, 한국사상사학회, 2002.

______. 〈麗末鮮初의 性理學과 經世論〉. 《한국사상과 문화》 제10집, 한국사상문화학회, 2000.

______. 〈淸朝學術과 朝鮮性理學〉. 《한국사상과 문화》 제16집, 한국사상문화학회, 2002.

조광. 〈丁若鏞의 民權意識硏究〉. 《아세아연구》 56호, 고려대 아세아문제연구소, 1976.

______. 〈洪大容의 政治思想 硏究〉. 《민족문화연구》 14, 고려대 민족문화연구소, 1979.

조남호. 〈朝鮮 朱子學者들의 良知에 대한 논쟁〉. 《양명학》 제2호, 한국양명학회, 1998.

조명기. 〈元曉宗師의 十門和諍論 硏究〉. 《金剛杵》 제22권, 金剛杵社, 1937.

조성산. 〈宋時烈의 性理學 이해와 現實觀〉. 《한국사학보》 제17호, 고려사학회, 2004년

조한석. 〈박세당의 유가적 노장 해석〉. 《공자학》 제19호, 한국공자학회, 2010.

蔡茂松. 〈韓國儒學史(Ⅰ·Ⅱ)〉. 《중국학보》 제5-6집, 1966-1967.

최병헌 외. 《한국불교사연구입문》(상하), 지식산업사, 2013년

최석기. 〈星湖 李瀷의 《大學》 해석—星湖·貞山·茶山을 중심으로〉. 《韓國實學硏究》 제19호, 2010.

______. 〈星湖 李瀷의 《中庸》 解釋과 그 意味〉. 《星湖學硏究》 1호(창간호), 성호기

념관 편, 2003.
최영성. 〈최치원의 풍류사상 이해와 그 기반〉. 《한국철학논집》 제40집, 한국철학사연구회, 2014.
최영진. 〈외암/남당 미발논변의 재검토〉. 《외암 이간의 학문세계》. 외암사상연구소 편, 지영사, 2009.
최영진·홍정근·이천승. 〈호락논쟁에 관한 연구성과 분석 및 전망〉. 《유교사상연구》 제19집, 한국유교학회, 2003.
최일범. 〈고려중기 유불교섭의 철학적 근거에 관한 연구〉. 《동양철학연구》 제25집, 동양철학연구회, 2001.
최일범. 〈霞谷 鄭齊斗의 工夫論에 관한 연구〉. 《동양철학연구》 제30집, 동양철학연구회, 2002.
최홍규. 〈단재 신채호 연보〉. 《단재 신채호》. 태극출판사, 1979.
한국공자학회. 《기당 현상윤 연구》. 한울, 2009.
한기범. 〈17세기 호서예학파의 예학사상—王朝禮의 인식을 중심으로〉. 《한국사상과 문화》 제26집, 한국사상문화학회, 2004.
______. 〈西浦 金萬重의 官僚活動과 經世思想〉. 《한국사상과 문화》 제25집, 한국사상문화학회, 2004.
한우근. 〈李朝 '實學'의 概念에 대하여〉. 《진단학보》 제19호, 진단학회, 1958.
한우근. 〈星湖 李瀷研究—그의 經濟思想〉. 《진단학보》 제20호, 진단학회, 1959.
______. 〈尹拯의 實學觀—李朝實錄의 概念再論〉. 《동국사학》 제6집, 동국대학교사학회, 1960.
한정길. 〈朝鮮前期 道學的 世界觀의 形成과 그 展開〉. 《한국사상사학》 제21집, 한국사상사학회, 2003.
한정수. 〈高麗前期 天變災異와 儒教政治思想〉. 《한국사상사학》 제21집, 한국사상사학회, 2003.
현상윤. 《조선사상사》. 심산, 2019.

현재경.《기당현상윤 문집》. 경희대 출판국, 2000.

황의동.〈趙聖期의 哲學思想에 관한 研究〉.《동양철학》 제9집, 한국동양철학회, 1998.

황준연.〈韓國性理學에 있어서 人心道心說에 대한 연구〉.《철학》 제38집, 한국철학회, 1992.

찾아보기

인명

저술·작품 등

용어

한국철학사상사

초판 발행 2022년 12월 30일
초판 2쇄 2023년 10월 16일

지은이 윤사순
펴낸곳 고려대학교출판문화원
www.kupress.com
kupress@korea.ac.kr
(02841) 서울특별시 성북구 안암로 145
Tel 02-3290-4230, 4232
Fax 02-923-6311
찍은곳 한국컴퓨터인쇄정보

ISBN 979-11-91161-99-1 93150

값 47,000원